ALTE ABENTEUERLICHE REISEBERICHTE

Emin Pascha (rechts) und sein getreuer Helfer Gaetano Casati

Emin Pascha

Gefahrvolle Entdeckungsreisen in Zentralafrika

1876–1892

Herausgegeben von
Heinrich Schiffers und Peter Simons

Mit 40 Abbildungen

Edition Erdmann in K. Thienemanns Verlag

Die Illustrationen auf den inneren Umschlagseiten zeigen einen gefährlichen Übergang über den Gurba im Bahr el Ghasal und eine Übersichtskarte der Äquatorialprovinz.

CIP-Kurztitelaufnahme der Deutschen Bibliothek

Emin ⟨Pascha⟩:
Gefahrvolle Entdeckungsreisen in Zentralafrika :
1876 – 1892 / Emin Pascha. Hrsg.: Heinrich
Schiffers u. Peter Simons. – Stuttgart : Edition
Erdmann in K. Thienemanns Verl., 1983.
(Alte abenteuerliche Reiseberichte)
ISBN 3-522-60380-X
NE: Schiffers, Heinrich [Hrsg.]
VW: Schnitzer, Eduard [Früherer Name] → Emin
⟨Pascha⟩

Umschlag und Einband: Hilda und Manfred Salemke
Gesamtherstellung: Kösel, Kempten

Inhalt

Anhang

Vorwort des Verlages

Der Verlag legt hier das letzte Werk des am 20. Dezember 1982 verstorbenen Altmeisters der Afrika-Entdeckungsforschung, Dr. Heinrich Schiffers, vor. Schon seit Jahrzehnten beschäftigte sich der Autor mit der faszinierenden Persönlichkeit Emin Paschas, deren Rätselhaftigkeit er zu ergründen versuchte. Es ging ihm nicht um seine Heroisierung, sondern darum, Emin Paschas Werk, dessen Bedeutung bislang nicht richtig erkannt war, einem breiteren Leserkreis vorzustellen und objektiv zu würdigen.

In jahrelanger Arbeit hat er Material zusammengetragen und war glücklich, daß Emin Pascha nun neben den Afrika-Forschern Heinrich Barth und Gustav Nachtigal einen Platz in der vom Verlag edierten Entdecker-Reihe gefunden hat. Nachdem er die Rohfassung des Werkes erstellt hatte, verließen ihn die Kräfte. Sein Freund und Schüler, Dr. Peter Simons, führte die Arbeit als Mitherausgeber zu Ende.

Dr. Heinrich Schiffers hat die Drucklegung des Werkes nicht mehr erleben können. Der Verlag widmet es Heinrich Schiffers, dem die deutsche Afrika-Forschung außerordentlich viel verdankt.

Einleitung des Herausgebers

Die Tagebücher Emin Paschas enthüllen ein Leben ständiger Reisen, von Stunden wissenschaftlicher Forschung und kürzeren bis über halbjährigen Aufenthalten in seinem Verwaltungszentrum Lado in Äquatoria unterbrochen.

In dem Wirbel des Ablaufs ist zu zeigen, was an Unglaublichem ein menschliches Wesen zu leisten und auszuhalten vermag. Doch bleibt in unserem Falle Rätselhaftes bis zuletzt.

Wer immer sich der faszinierenden, aber schwer durchschaubaren Persönlichkeit Emins nähert, muß sich mit der Fülle seiner oft impulsiven Briefe, seiner kontrastreichen Berichte, mit den meist ungewöhnlichen Lebensläufen der mit ihm verbundenen Personen und den dramatischen Ereignissen im Innern des »Schwarzen Afrika« vertraut machen.

Als Emin Pascha wurde er in Europa und Amerika berühmt; in der Europa-Presse entfachte er erregte Kritiken und ebenso auf Heldisches gestimmte Lobgesänge.

In der wissenschaftlichen Fachwelt breitete sich bald sein Ruhm aus; seine Berichte über Völker, Sprachen, Klima, Flora, Fauna und Lebensweisen im »Dunklen Kontinent« erregten die Aufmerksamkeit der Gelehrten.

Seine Persönlichkeit erscheint wegen des nicht seltenen unverständlichen Zauderns und der abrupten Kehrtwendungen im Handeln bis heute widersprüchlich.

Wer die 2122 Druck-Seiten in den fünf Bänden der Tagebücher aufmerksam studiert, stößt im detailliert geschilderten Polit-Potpourri der Äquatoria-Provinz unmittelbar zwischen Freudenausbrüchen Emins über eine gerade entdeckte neue Tierspezies auf die Notiz über vollstreckte Todesurteile. Oder er liest, wie nebenher, von in Briefen vermerkten blutigen Kleinkriegen, in Wäldern und Sumpfregionen, die das Ziel verfolgen, in dem ihm anvertrauten Verwaltungsbereich aufmüpfige »Äquatorianer« der unterschiedlichsten Sorte zur Räson zu bringen.

Emin Pascha kam als Sohn des jüdischen Kaufmanns Ludwig Schnitzer am 28. März 1840 in Oppeln zur Welt. Der Geburtsort gehörte zur preußischen Provinz Schlesien.

1842 zogen die Eltern nach Neisse. Hier starb 1845 der Vater. Die Kirchenbücher der dortigen evangelischen Pfarrkirche verzeichnen, daß der Sohn im März 1846 auf die Namen *Eduard*, Carl, Oskar, Theodor getauft wurde.

In Neisse besuchte er das katholische Gymnasium. Von einem Verwandtenbesuch in Berlin um 1850 stammen die ersten Briefe nach Hause, von denen sein Biograph und spätere Verwalter des Nachlasses, Georg Schweitzer, uns in einem umfangreichen Werk (»Emin Pascha«, Berlin 1898) Kenntnis gibt.

Aus den frühen Briefen erfahren wir, daß sein erster Besuch in Berlin dem Zoologischen Museum der Universität galt und daß er es in diesem Lebensabschnitt liebte, allein mit einer Blechtrommel zum Botanisieren auszuziehen, um seine naturwissenschaftliche Privatsammlung zu vergrößern.

Ein enges Verhältnis verband ihn bis ans Lebensende mit der Schwester Melanie. Gerade von dieser Korrespondenz über Tausende von Kilometern hinweg ist erstaunlich viel erhalten geblieben.

Im Jahre 1858 begann er an der Universität Breslau sein Medizin-Studium. Von Anfang an beschäftigten ihn besonders die Naturwissenschaften. Am studentischen Verbindungsleben nahm er eine Zeitlang in der »Burschenschaft Arminia« teil.

Bereits im neunten Semester bestand er die Doktorprüfung; das medizinische Staatsexamen legte er nie ab.

Leider hatte Schnitzer mit der Wahl seines Umgangs wenig Glück. Viele kehrten ihm, als er in finanzielle Not geriet, den Rücken. Er zog sich von seinen Bekannten zurück, um in der Einsamkeit ganz seinen Studien leben zu können.

So groß auch die Freude am Familienleben war, plötzlich wird er von einem geradezu unbezwinglichen Wandertrieb ergriffen.

Nach einem Semester in Königsberg berichtet er im Juli 1864 wieder aus Berlin nach Hause. Sein umgängliches Wesen und fachliche Leistungen verschafften ihm die Mittel, sich finanziell über Wasser zu halten, zumal auch Verwandte ihm halfen. Da er kein Staatsexamen abgelegt hatte, konnte er offiziell keine Praxis eröffnen und arbeitete privat als Hausarzt.

Die Korrespondenz ist zeitweilig unterbrochen. Man erfährt, daß er im September 1874 Berlin verlassen hat und im November nach Laibach ging.

In Laibach, heute in Nordjugoslawien, lockten Werber für das Söldnerheer des Kaisers Maximilian von Mexiko, wo er sich um eine Militärarztstelle bewarb. Nach abschlägigem Bescheid führten andere Beziehungen zu einer Stellung als Militärarzt in Alexandria oder irgendwo in der Türkei. Mit zwei Gulden in der Tasche landete er schließlich in Triest. Die nächste Post kam dann aus dem damals türkischen Hafenort Antivari (heute Bao) an der Adriaküste.

Das sollte für einige Zeit sein Tätigkeitsfeld werden, und hier vollzog sich der merkwürdige Übergang des Schlesiers zu einem – wie er selber nach Hause schrieb – aus taktischen Gründen »angepaßten« Türken und Moslem.

Nach den Briefen an die Eltern muß die Aufnahme in die europäische Kolonie in diesem Ort geradezu großartig gewesen sein. Wohnung und Praxis, alles ordnet sich rasch. Die Medikamente läßt er aus Berlin kommen. »Hoch zu Roß, den Revolver im Gürtel, Instrumente und die nötigsten Medikamente in einer kleinen Umhängetasche, auf der Kruppe des Pferdes den unentbehrlichen, langen Regenmantel von Wachstuch mit großer Kapuze zum Schutze des Fez – so geht hier der Doktor über Land; fünf bis sechs Stunden lang im Sattel.«

Am 18. März 1865 schreibt er an Melanie: »Einstweilen lerne ich fleißig Sprachen, Illyrisch (Serbokroatisch), Türkisch, Griechisch, und ich kann in den beiden ersteren mich schon leidlich ausdrücken; während ich letztere erst dieser Tage begonnen habe, aber fortschreite, weil ich Altgriechisch verstehe, auch ein Segen der Gymnasialzeit.«

Wie Schliemann und andere Sprachgenies lernt er in oft nur wenigen Monaten eine neue Sprache hinzu. Einmal studierte Grammatik und gelernte Vokabeln behält er fest im Gedächtnis!

In einem Brief von 1872 erfahren wir: »Ich lerne in meinen Mußestunden fleißig Persisch, wozu? Ich weiß es selber nicht, aber Sprachen kommen immer zustatten. Ich habe schon dem lieben Gott dafür gedankt, daß er mir ein so glückliches Sprachengedächtnis gegeben hat!« Später im Sudan erlernt er mehrere afrikanische Sprachen.

Die Stelle als Quarantänearzt, die er in Antivari zunächst innehatte, führte ihn zu den verschiedensten Ämtern, und der Ruf des sprachenkundigen und verhandlungsgeschickten jungen Arztes erleichterte ihm den Übergang zur Erledigung teils geheimer politischer Aufträge und zu der Vertrauensstellung beim Gouverneur Ismail Hakki Pascha, der sein Gönner wurde. Unklar bleibt, inwieweit er als »Hausfreund« bei dessen viel jüngerer Frau verkehrte, ob er sie, als der ältliche Gouverneur starb, geheiratet hat oder nicht. Das schuf, in Verbindung mit der Frage, ob und wie weit er ein Türke wurde, als »Christ« zum Islam übertrat, Aufregung auch im heimatlichen Neisse.

Der Wirbel der Ereignisse, die sich in Albanien abspielten (Versuch, den »Turk« loszuwerden) und in die der Vertraute des türkischen Gouverneurs, »Emin«, nun mit hineingezogen wurde, brachte mehrfach Lebensgefahr, über die wir, bei großen Lücken in der Korrespondenz, nur unzulänglich unterrichtet sind.

Ebenso unbegreiflich mag manches heute erscheinen, z. B., daß, als der Gouverneur gestorben war und sich die Witwe, wie begreiflich, an »Emin« klammerte, auf ihr Verlangen hin ihr ganzer Harem, samt den sechs Kindern und orientalischen Bediensteten mit nach Neisse verfrachtet werden mußte, damit sich die »zukünftige Frau Emins« nun auch der deutschen Familie vorstellen konnte! Der geduldige junge Arzt organisierte das alles, obgleich er in argen finanziellen Nöten war.

Die Aufregung in Neisse und Umgebung, als er 1875

tatsächlich dort erschien, kann man sich vorstellen. Die Witwe des Paschas wurde hier als die Frau des Dr. Schnitzer ausgegeben. Genauere Mitteilungen über die folgende Entwicklung fehlen. Am 18. September reiste Schnitzer-Emin nach Breslau, wo er mehrere Tage mit alten Universitätsfreunden verlebte und dann, ohne eine Anschrift zu hinterlassen, verschwand. Die Witwe sah er nicht wieder. Nach kurzem weiterem Aufenthalt im Hause von Dr. Schnitzers Eltern verließ sie samt Familie Deutschland.

Von Emin-Schnitzer ist zu vermelden, daß er, sicher auf Grund von Angeboten aus Afrika, über Triest nach Kairo reiste. Inzwischen hatte er sich aber länger in Konstantinopel aufgehalten, um Erbschaftsangelegenheiten zugunsten der Kinder seines verstorbenen Gönners zu ordnen.

Im Oktober 1875 finden wir ihn bei einer Karawane im Niltal, die Waren südwärts nach Khartum, in den Sudan transportiert. Emins, nur teilweise aufgeklärter Lebensabschnitt in der Türkei war zu Ende. Anfang Dezember 1875 langt unser Arzt aus Neisse in Khartum an, am Zusammenfluß des Weißen und des Blauen Nil. Es war die wichtige Zentrale (Garnison seit 1823) ägyptischer Verwaltung für den eroberten Sudan; auch das Zentrum der Elfenbein- und Sklavenhändler und der Forscher, die teils mit, teils ohne Auftrag sich anschickten, weiter südwärts in für Europa fast unbekanntem Savannen- und Wäldergebiet Geschäfte zu machen oder zu forschen.

Hier präsentierte sich der Arzt dem Telegraphen-Inspektor Giegler Pascha als »Emin«. Dieser war über den merkwürdigen Ankömmling erstaunt.

Er berichtet: »Mit (arabischen) Händlern wohnte er in einem öffentlichen Warenlager, als er sich dem deutschen Vize-Konsul Friedrich Rosset und mir vorstellte. Er tat dies als Türke, der seine Erziehung und Ausbildung in Deutschland genossen hätte, und hielt auch an dieser Fiktion stets fest, wiewohl er bald darauf seinen Pass, der ihn als Deutschen und als Dr. Schnitzer bezeichnete, bei Rosset abgab und wir auch einiges über ihn durch Dr. Junker erfuhren.«

In dieser Zeit hatte der Khedive Mehemet Ali mit der Eroberung der am oberen Nil gelegenen Gebiete begonnen. Schweinfurths Berichte vom Treiben der Elfenbein- und Sklavenhändler am oberen Nil sorgten für Empörung in europäischen Kreisen. Der Engländer Samuel Baker unterwarf darauf im Auftrag des Khediven das südsudanische Land in Feldzügen mit wechselndem Glück von 1870 bis 1873. Mit der von ihm erwarteten Einnahme der Reiche Unyoro und Uganda ging es aber nicht voran. So sann man in Kairo auf einen Ersatzmann. Nubar Pascha, der erste Minister des Khediven, schlug den Oberst Gordon vor, bekannt geworden wegen seiner Erfolge bei der Niederwerfung des Taiping-Aufstandes in China.

Im April 1874 wurde Gordon zum Gouverneur (Mudir) des Bezirks Hatt el Estiva (Äquatorialprovinz) ernannt. Sitz des Gouverneurs wurde die Station Lado auf dem linken Ufer des Bergnils. 1877 erhob man ihn zum Hokumdar (Oberbefehlshaber) des ganzen ägyptischen Sudan. Seine Hauptsorge war, am Nil eine Kette befestigter Stationen anzulegen, die von Khartum bis zum Albert-See reichte (3000 km) und den Strom für den Sklavenhandel sperren sollte.

Gordons Vorgänger in Äquatoria, Samuel Baker, hatte bereits mehrere Dampfer unter unsäglichen Mühen in die Provinz geschafft; unerläßlich für Emin Paschas spätere Verwaltungstätigkeit.

Gordon erkannte bald die außerordentlichen Fähigkeiten Emins und engagierte ihn als Bezirksarzt in Lado, wo er im Mai 1876 eintraf. Bereits im Monat darauf schickte Gordon ihn in politischer Mission zu König Mtesa von Uganda (1. Reise nach Uganda, vgl. Chronik im Anhang). Im März 1878 wurde Emin Bey von Gordon zum Gouverneur von Äquatoria ernannt.

In wenigen Jahren konnte Emin berichten, daß es bei ihm ruhig und geordnet zugehe und die Stationen in einen guten Zustand gebracht worden seien. Es gab nun »Straßen« und eine wöchentlich gehende Post. Die Stationen waren meist mit einer Siedlung verbunden (Seriba), die eingezäunt und genügend groß war, um eine Pflanzung zu umfassen. Unermüdliche Pflanzversuche Emins erbrachten Baumwolle, Indigo, Kaffee, Reis und Ölfrüchte. Das ergab Gewinn und machte die Stationen von der Zwangsversorgung durch die umwohnenden, oft unwilligen »Schwarzen« unabhängig.

1880 bereiste Emin auch die Nachbargebiete, so Makraka, dann das der Mangbettu, bis zum Aruwimi. Gleichzeitig wurden auch hier Stationen angelegt. Durch geduldige Verhandlungen mit den Chefs gelang es Emin, ohne viel Gewaltanwendung, seine Provinz um fast die Hälfte zu vergrößern.

1882 hatte er nicht nur alle anstehenden Schulden getilgt, er erzielte auch einen Jahresüberschuß, um dessen redliche Transferierung nach Kairo er besorgt war; gar nichts Selbstverständliches in den Nilländern!

Emin liebte »sein« Land. Es sollte Mittelpunkt für zivilisatorische Einflüsse auf die Völker ringsum werden. Das Heer derer, die seine Sammelleidenschaft als Ornithologe auf die ungewöhnlichste Weise unterstützten, muß sehr groß gewesen sein. Von weit her kamen Afrikaner, meist zu Fuß gewandert, mit selbst gefertigten Gestellen, um seltene Tiere anzubringen.

In der Hauptstation Lado sah man ihn täglich ab sechs Uhr den Rundgang durch das Provinzkrankenhaus machen. Erholung bedeutete für ihn die Beschäftigung mit der Wissenschaft und eine umfangreiche Korrespondenz mit Fachgelehrten der Naturwissenschaften (vgl. Anhang).

Emin war, trotz seines ausgedehnten Schriftverkehrs, in den ersten Jahren seiner Gouverneurstätigkeit (bis 1885/86) weiteren Kreisen Europas kaum dem Namen nach bekannt.

Die Regierungen verschiedener Länder interessierten sich erst dann für ihn, als die krisenhafte Zuspitzung der Lage am oberen Nil sie an Kolonisationsmöglichkeiten »in der Zeit danach« denken ließ. Nun aber ging der Name des von der »zivilisierten« Welt abgeschnittenen Gouverneurs

Emin durch die Weltpresse, was später dann als die Emin-Pascha-Affäre bezeichnet worden ist.

Mit Zuspitzung der Lage »entdeckten« viele der »Beamten« in Emins Verwaltungsgebiet auch wieder ihre alten Einnahmequellen – Raubzüge, um Getreide, Elfenbein und vor allem Sklaven zu erbeuten.

Emins Tagebücher geben uns anschaulich Kunde von den Machenschaften dieser »Mitarbeiter« (vgl. z. B. »Rundreise durch den Bezirk Rohl«). Als im Jahre 1881 erste Nachrichten in Khartum verbreitet wurden, in Kordofan sei der Mahdi erschienen, war es mit Emins Aufbauarbeit im großen und ganzen vorbei.

Ein Heer von 60000 begeisterten Anhängern des Mahdi konnte Kordofan erobern und El Obeid erstürmen (18. Januar 1883). Gleichzeitig empörten sich die von den ägyptischen Verwaltern nur mühsam im Zaum gehaltenen Dinka-Neger nördlich von Äquatoria.

Die Gouverneure in Darfur, der Österreicher Slatin Pascha und im Bahr el Ghasal der Engländer Lupton Bey ergaben sich dem Emir des Mahdi. Anfang 1885 fiel Khartum (26. Januar). Der Mahdi war nun Herr des Sudan und Emin in Äquatoria von Ägypten völlig abgeschnitten. In der baldigen Erwartung, sich Khartums zu bemächtigen, sandte der Mahdi 1884 über den Scheich Keremallah an Emin die Aufforderung, vor ihm zu erscheinen und sich zu unterwerfen. Emin berief darauf die Beamten und Offiziere in Lado zu einer Versammlung ein. Die Mehrheit war für Kapitulation.

Emin widersetzte sich. Anfang 1885 sickerte die Nachricht vom Fall Khartums durch. Nun raffte sich Emin zu energischer Verteidigung auf. Die Stationen im Norden sollten zugunsten der weiter südlich gelegenen aufgegeben werden. Inzwischen drangen Trupps der Mahdisten bis nach Makraka vor, wurden aber zurückgeschlagen. Dann rückten die aufrührerischen Dinka in Scharen auf Lado zu. Ein Heer von 5000 Nubiern versuchte ohne Erfolg den Posten Redjaf südlich Lado zu nehmen. Nun sollte als neue Bastion des Widerstandes Wadelai im Süden ausgebaut werden. Von dort gab es eine freie Wasserstraße zum Albert-See.

Boten brachten Emin Nachrichten von »Befreiungsversuchen«. Ein Dr. Fischer sollte vom Osten her anrücken. Die Tatsache, daß es dem Gouverneur von Äquatoria bisher gelungen war, sich zu behaupten, verbreitete sich bis nach Ägypten und Europa.

Wie die Schilderungen im Dokumentationsteil zeigen, fand Emin auch während dieser gefährlichen Jahre Zeit für seine Forschungen und für eine weiterhin ausgedehnte Korrespondenz. Besonders willkommen mußten ihm Besucher sein, Reisende meist eigener Art, wie der Jahre lang (1879–84) in den Ländern der Mangbattu und Njamnjam forschende Dr. Wilhelm Junker, der darüber ein dreibändiges Reisewerk schrieb (s. Literatur), in welchem auch seine Begegnungen mit Emin Pascha eingehend geschildert sind (vgl. Anhang).

Wenige Tage vor der Abreise des Besuchers Junker tauchte ein anderer »Flüchtling« bei Emin auf. Es war ein ehemaliger Bersaglieri-Offizier aus Monza, Gaetano Casati, auch er eine seltsame Gestalt, wie Emin selber, aber ein wertvoller Helfer in der Notzeit und zudem Vermittler bei Kabarega, dem Herrscher von Unyóro, dem Nachbarland Ugandas. Er sollte herausfinden, ob ein Durchbruch nach Osten überhaupt möglich sei.

Anfang 1885 hatten sich die geographischen Gesellschaften Deutschlands an Bismarck wegen Nachforschungen über das Schicksal Dr. Junkers gewandt. Dr. Junkers Bruder finanzierte eine Entsatzexpedition unter Leitung von G. A. Fischer, die sich von Sansibar aus westwärts auf den Weg machte. Da er nicht durch Uganda ziehen konnte, das sich gerade im Krieg mit Unyoro befand, kehrte er um. Er starb am Fieber.

Mit ihm hatte die Reihe derer angefangen, die um das Schicksal Emins besorgt waren. Dabei kamen die verschiedensten Gründe ins Spiel. Alle hatten keinen Erfolg. Stanley's groß aufgezogener »Rettungsversuch« blieb als britisches »Kulissenspiel« umstritten.

Anfang 1887 warb Stanley in Sansibar beim »Händler-König Mittelafrikas« Tippu Tip, der ihn bereits für seine berühmte Kongofahrt mit Trägern versorgt hatte, einige Hundert Sansibariten an und schickte sie zur Westküste und den Kongo aufwärts. Nach sehr hohen Verlusten und schrecklichen Strapazen in den großen Wäldern, gelangte er nach Kawalli, der Station nahe dem Albert-See.

Was Stanley an Mannschaften dem »bedrohten« Gouverneur vorführen konnte, war ein Haufen ausgehungerter, zerlumpter und vollständig erschöpfter Leute. Mühsam deponierten sie 34 Kisten Munition und 2 Ballen halbverdorbener Kleidungsstücke. Ein Schreiben des Khediven, das Stanley mit sich führte, war nicht minder deprimierend. Es bestätigte, daß von Kairo keinerlei Hilfe zu erwarten sei.

Doch berichtete Stanley nichts über die Inbesitznahme weiterer Ländereien durch das Deutsche Reich. Wie sehr er auch drängte, sich zu entscheiden, Emin blieb der »Cunctator«, ein Zögernder, der Stanley nicht so recht traute.

Emin reiste im Juli 1888 mit Stanley's Vertrauensmann Jephson von Station zu Station, wo sie die Offiziere in voller Aufsässigkeit antrafen. Von Dufile aus bemächtigte sich eine Abteilung der Aufrührer zunächst der beiden für den Verwaltungsablauf Emins unentbehrlichen Dampfer. Wochenlang gab es ein Hin- und Her-Reisen, dazu aufregende Nachrichten über Einfälle der Mahdisten.

Nutzlose Palaver folgten eine Woche um die andere. Man durchsuchte Emins Haus in Wadelai. Er selbst wurde zwei Monate festgesetzt (Gefangenschaft in Dufile). Einige der Offiziere bezeichneten die Nachrichten über den Fall Khartums als Schwindel.

Neue Hiobsbotschaften von drohenden Mahdisteneinfällen und nunmehr auch Opposition der schwarzen Mannschaften gegen ihre Offiziere machten im Dezember 1888 dem Hin- und Her-Reisen der »Verschwörer« ein Ende. Es gab rührende Szenen bei Emin, um seine Verzeihung zu erflehen.

Schließlich zog man in Stanleys Lager nahe dem Albert-See. Nach dramatischen Auftritten Stanleys trat die aus etwa 2000 Menschen bestehende Karawane die Reise in Richtung Sansibar an. Vorüber zog die Schar am Schneeriesen Ruwenzori dem Osten zu. Damals schrieb Vita Hassan: »Als Stanley's Gäste waren wir zugleich seine Gefangenen. Darüber gab es keine Illusionen.«

Beim weiteren Vormarsch nach Osten mußte Emin erkennen, daß es eine neue deutsche Kolonie gab (Tanganjika), und auf deren Territorium befanden sie sich jetzt. Begründet hatte sie Dr. Carl Peters, der im Oktober 1884 von Sansibar aus ins Innere zog und mit den einzelnen Stammeschefs Verträge abschloß, in denen sie die deutsche Oberhoheit anerkannten. Diesem Dr. Peters wurde 1889 die Leitung der Emin-Pascha-Expedition zur Rettung Emins übertragen. Er hat darüber ein Buch geschrieben (»Die deutsche Emin-Pascha-Expedition«), das zahlreiche Auflagen erlebte und in etliche Sprachen übersetzt wurde.

Major v. Wissmann, als Vertreter des zur Kolonialmacht aufgestiegenen Deutschen Reiches, war dazu ausersehen, den Heerwurm Stanley's und des mitgeführten Emin zu empfangen. Ort der Handlung war Mpuapua, 300 km westlich der Ostküste. Bei dieser Begegnung mußte auch ein ans Befehlen gewohnter Stanley den Eindruck gewinnen, daß mit der deutlich in den Vordergrund gestellten Begrüßung des Gouverneurs Emin auf dem Territorium von Deutsch-Ostafrika die Rollen vertauscht waren. Stanley bemerkte, wie ihm die Beute zu entgehen drohte. Welches Angebot würden Emins Landsleute dem glücklich dem Untergang entronnenen Gouverneur machen?

Am 5. Dezember 1889 wurde in Bagamojo (an der Küste) zu Ehren beider Rückkehrer ein Bankett veranstaltet. Man brachte zahlreiche Trinksprüche auf Stanley und andere aus, nur nicht auf Emin. Nach dem Essen entfernte dieser sich unbemerkt aus der Gesellschaft, und zwar – wie man allgemein annimmt – durch ein bis zum Boden reichendes Fenster, das der kurzsichtige Mann wohl für die Tür zu einem Balkon hielt. Er stürzte in den Hof. Der Schädelbruch heilte nur langsam.

Am Tag nach dem Unfall schiffte sich Stanley mit seinen

Leuten nach Sansibar ein. Peters schrieb später, vergeblich habe sich Stanley darum bemüht, den Pascha zum Übertritt in englische Dienste zu bewegen.

Inzwischen war Emin »provisorisch« in den Dienst des Deutschen Reiches übernommen worden. Er sollte zwischen dem Viktoria- und dem Tanganjika-See die Häuptlinge der deutschen Herrschaft zuführen. Am 26. April 1890 war er gesundheitlich soweit hergestellt, daß er, begleitet von dem deutschen Zoologen und Völkerkundler Dr. Franz Stuhlmann, mit einer Truppe von 103 Mann und 592 Trägern den Marsch nach Westen beginnen konnte.

Für das deutsche Reichskommissariat in Bagamojo war der Umgang mit dem recht eigenwilligen Gouverneur a. D. nicht leicht. Emin bekam zwar einen genauen Operationsplan, aber keine bindende Einstellungsurkunde. Emin schrieb damals: »Ich befinde mich in der seltsamen Lage, eine deutsche Expedition zu leiten, ohne zu wissen, ob ich überhaupt angestellt bin.«

Der Schwester Melanie schreibt er aus dem ersten Zielort, Tabora, am 2. August 1890: »Am 29. Juli bin ich mit fliegenden Fahnen in Tabora eingezogen, bewillkommnet von allen Arabern des Landes. Ich habe mit denselben im Namen des Reiches ein Bündnis geschlossen, einen Gouverneur ernannt und hoffe, schon morgen die deutsche Flagge aufziehen zu können.«

Am 27. September traf die Expedition am Viktoria-Nyanza ein. Seine körperlichen Kräfte ließen in den folgenden Monaten rasch nach. Doch immerfort verlangte er sich die Arbeit ab, die der Expeditionsführer, der Forscher und auch der Arzt in ihm forderten.

In den Hunderten von Kilometern unübersichtlichen Geländes zwischen Tabora und der Südküste des Viktoria Nyanza lagen Stützpunkte einer über ganz Mittelafrika ausgebreiteten arabischen Händler-Mafia verborgen. Oberhaupt dieser mächtigen Organisation war der berühmt-berüchtigte Tippu Tip, Sohn eines Maskat-Arabers und einer Negerin. Sein Lebensziel war die Errichtung eines innerafrikanischen Sultanats unter arabischer Führung.

Südlich des für einen Posten in Bukoba vorgesehenen Platzes stießen die Soldaten des Pascha beim Ort Massansa auf ein den Deutschen noch unbekanntes Sklavenhandelsnest (Nov. 1890). Emin ließ das Lager stürmen. Die Araber-Händler übergab er den befreiten Negern zur Bestrafung, und damit einem grausamen Tod.

Boten der Rache eilten in alle Himmelsrichtungen. In Tippu Tips Lager bei den Stanley-Fällen erfuhr man von der »Greueltat des Moslem-Verräters« in kurzer Zeit.

Ende August 1891 zog Emin entgegen den Anordnungen seiner Vorgesetzten mit seinem Trupp in den Ituri-Wald des östlichen Kongo. Nach längerer, oft zielloser Reise gelangte man im November nach Undussuma zurück, wo der Zug bereits vorher gewesen war.

Die genaue Route, die dann eingeschlagen wurde, ist nicht mehr zu rekonstruieren. Es geht weiter durch Wälder, ungefähr nach Westen. Unter den Trägern brechen die Blattern aus. Auch Emin ist schwer erkrankt.

Am 10. Dezember 1891 verläßt Dr. Stuhlmann auf Geheiß Emins die Expedition und zieht mit den Gesunden ins »deutsche« Gebiet zurück. Er schrieb nach seiner Rückkehr über dieses Unternehmen ein umfangreiches Werk (»Mit Emin Pascha ins Herz von Afrika«).

Im darauffolgenden April suchte Emin Anschluß an einen Elfenbeinhändler namens Ismaili, der ganz zweifellos über seinen »Verrat« bei Bukoba unterrichtet war. Nach langen strapaziösen Märschen erreichte man das Lager eines Händlers namens Kinena. Es lag in den Wäldern südwestlich von Ipoto.

Am 23. Oktober 1892 geschah es dann. Kinena drang mit Ismaili und einigen anderen in Emins Hütte ein. Das Haupt des Ermordeten schickte Kinena seinem Auftraggeber, dem Häuptling Kibongo, als Beweisstück zu.

Der Kongo war zu dieser Zeit bereits »Besitz« des belgischen Königs. Nachdem seine Truppen fast den ganzen Ost-Kongoraum von arabischen Stützpunkten »gesäubert« hatten, rückten sie Richtung Kassongo, dem letzten wichtigen Stützpunkt der Araber. Sie nahmen die Stadt am

22. April 1893. Ein Offizier der Truppe berichtet: »Die Einnahme Kassongos brachte uns ein: Zwei bis drei Tonnen Elfenbein, eine Menge Turmuhren ... und das Tagebuch Emins. Es ist bis zum 23. Oktober 1892 fortgeführt.«

So erfahren wir, auf welch wahrhaft wunderbare Weise es gelang, das vielfältige Nachlaß-Material zu retten. Am 3. Dezember 1893 überreichte der Vertreter der Kongo-Regierung dem deutschen Gesandten die gefundenen Tagebücher Emin Paschas.

Vor seinem letzten Zug ins Innere hatte Emin sechs Bände Tagebücher, den Zeitraum vom 15. Okt. 1875 bis zum 3. Dez. 1889 umfassend, in Bagamojo zurückgelassen. Das gesamte Material wurde dem Vormund von Emins Tochter Ferida, dem Biographen und leiblichen Vetter des Pascha, durch Vermittlung des Auswärtigen Amtes übergeben. Im Jahre 1897 verkaufte Dr. Schweitzer den gesamten Nachlaß an Herrn W. Schultz, damals Direktor der Pommerschen Hypothekenbank. Auf Umweg über Amerika gelangte der Nachlaß schließlich nach Berlin, wo das Hamburgische Kolonialinstitut ihn für eine Summe von 12000 Mark erwarb.

Im Sommer 1912 wurde Dr. Franz Stuhlmann mit der Herausgabe der Tagebücher beauftragt. Diese mühsame Arbeit zog sich bis in die zwanziger Jahre hin, der letzte der fünf Bände erschien 1927.

Aus der großen Fülle der Dienstreise-Beschreibungen konnte naturgemäß nur eine kleinere Auswahl in diesen Band aufgenommen werden. Der Leser möge sich hierzu in der Chronik im Anhang orientieren.

Viele der Wege- und Geländebeschreibungen sind oft von gleicher Art, dafür aber für den Spezialisten von hohem Wert. Der Ökologe z. B. kann an Hand der detaillierten Angaben aus allen Regionen Äquatorias über Wetter, Verbreitung der natürlichen Pflanzenformationen, Tierleben, Landwirtschaft und deren Erträge etc. wertvolle Erkenntnisse über die Veränderungen der Lebensräume in diesem Teil Afrikas während eines Zeitraumes von nahezu 100 Jahren gewinnen.

Erstes Kapitel

Reise von Chartum nach Ladó

1876. 17. April, Montag. – Am Frühlingsfeste, Schem en-nessīm, um 1 Uhr 15 Minuten fuhr der Dampfer ab, um 1.32 am Arsenal Barken (zwei mit Getreide und vier Kähne) ins Schlepptau zu nehmen. Es gab verlängerten Aufenthalt, weil Leute zum Feste nach Chartum gegangen waren. Abfahrt: 4.46, wieder Aufenthalt von 10 Minuten durch Auffahren der Barken. Um 5.19 bezeichnen drei gellende Pfiffe unsere Einfahrt in den Weißen Fluß, und um 6.30 wird zur Nacht angehalten (weil der Kapitän nach Chartum geht!); Fahrtdauer: 2 Stunden 1 Minute.

18. April, Dienstag. – Abfahrt: 5.37 morgens. Sandige Flächen mit spärlichem Anbau und vereinzelte Bäume charakterisieren das Westufer; nach einiger Zeit folgt Weideland mit vielen Herden. Das Vorland steigt nach der Bahinda zu sanft an und bildet eine Art Hügelkette, die gegen West den Ausblick begrenzt. Später steht mehr Baumwuchs am Ostufer. Nachts um 3.45 treffen wir die »Mansurah« vor Tor el-Hadra und verweilen daselbst bis 6.05 morgens. Kalte Nacht (18° früh 5.02). Fahrtdauer: 22 Stunden 8 Minuten.

19. April, Mittwoch. – Abfahrt: 6.05 vormittags. Hübsche Gegend um Tor el-Hadra: Berge, Felder, Häuser oder vielmehr Toguls (Rundhütten).

Von 9.17 bis 10.27 Aufenthalt in Duëm, einem kleinen Hüttendorfe, bei sehr starkem Nordostwinde. Von hier an wird durch guten Anbau, viele Hütten und Herden (Kamele) die Szenerie interessanter. Von 1.25 bis 1.36 nachmittags Insel bei Kaua. Ausschiffung von Passagieren. Bebaut. Um 3 Uhr vormittags wird Hellet Kaua, hübsch gelegen, passiert. Um 4.15 vormittags: Ankunft am Holzplatz oberhalb Kaua (Hellet el-Esch). Fahrtdauer: 8 Stunden 49 Minuten.

20. April, Donnerstag. – Aufenthalt am Holzplatze.

Ziemlich gelichtete Sunt-Wälder[1], in denen sich schöne Stämme befinden. Affen (Cercopithecus griseo-viridis).

21. April, Freitag. – Abreise: 5.22 vormittags bei heftigem Nordostwinde. 6.42 Mandschera. Barkenbau von Sunt-Holz, das schwer, rotbraun und dauerhaft ist. Weißköpfiger Adler. Wir haben Pulver im Schiffe, und trotzdem wird im Raume geraucht. Viele Inseln. Aba (1), berühmter Marabu, durch Pfeifen der Maschine gegrüßt. Nachmittags viel Steppenbrände; Vögel im Rauche fliegend. Ankunft: 8.17 nachmittags wegen wenig Wasser. Fahrtdauer: 14 Stunden 55 Minuten.

25. April, Dienstag. – 5.35 nachmittags: Ankunft in Faschoda (2).

Noch abends begaben wir uns in einer Barke, zwischen vielen Schilfinseln oft auffahrend, zur Stadt. Eine Art Damm führt von der Anlegestelle durch Rasenflächen zum Tore einer mit Wachlokalen versehenen Baulichkeit. Eine an allen vorspringenden Ecken mit Bastionen garnierte Mauer umgibt ganz die ausgedehnte Stadt, die gegenwärtig ca. 2000 Mann Soldaten beherbergt. In Reihen strecken sich ihre Toguls in der Umfassungsmauer hin. Der Mudir[2], Ali Kurdi, der von den Schilluk, seinen unruhigen Nachbarn, sehr gefürchtet wird, empfing uns in seinem Divan[3], zu dessen Plattform eine sehr stattliche Treppe führt. Obwohl ein alter Mann, hat er es doch verstanden, die Ruhe wieder herzustellen; seit ca. zwei Monaten kommen die Neger wie vormals zur Stadt. Es sollen hier sogar einige Kaufläden existieren. Die Nacht verhinderte uns an allem Besichtigen. Um 11.15 kehrten wir nach dem Schiffe zurück, das früh Pulver und Munitionen auszuschiffen hatte und deshalb über Nacht blieb. In Faschoda selbst ist eine Dampferstation. Fahrtdauer: 11 Stunden 5 Minuten. Ganze Fahrtzeit von Chartum bis Faschoda: 105 Stunden 54 Minuten.

26. April, Mittwoch. – Abreise: 6.35 vormittags. Lang-

[1] Acacia arabica, eine der häufigsten Akazien des Sudan.
[2] Arabisch: Provinz-Gouverneur.
[3] Persisch: Amtssitz.

sam entschwinden die jungen Dattelpalmen unseren Augen. Kahle Ufer, die langsam ein wenig Hebung über das Flußniveau anfangen; zahlreiche Togul-Dörfer, noch zahlreicher die Hügel der Ardah (Termite). Fern am Horizont sind Bäume sichtbar. Um 2 Uhr erblicken wir die erste Doleb (3) (Borassus flabelliformis), deren Bezirk hier anfängt; etwas weiterhin die allen Reisenden wohlbekannte Sunt-Akazie, aus deren Wipfel ein parasitischer Doleb aufragt, beide in ziemlich defektem Zustande. Auf den zahlreichen Sandbänken und Inselchen stolziert Balearica pavonina, der zierliche Kronenkranich, in kleinen Trupps. Seltene Dūm-Palmen werden durch zahlreiche Gruppen schöner schlanker Dolebs ersetzt (3.35 nachmittags). Um 4.34 passieren wir Tevfikīe, ein ziemlich hohes,baumbestandenes Ufer (Osten), wo Baker einst acht Monate lag (unser Reisebegleiter Ali Efendi war Mitglied jener Expedition). Behende kreuzen die Schilluk auf ihren Ambadj-Booten den Strom; ein großes Dorf am Westufer wird passiert. Um 8.15 nachmittags Ankunft in Sobat, der ersten Station meines Bezirks. Fahrzeit: 13 Stunden 40 Minuten.

27. April, Donnerstag. – Wir waren in den Sobat eingefahren und hatten unmittelbar an dem steil abfallenden hohen Ufer nach fünf Minuten Fahrt angelegt. Die Station, ein von dem üblichen Dornenzaune mit Türen versehener Komplex von Togul-Hütten, zeigt in Mitte den Divan des Mudir, Sürûr Efendi, eines intelligenten Schwarzen, der in Mexiko gefochten. Eine schwache Besatzung mit einer Kanone schützt den Platz, der wohl reich mit Vieh versehen ist, aber oft an Getreidemangel leidet, weil die Neger sich zurückgezogen haben und die Umgebung nur bebuschtes (wenig Bäume), steriles Terrain zeigt. Das Wasser des Sobat ist leicht gelblich, wird in der Regenzeit gelb wie der blaue Fluß und ist angenehm und gesund zum Trinken. Der Gesundheitszustand ist deshalb hier sehr befriedigend.

29. April, Sonnabend. – 6 Uhr vormittags: undurchdringliche Papyruswände, zwischen denen das schmutzige Wasser in fortwährenden Serpentinen hinschleicht; schwimmende

Inseln und Einzelpflanzen. 3.10: Trupps von Elefanten am Horizont. Jede Nacht ununterbrochenes Wetterleuchten, sehr starke Niederschläge, sehr viel Moskitos. 6.05 nachmittags: ganz vereinzelter Doleb im Schilfe. Nach Mitternacht 12.15 bis 2.15 Aufenthalt, um Holz aus den Barken auf den Dampfer zu nehmen.

2. Mai, Dienstag. – In einer 17 Meilen langen Einbuchtung liegt Ghaba Schambé, die zweite Station. In einem viereckigen Dornenzaun, dessen vier Seiten je eine von einer Wache besetzte Tür haben, liegen in vier Gruppen die mit Strohzäunen umgebenen Toguls und Sonnendächer, abseits in eigener Umzäunung die Magazine und das Munitionsdepot. Von allen Seiten tritt der Wald, meist aus Talha bestehend, an die Umzäunung heran. Löwen, Hyänen, Leoparden, Paviane (sehr gefürchtet) sind in Menge vorhanden. Im Flusse viel Nilpferde und Krokodile. Geier und Krähen (Corvus scapulatus) treiben sich zwischen den Häusern herum. Eine kleine Garnison beschützt die Station, die viele Dinka-Rinder besitzt. Aschegepuderte langbeinige Dinka stehen auf einem Beine. Ghaba Schambé ist eine alte Seriba von Ghattâs (4). Der Dampfer geht direkt an das flache Ufer heran, eine Art Mole erleichtert das Ausschiffen. Fünf Tage (zehn für Soldaten) durch Wald hindurch liegt Seriba Rohl, Sitz des Mudir (Elfenbeinhandel).

4. Mai, Donnerstag. – Bōr, Hauptort der vereinten Stationen Ghaba Schambé, Rohl, Latuka, ehemals Seriba Agad genannt, liegt (ebenfalls) am Westufer des Flusses und erlangt seine Bedeutung durch viele Wege ins Innere und regen Handel. So bekommt man hier nicht selten Psittacus erythacus[1] aus den Njamnjam-Ländern zu sehen, auch Njamnjam[2]-Sklaven sind häufig. Ich erhielt hier zwei Sklaven zum Geschenk.

Schon von Faschoda an hatten wir jeden Abend Blitze und Donner; nachts fiel reichlicher Tau, so daß Zündhölzer, wenn nicht in Blechkisten verwahrt, unbrauchbar wurden.

---

[1] Der Graupapagei.

[2] Die Azandé nördlich des Uëlle.

6. Mai, Sonnabend. – 3.40 vormittags: Anhalt im Lande Schīr. Starker Regenguß, große Tropfen, fast perpendikuläres Niederfallen. Regenbogen, die nach arabischer Ansicht den Regen einsaugen und so beenden. 5.27 vormittags: Abfahrt durch gewelltes, beinah hügeliges Land. Doleb als Wald bildend, hier auch Dūm, der von Faschoda aus fehlte. 6.10 vormittags: Anhalt Schech Birindji, Land Schīr. Großes Dorf. Sofort entspinnt sich Handel mit Körben, Matten, die gegen Durrah[1] vertauscht werden. Die Männer gehen völlig nackt, viele sind mit Ockererde rot bemalt. Sie haben enorme Tabakpfeifen in den Händen, Zierate von Kupfer, Elfenbein an Armen und Beinen. Die Frauen sind mit einem vorn kurzen und hinten langschwänzigen Schurz von Leder (Rahad) bekleidet, ebenfalls mit Glasperlen geziert. Es scheint hier eine starke Bevölkerung zu wohnen.

7. Mai, Sonntag. – 6.11 vormittags: Abfahrt. Schön waldige Ufer, im Südwesten der blaue duftige Ladó-Berg. Das Westufer mit grünen Wiesen, schönen Baumpartien und weidenden Rindern, macht manchmal den Eindruck eines rechten englischen Parkes. 7.02 morgens: gerade im Süden Gebel Belindjan und Gebel Hadad. 7.10 bis 8.12 vormittags: Aufenthalt, um Holz aus dem Schiffe auf die Barken zu laden, des Tiefganges halber. 12.10 nachmittags: viele Einzelberge im Südwesten. Keine Palmen, schöne Ficus. 1 Uhr nachmittags: leichter Regen. Fluß hier ca. 250 m breit bei 1,50 bis 3,50 m Tiefe; starke Strömung. 4.30 nachmittags: viele Inseln; starker Strom. 7.12 nachmittags: Ankunft in Ladó. Fahrtdauer von Bōr bis Ladó: 41 Stunden 28 Minuten. Demnach sind die Fahrstunden:

Von Chartum nach Faschoda	105 Std. 54 Min.
Von Faschoda nach Sobat	13 Std. 40 Min.
Von Sobat nach Ghaba Schambé	95 Std. 29 Min.
Von Ghaba Schambé nach Bōr	40 Std. 34 Min.
Von Bōr nach Ladó	41 Std. 28 Min.
Von Chartum nach Ladó	297 Std. 05 Min.

[1] Sorghum vulgare, eine Hirseart.

Gesamte Fahrtdauer in Tagen (Aufenthalt eingerechnet): 20½ Tag.

8. Mai, Montag. – Da Seine Exzellenz der Gouverneur flußaufwärts gegangen war, beschloß ich ihn aufzusuchen und reiste deshalb, vom Dampfer geschleppt, auf einer Dahabīje[1] von Eisen, die von Bakers Zeiten hier liegt, noch heute ab. 12.02 nachmittags: Abreise. Durch viele kleine Inseln hin windet sich der Dampfer, bald rechts, bald links abbiegend. Berge bilden die Staffage des manchmal bis 500 m breiten Flusses. 6.10 nachmittags: Gondókoro (5), wo wir die Nacht bleiben, von Mücken geplagt. Gondókoro ist auf einem wohl 6 m hohen Steilufer gelegen, vor dem ein schmaler, nur für kleine Boote fahrbarer Wasserarm Krokodile und Nilpferde beherbergt. Eine ziemlich große, im ganzen dreieckige Insel liegt vor diesem Wasserarm. Bananen, Datteln, Granaten, prachtvolle Zitronen in Menge, Anona squamosa[2], Opuntien bezeichnen die Stelle des einstigen Missionsgartens, von dem sich noch heute die ganze Umgegend mit Zitronen versorgt. Auch auf der Insel stehen drei Zitronen- und mehrere Bananenbäume. Von den Gebäuden sind die dachlosen Mauern aufrecht; nahe bei ihnen haben sich zwei bedeutende Togul-Dörfer des Schech Loró eingenistet. Den Hintergrund bildet der zackige Belindjan. Jedenfalls landschaftlich schöner und des Wasserabflusses wegen gesünder gelegen als Ladó.

9. Mai, Dienstag. – 7.15 vormittags: Abreise. Der Dampfer schleppt uns noch ein Stück ans Westufer und verläßt uns dann wegen Wassermangel. An seine Stelle treten einige dreißig Neger, welche ziehen, aber bald ihre Arbeit unterbrechen, weil ein starker Regenguß mit Gewitter sie verscheucht. Wir bleiben demnach von 7.30 bis 10.09 vormittags, wo der Regen aufhört, liegen und gehen dann in selber Weise langsam weiter, immer am Westufer. Große Herden meist weißer oder schwarzer, seltener lichtbrauner Rinder von der großhörnigen Buckelrasse beleben die Ufer,

---

[1] Großes Segelboot.

[2] Zimtapfel.

Aufnahmen von Dr. Emin Efendi (Emin Pascha, Eduard Schnitzer) während seines Balkanaufenthaltes (damals Teil des Türkischen Reiches)

auf denen hin und wieder grobkörniger Gneis in plattenförmigen Massen zutage liegt. Euphorbien und der seit langem fehlende Uscher (Calotropis procera) erscheinen häufiger. Um 12.02 haben uns die Neger in eine starke Strömung gezogen (Chōr, Inselspitze) und sind entlaufen; bald kommen andere, und fort geht es immer durch dieselben Gegenden und Szenerien den Bergen zu.

2.22 nachmittags. Die Gegend mit hin und wieder verstreuten Fels- und Steinblöcken, lichtem Baumbestande, stattlichen Euphorbien, Wasserlachen mit Vögeln besetzt und oft offenliegender rotgefärbter Erde erinnert oft an einzelne von Schweinfurths Zeichnungen aus dem Inneren. Hier ist wohl jetzt die eigentliche Heimat der Nilpferde; sie werden von hier aufwärts immer häufiger, und besonders an den Einmündungen der Cherān und auf Inseln sieht man sie zu Truppen bis fünfzehn Stück vereint weiden oder sich im Wasser umhertreiben. Grotesk ist der Anblick der rotgefleckten (Ring um Augen, Flecke auf Wangen, Hals und Schultern bei den in Brunst befindlichen Männchen) Tiere, die oft wie ein Fisch in die Höhe schnellen, oft sich jagen und dabei schnauben oder grunzend brüllen. Nahe bei Redjaf sind die Ufer mit Durrah bepflanzt, und der eigentümlich geformte Berg, der einzeln sich aus der Ebene erhebt, mehrt den Reiz der Landschaft.

12. Mai, Freitag. – 7.43 vormittags: Abreise. Wechselnd hügeliges Land, einzelne Felsen, an den Chormündungen große Vorlagerungen rötlich gefärbten Sandes, in dem viele Krokodileier. Flußwasser rötlich.

1.25 nachmittags: Ankunft in Kiri. Auf und an einem Gneishügel gelegene Station, Hinterland flach. Unterredung mit dem Gouverneur Gordon Pascha und R. Gessi (6), der von seiner Reise zum Albert-Nyanza zurück ist.

13. Mai, Sonnabend. – Abreise: 10.23 vormittags. Auf offener Barke ging es, von der Strömung getrieben, von Rudern unterstützt, schnell den Fluß hinab. Wenig Regen hielt uns nicht auf, und nachmittags kamen wir wieder in Bĕddēn an, wo kein Schiff bereit war. Es wurde demnach hiergeblieben und nach Redjáf um ein Boot geschickt.

14. Mai, Sonntag. – Aufenthalt in Bĕddēn. Viele Cucurbitaceen, rotköpfige und rotschwänzige große Eidechsen, Schildkröten. Gegen Abend kam das Boot, ein offenes kleines Fahrzeug, an.

15. Mai, Montag. – Abfahrt (früh) 8.12 vormittags. 9.42 wird die Spitze des Redjáf-Berges mit seiner auffallenden Felsmütze sichtbar. Einige Rizinuspflanzen. 11.59 vormittags Ankunft in Redjaf. 12.50 nachmittags: Abreise von Redjaf. An einer Flußbiegung ein paar Pelikane, die ersten, die ich hier gesehen. 4.28 nachmittags: Ankunft in Gondókoro. Eine Viertelstunde (?) unterhalb dieses Ortes beginnt Schilf und Papyrus (Diss) wieder, die oberhalb gänzlich fehlen. Mit ihnen fehlt auch die Baudah oberhalb Gondókoro gänzlich. Wir nahmen in Gondókoro etwas grüne Zitronen mit, fuhren um 5.07 nachmittags ab und gelangten um 8.14 abends wieder nach Ladó, wo meine Toguls und Effekten mich erwarteten.

Die Entfernungen zwischen den einzelnen Stationen zu Lande sind folgendermaßen zu verteilen:

Von Ladó nach Gondókoro (Ostufer)	4 Stunden
Von Gondókoro nach Redjaf (Westufer)	4 Stunden
Von Redjáf nach Bĕddēn (Insel)	3½ Stunden
Von Bĕddēn nach Kiri (Westufer)	7 Stunden
	18½ Stunden.

16. Mai, Dienstag. – Ich habe über Ladó wenig zu sagen. Seine Einrichtung entspricht den anderen schon beschriebenen Stationen vollkommen; da aber das Ufer hoch ist und die Dampfer Sommer und Winter dicht unter Land gehen können, so dient es seinem Zweck besser als Gondókoro, wo erst Schaluppen zum Überschiffen nötig waren. In gesundheitlicher Beziehung möchte ich jedoch Gondókoro vorziehen, wo keine Wasser stagnieren wie hier. Ladó ist von dem Flusse, grünen welligen Ebenen und ein wenig lichtem Wald umgeben, in dem sich mitunter Elefanten zeigen. Als Ausschiffungsplatz für die Dampfer besitzt es zinkgedeckte Magazine. Ein Bretterhaus, hübsch bemalt, mit Bananen umringt, dient Seiner Exzellenz dem Gouverneur zur

Wohnung. Alle anderen Beamten und Soldaten bewohnen Toguls aus Schilf mit festen Grasdächern, die ganz gut gegen Regen schützen, aber jedes Jahr repariert werden müssen. Bananen (angepflanzt), einige Mimosen bilden die Zierde der Ansiedlung, die in sehr guten Beziehungen zu den umwohnenden Negern, besonders zu dem bekannten und mächtigen Schech Loro von Gondókoro (Bári) steht. Im NNW von der Station liegt Gebel Ladó, in ungefähr vier Stunden von hier aus zu erreichen.

Zweites Kapitel

Bei König Mtesa von Uganda

In der Hauptstadt

1877. 19. Dezember, Mittwoch. – Schon früh am Morgen, ich war beim Baden, kamen Kanagurba und Mreko mit ihrer gesamten Eskorte und wurden natürlich zurückgewiesen, was sie tief verletzte. Nachdem ich mich alsdann mit meinen Packereien ein wenig in Ordnung gebracht, erschien Mreko mit einem weißgekleideten Matongali und Leuten des Katikiro[1], die mir eine Ziege und sehr viele Bananen als Willkommengruß von ihrem Herrn brachten. Gegen Mittag kam dann Amara mit noch zwei Tongefäßen und einer Epistel von Mtesa, in einen von mir früher gesandten Umschlag gesteckt, dessen Adresse ausgekratzt war. Der Brief lautet:

> *To Dr. Emmin Affendi. My dear friend thank be to God that you have reach safely and I rite this letter. I am truely Mtesa King of Uganda. December 20 th. 1877* (heute haben wir den 19.).

Nachdem Amara einige Minuten gewartet und sein Geschenk erhalten, verschwand er ganz plötzlich und ließ mir Kanagurba und Mreko zurück, die mich über eine Stunde schweigend angafften. Ein Sklave Schambalangos brachte mir seine Grüße – ohne Geschenk, ganz seinem filzigen Charakter entsprechend. Bald darauf kam eine andere Sendung Bananen und Zuckerrohr von Mtesa. Meine Leute haben nun Bananen in Masse, merkwürdigerweise aber hat Mtesa mir keine Rinder gesandt.

[1] Premierminister des Königs von Uganda.

Der Nachmittag verging recht einförmig, und ich war ganz froh, als ich meinen schmerzenden Kopf aufs Polster legen konnte – leider ist an Schlaf kaum zu denken. Ich habe denselben Kopf- und Nackenschmerz auch im Vorjahre hier gehabt, und alle Mittel halfen nicht, nur Luftveränderung.

20. Dezember, Donnerstag. – Schon früh kam Kanagurba, heute allein, und langweilte mich über zwei Stunden lang, d. h. er saß vor mir, hustend und spuckend, und nichts weiter. Ich war also recht froh, als er endlich ging. Die mir vom König gesandten Ziegen sind heute meinen Soldaten, die ohne Fleisch sind, zum Opfer gefallen. Ich kann nicht recht begreifen, warum Mtesa keine Rinder gesandt, wie im Vorjahre.

23. Dezember, Sonntag. – Da ich mich, wenn auch recht hinfällig, doch besser fühle, beschloß ich, die Geschenke zu Mtesa zu bringen, und ließ ihn durch Amara, der früh gekommen, davon in Kenntnis setzen. Kaum war aber dieser fort, so versuchte auch schon Kanagurba, mich zum Abmarsch zu bewegen, ohne die Leute Mtesas zu erwarten. »Bin nicht ich es, der dich bis hierher gebracht?« fragte er ganz pathetisch und erhielt darauf die folgerichtige Antwort: »Jawohl, aber wie?« Wir waren noch im Gespräch, als Mtesas Boten, wie gewöhnlich in stürmischer Eile und »Muzúngu, Muzúngu!«[1] schreiend, mich zu ihrem Herrscher zu rufen kamen und somit unsere Rede endeten. Meine Soldaten waren bereit, ich selbst ebenso in zwei Minuten fertig, und so ging es denn vorwärts. Zu meinem Befremden jedoch ließen wir die vorjährige Hauptstraße links liegen und schlugen einen weit südöstlicheren Weg ein, der uns, nahe an dem von den Zanzibar-Kaufleuten bewohnten Quartier vorüber, zwischen Gräben, Seriben, Schmiedeschuppen und über weite freie Plätze sowie über einen durch den Sumpf führenden Damm, endlich bergauf leitete. Der Sultan hat nämlich die vorjährige Residenz verlassen und residiert nunmehr in jenem Palais, in welchem ihn Linant-Bey besuchte. Eine ganze Stunde hatte ich zu

---

[1] Europäer.

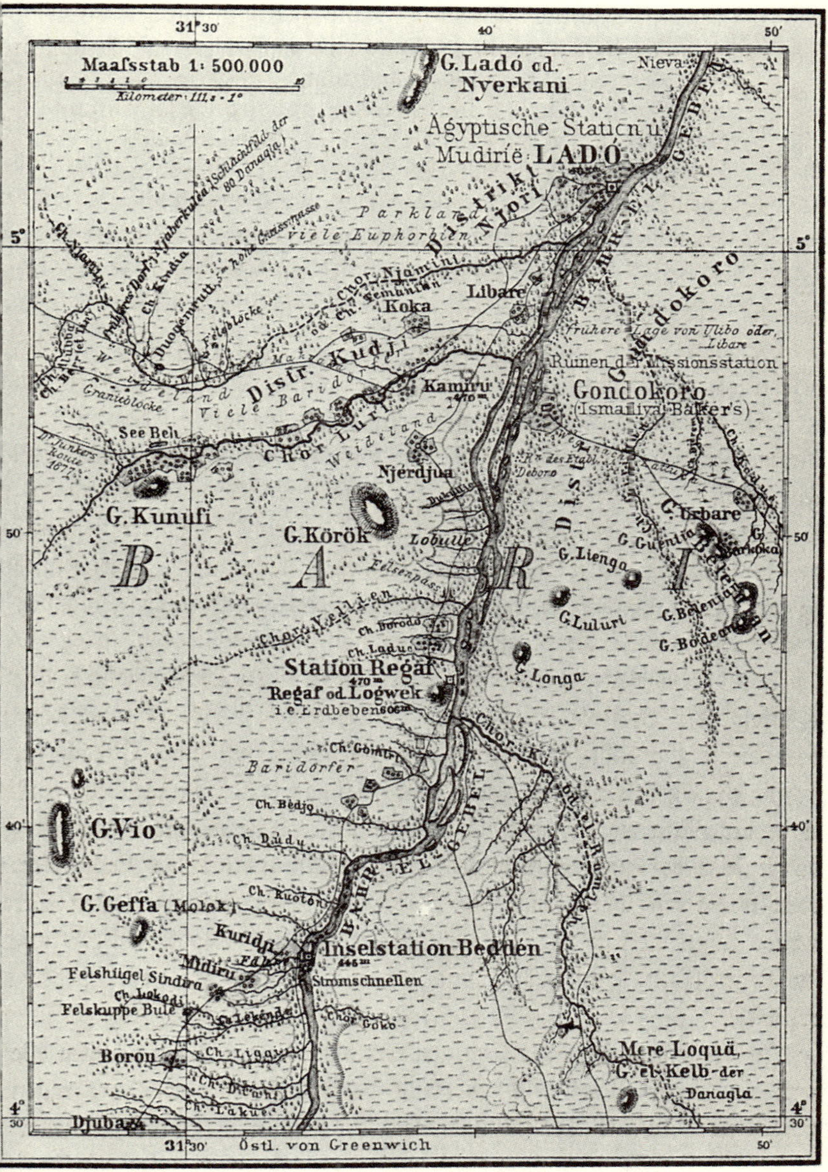

Von Dr. Junker entworfene Karte der Umgebung von Lado

reiten! Mit ihm sind auch all seine Würdenträger dorthin gezogen. Zusehends vergrößerte sich die Menschenmenge, lachend und gestikulierend, die Fremden und das Maultier umringend; auf halber Bergeshöhe empfing uns eine Ehrensalve aus etwa 50 Gewehren und Trommeln (!) und Trompeten, und als wir uns näherten, umringten uns die Leute als Ehreneskorte. Besonders ihr Chef, durch einen prächtigen, den Panamahüten frappant ähnlichen Strohhut mit rotem Bande gekennzeichnet, fiel durch seinen kühnen und nach beiden Seiten aufgewirbelten Schnurrbart und den wilden Kinnbart auf – eine Person zum Malen! So ging es denn vorwärts mit Sang und Klang, Geschrei und Schüssen, bis wir uns dem Tore der auf der Hügelkuppe gelegenen Residenz näherten. Hier auf einmal wurde haltgemacht und mir bedeutet, ich habe zu warten, wogegen ich mich natürlich sehr energisch wehrte und den Leuten sagte, ich würde, falls mir nicht sofort Eintritt gewährt würde, augenblicks nach Hause reiten. Kanagurba hatte die Frechheit, zu lachen, und so nahm ich denn meine Soldaten und machte kehrt, war aber noch keine zwanzig Schritt weit geritten, als man hinter mir einherstürmte und mir zurief, der Sultan wolle mich sogleich sehen. Als ich noch zauderte, erschienen Schambalango und Idi, mein alter Freund, der vor drei Tagen erst hier angekommen und nun krank war, und baten mich, mit ihnen zurückzukehren, da der Sultan sie eigens in aller Eile gesandt. Ich folgte ihnen demnach, und wir passierten das erste Tor, zu dessen beiden Seiten ganz kleine Kanonen von sehr kleinem Kaliber auf elendiglichen Holzschleifen standen. Sie sind von Bronze, sehr hübsch gearbeitet, aber Spielereien. An jeder folgenden Tür stand ebenfalls je eine Kanone derselben Art. Vom ersten Tore an bis in das Haus des Herrschers hinein marschierten wir nun zwischen Spalieren Bewaffneter, die präsentierten, alle gut bekleidet (keinen Tarbusch und keine Fußbekleidung, meist weißer Madapolam und rote Wolle) und bewaffnet. Alle Gewehre ohne Ausnahme sind Perkussionswaffen, die alten Steinschloßwaffen scheinen sämtlich umgeändert worden zu sein. Die Anzahl der so passierten Bewaffneten – wir

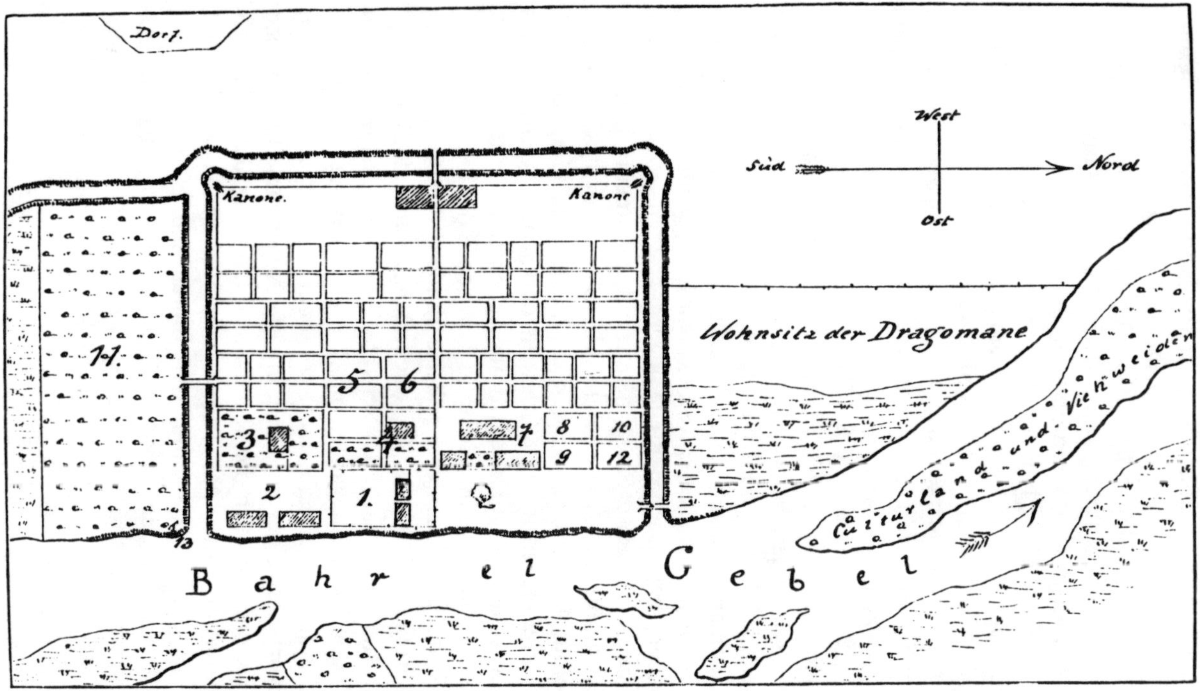

Schematische Planskizze von Lado, der »Hauptstadt« der Provinz Äquatoria

durchschritten fünf enorm lange Höfe – mag wenigstens tausend Mann betragen haben. So stieg ich denn ab und nahte dem Allerheiligsten, einem Hause von recht imposanter Größe; ein ohrenzerreißender Lärm von tausend Instrumenten grüßt unseren Eintritt, und vor uns befindet sich ein etwa 12–15 m langer und 5–6 m breiter Raum, dessen Bedachung durch zwei Parallelreihen von schlanken Phoenix-Stämmen[1] in drei Abteilungen geteilt wird. Die mittlere ist als zum Throne führend frei; zu beiden Seiten sitzen die hohen Beamten und Offiziere, alle im Festtagsgewande. Ein hübscher Anblick: rot, schwarz mit Gold und Silber. An jeder Säule steht ein Soldat, in möglichst bunter Uniform, sein Gewehr präsentierend. Nachdem sich Mtesa hat entschuldigen lassen, daß er nicht aufstehe, weil er seit einigen Tagen an Kolik leide und jede Bewegung ihm Schmerzen mache, wurde mein Stuhl an den Rand des Teppichs gestellt (ein Stück schottisch gemusterter Stoff, über dem Leopardenfelle liegen), und ich setzte mich, um, die entstehende Pause benutzend, mir meine Umgebung anzusehen. Da war zunächst Mtesa in rotem Stoffbeinkleid, einer Art schwarzem Rock, der nicht recht paßte, und rotem Tarbusch, sowie roten Schuhen, den Säbel mit Elfenbeininkrustationen an Handgriff und Scheide, sowie seinen Stock zwischen den Füßen haltend. Um den Hals hing an silberner Kette eine leuchtend polierte runde Silberplatte von der Größe eines Maria-Theresientalers, ohne jede Zeichnung. Unter dem Tarbusch schaute eine Ecke seiner weißen Takīe[2] vor. Im ganzen machte er einen vernachlässigten Eindruck, durchaus nicht so gentil und stutzerhaft wie im Vorjahre. Über die Stirn, um die Augenwinkel zogen sich Falten, und auch die Mundwinkel hingen schlaff herab. Er saß auf einer Art Sessel, der, wie schon gesagt, auf Leopardenfellen stand, und hinter ihm erhob sich eine Querwand, den hinteren Teil des Hauses markierend. Neben ihm kniete ein Knabe in Rot und Gold. Die Wesire – der Katikiro, Schambalango, Kahúnsa, Sakibobo – sowie

[1] Dattelpalmen-Art.

[2] Kopfbedeckung.

mein alter Freund Idi saßen längs des Teppichs in Reihen, und Massen von Leuten waren längs der Wände postiert. Nachdem ich mich so orientiert, begann ich nun auseinanderzusetzen, wie im Vorjahre ich bei Mtesa gute Aufnahme gefunden und wie deshalb Seine Exzellenz der Pascha gerade mich ausersehen, die Geschenke, welche Seine Vizekönigl. Hoheit der Chedive auf Seine Exzellenz des Paschas Wunsch für Mtesa aus Ägypten gesandt, ihm zu überbringen. Zugleich sei ich beauftragt, die freundschaftlichen Beziehungen, in denen wir leben, nach allen Seiten hin zu erweitern, und Mtesa würde jedenfalls im Vorteil sein, wolle er sich näher an uns anschließen. Ich hätte übrigens noch andere Instruktionen und Ordres, welche ich ihm bei unserer Begegnung auseinandersetzen werde. Zugleich übergab ich meine englischen und arabischen Akkreditive von seiten Seiner Exzellenz des Paschas. Der Brief wurde sofort geöffnet; der englische Brief wurde von Miftah, einstiger Diener Stanleys, ziemlich fließend übersetzt; der arabische machte mehr Schwierigkeiten, obgleich Masaud, der Schreiber, ein Vollblutaraber von Zanzibar ist. Ich ließ sodann die Geschenke bringen, welche geöffnet, Stück für Stück genannt und von weitem gezeigt wurden – genähert darf dem Sultan nichts werden. Besonders unter den anwesenden Zanzibar-Leuten – und ich sah deren drei bis vier bekannte Halbblutleute und mehrere mir völlig unbekannte – erregten die Sachen enormes Aufsehen; sie wurden schleunigst ins Innere des Hauses geschafft. Nachdem noch eine Zeitlang unter allerlei Redensarten ohne Nutzen vergangen, erhob ich mich, um zu gehen, und auch Mtesa schiens wohl zufrieden, denn kaum hatte ich den Rücken gekehrt, so war er schon im Innern des Hauses verschwunden. Ich selbst passierte, von Idi und Schambalango geleitet, die Höfe und wurde bald auch von Katikiro und Sakibobo eingeholt, die mir die Hand zu drücken kamen. Der Katikiro ist ein anständiger, artiger Mensch. Mit ihnen war eine Menge mir teils bekannter, teils unbekannter Leute, unter ersteren der Matongali, der im Vorjahre während meines hiesigen Aufenthalts mir gedient.

24. Dezember, Montag. – Gestern abend war wieder einmal eine Sternennacht, wie man sie etwa im frostigen klaren Dezember in Europa hin und wieder sieht. Millionen kleiner und kleinster Sterne waren sichtbar und schienen in dem transparenten Äther in ihrem Funkeln näherzurücken und wieder zu verschwinden. Funkeln ist kaum der rechte Ausdruck: es ist ein förmliches Flackern wie von aufleuchtendem und wieder niedergehendem Feuer, und nur sehr wenige Sterne zeigen ein ruhiges Licht. Auffällig ist ferner die Menge gefärbter Sterne meist rötlichen Lichts.

Meinem Wunsche gemäß kommt frühzeitig mein vorjähriger Adjutant Matongali Missirba, der inzwischen bedeutend avanciert ist, um mir seine Aufwartung zu machen. Er war im Vorjahre, obgleich er mir sehr behilflich gewesen, völlig leer ausgegangen, da meine Abreise ganz unerwartet schnell vor sich ging und meine Geschenke erschöpft waren. Er ist ein ältlicher, gesetzter, bescheidener Mann, spezieller Protegé des Katikiro. So plauderten wir denn, uns des Vorjahres erinnernd, ganz vergnügt; als ich ihm aber die schon für ihn vorbereiteten Geschenke: ein Tarbusch, 12 Ellen Madapolam und etwas weißen Faden, übergeben ließ, da war er wirklich erregt und meinte: »Ihr Weißen seid doch besser als wir; einer von uns hätte längst vergessen, daß ich ihm einst gedient.« Nach langem Plaudern, und nachdem er mir versprochen, sich nach Kuriositäten usw. umzusehen, verabschiedete er sich, um kurz darauf mir durch seine Diener eine Ziege als Gegengeschenk zuzusenden. Um Mittag kam dann wie gewöhnlich in aller Eile Amara mit seinen Leuten und brachte mir von Mtesa zum Geschenk zwei Kühe; »die gestern gesandten Kühe wären mager, und er wünsche, daß ich von den heute gesandten fetteren esse.« (Sie sind um nichts besser!) So wäre ich denn auf beinahe zwei Monate hinaus mit Fleisch versehen und kann von nun an mir zukommende Schafe oder Ziegen für meine Tafel verwenden. Das Rindfleisch ist gar zu zäh, um sich lange daran zu erfreuen. Wäre nur irgendwelches Gemüse zu erhalten! Es gab im Vorjahre so viele und so schöne Tomaten, daß ich ihrer noch heute gedenke; ebenso Knollen von Helmia, Kürbisse und grüne Bohnen. Dies Jahr – Null! Seit halb vier Uhr nachmittags hat sich der Himmel völlig bedeckt und verfinstert; zuckend gehen blauleuchtende Blitze nieder, und Schlag folgt auf Schlag. Ein Gekrache von allen Seiten, als müßte das Firmament zusammenbrechen, und dabei nicht ein Tropfen Regen, nur das entsetzliche Gepolter! Das dauerte etwa eine Stunde lang, dann wurde es still, blieb aber stark bedeckt.

25. Dezember, Dienstag. – Bis jetzt hat mich noch keiner der großen Herren beehrt, sogar der ewig bettelnde Schambalango ist nicht gekommen. Es mag ihnen eben wohl zu weit sein hierher, und sie haben nicht unrecht; so spare ich viele Geschenke. Um zehn Uhr vormittags kommt auf einmal Idi mit Amara und einem Schwarm von Leuten und überbringt mir die Grüße des Sultans. Er sei damit beschäftigt, für mich in seiner Nähe ein passendes Haus suchen zu lassen (wenn's wahr ist). Sie fügen daran die Bitte um Medikament für den Sultan, der, wie es scheint, an starkem Blasenkatarrh leidet. Natürlich plaudre ich mit Idi ganz vergnügt; er spricht fließendes Zanzibar-Arabisch. Gerade als wir im besten Schwätzen, kommt in Sturmeseile Schambalango in rotem, silberbesticktem Kaftan und weißem Beinkleid mit breiten, roten Bändern an den Fußenden; ein hübscher, neuer Tarbusch schmückt sein Haupt. Er zieht vor, den Uganda-Dialekt zu sprechen, obgleich er Arabisch gut versteht und passabel sich darin ausdrückt. Nach vielen stürmischen Freundschaftsbezeugungen erklärt er, er sei gekommen, nur um mich zu sehen; weil er vorausgesetzt, daß ich ihm zürnen werde, komme er erst jetzt zu mir. Natürlich bemerkte ich ihm, daß seine Anhänglichkeit eben nicht zu groß sein dürfte, da er sich zu seinem Besuche Zeit genug gelassen. Die Leute hier besitzen aber eine so fabelhafte Geschicklichkeit, über alles fortzugleiten, was ihnen irgendwie unbequem sein könnte, daß meine Bemerkungen natürlich abglitten. Er erbat darauf seinen Kaffee »mit viel Zucker« und plauderte unbefangen weiter, um ebenso plötzlich sich zu erheben und seiner Wege zu gehen, mit dem Versprechen, er würde mich

bald wieder beehren. Idi blieb noch eine Zeitlang, ließ sich die Anwendung des für Mtesa gegebenen Medikaments (Tannin) erklären und verabschiedete sich dann, indem er versprach, mir ein bis zwei Papageien zusenden zu wollen. Auch er versprach für morgen zu kommen.

26. Dezember, Mittwoch. – Schon früh morgens zeitig kam Idi, mir seine Visite zu machen, wohl getrieben vom Wunsche, in Besitz des ihm vom Vorjahre versprochenen Gewehres zu treten. Es hatte während der Nacht ziemlich stark geregnet, und jetzt noch hüllt grauer, dichter Nebel das Land. So war auch Idi heute nur in den Rindenstoff gehüllt, ohne Kopfbedeckung gekommen. Er sagte mir, daß der von ihm verwaltete Landstrich, an der Grenze von Kabregas Lande Muënge gelegen, nur drei Tagemärsche von hier entfernt, zugleich aber weitab gelegen vom See (Mwután-Nzige) sei. Leute von Nkole und Mpóroro kämen oft zu ihm. Auf meine Frage, ob von hier aus Verkehr mit den Mássai-Völkern im Osten des Sees bestehe oder ob Leute von dort je hierherkämen, erfolgte entschiedene Verneinung. Es scheint demnach von hier aus immer nur die eine Straße nach Karaguë begangen zu werden, und diese soll in zehn Tagen ohne große Anstrengung zurückgelegt werden können. Ich beschenkte Idi sodann mit einem doppelläufigen Perkussionsgewehr mit vergoldeten Hähnen usw., und er war darüber so ergriffen, daß er mich bat, ihn für heute zu beurlauben: er will jedenfalls sein Gewehr aller Welt zeigen.

Wie jeden Morgen schallen auch heute die großen und kleinen Pauken von Mtesas Mutter zu mir herüber, es muß eine lustige alte Frau sein; ich will sie nächstens besuchen. Ein wenig später sendet Schambalango seinen Diener, um seine Geschenke abholen zu lassen – ich hatte es ihm durch Idi sagen lassen, da meine Leute sein Haus nicht wissen und Kanagúrba nun ein großer Herr geworden ist. Ich bin begierig, zu wissen, ob meine diesjährigen Geschenke den unersättlichen Leuten genügen werden. Heute habe ich auch zu Idi davon gesprochen, daß ich nach Karaguë gehen wolle, und er meinte unbedenklich, Mtesa würde mir jedenfalls Leute geben. Sodann beehrt mich Dr. Dallington

Miftah, der englische Dragoman Mtesas, in Begleitung desselben ungezogenen Menschen, der auch im Vorjahre immer mit ihm kam. Er selbst trug eine Art Bajonett in Stahlscheide, lang und sauber gehalten, als Waffe, und zwei Knaben mit Gewehren begleiteten ihn. Nach den üblichen Begrüßungen in seinem kauderwelschen Englisch übergab ich ihm die für ihn aus England angekommenen Bücher und den dazugehörigen Brief gegen Empfangsbescheinigung und genoß dann das Vergnügen seiner Kreuz- und Querfragen für volle zwei Stunden. Ob ich hier in Uganda bleiben wolle, wenn mir Mtesa Häuser, Land, Frauen usw. in Fülle gäbe, war die mich aus seinem Munde am meisten befremdende Frage, denn ich kann mir nicht denken, daß ohne Mtesas Befehl er so etwas nur gedacht haben könne. Im ganzen Hause stöberte er herum, alles betastend und alles angreifend, bis zuletzt ich ihm in klarem Englisch erkläre, es wäre nun genügend, und er möge mich eines anderen Tags wieder besuchen; ich würde ihm dann erst ein Geschenk geben. Seinen Begleiter aber möge er von nun an zu Hause lassen. Er verabschiedet sich.

27. Dezember, Donnerstag. – Das war wohl eine der größten Überraschungen in meinem Leben! Schon frühzeitig sandte Mtesa, um mich zu sich zu bescheiden, und ich machte mich bereit, seinem Rufe Folge zu leisten. Nahe seiner Residenz empfing mich auch heute eine enorme Volksmenge und ein ganzes Musikkorps von Hörnern, Trompeten, Pfeifen usw., die mich bis zum innersten Hofe geleiteten, wo ich einen Augenblick zu verweilen hatte, bis die Tür sich öffnete. Dann ging ich durch ein Spalier von Bewaffneten, die präsentierten, und trat in den Empfangssaal, den ich oben beschrieben und der auch heute angefüllt war mit roten, schwarzen und weißen Gewändern. Mein Stuhl war inzwischen an seinen alten Platz gestellt worden, und nach den nötigen Begrüßungen setzte ich mich, der Dinge harrend, die da kommen sollten. Ich mochte etwa eine Viertelstunde so gesessen und mit Mtesa einige Redensarten ausgetauscht haben, als auf einmal hinter mir jemand mich fragte: »Speak you English, Sir?« Ich fuhr auf

meinem Stuhle herum wie der Blitz, und neben mir saß ein blondbärtiger Europäer, braun von der Sonne und doch bleich. Wir machten uns unsere Verbeugungen, und sofort war die Konversation im Gange, bis Mtesa uns arabisch und englisch fragen ließ, ob wir uns denn schon lange gekannt. Es folgten darauf eine Menge Fragen: wem der Sultan von Zanzibar, wem der Vizekönig von Ägypten untertänig sei; ob die Königin von England seine Gesandten gut aufnehmen werde, ob es in Afrika mächtige Könige gäbe außer dem Chediv, ob er Leute zu diesem senden könne, und ob ich sie dorthinbringen würde. Ich sagte ihm, es sei wohl seine Pflicht, Leute zu senden, da der Chediv ein jedes Jahr Leute und Geschenke sendet, während er noch nie jemanden geschickt, was geradezu unhöflich sei. Er meinte darauf, er habe Tandi gesandt, dieser aber sei unverrichteter Dinge von Mruli zurückgekehrt. Ich bejahte dies, fragte aber, ob der Unteroffizier Tandi wohl zum Gesandten passe, während Efendina zu ihm Obersten sende. Er schwieg, ließ mich aber gleich darauf ihm vorrechnen, wieviel Tage man von hier nach Chartum und von Chartum nach Kairo und nach Zanzibar brauche. Sodann wollte er wissen, ob ich ihm sonstige Mitteilungen zu machen hätte, und als ich dies bejahte, ihm auch sagte, ich würde gern jeden Tag kommen, sei aber durch die enorme Entfernung von meinem Haus hierher daran verhindert, da versprach er, für ein bequemes Haus zu sorgen und mir so Gelegenheit zu geben, öfter mit ihm zusammenzukommen. Idi und Masaud fungierten heute als Dragomane; Mtesa trug seinen schwarzen Rock, weiße, sehr weite Beinkleider mit handbreitem rotem Streifen am Fußende, rote Schuhe und Tarbusch über einer Takīe. Als Schmuck die früher erwähnte Silberplatte und einen weißen Uganda-Stoff. Eine große Menge von Trommelei und Kommandorufen deutete auf das Ende unserer Audienz; Mtesa erhob sich und verschwand ins Innere seines Hauses, und wir erhoben uns ebenfalls und gingen.

Ich hatte mir vorgenommen, meine neue Bekanntschaft, Mr. Wilson (7), zu seinem Hause zu geleiten; während wir jedoch im Gehen begriffen plauderten, so gut dies mein schlechtes Englisch erlaubte, sandte Mtesa zwei Boten hintereinander, um uns sagen zu lassen, er wünsche, jeder von uns beiden solle in sein eigenes Haus gehen, und wir möchten nicht zusammenbleiben. Ich hätte mich den Teufel um dergleichen dumme Redensarten gekümmert und wäre ruhig meines Weges gezogen, hätte ich nicht gesehen, daß Mr. Wilson sich dadurch imponieren ließ und mir schleunigst die Hand zum Abschiede reichte. So ging ich denn meines Weges, nachdem ich mich zuvor mit all meiner Habe ihm zur Disposition gestellt und auch seine Briefe mit meinen Kurieren von hier über Mruli nach Chartum und Ägypten zu senden versprochen. Er ist, wie er mir sagt, ohne Karaguë zu berühren, über den See hierhergekommen und erwartet in zwei bis drei Tagen einen Gefährten, Mr. Smith. So werden wir drei hier sein!

28. Dezember, Freitag. – Es will immer noch nicht mit mir gehen, fortwährend Plackereien und dazu der unerquickliche Aufenthalt hier. Ich will sehen, daß ich so bald als möglich von hier fortkomme. Heute morgen schon zeitig kam Miftah zu mir, um nach seinen Geschenken zu sehen. Auch heute quälte er mich mit einer Menge dummer Fragen, die immer wieder darauf zurückkamen, ob ich Schießpulver zu machen verstände, und falls Mtesa mir viele Geschenke gäbe, ich solches für ihn machen wolle. Natürlich verneinte ich entschieden und verwies ihn an seine englischen Gäste, die ihm – als im Lande ansässig – gewiß alles zuliebe tun würden, während ich auf der Reise und nicht stabil sei. Er bat mich darauf, ihm meine Waffen zu zeigen und ihm Schreibrequisiten zu geben, was ich gern tat. Ich denke, er soll mir im Aufzeichnen von Vokabularien noch nützlich sein. Er erzählte mir, daß Reverend Wilson jetzt sechs Monate hier sei, und als ich ihn fragte, womit er sich beschäftige und was er hierzulande beginne, meinte er: »Nothing; sometimes he makes his prayers with the king!« Schöne und lohnende Beschäftigung. Einige kleine Geschenke beglückten ihn hoch, und er versprach, morgen früh zu kommen, um seine Studien mit mir aufzunehmen. Idi läßt sich nicht sehen; er hat sein Gewehr, und das genügt ihm –

’s ist einer wie der andere hier. Um drei Uhr nachmittags präsentiert sich auch Matongali Kassamiriri von Riongas Leuten, den mir Nur-Aga mit dreien seiner Diener zugesandt – ich kann mir absolut nicht erklären, weshalb. Zum Tragen geben sich die Leute nicht her, und zum Essen und Faulenzen habe ich so schon mehr als genug Leute im Hause. Der Matongali ist unterwegs zurückgeblieben, »weil seine Frauen krank gewesen«. Das fehlte mir noch! Er bringt mir einen gleichgültigen Brief von Nur-Aga, der endlich abgereist zu sein scheint, und einige freundliche Zeilen von Abdallah-Efendi, dem Stationsschreiber in Mruli. Ich will ihn wieder zurücksenden, sobald meine Posten fertig geworden sind.

29. Dezember, Sonnabend. – Schon frühzeitig, gerade während ich die für ihn bestimmten Geschenke vorbereite, sendet der Katikiro, der erste Wesir, seinen Vertrauten mit einem Bunde grüner Bananen, sich nach meinem Befinden zu erkundigen. Doch ist dies wohl so zu verstehen, daß er sich wundert, bis jetzt noch keine Geschenke erhalten zu haben, und so kommt mir sein Mann gerade recht. Kanagurba begleitet ihn, sehr schlechter Laune, weil ich ihm gestern die Haut des geschlachteten Rindes verweigerte. Um halb drei Uhr nachmittags sendet Mtesa Amara und läßt mir sagen, er habe in seiner Nähe eine Seriba mit sechs Häusern für mich gefunden, ich möge Leute senden, um sie anzusehen, und falls sie meinen Wünschen entspreche, morgen früh meine Sachen dorthin bringen lassen. Ich sende den Onbaschi mit Amara, um die Häuser anzusehen. Nach seiner Erzählung sollen dort fünf große und zwei kleine Häuser in einem großen Garten, nicht gar weit von Mtesa, existieren, auch Wasser in der Nähe sein – also alles nur Mögliche. Amara ist zu Mtesa gegangen, um ihm zu berichten, daß die Häuser gut seien, und wird morgen früh kommen, um mir seine Antwort zu bringen.

30. Dezember, Sonntag. – Ich hatte mich früh gerade zur Arbeit niedergesetzt, als Amara mit einigen Leuten kam, um mich zu meinem neuen Hause zu bringen. Gefragt, wo die Leute wären, die meine Sachen transportieren sollten,

Amtssitz und Wohnung des Gouverneurs Emin Pascha in Lado

sagte er, Kanagurba, der, wie gewöhnlich, deklamierend herumzog, werde sie sofort bringen, und ich möchte nur alles bereitmachen. Dies geschah denn auch; wer aber nicht kam, waren die Träger, und Kanagurba hatte noch obendrein die Unverschämtheit, mir zu sagen, er sei böse auf mich; er habe nur sieben bis acht Leute, und so möchten nur meine Soldaten mit ihnen tragen. Ich jagte ihn einfach fort und ersuchte ihn, von nun an mich nicht mehr zu belästigen. Amara aber hatte schnell einige zwanzig Leute bereit und bat mich, mit ihnen zu gehen und sie dann wieder zurückzusenden; so würde in zwei bis drei Gängen alles in Ordnung sein. Das geschah denn auch; nach und nach kamen die Sachen zu vier bis fünf Lasten, aber jetzt (fünf Uhr nachmittags) ist noch nicht alles beieinander, wohl aber wünscht Kanagurba, ich solle ihm eins meiner Häuser abtreten, damit er seine Frauen logieren könne. Das mir angewiesene Gebiet ist ein großer, sehr schlecht gehaltener Bananengarten mit einer Menge ineinandergeschachtelter Höfe und fünf Häusern, davon eins mir und all meinen Sachen, eins der Küche und den Dienern, zwei kleine den Soldaten und eins meinem Dragoman Kisa und seinen Leuten angewiesen ist. Eine abgesonderte kleine Hütte dient als Stall. Was die Häuser selbst betrifft, so sind sie entschieden kleiner und unansehnlicher als die, welche ich bis jetzt bewohnt. Die weit geringere Entfernung aber von Mtésas und seiner Wesire Residenzen entschädigt mich hinlänglich. Ich selbst bin wie immer beim Tausche am schlechtesten gefahren, da mein jetziges Haus viel kleiner und enger als das frühere und es durch die Lage der mir zur Verfügung stehenden Häuser unmöglich gemacht wurde, daß ich zwei Häuser nehme.

1878. 1. Januar, Dienstag. – Neujahr am Äquator! Hoffentlich übers Jahr am Kongo! Ich will es – inschallah! – versuchen, wenn Gordon-Pascha mir erlaubt, von unseren westlichen Stationen in Makraka oder noch besser von den südlichen Stationen Rohls im Monbuttu-Lande vorzudringen. Akklimatisiert bin ich nun wohl in drei Jahren schon. Und damit das Jahr gut beginne, sendet mir der Katikiro schon frühzeitig seinen Vertrauten, der mir zwei Ziegen, zwei neue Lanzen (nicht aus Uganda), einen Strohschild, zwei Tongefäße zum Waschbecken bestimmt, ein Paar sehr hübsche Sandalen aus Büffelhaut mit Pelzwerk verziert, ein Stück prächtig gezeichneten Rindenstoffes und zwei krumme Ugandamesser zum Geschenk von seinem Herrn überbringt. Er erhält natürlich kleine Gegengeschenke für denselben und geht bald, begleitet von Missirba, der gekommen, mir guten Morgen zu wünschen.

3. Januar, Donnerstag. – Zeitig schon kam Miftah mit einigen kleinen Kürbissen als Geschenk für mich, forderte aber zugleich Briefpapier, um an die Königin von England schreiben zu können. Tanda ist beauftragt, als Gesandter über Zanzibar nach England zu gehen; und Miftah schreibt an Dr. Kirk und Konsul Webb in Zanzibar, um ihn zu empfehlen. Er soll nächstens abreisen. Mr. Wilson soll gestern unter Zurücklassung von vier Leuten (Eingeborene von Zanzibar) abgereist sein.

Im Vorjahre wurde ich jedesmal, wenn Mtesa mit mir zu sprechen wünschte, zu ihm gerufen, und ich hielt es für gut, auch dieses Jahr zu warten, bis ich gerufen würde. Heute fragt Miftah, warum ich Mtesa nie besuche. Ich lasse ihm danach sagen, ich wünschte seine Ansicht kennenzulernen, ob ich von freien Stücken kommen soll oder ob er mich gleich wie im Vorjahre wolle abrufen lassen. Ich kann es kaum begreifen, was eigentlich vorgeht: kein Mensch läßt sich bei mir sehen, während im Vorjahre ich stets das Haus voll hatte. Mtesa selbst scheint für mich völlig unsichtbar: er hat, wie mir Mr. Wilson sagte, eine unendliche Furcht vor Ägypten und seinen Annexionsgelüsten – daher wohl das entschiedene Mißtrauen gegen mich.

4. Januar, Freitag. – Seit drei Tagen ist es dauernd bewölkt, kaum wird die Sonne sichtbar; der Donner rollt unaufhörlich in SO, aber kein Regen will sich zeigen. Früh ist es stets sehr kalt, gegen Mittag warm. Seit etwa zehn Tagen habe ich von Mtesa keinerlei Provisionen mehr bekommen, besonders keine Bananen, und ich muß nun anfangen zu kaufen, weil die Leute nicht mit Fleisch allein

existieren können. Heute wurde zum ersten Male ein kleines Stück Butter zum Verkauf gebracht und natürlich erstanden. Auch heute sendet Schambalango ein fettes Schaf und ersucht um ein Rasiermesser, was er erhält; zugleich läßt er mir sagen, ich möchte doch den Stuhl nicht vergessen, den ich ihm versprochen(!) habe. Das erinnert an Spekes Kamrasi-Geschichten. Gestern besuchte mich ein Häuptling aus Ussóga, den ich im Vorjahre gesehen, und lud mich ein, doch für einige Zeit dorthinzukommen: ich täte es wohl gern, wenn Mtesa es mir erlaubte.

Das ist nun die wirkliche Komödie der Irrungen! Soeben zwei Uhr nachmittags kommt Idi, der Mr. Wilson zum See begleitet und, wie er sagt, gestern abend zurückgekehrt ist, und bringt mir die Grüße des Königs, der, wie er mir sagen läßt, auf mich böse ist, weil ich nie zu ihm komme. Ich setze Idi auseinander, daß ich ohne spezielle Aufforderung Mtesas ihn nicht zu belästigen gewünscht, daß ich aber sehr zufrieden sein werde, wolle er mir die Erlaubnis geben, ihn täglich zu sehen, ohne erst auf seine spezielle Einladung warten zu brauchen. Er versichert mir, daß dies Mtesas ausdrücklicher Wunsch sei, und wir kommen denn für heute abend oder morgen früh überein. Die Erlaubnis zur Seefahrt wird in Aussicht gestellt. Ich erzähle Idi, daß ich seit vielen Tagen weder Bananen noch irgend etwas gesandt bekommen, und er versichert mir, daß dies die Schuld Kanagúrbas sei, der sich dessen nicht annehme; er persönlich wolle von nun an für alles sorgen. Wenn's nur wahr ist! Miftah hat sich nicht sehen lassen seit gestern früh.

Um vier Uhr nachmittags ritt ich, um auf einmal alle Mißverständnisse in Ordnung zu bringen, zu des Königs Hause, sah aber, daß ich ihn kaum würde sprechen können, da von allen Seiten der Donner grollte und es leicht regnete. So kam es denn auch: in einem großen Hause fand ich den Katikiro, Schambalango, Idi, Sakibobo und eine sehr große Menge Leute versammelt, die alle warteten. Muënge und Musik vertrieben die Zeit. Ausnahmsweise viel Blinde fielen mir heute auf, und ich vermute, daß es sich nicht um Leiden, sondern um künstliche Blendung handelt. Wir saßen so über eine Stunde; dann wurde mir die Hitze und der fade Menschen- und Muënge-Geruch zu arg, und ich verabschiedete mich, ohne den König gesehen zu haben, Idi bittend, er möge mich morgen früh benachrichtigen lassen, wann der König empfange. Schambalango gab mir noch eine Menge Ermahnungen mit, ich solle doch morgen ja kommen, weil Mtesa schon zum wiederholten Male nach mir gefragt und mich zu sehen gewünscht. Voyons!

5. Januar, Sonnabend. – Endlich hat sich's zum Regnen entschlossen; seit gestern abend um zehn Uhr zunächst bei leichtem Südwinde, dann bei völliger Windstille rauscht es unaufhörlich, ein rechter, langatmiger Strichregen. Das Aneroid zeigt heute morgen 653.0 bei 19.0° C Lufttemperatur; es sind halt dies Jahr alle Annehmlichkeiten der Welt für mich hier beieinander: Mißgunst des Wetters, Mißtrauen der Leute etc. Na, Kopf oben! Um halb neun Uhr vormittags läßt der Regen nach.

Während ich gestern im Hause des Königs verweilte, sah Schambalango mein weißes Taschentuch, in welchem zufällig einige Tropfen Parfüm sich befanden. Sofort wollte er dasselbe annektieren, und als ich ihm begreiflich machte, ich habe mein Taschentuch nötig, da bat er mich um eins dergleichen, aber mit »viel Öl« drauf. Heute nun kommt noch Tanga, den ich noch nicht gesehen; er ist der nach England bestimmte Gesandte und erzählt, er gehe in zahlreicher Begleitung nach Zanzibar, von dort aus aber allein weiter. Seine Vorbereitungen sind beendet, und in den nächsten Tagen soll es fortgehen; er ist zugleich beauftragt, ein Bündnis mit Sejjid-Barghasch von Zanzibar abzuschließen.

Empfang bei König Mtesa

7. Januar, Montag. – Schon früh erschienen Kanagurba und Mreko mit einem mir unbekannten Makongo, der mir ein Schaf zum Geschenk brachte. Wenn sich die Leute nur dergleichen Geschenke ersparen wollten; sie kosten mich in

Gegengeschenken mehr, als sie wert sind. Dann kommt Missirba einen Augenblick, und gerade als ich mich vorbereite, zu Mtesa zu gehen, erscheint auch Amara, um mich zu Mtesa zu rufen, der doch nachgegeben hat. Was nützt das alles aber ohne Provisionen für die Leute!

Es war gerade neun Uhr, als ich in den mit Leuten gefüllten letzten Hof eintrat und durch ein kurzes Spalier präsentierender Soldaten in den Empfangssaal eintrat. Hier, dicht am vorderen Rande in einer Art Alkoven, der nach hinten freien Ausgang gewährte, saß auf einem ordinären rotgelben Teppich der König in weißen Unterkleidern, schwarzem, an den Rändern goldgesticktem Kaftan und rotem Tarbusch. Er sah leidend aus. Neben ihm stand ein Knabe, aller seiner Winke gewärtig. Im Hause selbst, wo ich nahe dem König auf meinem Feldstuhl saß, befanden sich dicht neben Mtesa der Katikiro in Weiß, Sakibobo in Schwarz, beide mit Säbeln behangen, und rechts und links etwa fünfzehn Personen, nähere Vertraute des Königs. Schambalango war krank und abwesend; Idi und zwei arabische Kaufleute, Messaúd und Sungúra, waren ebenfalls da. Im Hofe selbst saßen in zwei Reihen, so daß in der Mitte ein freier Platz blieb, die Beamten und Matongali auf ihren Matten, hinter ihnen standen wenige Soldaten und hinter diesen ein ganzes Rachekorps von Paukern. Viele der großen Pauken waren sehr hübsch mit Kauri und Perlen verziert. Zwei Formen von Pauken gibt es hier: eine ist die gewöhnliche bauchig-kegelstumpfförmige, die andere in Form eines sich nach oben erweiternden Kanonenrohres von etwa fünf Fuß Länge.

Nach den üblichen Grüßen folgten zunächst Übungen der Soldaten, arabisch kommandiert, sodann einige Paukenwirbel; und während Mtesa nun sich mit mir in eine Unterhaltung über Regen und Regenverteilung, über Schnee und die Wärmeverteilung in der Welt einließ, wurde alle Augenblikke die große Hoftür geöffnet, um einen Haufen getreuer Untertanen einzulassen, die ihrem König guten Morgen zu wünschen gekommen. Nach einigen Schritten in den Hof hinein knieten sie nieder, nun wurde dreimal mit aneinandergelegten Handflächen die in Uganda übliche Vertikalbewegung nach oben und unten gemacht, dann erhoben sie sich und suchten sich irgendeinen Platz. Sodann brachte ein höherer Matongali zum Geschenk für Mtesa eine Ziege und ein junges Mädchen, die sofort in die inneren Hausräume verschwanden. Eine Klagesache zwischen einem alten und einem jüngeren Manne, eine Grenzstreitigkeit betreffend, wurde sodann vom König zur Zufriedenheit beider Teile geschlichtet, und nachdem die Betreffenden eine Viertelstunde lang »Nyanzig nyanzig!« gerufen und in üblicher Weise gedankt, erschien ein Musikkorps aus Ussóga, bewaffnet mit mächtigen harfenartigen Gitarren und sehr volltönenden Flöten aus Rohr. Mitten im Hofe setzte sich die etwa zwanzig Personen zählende Gesellschaft nieder und gab zunächst einen Chorgesang mit Soli zum besten, gar nicht übel ausgeführt. Ich benutzte diese Zeit, um dem Könige einige kleine Geschenke zu überreichen, die huldvoll aufgenommen wurden. Aus dem Kreise der Spielenden traten nun Tänzer hervor, junge Burschen von zwölf bis fünfzehn Jahren, nur mit einem von den Hüften herabhängenden Zeugstück bekleidet. Ihre Leistungen bestanden in eben nicht ästhetischen Bewegungen des Beckens, die jedoch mit überraschender Gelenkigkeit ausgeführt wurden. Auch ein Knabe von etwa acht Jahren ließ sich hierbei sehen und erntete viel Beifall für die Geschicklichkeit, mit welcher er jede Muskelgruppe seines Körpers zur Aktivität brachte. Die ganze Gesellschaft äußerte ihr Ge- oder Mißfallen sehr laut, ohne jede Rücksicht auf des Königs Anwesenheit, der übrigens selbst viel Teilnahme zeigte und mich wiederholt zum Zuschauen aufforderte. Nach Beendigung der Musik- und Tanzproduktionen erschienen sodann etwa zwölf Mann, teils in Felle, teils in kurze Stücke Rindenstoff gehüllt, und produzierten sich als Wettkämpfer. Die Hände mit Staub einreibend, suchte einer den anderen vom Boden zu heben oder geradezu niederzuwerfen, und obgleich fürs erste die Leute sich wie mit Sammetfingern anfaßten, erhitzten sie sich doch bald und balgten sich ordentlich herum. Gelang es einem, den anderen zu werfen,

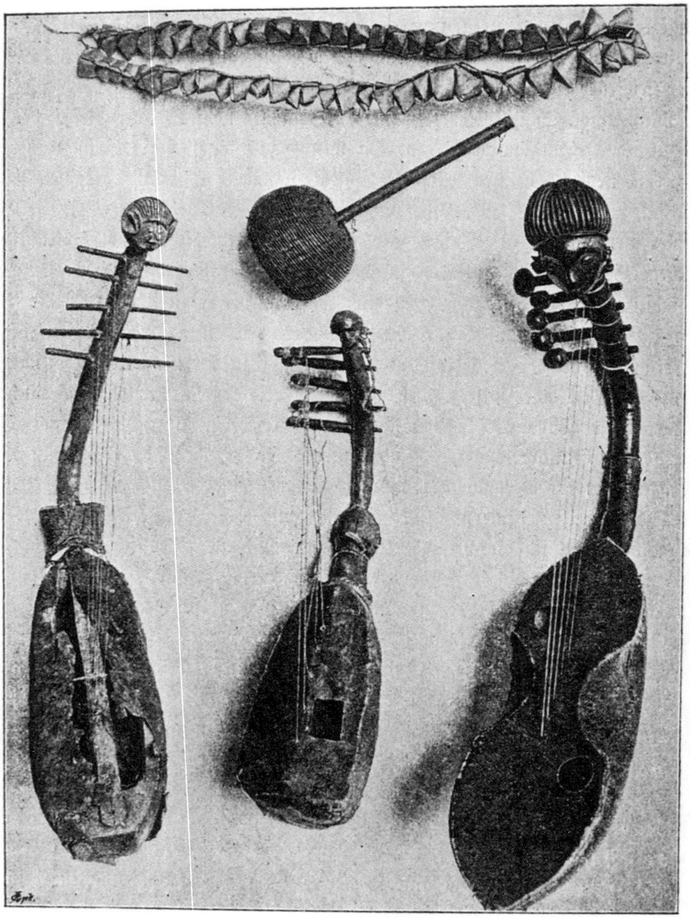

Gitarrenharfen der Azande

so eilte er vor den König, um niederkniend seine Dankesgesten zu machen. Einige waren wirklich geschickt, und Mtesa, der mich fleißig zum Sehen ermunterte, interessierte sich so für das Schauspiel, daß er dem besonders Geschickten irgendein Stück weißen Stoffes zuwarf, das er irgendeinem seiner Vertrauten eben vom Kopfe genommen. So kam Idi um seine Kopfbedeckung. Auf einen Wink des Herrschers wurden sodann eine enorme Kürbisflasche voll Bananenbier und zwei große Bunde Bananen gebracht und den Leuten gegeben, ein Beweis königlichen Wohlwollens, der natürlich stürmischen Dank hervorrief. Es war übrigens zu bemerken, daß Mtesa litt; alle Augenblicke erhob er sich, um für einige Zeit im Innern des Hauses zu verschwinden: Blasenkatarrh. Nachdem wir dann noch eine Zeitlang über gleichgültige Gegenstände geplaudert und Mtesa mich ausdrücklich eingeladen, ihn alle Tage zu besuchen, ohne auf Leute zu warten, die mich abholen sollten, standen wir auf. Mit den bekannten langen streifenden Schritten, die ihm eigen (er ist ziemlich lang) und die mich stets an eine Giraffe erinnern, zog er sich zurück, indem er mir zuvor noch Idis Besuch ankündigte.

Bei meiner Rückkehr nach Hause wurde ich von den beiden Kaufleuten Messaúd und Sungúra begleitet, die mich besuchen kamen. Man scheint danach zu urteilen, daß ich nun wieder in königlicher Gunst stehe, da sonst die Herren sicher nicht gekommen wären. Sungura ist viel gereist und kennt das Land von Zanzibar zum Tanganika (er war mit Burton (8) in Kivira) und von Zanzibar hierher sehr gut, und ich hoffe von ihm manche Notizen zu erhalten. Messaúd ist aus Maskat gebürtig und war sehr vergnügt, als ich ihm Proben gab, daß ich Maskat und seine Bewohner kenne. Beide stellten sich zu meiner Verfügung, und ich gedenke ihre freundlichen Anerbietungen zu benutzen, wenn ich dazu kommen kann.

Kaum hatten sie sich verabschiedet, so kam auch schon Idi, barköpfig und in Rindenstoff gekleidet, und brachte mir Mtesas Grüße, wollte aber zuvörderst nicht mit der Sprache heraus. Als ich ihm Vorwürfe darüber machte, daß er nie käme, meinte er, er habe einen seiner Diener nach seinem Distrikt gesandt, um etwas für mich zu bringen, und da der Diener noch immer nicht zurück sei, schäme er sich, immer mit leeren Händen zu kommen. Ich beruhigte ihn über diese Skrupel und versuchte aus ihm herauszubekommen, was Mtesa zu meinen Reisewünschen sagen möchte. Er sagte mir darauf ganz offen, daß Mtesa in seinem Lande mich überall hinsenden würde, wie er es mit Stanley getan, »Karaguë aber solle ich nicht erwähnen«. Es scheint demnach zwischen Mtesa und Rumanika eine gar gespannte Stimmung zu herrschen. Na, geht's dorthin nicht, so haben wir immer noch den Albert-See und Ussoga sowie Uvuma und – last, not least – Massai! Endlich platzte die Bombe: Mtesa läßt mich grüßen und wünscht zu wissen, ob ich Madapolam, Tarbusche, rote Schuhe oder rotes und schwarzes Tuch habe, auch ob ich kleine Glasperlen und bares Geld besitze. Nachdem ich mich bereit erklärt, alles, was ich besäße, zu geben, lud er mich für morgen früh wieder zum Könige, natürlich mit den betreffenden Artikeln versehen, und ging, nachdem er einige kleine Geschenke erhalten hatte.

8. Januar, Dienstag. – Feuchte Nächte vermehren die Diarrhöen der Leute, die alle klagen. – Mein Dragoman Kisa bringt mir täglich eine Menge Geschichten: die Leute sagen, ich hätte eine so große Menge Gepäck mitgebracht, und das gehöre doch sämtlich ihrem König, ich hätte ihm aber so wenig gegeben (sechs Trägerlasten), und es sei nicht mehr als recht, daß er den Rest bekomme. Ob ich gekommen sei, um das Land zu okkupieren? So wenig ich auf dergleichen Redensarten zu geben pflege, so erklären sie doch, zusammen mit Mtesas dauernder Mißstimmung und dem Vorenthalten aller Provisionen, die Situation: man mag eben Mtesa dieselben Geschichten erzählen, und sie bleiben nicht ohne Wirkung auf ihn. Ich will es nun heute noch versuchen und ihm einiges bringen, dann aber fest auftreten, wenn's nur eben nicht um die Weiterreise sich handelte!

Nach billiger Erwerbung eines größeren und eines kleineren Leopardenfelles gehe ich zum König und finde im Vorhofe den Katikiro (den Premier-Minister) von einem großen Kreise seiner Getreuen umgeben, unter denen Kangani mich sehr freundlich begrüßt. Idi ist nicht anwesend, ebenso Schambalango; dagegen sind Messaúd, Sungúra und ein anderer arabischer Kaufmann dort. Sungura hatte mir diesen Morgen einige Eier zum Geschenk gebracht und einige Kleinigkeiten dafür erhalten, die Herren waren demnach äußerst zuvorkommend gegen mich. So entspinnt sich denn bald eine lebhafte Unterhaltung, da wir etwas abgesondert sitzen, und ich benutze die Gelegenheit, mich über das Nichtsenden von Bananen zu beklagen, worauf der Katikiro mir sagt, daß Mtesa längst Kanganis Land für meinen Unterhalt angewiesen, es also eine Nachlässigkeit der betreffenden Leute sei, daß sie mir nicht die nötigen Bananen lieferten. Er ruft sofort einen Matongali und beauftragt ihn, sich nach Bananen für mich umzutun, und bittet mich, ihn sofort zu benachrichtigen, falls dieser nicht seine Pflicht erfülle. Überhaupt bat er mich, in jeder Beziehung und bezüglich allem, was ich wünsche, mich direkt an ihn zu wenden, weil Mtesa krank und so er sein Stellvertreter sei. Der Katikiro ist, wie ich längst weiß, habsüchtig wie alle Waganda, aber auch anständig und freigebig. Nachdem er sich noch erkundigt, was ich alles sammle und welche Objekte mir erwünscht seien, damit er danach suchen könne, wiederholte er seine Bitte, mich nur an ihn zu wenden, was immer ich wolle, und da der König nicht in den Empfangssaal gekommen, gingen wir nach Hause.

Kaum war ich daselbst angelangt, so war auch der Matongali schon da, welcher für meine Verproviantierung sorgen soll, und erbat sich Leute, um mir Bananen zu bringen. Ihm folgten Messaúd und Sungúra, mich zu besuchen und – Geschenke zu erhalten. Ein Tarbusch, ein Paar rote Schuhe, zwei Realen, aus denen Fingerringe gemacht werden sollen, entzückten sie höchlich, und die mir gemachten Komplimente waren gar überschwenglich. Sungura, der Halbblut ist, spricht nur Kisuahili und Kiganda.

Mtesas ältere Schwester, eine gute alte Bekanntschaft vom Vorjahre, kam sodann, begleitet von einem Manne und einem jungen hübschen Mädchen, welches die Matte zum Sitzen und die Tabakspfeife trug. Sie selbst ist unverheiratet, läßt sich jedoch das Leben gefallen, obgleich sie wohl am Ende der dreißiger Jahre angekommen. Komisch waren ihre expansiven Bewillkommnungen für mich: sie habe gehört, ihr alter Freund sei wiedergekommen, und so sei sie gekommen, mich zu begrüßen und mir zu sagen, Mtesa sei engherzig, er denke nur an sich, und falls er nicht an mich denke, so solle ich nicht vergessen, daß sie, meine Freundin, hier sei. Ein runder Zinkspiegel und einige Nähnadeln versetzten sie dann in eine andere Aufwallung von Freude, die durch eine leere rote Zündholzbüchse noch erhöht wurde. Freilich wußte sie nicht, ob sie nicht aus letzterer ihren Muënge trinken sollte. Bei allen Freundschaftsbezeugungen aber wurde natürlich der Handel nicht vergessen, und aus alter Freundschaft kaufte ich ihr eine aus vielen sehr dünn geschabten Ziegenhäuten zusammengenähte Bekleidung »buëra« ab, während ich eine hübsche, aber alte und gerauchte Tabakspfeife zurückwies und eine neue verlangte. Mein ganzes Haus, meine Bettwäsche, meine Kleider wurden von ihr untersucht, und dann kam die Hauptfrage: wieviele Frauen ich habe, und als ich leider darauf nicht zu antworten vermochte, wurde ich herzlich bedauert und ernstlich aufgefordert, doch in Uganda eine Frau zu nehmen, was ich versprach. Beim Abschiede noch sagte sie mir, sie würde mich häufig besuchen und lange bei mir bleiben.

Die hiesigen Bahuma sprechen nur Kiganda und, falls sie untereinander oder in ihren Dörfern, eine eigene, völlig vom Kiganda und Kinyoro verschiedene Sprache. Ich bin soeben damit beschäftigt, eine kleine Wortsammlung zusammenzustellen, deren Vergleichung mit der Galla-Sprache interessant sein dürfte: ein Bahuma, mit dem ich Kiganda spreche, liefert mir das Material dazu.

11. Januar, Freitag. – Wie gewöhnlich hatten wir sehr starken Niederschlag des Nachts, früh war es kalt und rauh. Ich habe hübsche Korbflechtereien gekauft; die Maganda sind sehr geschickt.

Was die Schreibweise der Namen betrifft, so bemühe ich mich, sie dem Deutschen möglichst anzupassen; die Akzente deuten nur die Betonung an. Übrigens ist zu bemerken, daß, wo die vom Äquator südlich gelegenen Stämme ihre Ländernamen mit »U« (Uvinsa, Unyanjembe, Usaramo

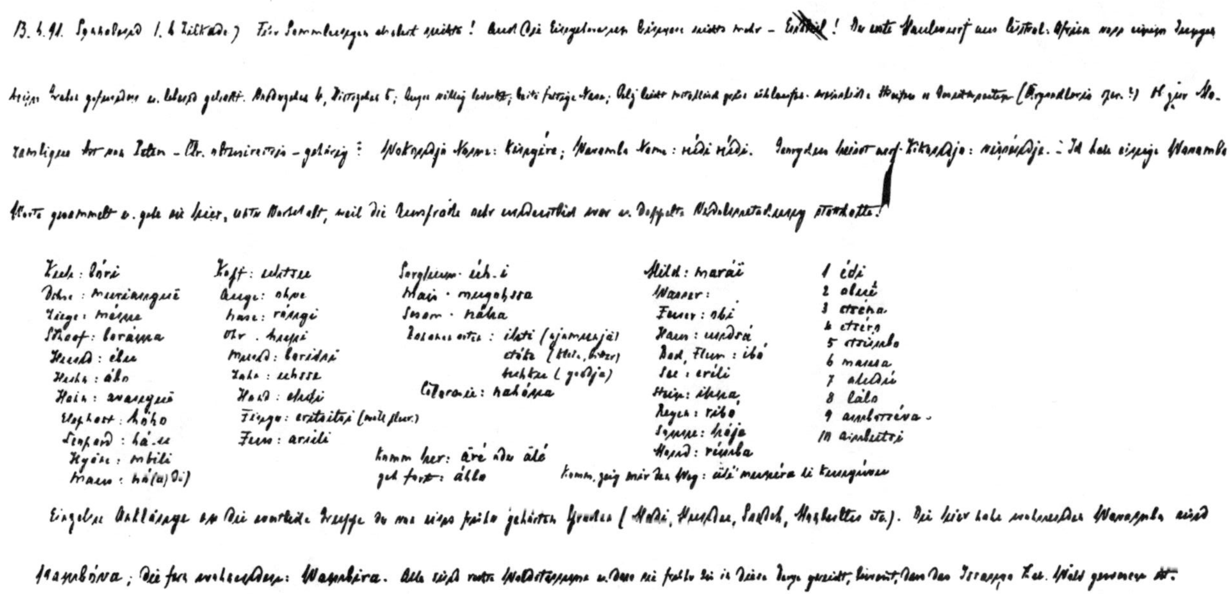

Eine Seite aus Emin Paschas Tagebuch (eine Wortschatzstudie aus dem Südsudan)

etc.) bilden, dies »U« in Unyóro häufig durch ein »B« ersetzt wird (Btúti-Utúti). Auch die Namen selbst werden vielfach in der Aussprache verändert (Baniólo-Unyóro). In beiden Sprachen werden die Liquidae promiscuë gebraucht: man hört dasselbe Wort je nach der sprachlichen Anlage des Individuums, bald mit r, bald mit l gesprochen (Rubaga-Lubaga). In Unyóro trägt dazu das Ausziehen der unteren Schneidezähne viel bei.

Idi kam früh in großer Toilette und blieb etwa eine Stunde, wie es scheint, um mich auszuhören, und da ich sowieso wünschte, ihn zu sprechen, so setzte ich ihm mein Streben auseinander: meinen Wunsch, nach dem Kagera-Flusse und den Mfumbiro-Bergen sowie dem Südende des Mwutan-Nzigé zu gehen. Er hörte mir sehr bedächtig zu und äußerte dann: er sei überzeugt, Mtesa werde mir die gewünschte Erlaubnis geben, falls ich meine Sachen und mehrere meiner Leute hier zurücklasse und nur von wenigen Sachen und Leuten begleitet gehe; nähme ich aber viel mit, so würde er glauben, ich käme nicht mehr hierher zurück, sondern wolle geradeaus weitergehen. Das sieht nun freilich wie eine Art Gefangenschaft in Uganda aus. Ich begnügte mich jedoch, zu versichern, daß es gar nicht in meiner Absicht liege, viel Sachen und Leute mitzunehmen. Idi versprach mir dann, alles mögliche zu meinem Beistande zu tun.

Er war im Begriff, zu gehen, als Miftah kam, merkwürdigerweise Wort haltend. Er brachte mir eine Liste der Uganda-Könige, die er nach Mtesas Angaben aufgezeichnet haben will. Mtesa selbst und seine Vorväter sollen über alle Familienereignisse ein Journal geführt haben, arabisch natürlich, und dies soll noch heute in Mtesas Händen existieren (??). Der Uganda-Könige sind hier mit Mtesa 32 aufgeführt, unter denen die von Speke gegebenen Namen eingestreut sind. Ich wage nicht, über diesen Stammbaum ein entscheidendes Urteil zu fällen. Hält man nun demgegenüber das Faktum, daß kein Mensch im Lande, noch auch die arabischen Kaufleute, die schon zu Ssunas Zeiten ins Land kamen, über vier Generationen hinauf einen Namen anzugeben weiß, ferner das Faktum, das Uganda ein Sproß Unyóros ist, so werden einige Zweifel an der Richtigkeit des Stammbaums wohl gerechtfertigt erscheinen. Ich hatte im Vorjahre alle erdenkliche Mühe, einen Stammbaum der Dynastie von Unyóro anzufertigen, und kam, obgleich von dem sehr intelligenten und dieser Dynastie angehörigen Chef Anfina unterstützt, nicht über fünf bis sechs Generationen hinaus. In diesem Jahre gab ich mir alle mögliche Mühe, bei Kabrega etwas zu erfahren – alles umsonst. Wo Baker seine sechzehn Herrscher für Unyoro hergenommen und wer sie gewesen, ist mir völlig unklar, und doch standen mir seine Quellen zu Gebote, und ich war imstande, selbst mit den Leuten zu verkehren und nicht Berge für Flüsse etc. zu nehmen. Die Neger leiden eben alle bis zu einem gewissen Grade an ›monomanie de grandeur‹, und wie in Unyóro die große Tabakspfeife ein Symbol des großen Herrn, so hier der große Stammbaum! Die Herkunft der Wawitu war Nordosten, und daß sie »weiß«, nicht schwarz gewesen, ist auch hier wie in Unyóro allgemein bekannt.

Interessanter war mir ein Versuch, in die Sprache und ihre Formen zu dringen und mich dabei durch den Englisch sprechenden Miftah führen zu lassen. Ist er nicht zu faul zu kommen, so kann das schon zu etwas führen. Leider fehlen ihm viele Worte, und er ersetzt sie durch Kisuahili. Auch eine eigentümliche Einbildung Miftahs lernte ich heute kennen; er behauptete, ich solle zwei Jahre hierbleiben! Eine andere, viel freundlichere Nachricht wurde mir später von Riongas Matongali Kassamiriri gebracht. Kabrega soll Leute hierhergesandt und von Mtesa eine Armee verlangt haben, um, wie er sagt, über den Mwutan-Nzige zu gehen. Das ist nun geradezu lächerlich, und ein Krieg kann nur gegen unsere Stationen gerichtet sein, da Rionga unter unserem Schutze steht. Auch Mtesa scheint dies erkannt zu haben, denn er soll gestern abend (Mbasi, der gestern nach Aufträgen für Kabrega fragen kam!) Leute gesandt haben, um Kabrega zu benachrichtigen, daß er an einen Krieg gegen Rionga, i. e. gegen uns, keinen Teil nehmen wolle. Falls jedoch Kabrega anderweitig Leute brauche, sei er gern bereit, sie ihm zu stellen. Gott soll unseren armen Stationen beistehen, wenn es hier einmal zum ernstlichen Ausbruch kommt! Und ich fern! Hoffentlich ist die ganze Geschichte eben nur Gerede.

12. Januar, Sonnabend. – Heute morgen habe ich zum Katikiro gesandt, um mir Bananen zu erbitten. Meine Leute haben außer Fleisch nichts zu essen, und die zum Verkauf gebrachten Bananen genügen nicht für uns – wir sind, die Magungo-Träger eingerechnet, 21 Personen! Die Leute haben alle Furcht, etwas zum Verkauf zu bringen, Mtesa sendet absolut nichts, und ohne seine Ordres kann niemand etwas tun. Zu sehen bekomme ich ihn nicht, daß ich sprechen könnte; alle Leute, die ich damit beauftrage, ihm ein Wort zu sagen, versprechen mir es, tun's aber nicht – eine beneidenswerte Situation!

Die Frauen sind so zahlreich hier, und so wenig Wert wird auf sie gelegt, daß ich gestern zu meinem Erstaunen bei meinen von Mruli mitgebrachten Trägern Frauen fand, und als ich fragte, wessen Eigentum sie seien, zur Antwort erhielt: Sie haben sich zu uns gefunden und leben nun mit uns, werden auch mit uns nach Mruli zurückgehen. Handelt es sich hier um eine Heirat, so gilt es nicht, die Frau zu erkaufen wie in Unyoro, sondern man verlangt ganz einfach vom betreffenden Vater seine Tochter oder Töchter (zwei Schwestern zur gleichen Zeit zu heiraten, ist nicht anstößig!), und er gibt sie ohne Entgelt. Auch kommt es häufig genug vor, daß Mädchen ohne weiteres in irgendein Haus gehen, sich dort als Frauen des Hausherrn installieren und mit ihm zusammen leben. Auch solche Verhältnisse haben nichts Anstößiges und werden von beiden Seiten – Vatersseite und Gattenseite – als völlig bindend anerkannt. Besonders hervorstechend aber in dieser Beziehung sind die Schwestern und wohl auch Töchter Mtesas und jeden Königs, die sich dem Gesetze nach nicht verheiraten sollen (Ausnahmen kommen vor) und mit größter Ungeniertheit ihren Privatvergnügungen nachzugehen pflegen. Ich habe selbst Gelegenheit gehabt, dergleichen aus nächster Nähe zu beobachten.

Makongo Mbasi, mein freundlicher Nachbar vom Vorjahre, der inzwischen zum Wächter der königlichen Prinzen aufgerückt ist, beehrt mich heute morgen; er entschuldigt sein langes Ausbleiben mit Krankheit und will, unaufgefordert, möglichst sich meiner annehmen. Er verlangt ein wenig weißes Schreibpapier, das er erhält. Mit ihm kommt eine andere alte Bekanntschaft, Kitunsi, den Mtesa wegen eines geringen Respektfehlers zum Tode verurteilt, und der, eben vor der Hinrichtung, im letzten Augenblick noch mit vier Mädchen und vier Kühen sich loskaufen durfte. Dies geschah vor drei Tagen, und ich sah noch die durch den Strick verursachten Hautabschürfungen. Beide wollen häufig wiederkehren.

Mein Dragoman Kisa ist unverrichteter Dinge vom Katikiro zurückgekehrt, man hat ihm nicht gestattet, ihn zu sehen. Wir haben noch ein Bund Bananen hier!

Alle Augenblicke macht man mir Zumutungen, Frauen oder Mädchen zu kaufen; heute morgen verlangte man für eine Wahúma 40 Ellen Madapolam. Dabei ist sonderbar, daß der Handel abgeschlossen werden soll, ohne daß der Käufer die zu erkaufende Sklavin zu sehen bekommt, weil, falls er sie als zu häßlich zurückweisen möchte, sie ohne Zweifel ihrem Eigentümer entfliehen würde.

Auch Idi verschmähte nicht, gegen Mittag zu kommen; er ist von Mtesa zum Chef einer Expedition nach Kabregas Land (Uganda-Grenze) ernannt, um gemeinsam mit Kabregas Truppen eine widerspenstige Provinz zu züchtigen. Die Anwesenheit der Maganda ist erwünscht, damit nicht später Grenzstreitigkeiten entstehen. Dies ist die Idi'sche Version der Angelegenheit. Ich benutzte seinen guten Humor, um mich recht scharf gegen Mtesas mir gegenüber beobachtetes Verhalten auszusprechen und ihn zu beauftragen, mir eine Unterredung mit Mtesa zu verschaffen, widrigenfalls ich die mitgebrachten Sachen verbrennen und mit meinen Leuten zurückgehen würde. Wie von einem elektrischen Schlag getroffen, war er nun auf einmal munter und versprach mir bestimmt die gewünschte Audienz für nachmittags vier Uhr. Er selbst ließ schnell aus seinem Hause ein Bund Mais und ein Bund Bananen herbeibringen, und nachdem er einige Kleinigkeiten erhalten, verschwand er, um gleich zu Mtesa zu gehen und ihm wegen des gewünschten Besuches zu sprechen. Inschallah!

18. Januar, Freitag. – Bei einer Morgenpromenade bin ich einem schon im Vorjahre bemerkten männlichen Albino von etwa zwölf bis dreizehn Jahren begegnet; leider war er so in seine Decke eingehüllt, daß ich ihn nicht ordentlich zu sehen bekam. Die nackten Beine, Hände und Stirn sind gelblichweiß, die Wangen gerötet, das Kopfhaar kurz und strohgelb. Ich will versuchen, ihn näher zu beschauen. Es soll hier viel Albinos geben, sie werden jedoch gemieden, und in Unyóro werden sie geradezu als Unglücksbringer betrachtet, doch nicht getötet.

Das Blatt hat sich gewendet! Um zehn Uhr vormittags kamen in aller Eile zwei Leute des Katikiro, um mich seinem Versprechen gemäß zu Mtesa zu berufen, und halbwegs zu seiner Residenz fand ich auch Messaúd, den Mtesa selbst gesandt, um mich zu bringen; er erwarte mich mit Ungeduld, ließ er mir sagen. Sofort eingelassen, durchschritt ich den Hof, in dem Massen von Leuten und Matongali in der glühenden Sonne saßen und einige Bewaffnete mir präsentierten. Ich betrat grüßend den Empfangssaal, in dem Mtesa selbst in rotem Kaftan und weißen Unterkleidern und seine Wesire und Vertrauten, etwa dreißig an der Zahl, sich befanden. Er selbst saß auf einem Teppich und stützte sich auf einen mit Seidenbrokat bedeckten kleinen Stuhl aus Holz. Der Empfang war für mich ein sehr liebenswürdiger, beinahe herzlicher, und nach einem kurzen Musikstück, vorgetragen auf drei runden und zwei langen Pauken (erstere mit Schlegeln, die andere mit den Händen bearbeitet, von Ussóga-Leuten), wendete sich Mtesa ausschließlich zu mir. Er fragte mich über die verschiedensten Dinge, sprang dann auf und wollte wissen, ob ich andere Briefe für ihn hätte. Als ich dies verneinte, aber hinzufügte, ich habe ihm vieles mündlich auseinanderzusetzen, bat er mich, der vielen Anwesenden halber meine Mitteilungen auf morgen früh zu verschieben, er wolle Leute nach mir senden und mich privatim im Innern seines Hauses empfangen, ein Gunstbeweis, für den alle Anwesenden laut nyanzig-ten (dankten). Die für mich sehr schmeichelhafte Unterhaltung wurde dann wieder aufgenommen; als Dragomane fungierten Messaúd, der zu Mtesa Kisuahili spricht (Mtesa spricht es geläufig), und Miftah mit Englisch und Kiganda. Eine kleine Unterbrechung erlitt die Unterhaltung durch einen der durch Strick-Turbane und Masken gekennzeichneten Henker (Polizei), der um Instruktionen gegen einen Matongoli bat und Order erhielt, ihn und alle seine Habe zu bringen. Mtesa verschwand sodann für einige Minuten im Innern seines Hauses, und sofort begannen mich Kimbúguë, Kangáni und mehrere Makongo zu attackieren, zogen aber im Wortgefecht den kürzeren, was bei dem Katikiro und den übrigen lautes Gelächter hervorrief. Mtesa kam dann zurück – jeder erhebt sich, wenn er aufsteht –, rief mich näher und legte ein kleines Paket in Rindenstoff vor mich, ich möge es öffnen. Man denke sich mein Erstaunen: Grants und Spekes (9) Wasserfarbenskizzen – ein Elefant, der eine Kanone mit Mannschaften zieht, ein Interieur, zwei Zivilisten und ein Offizier trinken Rotwein, ein Bogen englische Soldaten –, ein Exemplar von Kaffir Laws, auf dessen innerem Deckel ein Buceros gemalt, Baker und Frau am Albert-Nyanza, Speke übergibt Rumanika drei Rhinozerosköpfe, Spekes und Grants Porträts, Ismail-Paschas, Col. Gordons und Abu-Sáuds Photographien, bildeten den Inhalt des Pakets. Überrascht war Mtesa, als ich ihm den Geber jeden Bildes nannte, und richtete zugleich an mich die Bitte, Col. Grant seine besten Grüße zu senden. Ein kleines neues Testament, das den Namen E. Pocock trägt, wurde mir dann vorgelegt und ich ersucht, Stellen daraus zu übersetzen; dem folgte ein Exemplar von Stanleys bekanntem Bericht über Mtesas zivilisatorischen Beruf. Es war inzwischen ein Uhr nachmittags geworden und Mtesa, der wohl hungrig sein mochte, wie ich es war, unterbrach mich in der Wiedergabe von Stanleys Tiraden: er wolle sich nun zurückziehen, wolle aber vorher wissen, ob man ihm Vorwürfe darüber machen könne, daß er die Christen vorziehe und selbst Christ (!) sei. Ich antwortete ihm, daß in bezug auf Glauben und Religion jedermann sich mit seiner eigenen Vernunft und seinem eigenen Gewissen abzufinden habe, kein vernünftiger Mensch aber einen anderen seines Glaubens oder Nichtglaubens halber angreifen oder verlachen werde. Gott sei ein Gott für alle Menschen, und ob einer ihn als Christ oder Muslim verehre, sei eben nur ein Formenunterschied: der Grund, die Verehrung, seien ewig gleich. Während dieser ganzen Zeit stand Mtesa auf einen Pfahl gestützt, aufmerksam jeder Phrase zuhörend, vor mir und äußerte mir wiederholt seine lebhafte Befriedigung mit meinen Ideen. Er wunderte sich nur, daß ich so total verschieden sei von allen, die er bisher gesehen, gerade deshalb aber habe er mich stets gern gehabt. Mit meilenweiten Schritten zog er sich dann zurück in seinen Harem, den er, obgleich Christ, natürlich nicht aufgibt. Kaum war er fort, so wurde ich von allen Anwesenden umringt und beglückwünscht, ob seiner großen Gunst für mich, so daß es scheint, ich habe meine alte Favoritenstellung wieder erobert. Nur der Katikiro, als er mich bei der Hand nahm, um mit mir fortzugehen, lächelte in seiner vornehmen Weise mir zu: wir verstehen einander. Nun noch morgen einige Geschenke für Mtesa, und alles ist gut. Auch die Araber kamen mich zu beglückwünschen; ich habe einen harten Kopf, meinte einer; und wahr ist es, den habe ich. Der Katikiro ließ mir sagen, ich würde meinem Wunsche gemäß jeden Tag gerufen werden.

20. Januar, Sonntag. – Hallender Donner in Süd und Ost, dunkle Wolken über den ganzen Himmel. In uralten Zeiten, sagen die Wanyoro, waren der Leute viele auf dieser Erde, und sie starben nie, sondern lebten ewig. Da sie aber übermütig wurden, ergrimmte ein Geist und warf das ganze Wolken- und Himmelsgewölbe auf die Erde nieder, so daß alle getötet wurden. Um aber diese Erde nicht veröden zu lassen, sandte der Geist einen Mann und eine Frau »von oben« hernieder, und diese trugen »Schwänze«. Sie zeugten einen Sohn und zwei Töchter, und der Sohn pflegte Umgang mit seinen Schwestern und zeugte mit der einen ein

Wanyoro-Häuptlinge in Gewändern aus Rindenstoff

ekelhaftes Tier, das Chamäleon (waisselikótto), und mit der anderen einen Riesen, den Mond. Die Kinder wuchsen auf; während der Mond gut und brav war, war das Chamäleon heimtückisch und übel gesinnt, und bald begannen Streitigkeiten zwischen ihnen, die damit endeten, daß der Mond vom Geiste »hinauf« genommen wurde. Um aber an seine irdische Herkunft zu erinnern, wird er groß und leuchtend, nimmt dann ab, wie um zu sterben, stirbt aber nicht, sondern geht in zwei Tagen von Osten nach Westen und erscheint müde und klein am Westhimmel wieder. Die Sonne aber, ergrimmt ob des Nebenbuhlers, brannte ihn so, daß die »Flecken« noch heute in seinem Gesicht sichtbar sind. Das Chamäleon und seine Nachkommenschaft aber wurden sterblich und zeugten viele, viele Menschen. Die Schwänze aber, das Zeichen der »von oben« gekommenen Menschen, vererbten sich nicht, sondern gingen verloren, wie auch die ursprünglich weiße Hautfarbe der Leute sich in der glühenden Sonne bald in Schokoladenbraun wandelte. Auch heute noch sind die Himmelssphären von Leuten bewohnt, die geschwänzt sind und viele Herden haben. Die Sterne sind Wächter, welche der oberste Geist, Njaránka oder Kágra genannt, während der Nacht ausstellt. Im Osten und im Westen wohnt je ein mächtiger Geist, die sich Botschaften mittels der Sonne zusenden; gerade von Osten nach Westen geht sie von einem zum andern und kehrt nachts, während wir schlafen, in einem der Äquatorlinie entsprechenden Bogen »über die Wasser« nach Osten zurück. Auch sie ist von riesenhaften Menschen bewohnt, die schiebend ihre Bewegung verursachen. Der höchste Geist Njaránka (njavanka?) bestimmt dem Foetus im Mutterleibe sein Schicksal voraus; ohne seine Befehle geschieht nichts in der Welt.

Ich vermute, daß dieser Prädestinationsglaube aus dem Verkehr mit Arabern erwachsen ist; alle übrigen Mythen sind wörtlich übersetzt worden. Von Kobolden etc. ist keine Spur zu finden. Träume sind wohl bekannt, ihre Deutungen jedoch nicht. Als Orakel gelten die Eingeweide der Hühner: ein Huhn – schwarze vorgezogen – wird vom Halse zum After der Länge nach aufgeschnitten, die Eingeweide vom

Blut gereinigt, in lauwarmes Wasser gelegt und nun durch eigens dafür bezahlte kundige Personen (kodjúr) die Deutung vorgenommen. So verfährt man vor Reisen, Kriegszügen etc. Es herrscht unbedingter Glaube daran. Das Huhn selbst wird ins hohe Gras geworfen. Wenn Geier sich auf eines armen Mannes Hausfirste (Kitikro) setzen, so bedeutet das reiche Gaben und Geschenke für ihn.

21. Januar, Montag. – Daß die Leute von Uganda von anderer Abstammung seien als die umwohnenden Stämme, wird klar, sobald man die famosen Bärte sieht, mit denen sehr viele umherstolzieren. Als ich ankam, hatte ich geglaubt, daß die Garden Mtesas, die mir mit ihren langen Schnurr- und Zwirbelbärten sofort auffielen, von Zanzibar gekommen seien, ich weiß aber nun, daß sie rechte Waganda sind. Mtesa hatte einige langbärtige Belúdschen von Zanzibar gesehen und hat danach seine Leute geformt. Besonders bärtig sind die Leute von Ussóga: die Barthaare am Kinn erreichen eine Länge von 3½ bis 4 cm. Heute erfuhr ich auch zufällig, wie eigentlich Mtesa sein Gebiet zu nennen beliebt: Kidi (Land der Lango, ununterworfen), Unyóro (Kabregas Reich), unsere Stationen, Uganda, Ussóga (teilweise ununterworfen), Nkole (Ussongora genannt, unabhängig), Karaguë (Rumanikas Reich), Ussūi (Suwaróras Reich). Wie alle Neger scheint er an ›monomanie de grandeur‹ zu leiden. Katikiro, Sakibóbo, Kangáni, Mkuënda usw. sind keine Eigennamen, sondern Chargen, welche für Lebenszeit dauern und sich vom Vater auf den ältesten Sohn vererben, ausgenommen die Würde des Katikiro (Premierminister und stellvertretender Richter), der von jedem König bei dessen Regierungsantritt neu ernannt wird und dann gewöhnlich während der ganzen Regierungsdauer allmächtig ist, jedoch abgesetzt werden kann.

Gerade um Mittag wurde ich durch den Besuch einer jungen, sehr hübschen Frau überrascht, die mir ein Kürbisgefäß voll Ssándi (frischer Bananenwein), wie sie sagte, zum Geschenk brachte, naiverweise aber, als ich sie fragte, was sie als Gegengeschenk etwa wünschen möchte, sich Kauris geben ließ, also ihr Geschenk bezahlt nahm. Sie ist aus

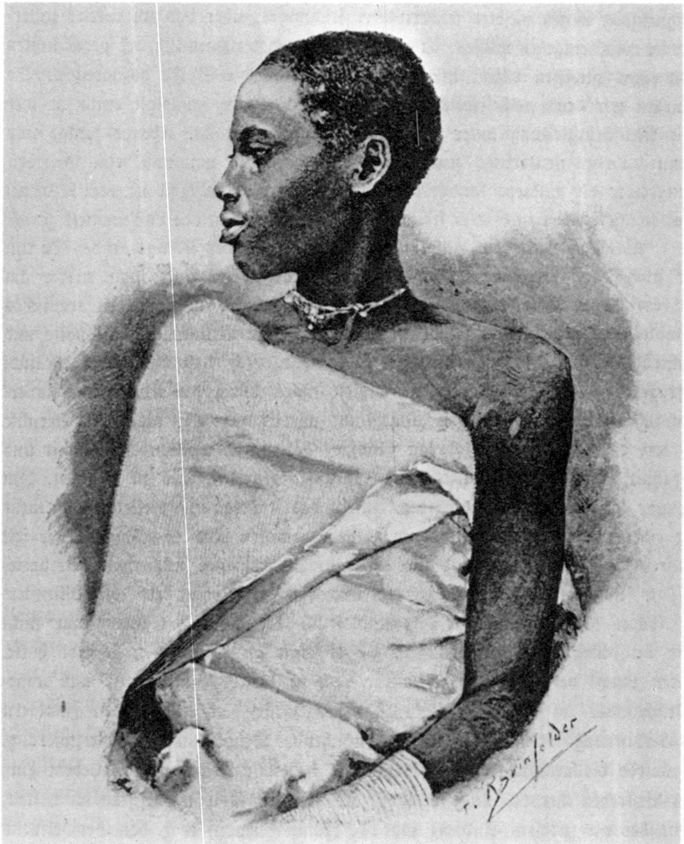

Mädchen vom Stamm der Wanyoro

Nkóle gebürtig, von dort durch arabische Kaufleute nach Uganda gebracht worden und gegenwärtig die Sklavin oder Frau (ich wollte nicht fragen) eines Zanzibar-Mannes, dessen Haus nicht weit von hier entfernt liegt und der selbst mit Idi nach Kabregas Land gegangen ist.

Mitten in der Konversation wurden wir durch zwei Boten Mtesas unterbrochen, die atemlos mich zu rufen kamen, und auf dem Wege fanden wir schon den dritten folgend. Eine

Masse Ussóga-Leute waren gekommen, ihren Tribut zu bringen; zwei prachtvolle langhaarige Ziegen und etwa zehn Trägerlasten Elfenbein nebst diversen Mädchen und kleineren Gaben. Gedrängt voll von ihnen war der Hof, und ihre sonderbaren Kopfverzierungen aus dünnen abgeschälten Ruten, bald einem Stachelschwein ähnlich in die Kopfwolle gespickt, bald als künstlicher Kegelaufbau, wie man aus Ruten kegelförmige Gestelle zum Schutze für junge Blumen macht, stachen grell von den glattrasierten Waganda ab. Lange Bärte waren häufig, und die Kleider ausschließlich Felle von Antilopen und Rindern. Eine Menge Musikanten und Tänzer bildeten einen Knäuel vor dem Divan, in welchem Mtesa mit etwa fünfzehn Personen sich befand und mit freigiebiger Hand lange Schnüre voll Kauri an die Künstler verteilte. Große Kürbisgefäße voll Muënge wurden fleißig in Anspruch genommen, auch von den hohen Würdenträgern, wenn sich der König für einen Moment abwandte oder entfernte. Ich übergab ihm das gestern gewünschte Pulver und ein wenig Schrot und wurde sofort gefragt, ob es möglich sein würde, falls er Leute mit mir sende, von Ägypten her Pulver und Waffen zu erhalten. Ich versprach ihm, alles mögliche aufzubieten, er möge mir nur die Leute mitgeben. Mit gewöhnlicher Waganda-Verschlagenheit hieß es nun auf einmal, ob es nicht besser wäre, Leute nach Chartum zu senden, um eine kleine Quantität Munition zu holen, während ich selbst noch hier sei. Ich könne ja etwas länger hierbleiben, er wolle schon für mich sorgen und Urlaub für mich erbitten, denn der Pascha habe ihm ja geschrieben, ich würde einige Zeit hier bleiben; ich solle Briefe schreiben, um seinen Leuten gute Aufnahme und die gewünschten Dinge zu verschaffen. (Ich soll also hier eine Geisel sein für seine Leute!) Es folgten darauf Komplimente und die Versicherung, er wolle an das Gouvernement schreiben, um mich hier bei sich behalten zu dürfen, wofür ich ihm meinen Dank aussprach, zugleich aber bemerkte, es sei mir schon jetzt schwer, für meine Leute Bananen zu erhalten, eine Bemerkung, die ihn sehr zu pikieren schien. Er versicherte mich, daß er angeordnet, daß man mir regelmäßig Bananen liefere, und es sei eine Nachlässigkeit seiner Leute, die er streng rügen werde; er wolle morgen das alles in Ordnung bringen. Nochmals gefragt, ob ich nicht seine Leute mit Briefen nach Chartum senden könne, während ich hier sei, lehnte ich nochmals ab, und kurz darauf erhob sich Mtesa und ging, von seinen fünf bis sechs Wesiren geleitet, ins Nebenzimmer, von wo er mir nach einem Moment sagen ließ, es regne und sei Abend (sechs Uhr nachmittags), er habe soeben seine Wesire entlassen, auch ich möge gehen, er wolle bald nach mir senden. Die Ussóga-Musikanten wurden in den Empfangssaal beordert, damit er im Inneren des Hauses sie hören könne. Ich habe heute ohne Dragoman mit ihm in Kiganda verkehrt. Leichter Regen geleitete mich heim.

25. Januar, Freitag. – Heute zum Freitag erhalte ich Besuche von den Zanzibar-Kaufleuten Messaúd Mohammed, Sungúra und Abdallah, welch letzterer Dr. Livingstone in Manyema begegnet und seines Lobes voll ist. Die Leute sind voll Anerbieten, und es wäre keine schlechte Idee für einen Reisenden, einen Mann wie Sungúra als Chef seiner Leute zu engagieren, zumal er zugleich als Dragoman für ein halbes Dutzend Negersprachen dienen kann. Ein eigenes Vergnügen ist es übrigens, sich von den Leuten ihre Berührungen und Begegnungen mit anderen Reisenden (Burton, Speke, Grant, v. d. Decken, Livingstone, Stanley) erzählen zu lassen und ihre Beurteilung derselben zu hören.

Alle Leute von Unyóro und Uganda haben eine große Scheu vor Schädeln und Gebeinen von Menschen und Tieren, so daß ich meine Leute nie dazu bewegen kann, mir im Sammeln oder Präparieren derselben irgendwie behilflich zu sein, obgleich sie bei Landkonchylien, Käfer usw. durchaus nicht wählerisch sind.

Überhaupt sind die genannten beiden Stämme sehr peinlich in Beziehung auf Sauberkeit der Speisen und des Körpers. Eine Frau kohabitiert nie mit ihrem Manne, bevor sie sich nicht völlig gebadet oder gewaschen; Abwaschungen nach dem Koitus sind bei beiden Geschlechtern gebräuchlich. Leider existiert trotz alledem eine Menge

Überbringung von Tribut

Ungeziefer, und besonders die Rindenstoffe sind in dieser Hinsicht als Sammelplätze für Ungeziefer bekannt. Es herrscht deshalb die Sitte, diese zur Kleidung dienenden Stoffe alle zwei bis drei Tage einmal mit den getrockneten und der Oberhaut entblößten Stammstücken des Papyrus zu räuchern; der starke, eigentümlich streng riechende Rauch soll jene Parasiten vertreiben und erteilt zugleich den Kleidern ein schon auf zwei bis drei Schritt wahrnehmbares Parfüm. Rasieren der Kopfhaare sowohl als auch des übrigen behaarten Körpers ist bei beiden Stämmen und bei beiden Geschlechtern üblich, und es wird, vor allem hier in Uganda, besonders bei Frauen viel auf einen völlig glatt geschorenen Kopf gehalten.

26. Januar, Sonnabend. – Seit einigen Tagen ist recht ungünstiges Wetter mit vielem Regen; nichts trocknet, Pflanzen und frische Samen faulen und schimmeln, Tierpräparate sind gar nicht zu machen. Es scheint, als ob die eigentliche Regenzeit für hier schon jetzt begonnen habe: große Nacktschnecken kriechen seit gestern über den Hof, viele Vögel bauen eifrig Nester (Motacilla vidua[1] im Hause), und die Eidechsen (eine große graugrüne Art mit zwei je von der Schnauzenspitze über das Auge nach dem Schwanz verlaufenden gelben Streifen; Männchen bedeutend größer als sonst, gleich aber etwas heller gefärbtes Weibchen) jagen sich spielend herum. Leider bietet der Ort im ganzen wenig, und ohne Mtesas spezielle Befehle wollen die Leute nichts von Tierfangen usw. hören; so gibt es denn gar wenig für meine Sammlungen Brauchbares, während Objekte für ethnologische Sammlungen sich viel leichter beschaffen lassen.

Nach einzelnen Einkäufen wurde ich um halb elf Uhr vormittags zu Mtesa gerufen, den ich in sehr großer Versammlung und in vollem Staate sitzend fand. Auch viele mir unbekannte Vollblutaraber, jedenfalls neue Ankömmlinge, waren dort im Hintergrunde versammelt. Neue Ussógo-Musikanten waren angekommen, und sie zu hören

[1] Eine Stelzenart (Singvogel).

Waran, eine Eidechsenart, die wegen ihres Fleisches häufig gejagt wird

war ich in so großer Eile gerufen worden. Außer den gewöhnlichen Pauken, deren Schläge mit einem tief gutturalen Aah-Waah begleitet werden, waren eine Art Klarinette, oben und unten mit langen Haarquasten behangen, von oben geblasen und vier bis fünf Töne hervorbringend, wie ich sie nirgends noch gefunden, viele kleine Pickel-Flöten und die üblichen Gitarren vertreten. Das Ganze machte einen ganz passablen Eindruck. Hinter Mtesa im Inneren eines Nebenzimmers, für die Zuschauer unsichtbar, saßen fünfzig bis sechzig Frauen, vermutlich seine Lieblingsfrauen oder Schwestern, und betrachteten mich ebenso neugierig wie ich sie. Sie waren mit Ausnahme einer sämtlich von sehr heller, gelbbrauner Farbe und bis über die Brust hinauf in hübsche neue Rindenstoffe gehüllt. Etwa eine dreiviertel Stunde hatten wir so dagesessen, manchmal von Leuten unterbrochen, die Rechtsstreitigkeiten zur Entscheidung vorlegen kamen, als auf einmal Mtesa sich erhob, ins Innere seines Hauses verschwand und damit die Sitzung für aufgehoben erklärte. Auch nicht ein Wort war zwischen uns gewechselt worden! So ging es denn wieder nach Hause, wo ich Leute des Schambalango vorfand, die mir zwei hübsche Tabakspfeifen brachten und ein gutes Gewehr für ihren Herrn verlangten! Er sei mit mir ebenso befreundet als der Katikiro, ließ er mir sagen, ich solle demnach nicht an jenen allein denken, sondern auch ihm, was ihm gebühre, zukommen lassen, und dergleichen mehr. Natürlich wies ich dergleichen Redensarten zurück und ließ ihm einfach sagen, er möge, habe er dergleichen mit mir zu verhandeln, gefälligst es in Person tun; mit seinen Dienern dergleichen zu verhandeln, passe mir nicht. Auch Mtesas Schwester, die ich neulich fortgewiesen, sendet mir heute Bananenwein, den ich natürlich zurücksende.

Die Frauen waren wirklich diejenigen des Königs, und eine namens Lúbuga (Rúburga), des Königs Favoritin, die ihre eigene Haushaltung führt, wurde eigens gerufen, um mich anzusehen. Auch zur Njamássore (des Königs Mutter) wurde in aller Eile ein Bote gesandt, doch konnte ich den Grund hierfür nicht erfahren. Heute sind mir wieder zwei Männer mit gefesselten Händen auf ihrem Todeswege begegnet; wie viele aber mögen denselben Weg gehen, denen ich nicht begegne!

Ich habe Samen von der Mpapáï Frucht (Carica papaya)[1] zum Anbau in Ladó und Chartum gesammelt. Ich habe meinen Dragoman Kisa zum Katikiro gesandt, um ihn zu veranlassen, auf Mtesa bezüglich einer Antwort für mich einzuwirken; bei seiner Rückkehr höre ich aufs neue, wie Mtesa das ihm vom Gouvernement gesandte Gewehr (Steinschloß) für ungeziemend erachtete und deshalb zürne. Der Katikiro läßt mich bitten, morgen zu ihm zu kommen, um wieder einmal »alles in Ordnung zu bringen«. Ich glaube übrigens, daß für Halil-Efendis Herkunft gar keine Hoffnung sei, und ebenso für meine Weiterreise von hier nach dem Süden. Es herrscht ein so furchtbares Mißtrauen gegen alles, was von Ägypten kommt, daß mehr als Jahre dazu gehören würden, es zu überwinden. Eigentümlich genug macht sich dies Gefühl auch im Volke laut, und täglich, wenn

[1] Melonenbaum (Papaya).

ich ausgehe, höre ich die Leute sich fragen: Was wollen die Soldaten hier? Wollen sie unser Land nehmen und unsere Frauen? Weshalb kommen sie hierher?

Um Mittag kommt ein Mbándua (Zauberer), begleitet von einem hübschen Mädchen und einem Manne, der seine aus Rindshäuten genähten Säcke ihnen nachträgt. Er selbst ist in bunte Ziegenfelle gekleidet, trägt auf dem Kopfe eine Art Mütze aus Fellen von Cercopithecus griseo-viridis und Colobus Guereza, dessen lange weiße Pellerine ihm die Stirn und Augen deckt, und über der rechten Schulter ein großes Bündel Felle, unter denen die von Viverren, Genetten, ein kleines leopardenartig geflecktes, mir unbekanntes Fell, einige Nager und Mäuse sowie ein rotbraunes, mir durchaus fremdes Fell ohne Kopf und Füße sich finden. Meinen Anerbietungen zum Trotz kann ich von ihm kein Fell erhandeln, doch verspricht er, mir seine Lieferanten zuzuführen. Zwei Noggara, eine größer, eine kleiner, zwei mit kleinen Steinchen gefüllte Kürbisklappen, ein Ochsenfuß mit angehangenen Eisenschellen stellen die musikalischen Instrumente und eine kleine ganz eiserne Lanze mit Doppelblatt die Bewaffnung vor. Ein prachtvolles Leopardenfell deckt die Schultern des Zauberers, der mit frenetischem Geklapper zunächst das Lob des weißen Mannes singt, von dem er längst gehört und dessen Freigiebigkeit alle loben. Früher schon habe er kommen wollen, doch wisse er, daß ich, von der langen Reise ermüdet, der Ruhe bedurft; auch er sei ein großer Zauberer und herrsche über Leben und Gesundheit; Glück wolle er mir verleihen auf meinen Wegen, die Herzen der Herrscher wolle er mir zuwenden, Zauberpulver wolle er mir geben, damit ich glücklich und ungefährlich die Heimat erreiche. Solche Wünsche und Verheißungen wurden natürlich mit einem kleinen Geschenk belohnt; auch seine Frau wurde mit einigen Perlen beschenkt, und den klingelnden Ochsenfuß schwingend, sprang er im Scheinangriff auf mich los, mir zu danken. Seine Begleiter akkompagnierten mit monotonem Gesange die ganze Szene. Nun aber erhielt auch ich meine Gegengeschenke: eine Prise Pulver, das ich verschlingen sollte, um mir Mtesas Herz zu gewinnen, eine andere Prise, die ich vom Handteller in die Luft blasen sollte, um alle Leute mir zuzuwenden, eine dritte Prise graues Pulver, um dick und fett zu werden, und endlich eine Quantität Mulm- und Wurzelstücke, die, mir auf die Knie gelegt und dort gerieben, Schutz vor Fährnissen der Reise gewähren würden. Natürlich dankte ich lebhaft und erhielt dafür die Versicherung, ich sei wirklich ein »großer Herr« wie Mtesa und er würde häufiger kommen und passende Geschenke mir darbringen. Er wohne im Palast der Königinmutter und werde ihr erzählen, wie freundlich ich ihn empfangen. (Das wäre mir schon recht; so würde ich gut empfohlen!) Klappernd entfernte sich sodann die Gesellschaft. Das Leopardenfell ist eine Gabe Mtesas, da solche Felle eigentlich nur Abkömmlinge der königlichen Familie tragen dürfen.

30. Januar, Mittwoch. – Visite von Abdallah bin Halil und Schóka bin Hamis. Miftah, den ich gestern ersucht, mir die rückständigen 1700 Kauri[1] zu bringen, und der sie bestimmt für heute morgen versprach, ist natürlich nicht gekommen. Es ist hier äußerst schwer, sich Kauri für bares Geld oder Stoffe zu verschaffen, und die Zanzibarleute machen sich das wohl zunutze.

Wieder einmal ist mir eine Frau zum Verkauf angeboten, und zwar aus Ärger, weil sie sich von einem anderen Manne als ihrem Herrn hatte schwängern lassen! Die Familienbande in sittlicher Beziehung sind furchtbar lax, die Frauen sämtlich zur Prostitution bereit, wie dies bei ihrer großen Zahl in jedem Hause nicht anders sein kann. Man erzählt sich ganz unbefangen, daß die Königinmutter sich zur Befriedigung ihrer Lüste junge Männer von der Straße bringen und, falls diese aus Furcht vor Mtesa renitent sind, sie einfach töten läßt.

31. Januar, Donnerstag. – Keinerlei Nachricht von des Katikiro mir versprochenen Neuigkeiten. Wäre es nur nicht

[1] Gehäuse der Kaurischnecke, die als Zahlungsmittel weit verbreitet waren.

gar so schwer, für meine vielen Leute Eßvorräte zu schaffen! Die Lage der Dinge scheint sich zu komplizieren.

Der Katikiro ist heute früh von hier abgereist und wird sieben bis acht Tage abwesend sein; so soll nach Messaúds Aussage in einiger Entfernung von hier ein Haus existieren, das zu Opfer- und anderen religiösen Zwecken dient, und jener zu dessen Ausbesserung und zur Verrichtung von gewissen Zeremonien gesandt sein. Nach der Erzählung einiger Leute gibt es dies Haus wohl, die Zeremonien aber sind folgende: der Katikiro läßt neben dem Hause eine runde, etwa 4 m tiefe Grube von fünf bis sechs Fuß Durchmesser graben und das Haus ausbessern; Mtesa kommt sodann nachts, tritt bei Sonnenaufgang, nachdem er sich entkleidet, in die Grube, und nun werden Männer, die dazu eingefangen wurden, am Rande der Grube getötet, ihnen der Kopf abgeschnitten und das Blut in die Grube geleitet, bis es zu einer gewissen Höhe gestiegen, wo Mtesa »Halt!« kommandiert, aus der Grube tritt und sich reinigt. Alles dies soll sehr geheimnisvoll geschehen. Ich wage nicht zu entscheiden, ob dies wahr; jedenfalls aber bestehen unter der glänzenden Hülle, welche gerade dies Land dem Fremden besonders anziehend erscheinen läßt, schreckliche Mysterien und furchtbar grausame Gebräuche.

1. Februar, Freitag. – Etwa halb drei Uhr nachts mochte es sein, als ich durch meinen Diener geweckt wurde. Alle meine Leute waren in höchster Unruhe vor ihren Häusern versammelt, ihre Waffen bereit. Ein außergewöhnlicher Lärm hatte sie von ihren Lagern gescheucht, und als wir so standen, ließen sich, begleitet vom dumpfen Dröhnen der großen Noggára, Schreie hören, die schon nichts Menschliches an sich hatten. Wie im höchsten Schmerz, im Todeskampfe, gellten diese Rufe zu uns durch die Stille der Nacht und die pechschwarze Finsternis. Schrei auf Schrei folgte – es waren die Opfer, mit welchen der Katikiro seine Ankunft auf der heiligen Stätte feierte! Etwa 20 bis 25 haben wir gezählt, dann verstummte der Lärm; niemand aber dachte mehr an Schlaf; meine Leute, alle Neger, waren entsetzt ob dieser selbst ihnen unerklärlichen Metzelei.

Der Glaube an Zauber und Amulette sowie an die Möglichkeit, Leute durch allerlei Mittel krank zu machen oder zu töten, ist in Unyóro und Uganda allgemein verbreitet, und ich werde noch darauf zurückkommen müssen. Von der Idee eines Fortlebens nach dem Tode habe ich bis jetzt keine Spur auffinden können und zweifle, daß sie vorhanden. In Unyóro und Uganda werden die Frauen im Hofe des bewohnten Hauses rechts vom Türeingange des Hauses, die Männer links davon begraben, und zwar in tiefen Gräbern auf der rechten Seite liegend. Die am Mwutan-Nzige wohnenden Wanyoro dagegen begraben ihre Toten, ob Mann oder Frau, in der Mitte des Hofes und errichten über dem Grabe eine Miniaturhütte, in welcher Tabak, Pfeifen, Bananen, Muënge usw. deponiert werden. Kleine Kinder werden überall in dem an jedes Haus anstoßenden Garten begraben.

Eigentümlich ist der so weit verbreitete Glaube an Menschen, die nachts ihre Häuser verlassen und Wanderern auflauern, um sie zu töten und ihr Fleisch zu essen oder zu allerlei Zauberkünsten zu verwenden. Solche Leute behalten die menschliche Form bei ihren nächtlichen Ausflügen bei, verstehen es jedoch, durch Zauber sich unangreifbar zu machen, so daß Lanzen sie nicht berühren und selbst Gewehrschüsse ihnen nichts antun. Will man jedoch ihrer Herr werden, so schlage man mit einem starken Stocke nach ihnen: sie fangen dann an zu bitten, und man kann sie mit dem Stocke vor sich hertreiben und gefangennehmen. Die eben besprochene Begierde nach Menschenfleisch sowie die genannte Weise, durch nächtliche Ausflüge es sich zu verschaffen, ist in einzelnen Familien erblich; die Mitglieder dieser Familien sind weder zu Dienern zu gebrauchen, noch die Mädchen gut als Frauen, weil sie widerwillig sind und nicht alle Speisen essen wollen. Die betreffenden Familien jedoch lieben es, sich durch Heiraten frisches Blut zuzuführen, und erkaufen gern für ihre Söhne Mädchen von außerhalb, weil es vorgekommen, daß, wenn sie Mädchen aus demselben oder einem benachbarten Dorfe nahmen, selbige von ihren Praktiken erschreckt nach kurzer Zeit davonliefen und zu ihren Verwandten zurückkehrten, aber nicht sprechen wollten, als man sie befragte, was sie denn gesehen. Eine nur von Frauen ausgeübte Art, andere zu behexen, besteht darin, daß die betreffende Frau Früchte oder Speisen durch ihren Blick verzaubert und sie dann irgend jemandem zu essen gibt. Sofort befallen ihn heftige Leibschmerzen, die nur dann vergehen, wenn die betreffende Frau gefunden, gebracht wird und dem Leidenden dreimal auf den Leib spuckt. Der Glaube an den bösen Blick (Frauen und Männer) ist allgemein; Mittel, sich dagegen zu schützen, existieren nicht. Wie mag es doch kommen, daß die Sage von der Sündflut bei Negern sich nicht findet, wenigstens hier nicht, will man nicht die oben gegebene Erzählung von dem Niedersturz des Himmels auf die Erde zur Vertilgung der Menschen dafür nehmen.

2. Februar, Sonnabend. – Seit früh sind beinahe alle Zanzibar-Leute hier; einer verlangte Medikamente, der andere Stoffe, der dritte irgend etwas, ein förmliches Charivari. Dazu kommt noch Makongo Káddu, der Chef des hiesigen Distrikts, der rotes Tuch und Pulver zu haben wünscht: die Leute wollen eben nur Kaufgeschäfte machen. Der Katikiro ist gestern abend zurückgekehrt, auf Befehl Mtesas. Kabregas Leute sind hungrig und müssen plündern.

Nachmittags mache ich Besuch bei Mbási, der mir absolut nichts zu sagen hat als seine Krankheitsgeschichte (Ulcera syphilitica primaria in pene). Seine Frauen sind bei der Erzählung gegenwärtig. Von dort gehe ich zu Kangáni, der nahebei wohnt, und werde sofort in einen inneren leeren Togul geleitet. Kaum bin ich daselbst niedergesessen, so kommt auch er, geleitet von fünfzig Weibern und Mädchen, und erzählt uns die gewöhnlichen Rodomontaden über die Größe seines Landes, die Zahl seiner Leute usw. Natürlich folgen auch Versprechen von regelmäßigen Bananenlieferungen, und ein Ochse wird mir versprochen; vorläufig aber essen wir Kaffeebohnen und trinken Muënge. Ein großer Bund Matunguru (Amomum)[1] wird mir mitgegeben.

[1] Eine Pflanzenart.

Ein schlagendes Beispiel für eine Waganda-Prozedur ist folgendes. Als ich bei Kangáni auf seine Frage, wie es mit der Verproviantierung stände, lachte und ihm sagte, es sei erbärmlich genug, daß in Uganda sich keine Bananen für mich fänden, machte er mir wörtlich folgende Erklärung: »Als du kamst, hat mir Mtesa befohlen, dich täglich mit Bananen reichlich zu versorgen, und ich erklärte mich ihm bereit dazu, weil mein Land nahe und das der übrigen Wesire weit ist. Als ich aber nach Hause kam, dachte ich: Was kümmert mich der Fremde, den ich nie gesehen! (er war voriges Jahr abwesend), und beschloß, keine Bananen zu senden. Jetzt, nachdem du aber mich besucht, will ich gern dafür sorgen.« Obgleich ich, durch Erfahrung belehrt, nicht an sein Versprechen glaube, führe ich das Erlebnis als ein Belegstück für Uganda-Zustände an.

5. Februar, Dienstag. – Kein Mensch läßt sich mehr blicken; Donnerstag will ich die Erlaubnis zur Abreise nach Mruli verlangen. Messaúd, der von Mtesa ein Gewehr zum Geschenk erhalten, ist ebenfalls unsichtbar geworden. Seit einigen Tagen war der mir von Mreko zum persönlichen Dienst zugeteilte Matongali Kissákka mit Mrekos Leuten beschäftigt, für den neu angekommenen Hamis bin Halfan eine kleine Seriba zu errichten; soeben kehrt er zitternd zurück und erzählt mir, er wäre mit noch drei anderen Leuten eben gefaßt und gefesselt worden, und hätte ihn nicht des zufällig vorübergehenden Schambalango Aussage, daß er zu meinen Leuten gehöre, gerettet, so wäre er jetzt gleich seinen Gefährten wohl tot. Zu gleicher Zeit sind sämtliche Seriben, die von hier aus das westliche Quartier ausmachen, völlig ausgeplündert und all ihre Insassen und ihr Inhalt in Mtesas Palast abgeliefert worden. Die Besitzer der Seriben werden mit den anderen im Lande gefangenen Männern zusammengesperrt, bis ihrer hundert seien, die alsdann am von mir überschrittenen Bach Miánja geopfert werden – wahrscheinlich heute abend. Der Katikiro hat neulich dreihundert abgeschlachtet! Nach dem Grunde gefragt, gab mir Kissákka an, daß Lúbari (Lubáli = »höchstes Wesen«) zu Mtesa gesprochen und das Opfer für den

Fluß verlangt habe. So geht es hier täglich, und so beschaffen ist das Stanleysche Missions-Eden! Mtesa hat übrigens streng befohlen, auf dem an meinem Hause vorüberführenden Wege keine Leute einzufangen. Mein Aufenthalt ist völlig zwecklos, da ich weder Sprachstudien machen noch irgendwie sammeln kann, auch Mtesa kaum wöchentlich einmal zu sehen bekomme. So will ich denn an Mtesa schreiben und ihm den Brief morgen früh durch Messaúd zusenden, ihn um Träger nach Mruli ersuchen. Die Umgebung meines Hauses ist voll von Männern, die sich in meine Nähe geflüchtet haben, um den noch immer herumziehenden Menschenjägern Mtesas zu entgehen. Sonst sind alle Straßen und Häuser verödet, weil die Bewohner sich irgendwo versteckt halten, bis des Geistes Zorn beschwichtigt. Ich mache jedoch ausdrücklich darauf aufmerksam, daß »Geist« bei allen von mir gesehenen Negervölkern nur als Abstraktum für Böses gilt, damit aber keine Wesenheit verknüpft ist. Außerordentlich ist der Stoizismus, welchen die Leute diesem massenhaften Morden gegenüber an den Tag legen; es scheinen solche Vorgänge den Leuten als nötig einzuleuchten. Von den zum Tode geführten Männern, von denen ich doch ein gut Teil gesehen, habe ich außer einem abgebrochenen Rufe »Niáwo!« (Oh Mutter!) nie einen Laut gehört. Die Tötung geschieht gewöhnlich durch Zerschmetterung des Hinterkopfes mit wuchtigem Schlage (was mir leider die Schädel verdirbt)[1], oft aber auch durch Durchschneidung der Kehle bis zur Wirbelsäule.

Notiz zum Erbrecht in Unyóro und Uganda: Stirbt ein Familienvater und hinterläßt keine Kinder, so erbt sein Bruder, und falls kein solcher vorhanden, der Chef des Stammes; existieren Söhne, so erbt unter allen Umständen der älteste alles, was von seinem Vater geblieben, die Frauen eingerechnet, die er als seine Frauen behält. Gibt es andere Brüder vom selben Vater, so erhalten sie jeder ein bis zwei

---

[1] Ähnlich makabre Bemerkungen auch bei G. Schweinfurth u. a. Die Sammelleidenschaft dieser Reisenden kannte fast keine Grenzen (sogenannte »wertfreie« Wissenschaft!).

Frauen, ebenso viele Rinder, und so viel vom anderen Besitztum, wie der Haupterbe ihnen geben will. Sind keine männlichen Erben, d. h. weder Söhne noch Brüder des Verstorbenen vorhanden, so fällt alles Besitztum an den Chef. Frauen und Töchter sind unter allen Umständen von der Erbfolge ausgeschlossen. Bleiben nach dem Tode eines Familienvaters unmündige Töchter zurück, so erzieht sie der älteste Sohn oder eventuell der Bruder des Verstorbenen, welche bei Verheiratung des Mädchens die betreffenden Rinder und Schafe erhalten; fehlen jedoch männliche Verwandte, so tritt der Stammchef an ihre Stelle, der jedoch meist des Besitzes wegen das Mädchen selbst heiratet.

7. Februar, Donnerstag. – Entsetzlich kalt bei 16,5° C. und sehr schönem Wetter. Nächte stets mit sehr reichem Niederschlage.

Das war eine lange Audienz! Ich hatte gestern Messaúd den Brief, in welchem ich um Urlaub zur Reise nach Mruli verlangte, übergeben, um ihn Mtesa vorzulesen. Um neun Uhr vormittags stürmten auf einmal zwei Personen in höchster Eile, mich zur Audienz zu rufen, in meinen Hof, und während ich mich noch umkleidete, kamen schon zwei andere hinterher. Auf dem Wege begegnete ich dann noch Amara, Kanagúrba und ihren Leuten, die alle mir nach kamen. Ich bildete mir nun bestimmt ein, Messaúd hätte meinen Brief übergeben, und die große Eile wäre eine Folge desselben; dem war jedoch nicht so. An der Tür machte man mir wieder Schwierigkeiten, obgleich ich gerufen worden, und ich machte deshalb kurzen Prozeß, drehte um und ging meiner Wege, war aber noch nicht weit gekommen, als Leute hinter mir herstürmten und mich umzukehren baten, was ich denn auch tat. Mtesa selbst war einen Augenblick ins Innere des Hauses gegangen, eine sehr große kaffeekauende Versammlung aber schon zusammengeschart. Nach einigen Minuten erschien auch er, hinter ihm wie immer einige seiner Weiber, und auch in der von uns besetzten Halle setzten sich zwei schwarze korpulente Schönheiten, Erzieherinnen der in den Harem kommenden Jungfrauen, hinter den Ministern nieder. Vor Mtesa, mitten unter uns, saß eine seiner Zauberinnen, eine ältliche Frau mit länglichem Gesicht und sehr gerader Nase, ein wirklich hübsches Gesicht, leider durch ein großmächtiges Diadem von blauen und weißen Perlen, dessen Zipfel ihr ins Gesicht hingen, verunstaltet. Nach einigen Tänzen, die an unsere drehenden Derwische erinnerten, aber ohne ihre Ausdauer, wurde ein gezähmter Leopard, ein prächtiges Tier, von zwei Männern, die, eine laufende Schlinge ihm um den Hals gelegt und jeder ein Ende des Strickes in der Hand haltend, imstande waren, ihn bei der leisesten Drohung zu erwürgen, vorgeführt. Das sehr ruhige Tier saß an seinen Wärter geschmiegt und ließ sich zum größten Erstaunen Mtesas von mir streicheln. Nachdem einige Rechtsfälle entschieden worden, las Messaúd meinen Brief vor, und nun ging es über mich her. Weshalb ich so schnell reisen wolle, und was mir hier mißfiele. Das hatte ich erwartet, und so legte ich denn in einer Art und Weise los, wie Mtesa sie gewiß noch nie zu hören bekommen. Über Nichtbeachtung all meiner ihm geäußerten Wünsche, Nichtgestattung der geplanten Reise, Mangel an Lebensmitteln, Seltenheit unserer Zusammenkünfte und Unverschämtheit seiner Leute beklagte ich mich und sagte ihm zum Schluß, er möge mir Leute zur Rückreise geben, ich würde Gordon-Pascha und der Welt Mtesas Lob künden. Er schien so erregt, als dies bei seinem leichtfertigen Wesen und seinem Wankelmut eben möglich ist, wiederholte zum ersten Male persönlich seine Einladung zu täglichem Besuche, was ich ablehnte, da ich nicht vor der Tür zu warten gewohnt sei, und bat mich, ich möge mich frei im Lande umsehen und es mir gefallen lassen, auch all meine Wünsche ihm persönlich bekannt machen. Er sei bereit, für alles zu sorgen, und wolle sogar nach Karaguë mir Leute geben; ich möge mich gedulden und bei ihm bleiben. Ich sagte ihm dann, er habe vermutlich Furcht vor unseren Truppen, und er antwortete mir ganz charakteristisch: »Nicht ich allein habe Furcht, ganz Afrika (!) fürchtet eure Annexionsgelüste, und so gern ich Frieden und Freundschaft mit euch hätte, kann ich mich auf euer Wort verlassen? Du selbst bist bei Kabrega gewesen, um mit ihm

Frieden und Freundschaft zu schließen; kaum bist du von ihm fort, als eure Soldaten ihn angreifen und seine Leute töten; ist dies Freundschaft?« In Ermangelung einer Antwort (er hat recht!) wandte ich den Spieß: »Unsere Provinz ist augenblicklich ohne Leiter; Gordon-Pascha in Dar-Fur, Prout-Bey Gott weiß wo, ich hier; es ist also wohl möglich, daß Unordnungen vorkommen; habe ich ja doch erlebt, daß hier in deinem Lande, während du hier bist, wir unterwegs von deinen Leuten angegriffen und mehrere von Mrekos Leuten zu Tod und Schaden kamen.« Das saß fest. Es wurde nun das alte Thema von der Überlassung unserer Seriben an ihn und dem Rückzuge der Truppen nach Gondókoro (sic!) aufs neue vorgebracht und ich neuerdings gebeten, mich dafür zu interessieren, was ich mit der Bemerkung abwies, daß die mir hier zuteil gewordene Behandlung mich durchaus nicht veranlassen könne, für ihn zu wirken. Auf seine Erwiderung, wir seien doch alte Freunde, erhielt er zur Antwort, daß von Freundschaft gar nicht die Rede sein könne, wo es sich nur um einseitige Ausbeutung im eigenen Interesse handle. Bei der ganzen Verhandlung waren Leute Kabregas gegenwärtig; er hat zu Mtesa gesandt, sich über mich zu beschweren (er hat recht, obgleich mich kein Vorwurf treffen kann, weil ich die nötigen Ordres gegeben), und andererseits mir Leute gesandt, um sich über unsere Soldaten zu beschweren, doppelzüngig wie alle Neger. Mtesa kam nochmals auf die Gefahr der Straße nach Mruli zurück, wo mir leicht von Kabregas Leuten ein Unfall passieren könne, und bat mich, zu bleiben; dann verschwand er, gefolgt von seinen Frauen, und ich ging wie gewöhnlich ohne Antwort nach Hause.

Messaúd war verschwunden, ich vermute, bei Mtesa zurückgehalten; gegen Abend kommt er sehr geheimnisvoll, von Mtesa zu mir gesandt. Die Botschaft war folgende: ich solle mich daran nicht stoßen, daß ich anscheinend kalt empfangen worden wäre; Mtesa sei krank und ärgerlich gewesen, dazu sei die Furcht vor einer Annexion gekommen, und alles dies habe ihn verstimmt; er sei unverändert und ebenso freundschaftlich mir zugetan wie vordem;

morgen schon werde er selbst für meine Bedürfnisse sorgen, mir Rinder und alles Nötige senden; seinen Makongo sei befohlen, zu zwei und zwei mir täglich Bananen zu bringen; zu seiner Mutter habe er sofort gesandt, und morgen früh werde ich Bescheid erhalten; zu Reisen stehe mir sein Land offen. Daß ich mich geweigert, im Divan vor allen Leuten mich auszusprechen, erkenne er an; er wolle mich aber privatim sehen und zweifle nicht, daß unser altes Einverständnis bald wieder hergestellt sein werde. Man sieht die Rekapitulierung alter, mir schon zur Genüge bekannter Redensarten, von denen ich mir absolut nichts versprechen kann. Es ist eben hier alles hohl: Wort und Schliff der äußeren Erscheinung.

10. Februar, Sonntag. – Es ist eigentümlich, wie wenig entwickelt bei allen mir bekannten afrikanischen Völkern der Farbensinn sich zeigt, und auch die Nubier in Schweinfurths Sinne sind hierin ihrer afrikanischen Abstammung treu. Während für Primärfarben man wohl hin und wieder jemand findet, der sie zu unterscheiden weiß, hört für Sekundärfarben dies Vermögen auf. So wird von den Nubiern achdar (grün) für grau, grün, blau und schwarz gebraucht. Die Unyóro-Leute wußten mir keinen Ausdruck für gelb zu geben, ebenso fehlte ihnen grün und blau. Das Kiganda-Wort für weiß bedeutet zugleich rein, sauber. Nur rot und schwarz sind überall genau ausgedrückt. Auch die echten Araber verwechseln häufig die Farben, obgleich Worte für jede Art Farbe existieren und Schweinfurth zu weit geht, wenn er dies leugnet. Gerade das von ihm gewählte Grau wird im Arabischen bezeichnend mit rummádi (aschfarben) gegeben. Bei dieser Gelegenheit will ich zwei Wörter erwähnen, für die Schweinfurth, wie er selbst sagt, keine Abstammung fand: farúch und narakik, die beide die von den Nubiern zum Gewehrtragen verwandten Knaben bezeichnen. Farúch ist die männliche Pluralform von farch (Hühnchen), und noch heute werden im Gebiete des Bahr-el-Ghazal die Sklavenmädchen fárcha (Henne) genannt, um ihren Namen »Sklaven« zu meiden. Narakik ist ein nubischer Plural vom Worte Njerkúk (Kind), das sich im

Neger-Arabisch von Faschoda bis nach Unyóro wiederfindet, ohne daß jemand seine eigentliche Herkunft wüßte.

11. Februar, Montag. – Gestern abend habe ich meinen Soldaten und Negern ein Muënge-Fest gegeben; zwei große Gefäße unterhielten ihre Gesänge bis zum frühen Morgen.

Ein fortgesetztes Examen über Landeskrankheiten führte zu dem eigentlich überraschenden Resultat, daß Syphilis in Unyóro unbekannt gewesen und erst zur Zeit Kamrásis dort sich gezeigt habe (vermutlich von den Nubiern eingeschleppt). Von dort aus nahm das Übel seinen Weg nach Osten und erschien unter Rionga in den östlichen Teilen des Landes, während es zur Zeit seines Bruders Kahadima noch unbekannt gewesen.

Die Sterblichkeit unter Säuglingen und Kindern im ersten Alter ist sehr groß (ungenügende Nahrung); die Mutter gibt wenig Milch. Von Zwillingen wird angegeben, daß meist einer von ihnen, oft auch beide erliegen; sie kommen sehr häufig vor. Oben schon wurde Näheres gegeben. Unfruchtbarkeit ist bei Frauen häufig; die Frauen von Uganda und noch mehr die von Kidi (Lango) sind dagegen ob ihrer Fruchtbarkeit bekannt. Kranke werden von ihren Nachbarn besucht und getröstet, die Pflege besorgen die eigenen Frauen.

Hauptnahrung in Unyóro besteht aus Vegetabilien (Uganda-Bananen und Cajaten) als Cucurbitaceen[1], Corchorus[2], etc. Diese werden mit auf der Murhakka[3], die allgemein üblich, zerriebenem Sesam zu einer Art schleimigen Brühe gekocht. Existiert Fleisch, so wird es, sollte es auch einen starken Hautgout besitzen, nicht verschmäht; die Knochen werden in Stücke zerbrochen, mit dem Fleisch zusammengekocht und das Mark so gegessen, während rohes Mark verabscheut wird. Mark mit Termiten (nswá) und Sesam zusammengekocht ist ein Gericht, »von dem man seinen Kindern nichts gibt«. Blut wird nur bei Mangel

[1] Kürbisse.
[2] Eine Juteart, in Ägypten Molochija genannt.
[3] Reibstein.

an Fleisch mit Butter und Salz gekocht und gegessen, und dies auch nur von einzelnen. Milch, nur frisch und ungekocht getrunken, indifferent, ob Kuh- oder Ziegen- oder Schafsmilch. Salz wird durch Auflösung der Asche von Papyrus und Schilf in Wasser als eine Lauge erhalten, die durch den Boden eines mit ein wenig Heu gefüllten und oft durchlöcherten Topfes abfließt. Verdampfung der Lauge und Gewinnung festen Salzes ist im Osten unbekannt; im Westen findet starke Salzbereitung und Handel damit in Kibiro und anderen Orten am Mwútan-Nzige statt. Feuer wird durch schnelles, quirlendes Drehen eines zugespitzten Holzstabes in einer leichten Höhlung eines zweiten erhalten und der Funken in Heu oder altem Rindenstoffe aufgefangen. Es gehört ein gut Teil Geschicklichkeit dazu. Honig von den häufigen wilden Bienen ist sehr beliebt und wird roh gegessen, auch zum Mlach (Brei) verwendet. Sorghum-Korn, wo es vorhanden, und ebenso Eleusine-Korn wird zerrieben, zu dickem Brei (lukma) gekocht, mit Sesam, Butter oder Honig, auch mit Fleischbrühe angemacht. Viel Wurzeln (Coccinia, wilde Yams etc.) werden gegessen. Maniok ist unbekannt. Cajaten (Batatas edulis) werden nur in Wasser gekocht, nie mit Butter. Grüne Bananen genießt man geröstet oder mit Fleisch gekocht (sehr gut). Nie werden rohe Bananen gegessen (Flatulenz!)[1]. Pfeffer (Capsicum conicum) wird verschmäht. Sehr beliebt sind Hülsenfrüchte (Phaseolus lunatus, P. mungo [selten], Vigna sinensis und noch zwei bis drei Arten). Solanum mit kleinen orangen Kirschfrüchten wird gegessen. S. lycopersicum[2] obgleich in Uganda vorkommend, aber nicht gegessen, ist in Unyóro völlig unbekannt.

Drei Boten hintereinander kamen schon um neun Uhr vormittags, mich zu Mtesa zu berufen, der diesmal aus freiem Impulse mich zu sehen gewünscht. Durch die von ungewöhnlich viel Menschen belebten Wege und Höfe

---

[1] Blähungen.

[2] Die Tomate, heute als Lycopersicon esculentum bezeichnet; Heimat Amerika.

wurde ich sofort eingeführt und fand eine sehr große Anzahl Leute in der glühenden Sonne im Hofe sitzen, viele Bewaffnete, die wie immer mir präsentierten, und endlich Mtesa mit seinen vielen Makongo, in großer Konferenz mit den Leuten Kabregas, die ich längst abgereist wähnte. Aus dem in Unyóros Sprache geführten leisen Gespräch hörte ich zu wiederholtem Male Anfinas Namen heraus, doch sprach man zu leise für mich.

Nach manchen ziemlich obszön produzierten Tänzen – heute waren keine Frauen anwesend – konnte ich endlich zum Sprechen kommen, wurde aber durch Überreichung zweier Briefe, deren einer an mich gerichtet und geöffnet worden, überrascht. Die Briefe waren von Mruli, und Mtesa bat mich, sie ihm vorzulesen, was ich entschieden ebenso wie die Annahme des an mich gerichteten Briefes verweigerte, auch recht energisch Mtesa mein Bedauern darüber aussprach, daß er, der stets mit seinen zivilisatorischen Ideen und Talenten prahle, sich solche Unziemlichkeiten zuschulden kommen lasse. Da ich nun gebrochen Kisuahili spreche, verstand er mich sehr gut und war für einige Zeit verblüfft, übersetzte jedoch seinen Leuten, die ob meiner Kühnheit den Kopf schüttelten, meine Strafpredigt. Ich verlangte nun ärgerlich, zu wissen, ob er mir Leute zur Reise nach Mruli geben wolle oder nicht, erhielt jedoch zur Antwort die alten Beteuerungen seiner Freundschaft: warum ich so eile, der Pascha hätte ihm geschrieben, ich würde lange bei ihm bleiben, und nun wolle ich schon nach anderthalb Monaten wieder fort. Er sei zu allem bereit, wolle mich überall hinsenden, ich solle aber nicht so eilen. Um das Eisen zu schmieden, solange es heiß, verlangte ich sofort Führer nach dem Victoria-See, die mir zunächst verweigert wurden, weil er sich einbildete, ich wolle zu Wasser nach Mruli gehen. Als ich ihm aber die Sache klarmachte, ernannte er sofort einen Führer, und ich gedenke, falls es dazu kommt, übermorgen früh abzumarschieren. Auch Leute wurden mir zugesagt, um meine Briefe aus Mruli abzuholen und Halil Efendi zu bringen. Dann wurden wir verabschiedet und mir nochmals seine Huld versichert. Während ich mich zum Gehen anschickte, nahm mich der Katikiro ins Schlepptau: seine Hauptfrauen Nassóro, Tochter, und Kabédje, Schwester Mtesas, die mich beide sehr gern hatten, fragten ihn alle Tage, warum ich gar nicht käme; ich solle mich nicht so bitten lassen, sondern öfter kommen, sein Haus sei das meine. Einige schlechte Witze bezüglich seiner Frauen erhöhten seinen guten Humor, und so gingen wir denn sehr vergnügt in sein Haus und wollten gerade nach den Frauen senden, als eine Menge höherer Makongo kamen: Schambalango, Sakibobo, Kangáni, Mbási, Mkuénda, Miftah, Messaúd und mehrere mir unbekannte Offiziere Mtesas. Es entspann sich nun eine recht lebhafte, fröhliche Unterhaltung zwischen uns, und der Katikiro war äußerst vergnügt, als er bemerkte, daß im Wortgefecht mit mir seine Gäste stets den kürzeren zogen. Während wir noch plauderten, erschien die oben genannte Nassóro, Mtesas Tochter, von etwa sechzehn Jahren, schlank und hellfarbig, begleitet von etwa vier bis fünf Frauen, unter denen eine Albino. Nassóro hatte sich in den Finger geschnitten, und als ich sie kunstgerecht verband und nachher auf die Wange klopfte und ihr einige Perlen zu senden versprach, da schüttelte die ganze Gesellschaft sich vor Lachen ob meiner Ungezwungenheit, der Katikiro aber meinte, es täte nichts, er sei ja dabei.

Sodann ließ ich die Albino vor mich kommen, die sich erst sträubte, aber doch auf Zureden Nassóros kam. Etwa 20 Jahre alt, 1,57 m hoch, sehr gut genährt und von starker Fett- und Muskelentwicklung, nur die Haut von dunkler Rahmfarbe (gelblichweiß), an den Gelenken, besonders den Schulter- und den Armgelenken sowie am Knie etwas dunkler gelb gefärbt und an den genannten Stellen leicht gerunzelt, wie welk. Die Nägel rosenrot. Brüste stark entwickelt. Im Gesicht machte sich, von den oberen Ohrrändern beiderseits ausgehend und über Augen und Nase zusammenlaufend, eine sattelförmige dunklere Rötung geltend, etwa hellem, bräunlich tingiertem Rot vergleichbar. Auch die Ohren zeigten die Färbung. Die Lippen waren kirschrot, leicht wulstig; kurze Stumpfnase, das ganze

Gesicht wie gedunsen aussehend. Haare wie alle Negerhaare in Inseln, in nichts von Negerhaaren abweichend, nur hellstrohgelb. Die Augen zwar nicht lichtscheu, jedoch bei direkter Aussetzung gegen Lichtstrahlen empfindlich, groß und nicht von gewöhnlichen Augen verschieden. Conjuntiva leichtgelblich mit reicher Gefäßentwicklung; an der Iris deutlich drei Ringe unterschiedlich: der innere die Pupille umgebende lichtgrau, der folgende isabellfarbig mit gegen die äußere Peripherie strahlenden schwarzen Linien, der äußerste Ring kaffeebraun gefärbt. Die wenigen Fragen, welche ich ihr zu stellen vermochte, wurden mir präzis beantwortet: sie war von schwarzen Eltern, nicht weit von hier geboren, aber zeitig als Merkwürdigkeit in des Königs Palast gekommen und nun seiner Tochter zugeteilt. Sie ist unverheiratet; die Anwesenden behaupten jedoch, daß, falls sie einen Schwarzen heiraten würde, ihre Kinder wieder schwarz sein würden. Abgesehen davon, daß sie mit dem Namen Njámagoï (Albino) gerufen wurde, schien sie durchaus wie andere Frauen behandelt und gehalten zu werden.

Ausflug zur Murchison-Bay

13. Februar, Mittwoch. – Es war noch nicht Tag geworden, als schon der von Mtesa mir gestellte Führer mit lautem Hallo zur Abreise mahnte; trotzdem verging geraume Zeit, bis wir uns in Bewegung setzen konnten, und trübe blickte die Morgensonne durch Wolkenschleier auf unsere kleine Karawane nieder. Aus den wallenden grauen Nebeln schauten wie Inseln die vielen im Lande verstreuten Hügelrücken hervor, unter denen der langgestreckte Mtúnduë durch seine tafelförmige Gestalt auffällt. Nachdem wir Mtesas Palast zur Linken gelassen, nahm unser Marsch zunächst eine etwas Süd zu West geneigte Richtung, um später stark in Südost überzugehen. Eine sumpfige Ebene von einem leidlichen Damme und zwei sehr schwer passierbaren Knüppelbrücken durchschnitten, leitet zu Hügeln, auf

denen überall neue Pflanzungen in der Anlage begriffen sind. Haufenweise wird das ausgerupfte Gras zusammengetragen und verbrannt, Rauch und brenzligen Geruch weithin entsendend. Fleißige Arbeiter waren überall zu sehen; die Frauen waren eifrig mit dem Bestellen der Felder, Einlegen von Cajaten, Ausrupfen von Gras beschäftigt. Die Männer waren beim Häuserbau und dem Verbreitern der schon breiten Straße tätig, die eben über roten Eisentonboden dahinführt. Nur in den Senkungen und Abstiegen des sehr differenzierten Terrains liegt über dem roten Boden eine dicke Schicht grauen, dichten Alluvialtons, und näher am See tritt auch weißer und rötlicher Sandboden auf. Wie durch einen Garten marschieren wir zwischen den Bananenwäldern und Häusern dahin. Hat der Mensch irgendeine Lücke gelassen, so ist Mutter Natur um so eifriger darauf bedacht, sie zu füllen mit grandioser Grasvegetation und hohen eleganten Bäumen. In den fast betäubenden Geruch einer zur Heckenbildung verwendeten Liliacee (Urginea?) mischen sich die weicheren Düfte von Ocimum und mehreren Umbelliferen. Wo ein Wasserfaden nach dem See abströmend hinreichend Feuchtigkeit gewährt, haben sich Vegetationsnester gebildet, oft vereinzelt einen Sumpfboden bezeichnend, oft am Wasserlaufe einen Rand bildend. Gigantische Bäume wiegen ihre luftigen Kronen in der Sonne, während unter ihnen im tiefen kühlen Schatten die Schlingpflanzen ihre Netze spannen und, oft quer über den Weg sich werfend, dem Wanderer die Passage streitig machen. Amomum mit breiten, wachsgrün glänzenden Blättern schießt an solchen Orten bis zu drei Meter Höhe empor; bescheidener, aber raumfüllender wirken die Calladien und Rubiaceen. Auf den Resten der Mpaffu und Spathodea nisten Parasiten, Pflanzen zweier Arten, eine mit lang herabhängenden blattlosen Stengeln, die andere mit fleischigen Aloë-artigen, nur kürzeren ungestachelten Blättern. Leider sind sie der enormen Höhe und der unverästelten Stämme halber, auf denen sie thronen, fast unerreichbar. Gegen den See zu finden sich vereinzelte gelbblühende Mimosen, und auch eine Albizzia mit tausendfach geteiltem

Laube erscheint zwischen ihren Geschwistern. So wechseln beständig künstliche und natürliche Gärten, nur können sich jene – die einförmigen Bananenwälder und Cajatenfelder – nicht mit diesen messen, weder an malerischer Schönheit noch an mannigfaltiger Gliederung. Ein schönes gesegnetes Land dies Uganda mit seinem roten Boden, seinen grünen Weiden, seinen luftigen Bergen, seinen dunklen, lauschigen Tälern.

Verschwenderisch hat die Natur ihre Reize gespendet – nur der Mensch stört die volle Harmonie solcher Bilder. Kadaver mitten im Wege zwingen uns, Umwege zu machen; rauschenden Fluges verlassen bei unserer Annäherung Geier und Milane die grausige Mahlzeit, um bei den allernächsten Bäumen unser Weitergehen zu erwarten: jung und alt, ohne Unterschied, hat sie der Henker dahingerafft, dem einen mit breitem Schnitte den Hals durchschneidend, dem anderen mit wuchtigem Hiebe den Hinterkopf zerschmetternd. Und täglich und stündlich ziehen an ihnen Frauen, Kinder und Männer vorüber – vielleicht bald ähnlichem Geschick verfallen!

Etwa halben Weges zum See ist ein Sumpf zu passieren, der durch Überfluten des Sees und Regenwasser genährt zu werden scheint. Eine Art Brücke von Stämmen, die, falls man sie betritt, sich um ihre eigene Achse drehen, soll die Passage erleichtern, die einige Zeit in Anspruch nimmt. Von hier aufsteigend gewahrt der Blick zum ersten Male den weiten Seespiegel, heute von dichten Schleiern gleichsam über sein Niveau erhöht. Zwischen Gärten und Feldern wird nun öfter ein Stück See sichtbar, doch haben wir noch eine gute Weile bergauf, bergab die Bananen zu durchwandern, bis nach Durchwatung zweier zum See abfließenden Bäche und starkem Anstiege das Terrain scharf abfällt zum See, den wir nach vierstündigem gutem Marsche erreichen. Ussávara, wie Ort und Distrikt heißen, ist wie alle Ortschaften Ugandas aus vielen in Bananenwäldern gelegenen Häusern und Gehöften zusammengesetzt. Ein ziemlich steil in den See abfallendes Ufer, auf etwa fünfzehn Meter Ausdehnung frei von Vegetation, gestattet den Kähnen, nah ans Ufer zu kommen, und es ist deshalb Ussávara der gewöhnliche Ein- und Ausschiffungsplatz für Reisen über den See. Auf der Höhe des Ufers, noch etwa vierzehn bis fünfzehn Fuß über dem Wasserspiegel, liegen einige Felsblöcke, Konglomerate aus Toneisenerde und Granitfragmenten. Über ihnen wölbt ein enormer Mpáffu-Baum seine lichte Krone, während von seinen Ästen lange Parasiten-Bärte herabhängen. Eine ziemlich weite Aussicht eröffnet sich hier dem Blicke: zu unseren Füßen flutet die vom scharfen Südostwinde getriebene Welle des Sees gegen einen Streifen gelben grobkörnigen Sandes von etwa zwei Meter Breite, zugleich den höchsten Stand des Sees bezeichnend, wie sich aus den jenen Sandstreifen landeinwärts begrenzenden trockenen Planzenmassen ergibt, die Stürme vermutlich ans Land werfen. Die Tiefe ist hier unbedeutend, und rechts und links im See weit hinaus wachsendes lichtes Schilf spricht für Verlängerung der geringen Tiefe daselbst. Von allen Seiten ist der See durch Berge begrenzt (es ist ja Murchison-Bay, von der ich spreche), nur nach Süden und Südosten verschwimmen Gewässer und Himmel. Schön bewaldete Inseln, von denen Bellefonds-Insel und zwei sehr kleine Inselchen gerade am Ausgange der Bay liegen, zieren dieselben, und auch die Ufer, soweit von hier sichtbar, sind mit dichtem Walde bestanden, besonders das Ufer von Kodja.

Trotz des heftigen Windes sind mit zwei bis drei Personen besetzte Kähne sichtbar, von einem Ufer zum andern sich mühsam durchschlagend. Ein Mann steuert mit einer Art Ruderschaufel, einer rudert bald rechts, bald links. Die aufgebogenen Vorderteile sowie rechts und links an der Seite der Borde über den Wasserspiegel ausgreifende breite Hölzer (um vor Umschlagen zu schützen?) geben den kleinen Fahrzeugen ein phantastisches Aussehen. Zufälligerweise war am Ufer ein kleines Boot gegenwärtig, aus einzelnen Planken zusammengesetzt, die durch Rindenstoff und Lehm verklebt und gleichsam zusammengenäht waren; die seitlichen flügelförmigen Fortsätze waren auch hier vorhanden, statt des Aufbugs am Vorderteile aber lief die

Bodenplanke in einen langen dreieckigen Sporn aus, im Grundprinzip ein Widderschiff, vermutlich um leichter in die Schilfbüsche zu dringen. (Papyrus sah ich hier nicht.) Das Boot ruderte sich leicht, trotz des mir ungewohnten Schaufelruders; als ich aber vom Ufer etwas weiter abkam, wurden Wind und Wellen zu stark und ich somit zur Umkehr gezwungen. Die Tiefe muß schon etwa dreißig Meter vom Ufer bedeutend sein; der Grund des Sees war sandiger Schlamm (Pflanzendetritus; Sand grobkörnig, aus rohen Fragmenten bestehend). Nicht gar weit vom Ufer lag auf einer Schlammbank ein mächtiges Krokodil, den spärlichen Sonnenschein genießend; das Schnauben und Grunzen von Hippopotamen hörte ich, bekam sie aber nicht zu sehen.

Während meine Leute badeten und kochten, saß ich unter dem mächtigen Mpáffu-Baume (7,28 m Umfang in 1,26 m Höhe über dem Boden gemessen) und schaute zur Insel Naluváli hinüber, die Stanley nach meinem unglücklichen Vorgänger Linant-Bellefonds-Insel genannt hat. Auch Linant hatte einst unter diesem Baum gesessen und geträumt von weiteren Erfolgen. Möge er in Frieden ruhen!

Es war inzwischen spät geworden, und drohende Wolken sowie fern in Nordosten grollender Donner versprach nicht viel Erbauliches für den Heimweg. Ich besuchte demnach noch schnell Mtesas hiesigen Palast, eine Menge von Rohrhütten in verschiedenen Umzäunungen und Höfen, und machte mich dann auf den Heimweg, war aber kaum zum halben Wege gekommen, als der stromweise herniederprasselnde Regen mich zwang, in einem Hause seitab von der Straße Zuflucht zu suchen. Die Waganda sind nämlich äußerst empfindlich gegen den Regen. Im Hause, wo wir weilten, machten mich meine Leute auf einen enormen Trog mit einer Scheidewand in der Mitte aufmerksam, der bequem zwei Männer fassen konnte, und den sie für ein Boot nahmen, der aber nur ein Trog zur Bereitung von Muënge und Bananenwein war. Wie aber immer hier, so dauerte die Sündflut nur kurze Zeit, und bald konnten wir auf der nun in einen Bach verwandelten Straße unseren Weg fortsetzen. Hier in Mtesas Hauptstadt hatte es übrigens nicht geregnet. Wir konnten deshalb gut vorwärtsgehen und gelangten gerade mit Sonnenuntergang wieder nach Hause: eine etwas forcierte, aber lohnende Tagestour.

15. Februar, Freitag. – Mtesa hat gestern meinen Führer nach dem See kommen lassen und ihn gefragt, was ich denn eigentlich dort getan, und als ihm dieser antwortete, ich hätte Pflanzen gesammelt, nach Schnecken gesucht, viel gezeichnet und auch unterwegs Berge angesehen, ihre Namen aufgeschrieben und Pflanzen zusammengerafft, da hat sich Mtesa zu seinen Makongo gewandt und ihnen gesagt: »Wenn das so ist, so glaube ich, wir können Emin-Efendi schon frei überall herumreisen lassen«, wozu natürlich alle dankend zustimmten.

Lebensweisen der Waganda

19. Februar, Dienstag. – Auch in Unyóro ist Erde-Essen bekannt, und zwar wird das für eine Krankheit gehalten, die Frauen und Männern eigen sein kann. Die bevorzugte Erde ist diejenige, mit welcher die Termiten ihre Gänge an Baumstämmen zu überwölben pflegen, doch wird auch gewöhnliche Erde nicht verschmäht. Fortgesetztes Erdessen soll eine Entfärbung der Haut und besonders der Haare sowie allgemeine Schwäche zur Folge haben und schließlich zum Tode führen. Incubus ist bekannt, wird jedoch einer zu großen Erhitzung des Körpers durch Speisen oder Gewänder zugeschrieben.

In ganz Unyóro und Uganda sind es die Frauen, welche kochen; nur die Herrscher Mtesa, Kabrega, Rionga, Anfina, Nájka haben männliche, ihnen durch Blutsbrüderschaft ergebene Köche und eigene Küchen für Männer und Frauen. Die großen Chefs essen stets allein und lassen niemanden die für sie bereiteten Speisen sehen; die kleineren rufen ihre Günstlinge zum Essen, die, falls von der Hand ihres Chefs ein Bissen zur Erde fällt, ihn eiligst erhaschen und verschlingen – eine Huldigung für den Herrn! Frauen essen getrennt von Männern, und es gilt als ganz besondere

Bevorzugung einer Frau, falls ihr Mann sie zum Essen ruft, doch stehen die Wawitu-Frauen (die herrschenden Geschlechtern entstammen) hierin höher, da sie stets mit ihren Männern essen. Wie schon erwähnt, wird, falls Fleisch vorhanden, solches gern mit Vegetabilien gekocht, besonders unreifen Bananen; die zum Kochen gebrauchten Töpfe sind von kugeliger Form völlig den Wassergefäßen ähnlich, nur bedeutend kleiner. Sie werden nach dem Gebrauche nie gereinigt, sondern dienen, bis sie brechen. Die Feuer- und Kochstelle, gewöhnlich in einem durch Rohrwände abgesonderten Raume befindlich (in Unyóro; Uganda hat eigene Hütten zum Kochen), besteht aus fünf Steinen, die so gelegt sind, daß der breiteste in die Mitte und je zwei in eine Linie links und rechts kommen, so daß zwei Gefäße zu gleicher Zeit aufs Feuer gesetzt werden können. Korn wird auf Steinen zerrieben (in Uganda ist Korn ungebräuchlich) und das Mehl mit Wasser zu einem dicken Brei gekocht, dem Salz und Butter zugefügt wird. Um dem Eleusine-Mehl seine Bitterkeit zu nehmen, wird das Korn vor dem Zerreiben eine Nacht über eingeweicht und dann getrocknet. Das Korn selbst wird in sauberen Höhlen – Rubútta buíta – unter der Erde aufbewahrt. Fische werden gespalten und nach Entfernung der Eingeweide an rauchendem Feuer getrocknet, namentlich in Uganda, wo zu jeder Zeit kleine trockene Fische zu haben sind, während frische Fische, obgleich der Ukeréwe so nahe, nur ausnahmsweise durch Vermittelung des Königs zu haben sind. Von Getränken sind in Unyóro Ssándi, Muënge und Mérvua, in Uganda beinahe nur die ersteren gebräuchlich. Ssándi ist der frisch ausgepreßte, leicht gegorene Saft der Bananen, ein angenehmes, leicht moussierendes weinartiges, besonders von Frauen geliebtes Getränk, das ziemlich teuer ist, wenn es überhaupt verkauft wird. Muënge ist das unter Zusatz von Wasser, aus künstlich gereiften (über Feuer oder unter der Erde) Bananen dargestellte gegorene Getränk, das, stark sauer schmeckend, berauschend wirkt. Seine Zubereitung ist vielfach beschrieben, und es bildet für Uganda ein Lebensbedürfnis – ich glaube, viele Leute trinken nie Wasser.

Mérvua endlich ist das überall übliche aus Korn (Sorghum vulgare, Eleusine coracana)[1] bereitete saure, stark berauschende Bier Zentral-Afrikas. Das Korn wird hier nicht gemalzt. Jede Familie bereitet ihren eigenen Bedarf an Bier; in Uganda ist solches käuflich zu haben, und man bezahlt für ein Kürbisgefäß von etwa 6 Litern 100 Kauris. Die Getränke werden in großen Kürbisgefäßen aufbewahrt und aus kleinen Kürbisgefäßen getrunken oder aus langhalsigen Kürbisflaschen mittels eines langen Röhrchens (durchbohrter Zweig), das, hübsch mit buntem Stroh übersponnen, am unteren Ende einen Filter bildet (dussäkä), eingesogen. In Uganda bereiten die Araber aus Bananen eine Art Branntwein, der jedoch im Volke keinen Eingang gefunden; beinahe ebenso ist es Bakers Destillation aus Cajaten in Unyóro gegangen: nur Rionga übt dies Verfahren noch aus.

Kaffeetrinken, obgleich viel Kaffee existiert, ist völlig unbekannt. Zuckerrohr ist überall verbreitet, wird aber nur zum Essen verwandt. Gegessen wird gewöhnlich dreimal täglich, des Morgens, Mittags und Abends. In schifförmigen, gefußten Näpfen wird das Essen in die Mitte gestellt, und jeder hilft sich selbst; Bananenblätter vertreten die Stelle der Servietten. Die Uganda-Leute, und besonders die Frauen, waschen sich nach jedem Mahle die Hände mit einem Streifen wasserhaltiger Bananenrinde; die Wanyoro sind darin nicht peinlich. Nachdem die Männer gegessen, essen die Frauen; Knaben speisen mit den Männern. Im ganzen sind beide Völker im Essen äußerst mäßig, vertilgen dagegen ungeheure Quantitäten von Getränken. Betrunkene, wie in Europa, habe ich aber nie gesehen.

Schon oben wurde erwähnt, daß gewisse Speisen aus dem Grunde gemieden werden, daß sie Krankheiten erzeugen; z. B. Hippopotamus[2]-Fleisch und einzelne Fische sollen Hautkrankheiten hervorbringen; Capsicum conicum soll Unfruchtbarkeit hervorrufen. Das Fleisch von Python

---

[1] Zwei Hirsearten.
[2] Flußpferd.

africanus wird verabscheut, ebenso das von anderen Reptilien; Krokodilfleisch wird nur von Fischern gegessen. Wilde Katze, Leopard, alle Antilopen, Giraffe, Elefant (von den Waganda nicht gegessen) dienen als Speise, Lycaon pictus[1] nicht. Raben werden nicht berührt. Kleine Mäuse werden nicht gegessen, wohl aber alle größeren Nager und Säugetiere überhaupt. Für Anthropophagen[2], die mit dem allgemeinen Namen valiabántu (sie essen Menschen) bezeichnet werden, existiert eigentümlicherweise ein Unyóro- und ebenso ein Uganda-Ausdruck: mséri werden sie im Kinyóro und mluggu im Kiganda genannt. Ich erinnere hierbei daran, daß in beiden Ländern nach Aussage der Leute einzelne Menschen und Familien wirklich Anthropophagen sein sollen und als solche gemieden werden.

Um 2 Uhr nachmittags machte ich dem Katikiro einen Besuch; er empfing mich wie gewöhnlich sehr zuvorkommend, und bald waren wir von einem großen Kreise von etwa sechzig Frauen umringt, von denen eine noch sehr junge und hellfarbige Person buchstäblich in ein aus großen blauen Glasperlen zusammengesetztes glänzendes Panzergewand gehüllt war. Zwei andere hatten die Gesichter mit einer sehr hellgrauen Paste überzogen, ein Kosmetikum, wie man mir sagte. Auch zwei völlig erwachsene, sehr korpulente Mädchen oder Frauen paradierten im paradiesischsten Kostüm, das ich je gesehen: eine Gürtelschnur mit einigen Perlen und einige Hölzchen über den Schamteilen bildeten das für die Grande Opéra zu Paris empfehlenswerte Kostüm. Wir plauderten bald recht heiter, und da der Katikiro seine Liebenswürdigkeit so weit trieb, daß, als er sich für einige Zeit entfernen mußte, er seinen freundlichen Gesponsen anempfahl, mich gut zu unterhalten, ließ auch ich mich gehen und lachte und neckte mit den Frauen um die Wette. Auf meine Bemerkung, daß ich eigentlich noch immer nicht wüßte, woran ich mit Mtesa sei, wurde mir der überraschende Bescheid, daß Mtesa seinen Wesiren befoh-

---

[1] Hyänenhund.

[2] Im Bahr el Ghasal z. B. Njamnjam (für die Azande).

len, mich ungehindert reisen zu lassen; nur solle ich, sobald ich den König sehe, ihm sagen, wohin ich gehen wolle, er werde mir dann sofort Leute zur Verfügung stellen. Wir verabredeten hierauf, daß der Katikiro morgen früh, falls Mtesa empfängt – er ist seit zwei Tagen unwohl –, mich rufen lassen soll, damit ich meine Reise erwirken könne. Mtesas Mutter ist, wie ich hier erfuhr, nicht unbedenklich krank, und deshalb wurde ich nicht empfangen. Übrigens äußerte sich der Katikiro in höchst charakteristischer Weise über Mtesa: »Er ist gut, aber wie ein Kind; spricht viel, aber seine Worte fallen zu Boden (d. h. bleiben ohne Effekt); willst du etwas von ihm, so sprich nur recht oft davon, dann fügt er sich schon.« Und so ist es auch, und der Katikiro selbst ist nicht besser: ich wiederholte meine Bitte um die Kaffeebäume, sah, daß ein Knabe sich entfernte, um sie zu bringen, da sie hier im Hause seien – aber gesehen und erhalten habe ich sie nicht! Inzwischen hatte sich unsere Gesellschaft um die Witschwesi-Zauberin vergrößert, die ich mit ihrem aus verschiedenen Perlen, Kauri, Elfenbeinstücken etc. gemachten schweren Diadem mit über die Stirn hängenden Quasten schon neulich in Mtesas Palast, wo sie den Ehrenplatz neben ihm einnahm, bewundert hatte. Sie war auch heute sehr zutunlich gegen mich und besonders erfreut, als ich zu ihr Kiganda sprach und ihr ein neues Rindenstoffgewand zu senden mich verpflichtete. Der Katikiro, der sie wie einen Liebling behandelte und dicht vor sich sitzen ließ, empfahl sie mir lebhaft. Er ließ mich sodann eine Zeichnung Stanleys sehen: eine sehr dekolletierte Schöne, die sich mit einer Hand im Haare kratzt und so aussieht, als wäre sie eben nicht in heiterer Stimmung; langes Haar, das aufgelöst auf die Schultern fällt, ist ihr bestes Kleidungsstück. Einige Bilder aus der London Illustrated News, von Linant-Bey gegeben, vervollständigen die Raritäten, und nun wurde ich gebeten, den Katikiro im Kreise seiner Schönen zu zeichnen, was ich für einen anderen Tag versprach, da ich keine Stifte noch Papier bei mir hatte. (Stanley scheint einen photographischen Apparat besessen zu haben.) Einige Wasserfarbenskizzen versprach ich ihm ebenfalls. Es war so spät geworden, und ich verabschiedete mich zum großen Bedauern der versammelten Schönen, mußte jedoch versprechen, bald wiederzukommen und viel Glasperlen mitzubringen.

Kaum war ich zu Hause angelangt (eine halbe Stunde Weg), so kam schon ein Mann des Katikiro und überbrachte mir mit seinen und seiner Hauptfrau Grüßen ein etwa zehnjähriges Wahúma-Mädchen zum Geschenk. So bin ich denn in Uganda glücklich Vater geworden!

20. Februar, Mittwoch. – Einer eigentümlichen Unsitte habe ich flüchtig schon während meines Aufenthalts bei Kabrega gedacht, mich aber zunächst weiter unterrichten wollen. Es ist dies die Hypertrophie und Elongation der Labia minora pudendorum und in sehr einzelnen Fällen auch der Clitoris, welche, durch Zerren und Ziehen und durch Umbindung hervorgebracht, die Frauen und älteren Mädchen Ugandas und Ussogas vor allen anderen kennzeichnet und für die umwohnenden Völkerschaften zum Gegenstande des Spottes macht. Die Labia minora bilden in solchen Fällen zwei bis zu etwa 6 cm verlängerte Hautlappen, die, dünn und spitz auslaufend, das Orificium vaginae völlig schließen und, falls die Frau liegt, jedenfalls auseinandergelegt werden müssen, um den Coitus zu gestalten. Es steht damit in Zusammenhang die von den Waganda-Männern befolgte Sitte, die Nägel besonders der rechten Hand ganz tief abzuschneiden, während alle anderen Stämme sie ziemlich lang tragen und beiläufig sie sehr sauber halten. Die mitten unter den Waganda lebenden Wahúma-Frauen sind frei von der genannten Verunstaltung.

Was den Gebrauch der Narcotica betrifft, so muß hier zunächst der Tabak in Betracht kommen, der von beiden Geschlechtern viel und gern geraucht wird. Der Tabak, sowohl in Uganda als in Unyóro gewöhnlich tába genannt, stammt von zwei verschiedenen Pflanzen, deren eine, die verbreitetste Nicotiana virginiana mit weißen, am Außenrande rosa tingierten Blüten, etwa 1 bis 1,20 m Höhe erreicht, doch nur mittelgroße Blätter bildet, die viel unter Insektenfraß zu leiden haben. Die andere Art, im Geschmack viel schärfer, hat chamoisgelbe Blüten und ist etwas niedriger als die vorige; auch sie wird tába genannt, doch haben mir gemachte Mitteilungen außer Zweifel gestellt, daß früher das Wort mtéci für diese, die einheimische Art galt, welche jetzt allmählich verschwindet. Woher das Wort irkábuë stammt, mit welchem der Tabak in Kabregas Lande am Markt verkauft wird, habe ich nicht finden können, ebensowenig wußten die Leute damit eine bestimmte Art zu verbinden, sondern gebrauchten es promiscue mit tába für beide Arten. Die Blätter werden ohne sonderliche Auswahl einfach auf Sonnendächern getrocknet, schrumpfen stark und stellen so einen ziemlich unansehnlichen, jedoch sehr starken Tabak dar, der ohne weitere Zubereitung in Bündeln zum Verkauf kommt. Dabei wird allgemein angenommen, daß der in den Niederungen wachsende Tabak schwächer und der aus hochgelegenen Orten stärker sei: die grünen Blätter haben einen stark narkotischen Geruch. Als beste Tabaksernten gelten in Uganda diejenigen, welche von Karáguë, Uddu und Nkóle kommen; in Unyóro ist aller Uganda-Tabak geschätzt. Die Tabakpfeifen bestehen überall aus schwarzem Ton, sind in Uganda von sehr verschiedener, stets eleganter Form mit Linienverzierungen geschmückt, meist konisch und klein; die Rohre sind lang, ohne besondere Mundstücke und häufig gelb gefärbt. In Unyóro sind die Köpfe nur halbkugelig, sehr groß und dick und an ebenso starken Rohren befestigt; wo der Tabak nicht ausreicht, sie zu füllen, nimmt man dort glühende Holzkohle zur Ausfüllung, deren Gase wohl die gewünschte leichte Intoxikation bewirken mögen. In Uganda ist dies Verfahren unbekannt. Eine Art Wasserpfeife habe ich nur einmal bei einem Manne aus Ussóga gesehen. Jeder hat seine eigene Pfeife, doch habe ich oft genug, falls einer keine Pfeife bei sich hatte, ihn seines Nachbars Pfeife rauchen sehen, immer aber nur für einige Züge. Substitute für Tabak konnte ich nicht beobachten. Tabakkauen ist ungebräuchlich. Die sonderbarste Pfeifenform, die ich noch sah, ist die, deren sich die Zauberer (mbándua) Unyóros bedienen: ein mächtiger Zwillingskopf aus schwarzem Ton, über und über mit kurzen konischen Warzen geziert, an einem einfachen, natürlich dicken Rohr.

An den Tabak schließt sich als Genußmittel das Essen von Kaffee, welcher in Uganda und Unyóro überall verbreitet ist. Der Kaffeebaum wächst in den südlichen Teilen von beiden Ländern in Fülle; seine Früchte werden noch grün gepflückt, in heißes Wasser geworfen und an der Sonne getrocknet, um so zum Verkauf gebracht und unmittelbar genossen zu werden. Viele jedoch unterwerfen die Kapseln einer leichten Röstung. Der Geschmack, besonders der Kapseln, ist eigentümlich aromatisch, und ihr Genuß regt ein wenig die Speichelsekretion an; eine andere Wirkung habe ich trotz versuchsweise gegessener Mengen nie erzielen können. Dagegen behaupten die Leute, daß, wenn man nichts zu essen habe und recht hungrig sei, der Genuß von ein paar Kaffeebohnen den Hunger vergehen ließe oder unfühlbar mache. Es ist allgemein Sitte (unter den besseren Klassen), sich gegenseitig einige Kaffeebohnen anzubieten, und wir haben oft genug in Mtesas Palast solche gekaut. Andere Narcotica sind unbekannt, obgleich schon durch die Araber der Ruf des Opiums hierhergedrungen ist. Kleine nettgeflochtene Körbchen dienen zum Anbieten des Kaffees.

Ehebruch ist Schädigung des persönlichen Besitzes und als solche in Unyóro durch Strafen an Rindern etc. zu sühnen. Wird in Uganda ein Mann bei der Frau eines anderen in dessen Hause gefunden, so wird er unfehlbar getötet, und auch die Frau wird gewöhnlich verkauft oder getötet; das verhindert jedoch keineswegs, daß die Frauen sich überall, wo es möglich, gern prostituieren. Viele Frauen höherer Beamten, die sehr viele Dienerinnen haben, senden diese aus, um sich durch Prostitution Kauri oder Geschenke zu verschaffen, die dann der Herrin zufallen. Eine eigene Klasse von Prostituierten, wie die vránga in Kabregas Lande, scheint in Uganda nicht zu existieren, weil man eben ihrer nicht bedarf.

Eine der selteneren Zeremonien kommt vor, wenn ein Mann seine Frau wegen Untreue verstößt (Unyóro): ist der

Mann fest entschlossen, sich für immer von der Frau loszusagen, so nimmt er ein Stück Rindenstoff, zerschneidet es und behält eine Hälfte, während die andere mit der Frau zu ihres Vaters Hause zurückkehrt und dann bei Rückgabe der für sie gegebenen Rinder etc. dem Manne zurückgestellt wird, der beide Stücke verbrennt. Frauen werden wegen fehlender Nachkommenschaft in Unyóro nur höchst selten verstoßen. Es wird dann stets der Mann getadelt, der es tut.

Gottesurteile scheinen völlig unbekannt, ebenso alle religiösen Zeremonien und Praktiken, abgesehen von den täglichen Besuchen, die Kabrega seinen mit Zauberpulvern gefüllten Hörnern macht, und der Erneuerung dieser Zauber bei jedem Neumonde in Unyóro und Uganda. Ein über den Menschen stehendes Wesen (njavankja) entscheidet über deren Leben, Schicksale (kágra) und Tod; dasselbe Wesen unter anderem Namen gibt Regen und Trockenheit sowie Seuchen etc. Die Prädestinationslehre scheint fast eine ursprünglich afrikanische zu sein. Glaube ist eine Bedingung des Aberglaubens, beide zu trennen, ist unmöglich. Bei den Negern finden sich kuriose Glauben an Tiere geknüpft. Schreit eine Eule nahe dem Hause, so stirbt der Hausherr. Heult der Schakal, so stirbt ein Mitglied der Familie. Kommt eine Hyäne zu wiederholten Malen nahe zum Hause heulen, so gibt es ein Unglück. Krächzt der Nashornvogel, so kommt Regen. Lassen Hyänen sich sehr häufig nahe den Häusern sehen, ohne Schaden zu tun, so kommt eine Seuche zum Ausbruch. Singt die Bachstelze auf der Türschwelle, so kommen Gäste oder Geschenke. Setzt sich ein Geier auf das Haus eines armen Mannes, so steht ihm viel Ehre oder Geschenke bevor. Tötet man Bachstelzen im Hause, so bricht darin Feuer aus. Verläßt die Bachstelze ihr Nest im Hause, so ist dessen Ruin nahe. Geier und Raben sind Chefs der Vögel und dürfen nicht getötet werden. Otterfell auf dem Körper getragen, gibt Kraft zum Coitus. Ein Stück Haut des weißen Rhinozeros als Amulett getragen macht stichfest. Kommt frühmorgens zuerst eine Frau ins Haus, so ist dies ein gutes Zeichen; kommt ein Mann, das Gegenteil. Sonnenfinsternis kündet dem Herrscher Tod. Wird bei Übersiedelungen etwas unterwegs zerbrochen oder fällt eine Frau unterwegs, so wird ins eben verlassene Haus zurückgekehrt. Läuft bei Antritt eines Kriegszuges ein Büffel über den Weg, so bedeutet dies den Tod vieler Menschen, und man dreht um. Fliegt eine Fledermaus ins Haus, so bringt sie Neuigkeiten.

21. Februar, Donnerstag. – In den letzten Nächten habe ich mehrere Sternschnuppen, und zwar besonders am nördlichen Himmel, gesehen: das Phänomen ist ein äußerst glänzendes, indem der Stern plötzlich aufzuflammen scheint und, einen hellen Glanz um sich verbreitend, der ihn groß erscheinen läßt, langsam herabsinkt.

Wenn ich gestern schrieb, daß Gottesurteile in Uganda und Unyóro unbekannt zu sein scheinen, so muß ich dies heute widerrufen. In Uganda ist es nämlich Sitte, daß Leute, welche einen Streit haben, um zu finden, wer im Rechte sei, sich vor den König begeben und dort entweder selbst oder durch Hühner einen Zaubertrank anwenden, der den Schuldigen schwindlig macht oder sein Huhn tötet. Man nennt diese Prozedur in Uganda madúdu. In Unyóro herrschte unter demselben Namen früher dieselbe Sitte, kam jedoch nur wegen Diebereien in Anwendung und ist in neuer Zeit im Verschwinden begriffen, wie überhaupt daselbst durch den dauernden Kontakt mit den Soldaten die alten Gebräuche allmählich schwinden. In Uganda ist das Wort lúbari zugleich für höchstes Wesen und Blitz gebraucht. Die Wanyóro spucken dreimal vor sich hin, falls sie eine Sternschnuppe sehen.

Um elf Uhr vormittags komisches Intermezzo. Mtesa sandte in aller Eile nach mir, und auf halbem Wege zu seinem Hause fand ich Kanagurba, mich erwartend, konnte also hoffen, eingeführt zu werden. Wie aber in Uganda alles unberechenbar, so auch hier: als wir an das Eingangstor gelangten, verschwand Kanagurba, um mich anzumelden, und ich hatte das Vergnügen, eine Viertelstunde in der heißen Sonne, umgeben von einer Menge übelriechender Sklaven, zu warten, während im Inneren des Hauses die Musik lärmte und alle Makongo versammelt waren. Das war mir denn doch zu stark, ich drehte um und ging nach Hause. Ich war noch nicht zum halben Wege gekommen, als Kanagurba und ein anderer Mann mir nachgestürmt kamen und mich baten, zurückzukehren, was ich verweigerte; dann kam noch der Chef von Mtesas Leibgarde, ebenfalls von Mtesa beordert, mich zu bringen. So leid es mir tat, ihn, der ein höchst anständiger Mensch, zurückzuweisen, so fand ich es doch für nötig und kehrte geraden Weges nach Hause zurück. Am Wege lag der Kadaver eines Mannes.

22. Februar, Freitag. – Gestern abend habe ich glücklich einen Ochsen gekauft – das ist ein Fall, den ich ob der Sparsamkeit solcher Fälle notiere. Die Leute sind so unverschämt in ihren Forderungen und haben so eigentümliche Phantasien – »Gelüste« möchte ich sie nennen –, daß es äußerst schwer ist, mit ihnen zu Rande zu kommen. Gestern verlangte einer für seine Kuh vier Ziegen, und als ich ihm begreiflich machte, ich habe sie nicht, wolle ihm aber Stoffe geben, ging er fort, um eine halbe Stunde später wiederzukommen und einen roten Sonnenschirm zu verlangen, den ich erst von Kairo kommen lassen müßte. Alle Neger insgesamt haben diese Manie für ihnen völlig unnütze Dinge.

Jeder König in Uganda ernennt zwei Prinzenerzieher (augenblicks Kassédju und Mbási), welche die jungen Prinzen bis zu ihrem sechsten Jahre in einer eigenen großen Seriba pflegen. Sodann wird für jeden Prinzen ein eigener Makongo gewählt, der mit seiner weiteren Verpflegung und Wartung betraut ist. Stirbt nun ein König, so versammeln sich alle solche und viele andere einflußreiche Makongo und wählen aus den vorhandenen Prinzen denjenigen, welcher der beste zu sein scheint. Dieser nimmt sodann ohne Kampf vom Throne Besitz, erhebt seine Mutter für einige Zeit zur Mitregentin und läßt seine Brüder in eiserne Fesseln legen. Sie verbleiben so einige Zeit, bis der neue König sich auf seinem Throne ordentlich installiert, und werden dann bis auf einen bis zwei sämtlich verbannt.

Im Lande gibt es viele Verstümmelte: Mtesa läßt mit dem Abschneiden des rechten Ohres auch das rechte Auge ausreißen; oft werden beide Hände abgehackt, und wer sich eine Inkonvenienz gegen des Königs Frauen zuschulden kommen läßt oder unbefugt in des Königs Häuser dringt, dem werden beide Augen ausgerissen. Ohrabschneiden ist sehr gewöhnlich und auch für Frauen üblich: jeder Makongo kann seinem Diener, der ungeschickt gewesen, oder der Frau, die ihm mißfallen, ein oder beide Ohren abschneiden lassen. Es ist diese Operation durchaus nicht als Strafe für Ehebruch zu betrachten: Ehebrecher werden getötet. Eine andere »liebenswürdige Schwäche« des hiesigen Herrschers ist, seinen Untertanen den Mund nach rechts oder links durch Aufschlitzen verlängern zu lassen. Bei der strengen Schweigsamkeit der Leute in bezug auf alles, was Mtesa verordnet, ist es geradezu unmöglich, zu erfahren, für welche Verbrechen bestimmte Strafen zur Anwendung kommen: sicher ist, daß in bezug auf grausames, kaltblütiges Morden das gerühmte, geleckte Uganda obenan steht.

Wenn im östlichen Distrikte von Unyóro Tote beerdigt werden, legt man sie mit langausgestreckten Beinen auf den Rücken, den Kopf etwas nach hinten zurückgebeugt, mit all ihren persönlichen Kleidungsstücken in die Grube. Aufstellung von Votivpfählen oder Figuren auf dem Grabe oder im Hause ist in ganz Unyóro unbekannt, und die in den westlichen Teilen geübte Sitte, Speisen und Muënge auf ein Grab zu stellen, scheint von Westen gekommen zu sein. Es gilt dort als keineswegs anstößig, wenn sich ein Vorübergehender über die Speisen hermacht und sie verzehrt. Der Tod im eigenen Hause mit folgender Beerdigung gilt überall als ehrenhaft und wünschenswert, während Tod auf der Straße, mit der Aussicht, von Hyänen und Geiern gefressen zu werden, auch den Wanyóro nicht gerade verlockend erscheint. So gelten auch Wunden im Rücken bei den im Kriege Gefallenen als schimpflich.

23. Februar, Sonnabend. – An den Ficus-Bäumen, welche Kleidung liefern, wird viel Zerstörung verursacht durch einen enormen Rüsselkäfer von ledergelber Farbe mit schwarzer Zeichnung.

Nach Unyóro-Sagen waren Elefant und Schimpanse einst

Menschen, und die Hunde mit Sprache begabt, sie sprachen jedoch nur zu ihren Herren. Es verhält sich das aber so:

Sage vom Elefanten: Vor alten Zeiten hatte ein Mann einen sehr braven Sohn; der Mann selbst aber war gewalttätig und hatte seinen Nachbarn viele Rinder und Güter abgenommen. Er rief nun seinen Sohn und befahl ihm, zu einem seiner Nachbarn zu gehen und in dessen Hause zu bleiben; kehre er zurück, so würde er (der Vater) ihn töten. Der Sohn ging, kam gegen Abend in jenes Haus und schlief daselbst, fand jedoch am folgenden Morgen, daß alle Einwohner aus Furcht entflohen waren. Nach Hause konnte er nicht zurückkehren, hier im Hause allein wäre er verhungert; er bat also den großen Zauberer, der alles tun kann, er möge ihn retten, und dieser verwandelte ihn samt dem Hause, in welchem er war, in den »ersten Elefanten«!

Sage vom Schimpansen: Ein braver Mann hatte eine einzige, gute Tochter, welche für einen Nachbarn für dessen nicht eben wohlgeratenen Sohn gefreit wurde. Das junge Paar lebte einige Zeit glücklich, als aber die junge Frau manchmal sich vom Hause entfernte, um ihren Vater zu besuchen, machte ihr Mann ihr den Vorwurf, sie ginge anderen Männern nach, nicht aber zu ihrem Vater. Jeden Tag behandelte er sie schlechter; so entfloh sie ihm eines Tages, ging zu ihrem Vater und erzählte ihm ihr Unglück, und ihr Vater, ergriffen von dem Makel, der auf seine Tochter und seine Ehre gefallen, ergriff verzweifelnd ein Messer und tötete sich. In diesem Augenblicke langte sein Schwiegersohn an und wurde vom großen Zauberer in einen Schimpansen verwandelt zur Strafe für seine Schuld; seine Frau aber wollte sich von ihm nicht trennen und erbat von dem Geiste ebenfalls verwandelt zu werden, was auch geschah. Von ihnen stammen die Schimpansen, die noch heute, falls sie untereinander, wie Menschen sprechen und eine Vorliebe für Frauen haben.

Auch die Hunde sprachen einst. Ein Mann hatte ein paar Hunde und ging mit ihnen zur Jagd; sie halfen ihm Wild finden und fangen. Eines Tages, als er eine sehr große Antilope erlegt und das Fleisch nicht fortzuschaffen wußte, sagte sein Hund: Nimm du ein Teil, und den anderen Teil trage ich für dich. Dies geschah, und spät in der Nacht gelangten sie zu des Jägers Hause, wo seine Frau ängstlich seiner harrte. Als sie nun die Fleischmassen sah, wurde sie neugierig und wünschte zu wissen, wie er sie hergeschafft; er aber, den der Hund gebeten, zu schweigen, wich ihren Fragen aus, und sie erzürnten sich so, daß sie ihrem Manne das Ehebett versagte. Für eine geraume Zeit ging dies fort, bis endlich der Mann müde wurde, seine Frau zur Seite rief und ihr, sie um unverbrüchliches Schweigen bittend, den Hergang erzählte. Inzwischen hatte die Hündin geworfen, und als eines Tages beide Hunde mit ihrem Herrn zur Jagd waren, fiel es der Frau ein, die Hunde zu erproben, und sie befahl einem jungen Hunde, ihr Feuer zum Anzünden der Pfeife zu bringen, was dieser natürlich nicht tat. Die Frau, erzürnt ob der vermeintlichen Verstellung des Hundes, schlug ihn nun, worauf er, Bau, bau! schreiend, ins hohe Gras floh. Kurz darauf kam der Jäger mit seinen Hunden, und als die Hündin ihre Jungen anpackte, fehlte eines, das sie suchte, bis sie es fand und von ihm den Hergang der Geschichte erfuhr. Sie kehrte ins Haus zurück; von dem Augenblick aber verloren alle Hunde die Sprache, und von dem jungen ins Gras geflohenen Hündchen, das nicht zurückkehrte, stammen die Schakale, die noch heute nur Bau, bau! sagen und daher in Unyóro bau benannt wurden.

24. Februar, Sonntag. – Seit fünf Uhr vormittags war mit kleinen Unterbrechungen dauernder Regen und Donner im Süden.

Mtesa hat schon zwei Tage keinen Empfang gehalten und wird es auch heute nicht tun, da es regnet.

Über die Wahl des Königs in Uganda wurde oben gesprochen. Sein eigentlicher Titel ist mukábia, gewöhnlich aber wird, falls man von ihm spricht, das Wort kabákka (Gebieter) angewandt. (Dasselbe Wort wird gebraucht, wenn man einen Diener ruft: Ué! »Du da!« Antwort: Kabbákka wánge! »Mein Gebieter!«.) Frauen sind von der Erbfolge ausgeschlossen. Des Königs Macht ist völlig unbegrenzt, und er übt seine Herrschaft ohne irgendwelche

Einschränkung. Das schließt nicht aus, daß bei besonderen Gelegenheiten er seine Chefs zusammenruft, um mit ihnen zu beraten; da sie aber in jedem Falle des Königs Ansicht beistimmen, ist die Beratung nur eine imaginäre. Eigentümlich ist, daß das Volk im großen sich trotz des krassesten Despotismus zufrieden fühlt und absolut kein Widerstand geleistet wird. Auch wo es sich z. B. um Massenmorde handelt. Unter dem Könige steht zunächst sein erster Minister, Katikiro genannt, der von jedem Könige neu ernannt und bei dessen Tode ins gewöhnliche Leben zurücktritt. Er ist des Königs Vertreter, wo dieser krank oder behindert, entscheidet er in Rechtsstreitigkeiten und hat, solange er des Königs Gunst genießt, eine ebenfalls unbeschränkte Macht. Ein festes Einkommen hat er nicht, wohl aber einen sehr bedeutenden Landstrich (Uddu) zum Unterhalt und außerdem die endlosen Geschenke aller derer, die etwas wünschen oder bedürfen. Er ist Depositär für eine Menge von des Königs Frauen, die in seinem Hause leben, und bewohnt stets ein Haus neben dem Könige, wie auch im Divan er ihm zunächst sitzt. Es folgen dann die obersten Chargen: Sakibóbo, Kangáni, Kimbúguë, Mkuénda etc., deren einzelne erblich, andere durch Ernennung geschaffen werden. Einen eigenen Hofstaat ganz nach dem Muster des Königs hat die Königinmutter, der ebenfalls Recht über Leben und Tod zusteht. Ihre Brüder (Ssawagánzi, Massíbi) sind die einzigen Personen, welche den König stehend begrüßen und stehend zu ihm sprechen, während alle anderen knien. Auf die Hofchargen folgen die großen Makongo, die stets vom Könige ernannt werden und deren jeder einen Distrikt verwaltet. In diesem Distrikte ist ihre Macht ebenso unbeschränkt wie die des Königs, auch sie können töten lassen. Da jeder Makongo gehalten ist, einen großen Teil des Jahres beim Könige zuzubringen, ernennen sie für ihre Distrikte mit Einwilligung des Königs eine Anzahl von Unterchefs, die dort residieren und die Verwaltung, die Entscheidung geringerer Streitigkeiten, die Einsammlung des zum Unterhalt des Makongo Gehörigen, die Requisitionen für den König, das Aufgebot von Leuten für

Krieg und Transporte etc. besorgen. Außer den Geschenken, welche jeder Makongo von Zeit zu Zeit seinem Könige darzubringen gezwungen ist (Rinder, Schafe, Ziegen, Kleiderstoffe, Landeserzeugnisse, Mädchen) fließt das Produkt sämtlicher Razzien, beinahe alles Elfenbein, was erbeutet wird, in den königlichen Schatz. Tritt in diesem Ebbe ein, so wird eine Razzia befohlen (gegen einen wohlhabenden Makongo, dem alles konfisziert wird; nach Ussóga, nach den Nordländern von Nkóle und den Südrändern von Muënge, deren Berge an Rindern und Wahúma-Mädchen unerschöpflich zu sein scheinen), oder es wird eine Versammlung von Makongo berufen und ihnen auferlegt, in kürzester Frist Pulver oder Kauri oder was es sonst sei, zu bringen, was dann nach den Umständen des Einzelnen geschieht. Als vor einigen Tagen Mtesa so Pulver verlangte, wurde ich wiederholt gebeten, den Leuten gegen Rinder, Mädchen etc. Pulver zu verkaufen, weil keines im Lande sei, und der König es verlange. Streitigkeiten zwischen Unterchefs entscheidet der betreffende Makongo; ist die Differenz erheblicher Natur, so wird sie vom Makongo vor den König gebracht. Der König (gegenwärtig) ist vielfach durch die Zanzibar-Leute beeinflußt, auf deren Waren er angewiesen und die sich von ihm natürlich jede Behandlung gefallen lassen. Auch der Katikiro übt einen großen Einfluß auf ihn aus, ist jedoch vorsichtig genug, nie offen zu opponieren. Mtesa ist in diesem Augenblicke über seine eigene Lage im unklaren; mit der gewöhnlichen Negerüberhebung bildet er sich ein, der größte Herrscher der Welt zu sein; er wird über kurz oder lang zu Fall kommen, zumal in letzter Zeit seine Annexionsgelüste gar sehr in den Vordergrund treten.

Das ganze Land ist so in eine Menge großer und kleiner Distrikte geteilt, die nicht erbliche Lehen sind. Landbesitz existiert nicht; der Landbewohner klebt, insofern er nicht bei einer Razzia fortgeschleppt wird, an der Scholle und wechselt mit dieser den Herrn; ausgenommen sind die nicht ackerbauenden Wahúma, die mit ihren Herden eine Sonderstellung einnehmen und eigene Chefs haben. Auch ihnen werden jedoch durch die Makongo, in deren Distrikt sie weiden, Mädchen abgenommen, Rinder aber nur auf Königsbefehl.

Der älteste Sohn erbt gewöhnlich seines Vaters Eigentum an Frauen, Rindern usw. und findet sich mit seinen Brüdern ab; die Schwestern erhalten nichts, werden verheiratet oder wandern in den Harem des Bruders, abgesehen von denjenigen, welche von derselben Mutter sind. Letztere Beschränkung gilt nicht für den König. Trotz solcher In- und Unzucht ist keine Deteriorierung der Rasse merklich. Linants Angabe, daß Albinos als Früchte unzüchtiger Verbindungen zwischen Geschwistern gelten, habe ich nirgends anführen hören.

25. Februar, Montag. – Es scheint doch in verschiedenen Ländern für Tabak einheimische Namen zu geben; so sagen die Leute von Uróri und Ubúngu »nimba« und die von Ukimbu »mkónde«, ohne andere Bezeichnung für den Tabak. In Karaguë, dessen Sprache dem Idiom Unyóros viel ähnlicher ist als dem Ugandas, heißt Tabak wie dort tába.

Die Wanyóro schneiden ihre Nägel dreieckig; in der Mitte des Nagels bleibt die Spitze des Dreiecks stehen. Alle höhergestellten Leute in Uganda und Unyóro heben die Nägelreste und abrasierten Haare sorgfältig unter ihrer Schlafstätte auf, um keinen Bezauberungen mittels derselben ausgesetzt zu sein. Gewöhnliche Leute werfen die Reste ins hohe Gras.

Die Wagánda extrahieren keine Zähne, Ussóga die vier unteren Schneidezähne; Unyóro extrahiert die unteren vier Schneidezähne und manchmal die unteren zwei Eckzähne; Kidi (Lango-Umiro) extrahieren ein bis zwei untere Schneidezähne, ebenso Tschópi (Schúli).

Von näheren Beziehungen zwischen weiteren Verwandten habe ich nie etwas bemerkt: die anerkannten und gepflegten Verwandtschaftsgrade gehen nicht über Brüder und Schwestern, Schwäger und Schwiegersöhne hinaus. Weitere Verwandtschaft ist bekannt, doch nicht gepflegt.

Trunkenheit ist fast unbekannt durch zu große Gewöhnung an starke Getränke. Von einer heimischen Produktion, die einen Handel mit auswärts einleiten und erhalten könnte, ist weder in Unyóro noch in Uganda die Rede.

Uganda jedoch, wo schon seit mehr als zwanzig Jahren arabische und Halbblut-Kaufleute von Zanzibar oft für Jahre ihren Sitz nehmen, ist infolgedessen in eine gewisse Beziehung zur Außenwelt getreten. Die Leute von Zanzibar und Unyanjémbe, die jetzt meist den kürzeren und weniger kostspieligen Weg über Usukúma und den Ukeréwe-See dem längeren über Karaguë vorziehen, bringen Stoffe aller Art, Pulver, Blei, rote Fes, Spiegel, Nadeln, fertige arabische Gewänder, Gewehre, Messer von orientalischer Fabrikation, Zündkapseln etc. Einige von ihnen, denen daran gelegen, schnell fortzukommen, übergeben bei ihrer Ankunft den größten Teil ihrer Vorräte dem König und behalten nur, was ihnen zum Lebensunterhalt und zu Geschenken an die Chefs nötig ist. Der König sendet ihnen dann nach einigen Monaten Elfenbein nach eigenem Ermessen, was gewöhnlich reichlich ausfällt, und haben sie nicht andere Geschäfte, so erbitten sie sofort Erlaubnis zur Abreise. Andere ziehen vor, zu handeln und sich zeitweilig hier zu etablieren (ich kenne solche, die drei Jahre hier sind): sie sind Kleinhändler, die neben dem Elfenbein- auch den Sklavenhandel schwunghaft betreiben. Überhaupt ist ja in Uganda und Unyóro außer Elfenbein und Sklaven nichts für Händler Lohnendes zu finden.

Zuckerrohr existiert überall, wird aber nie im großen gebaut; Kaffee ist reichlich vorhanden, würde aber den weiten Transport nicht lohnen. Der Handel von Elfenbein, den der König so ziemlich monopolisiert, und Sklaven ist ein reiner Tauschhandel. Im Kleinhandel um Vieh, Rindenstoffe, Matten, Tongefäße, Salz von Unyóro, Mehl von ebenda (selten) gelten die Kauri, von denen je 100 zu einer Schnur vereint werden, nachdem man ihnen die Rücken abgeschliffen, als Austauschmittel. Jeder Haushalt im Lande produziert das für ihn Nötige und mehr an Rindenstoffe, Matten und dergleichen. Das Plus dieser Produktion kommt zum Verkauf nach dem Hauptorte oder den vorliegenden Ländern, wie z. B. in Unyóro Rindenstoffe und feingearbeitete

Häute von Uganda sehr beliebt sind. Die an den Grenzen wohnenden Leute beider Staaten handeln deshalb sehr lebhaft, auch werden Sklavinnen von Unyóro nach Uganda gebracht. Spezielle Handelszweige wie mit Fischen sind unbekannt.

Der Ackerbau (Pflanzen von Bataten usw., seltener Sorghum-Korn; Reinigung und Pflanzung von Bananen usw.) wird nur von Frauen betrieben, kaum daß beim Ausroden des Grases die Männer manchmal Hand anlegen. Der Hausbau dagegen ist den Männern vorbehalten, und nur der kleine Estrich unter dem über der Tür gehobenen Dache wird von den Frauen aus Lehm gemacht und mit Stücken von Bananenrinde geglättet.

Eigentliche Gewerbe gibt es nicht, abgesehen von Schmieden, die aus ziemlich schlechtem Eisen (Uganda) Lanzenspitzen, Messer und Rasiermesser fertigen. Es scheint, als ob in Uganda der allverbreitete Raseneisenstein durch häufige Entblößungen des Terrains in der Bildung gestört worden sei, möglich auch, daß die höhere Erhebung dazu beiträgt – Eisen ist viel seltener und schlechter als in Unyóro. Die Schmiedekunst ist in Familien erblich. Eine Lanze kostet hier in Uganda 1000 bis 2000 Kauri und ist im allgemeinen einem Knaben an Wert gleichzusetzen.

Jeden Nachmittag wird eine Art Markt hinter des Königs Hause abgehalten; die vielen niederen Frauen des königlichen Haushalts verkaufen dort Bananen, reif und unreif, Muënge und Bataten, doch ist dieser Markt nur von den Dienern der Fremden besucht, die Erlaubnis vom König erbaten, der ihnen einen Geleitsmann ernennt. Schafe, Ziegen, selten Rinder, Bananen werden auch auf dem Hügel nahe der arabischen Kolonie angeboten. Rindenstoffe, Rinderhäute usw. werden hin und wieder ins Haus gebracht, ebenso Matten, die von Männern und Frauen geflochten werden. Der vom König ernannte Geleitsmann zum Markte bezieht für alle Transaktionen, die er leitet, eine Tantieme in Kauri vom Käufer. Kauf und Zahlung erfolgt meist ohne Verzögerung: nur die hohen Chefs genießen bei den Zanzibar-Leuten einen beschränkten Kredit.

Transporte werden immer durch Tragen auf dem Kopfe und nur mittels vom König unentgeltlich gestellter Leute ausgeführt; ihre Chefs erhalten vom Reisenden Geschenke in Stoffen. Gemietete Träger bringen nur die Leute von Zanzibar mit: meist Männer von Unjamwesi, aber auch von Karaguë. Ein Mann als Bote von Karaguë nach hier und zurück erhält als Lohn eine Kuh (10 bis 15 Tage Marsch für einen Boten ohne Last).

Von Vorräten ist keine Rede – man lebt von der Hand in den Mund, und nur die großen Herren häufen in ihren Häusern manchmal Rindenstoffe usw. an.

26. Februar, Dienstag. – Heute früh habe ich an Mtesa neuerdings geschrieben und um Erlaubnis zur Abreise nach Mruli ersucht, da meine Stoffe zur Neige gehen und ich meine Leute nicht hungern lassen kann. Kanagurba hat den Brief zur Beförderung übernommen. Mein Kuriositätenhandel stockt seit einiger Zeit, auch die Araber, obgleich ich wiederholt gebeten, können nichts mehr ausfindig machen – ich weiß nicht, wie diese Leute leben mögen oder vielmehr wovon.

Auch heute hat Mtesa, der kontinuierlich mit seinen Zauberern und Ärzten zu tun hat, nicht empfangen, wie er denn überhaupt jetzt nur selten in den Divan kommt.

In Unyóro herrscht die Sitte, daß der König (Kamrasi z. B.), sobald er ernstlich krank wird oder aus hohem Alter anfängt zu kränkeln, von seinen Frauen getötet wird, während in Uganda die Könige natürlichen Todes sterben dürfen. Sollte in Unyóro ein König natürlichen Todes sterben, so würde einer Tradition zufolge die Dynastie der Wawítu des Thronrechts verlustig gehen.

28. Februar, Donnerstag. – Andauernd trübe. Es scheint unter den Wagánda der Glaube zu herrschen, man brauche sich nur an mich zu wenden, um nach eigenem Wunsche Geschenke in Menge zu erhalten; jeden Tag überlaufen mich Leute mit dergleichen Anliegen und sind sehr enttäuscht, wenn sie unverrichteter Dinge wieder abziehen. Zum Unglück kommt Unglück: ich habe sowieso keine Rinder, und heute ist mir das zuletzt gekaufte schöne Rind

gefallen, ein erheblicher Verlust für mich! Meine Leute behaupten, es seien die Fliegen gewesen, die es getötet, und wollen es essen. Auch heute ist kein Empfang bei Mtesa und natürlich keine Antwort auf meinen Brief.

Es ist eine eigentümliche Erscheinung, daß bei einem so relativ fortgeschrittenen Volke wie das der Wagánda absolut keine domestizierten oder in Gefangenschaft gehaltenen Tiere zu finden sind. Dem Neger, sei er auch noch so zivilisiert, fehlt wie das Wort dafür so auch der Zärtlichkeitstrieb; er kennt weder Nächstenliebe noch Liebe überhaupt. Die Negermutter spielt und tändelt mit ihrem Kinde, wie es ein Affe ebenfalls tut: einer Aufopferung für dasselbe ist sie unfähig. Mögen die Neger intellektuell höher stehen als die Tiere, psychisch und moralisch ist eben kein großer Unterschied. Die Negernatur ist völlig negativ. Ein junger Löwe oder Leopard im Hause des damit großtuenden Königs, ein oder zwei graue Papageien, denen man hin und wieder den Schwanz ausrupft – das ist alles, was ich gesehen, und wohl alles, was im Lande existiert. Als Mtesas Vater Súna starb, hinterließ er, der eine Ausnahme in jeder Beziehung gewesen zu sein scheint, seinem Sohne eine volle Menagerie: zahme Büffel, junge Elefanten, Löwen, Affen etc. Als nun Speke zuerst Mtesa Gewehre gegeben, war es dessen höchstes Vergnügen, die gefangenen Tiere der Reihe nach totzuschießen. Das habe ich aus Mtesas eigener Erzählung.

8. März, Freitag. – In Uganda und Unyóro wird alle Töpferarbeit nur von Männern besorgt, während bis zum Victoria-Nil nur Frauen diese Arbeit besorgen. Ebenso fällt hier wie auch bei den meisten anderen Negerstämmen das Melken der Kühe ausschließlich den Männern zu: nie darf eine Frau das Euter der Kuh berühren. Der Hausbau ist Sache der Männer: in Uganda sind es die Frauen, welche das nötige Gras schneiden und herbeischaffen, in Unyóro die Männer.

Gemeinsame Jagden kommen häufig vor: werden sie privatim vorgenommen, so wählen die Leute den Anführer, veranstaltet der Chef des Stammes die Jagd, so ernennt er den Anführer. Wer die erste Lanze auf ein Tier wirft, hat, falls es erlegt wird, Anrecht auf den einen Vorderfuß. Die Verteilung geschieht durch gegenseitiges Übereinkommen. Flüchtet das Wild auf fremdes Terrain und stirbt dort, so erhält der Eigentümer des Bodens den rechten Vorderfuß. Wird ein Leopard oder Löwe in der Nähe der Wohnung des Chefs getötet, so wird das ganze Tier zu ihm getragen; ist der Ort, wo das Tier erlegt wurde, zu weit entfernt, so wird die Haut dem Chef gebracht. Töten Leute in fremdem Lande einen Löwen oder Leoparden, so gehört die Hülle stets dem betreffenden Landeschef. Von getöteten Elefanten gehört in Unyóro ein Zahn von Rechts wegen dem Chef; den anderen kann der Jäger behalten, gewöhnlich aber tauscht ihn der Chef gegen ein Mädchen aus. In Uganda gehört alles Elfenbein dem König, doch kommen häufig Unterschleife vor.

Zu den Ursachen, welche die Bevölkerung reduziert, gehört für Uganda und Unyóro zunächst das Faktum, das in beiden Ländern der Coitus zu früh vollzogen wird, d. h. ehe noch das Mädchen zur Reife gelangt. Es wäre schwer, ein Mädchen von acht Jahren intakt zu finden! Sodann die Polygamie, die in Uganda besonders alle Grenzen überschreitet. Es würde für einen kleinen Chef geradezu unanständig sein, weniger als fünfzehn bis zwanzig Weiber zu haben, und ganz arme Leute haben deren drei bis vier. Da nun der betreffende Hausherr immer nur vier bis fünf Favoriten hat und diese gegen jüngere vertauscht, sobald sie einige Zeit (Monate) bei ihm gelebt, wird eine Masse von Frauen brachgelegt, die sonst gut produktionsfähig wären. Übrigens beschränkt sich hier die Produktivität auf die Jahre zwischen vierzehn bis fünfundzwanzig; ich habe nie ältere Frauen mit kleinen Kindern gesehen – vielleicht sind sie, eben weil alt, vom Manne gemieden. Sonst ist die Fruchtbarkeit in Uganda (im Gegensatz zu Unyóro) groß.

10. März, Sonntag. – Seit einigen Tagen ist es früh stets klar; um 8 Uhr vormittags fangen die Wolken an sich zu sammeln, und jeden Tag fällt ein- bis zweimal leichter Regen. Die Niederschläge nachts sind dauernd stark. Meine kleine Wahúma-Pflegetochter ist so ernst erkrankt, daß ich

an ihrem Aufkommen zweifle; eigensinnig wie alle Neger, verschmäht sie Medikamente.

11. März, Montag. – Die ganze Nacht hindurch dröhnten die großen und kleinen Trommeln, Schüsse fielen, und Leute im Chore singend zogen durch das Land. Mtesa hatte vor kurzem seinen Leuten eine Steuer von weißem Stoff auferlegt, und als er genug davon zusammengebracht, fiel ihm ein, daß sein Großvater oder Vorvater Tschalágu (Tschalayu?) nicht vorschriftsmäßig bestattet sei (er war einfach begraben!). In aller Eile wurde nun etwa eine dreiviertel Stunde von hier auf einem Hügel ein Haus errichtet, in demselben das nötige Gerüst fabriziert und dann zur Exhumation der etwaigen Reste des verstorbenen Königs geschritten. Diese waren natürlich nur Moder. Der Staub wurde nun eifrigst in die gesammelten weißen Stoffe eingeschlagen und das enorme Paket in den landesüblichen Kahn gelegt, um auf dem erwähnten Gerüst deponiert zu werden und zu verbleiben. Gestern wurde die Überführung vollendet und zur Feier des Tages die nächtliche Lärmerei. Heute erscheinen alle Wagánda frisch geschoren und machen so Mtesa ihre Aufwartung: ein Haar auf dem Kopfe würde den Tod zur Folge haben.

Heute habe ich durch Vermittlung der Araber eine kleine Anzahl echter Gartenerbsen (Pisum sativum) erhalten, die schon von Speke und Grant in Karáguë erwähnt werden; sie heißen daselbst nsegére. Auch die Mungo-Bohne (Phaseolus Mungo) wird unter dem Namen tschoróko dort häufig kultiviert und gewöhnlich kurz vor völliger Reife gesammelt; in Uganda, wo sie weniger häufig, heißt sie póhtscha (indisch: munga; arabisch im Dialekt von Ost-Arabien: múnge). Auch in Unyóro ist diese ziemlich miserable kleine Bohne sehr beliebt und heißt daselbst: ntójo. Honig ist in Uganda nicht zu erlangen, in Karaguë häufig und billig. – Die Leute von Karaguë, deren es hier viele gibt, nähern sich in ihrem ganzen Erscheinen und Auftreten weit mehr den Wanyóro als den Wagánda, und auch ihre Sprache schien mir immer viel mehr dem Kinyóro ähnlich zu sein. Ihre Kleidung von Fellen, die sie um die Schulter schlingen, die langen Knopfstücke, welche sie, Knopf nach unten, stets mit sich führen, ihre Begrüßung: ›merémbe‹, ihre Abneigung, Hühner zu essen, erinnern lebhaft an die Wanyóro, von denen sie sich jedoch spezifisch dadurch unterscheiden, daß sie keine Zähne ausziehen. (Im Süden Karaguës feilt man die zwei oberen Schneidezähne nach innen zu.) Die Wanyámbo (Leute von Karagué) sind die einzigen Neger, welche freiwillig und gegen Lohn sich als Träger verdingen, wie die Wanyanjémbe und Wanjamwézi, während hier und weiter nördlich nur die Chefs Träger stellen und einzelne Stämme sogar überhaupt nicht tragen (Lángo-Umiro, Njámnjam).

19. März, Dienstag. – Um acht Uhr vormittags schon kamen Messaúd und Sungúra, um mich zu Mtesa zu geleiten, und nachdem wir wie gewöhnlich noch vier bis fünf andere Boten unterwegs getroffen, fanden wir Mtesa in großem Zirkel. Das Gespräch wandte sich sofort auf meine Reise, die mir zugestanden wurde. Gegen vier Uhr nachmittags will mir Mtesa noch einige Geschenke senden; 30 Ochsen soll ich aus Kangánis Lande mit mir nehmen, und Kanagurba soll mit zwei anderen Leuten mich nach Chartum oder sogar Kairó begleiten, um Geschenke für Mtesa zu erbitten. Ich selbst wurde zu seinem Vekil ernannt und soll Gewehre, Pulver, Tarbusch, rotes Tuch und Flanell, Strümpfe, Schuhe und ein Pferd selbst hierherbringen. Später soll Elfenbein zum Verkauf gesandt werden, und vorläufig soll alles entweder Geschenk sein oder aus meiner Tasche bezahlt werden. Eine lange und lebhafte Unterhaltung folgte darauf, und zu wiederholten Malen wurde ich eingeladen und gebeten, wiederzukommen. Ein Brief an Gordon-Pascha wurde mir übergeben, und ein anderer an den Chediven mit der Bitte um Remington-Gewehre für Mtesas Soldaten soll noch geschrieben werden. Nach zweistündiger Plauderei entfernte sich Mtesa, und wir waren verabschiedet. Einen Moment ging ich nun zum Katikiro, der von einer Masse Leute umringt war und deshalb mich bat, zu gehen; er werde Leute zu mir senden, um mich zu ihm zu rufen. Kaum zu Hause angekommen, wurde mir des

Königs zerbrochenes Blissett-Gewehr gebracht und ich gebeten, selbiges zur Reparatur mitzunehmen. Zugleich wurde ich um Rat gebeten, was in der Sache der gemordeten Engländer zu tun sei. Ich riet, Mtesa möge an Mr. Wilson sofort schreiben und ihm sagen, daß Soldaten und Kähne bereit seien, falls die Herren Lukónge zu züchtigen wünschen. Von der Antwort hinge das weitere Vorgehen ab. Morgen früh soll, wie ich höre, ein Bote abgehen, um Mr. Wilson hierherzuberufen. Um 5 Uhr nachmittags sendet mir Mtesa eine Wahúma-Sklavin, so häßlich, daß es mir leid tut, sie nicht zurücksenden zu können. Abends spät kommt Kanagúrba, der aus seiner Heimat herbeigeeilt, glühend vor Freude, daß er mich nach Chartum begleiten dürfe.

20. März, Mittwoch. – Vor Tagesanbruch kam Schambalángo, den ich natürlich nicht empfange, da ich wiederholt ihn ersucht, zu passender Zeit zu mir zu kommen. Zunächst ging ich zum Katikiro, den ich, sofort vorgelassen, beim Rasieren fand; er bat mich um einige Kleinigkeiten von Chartum und versprach, mir seinen Diener mitzugeben. Von da zu Mtesa; große Versammlung, vierzig bis fünfzig Wakkídi, die Köpfe mit ihren grotesken Frisuren und Straußfedern geschmückt, auch mit Antilopenfellen bekleidet, während sie sonst nackt gehen. Zur Harfenmusik tanzten sie nicht die ekelhaften Drehungen der Ussóga-Leute, sondern wirklich anständig. Einer, der wie aus Gummi gemacht schien, erntete allgemeinen Beifall. Sodann wurden Stöcke für Mtesa gebracht, deren drei mir zum Geschenk gemacht wurden. Auch ein Ochse wurde mir versprochen. Ein lebender Schakal wurde Mtesa gebracht, an den gefesselten Beinen an einem Holze aufgehangen. Mtesa entfernte sich ganz plötzlich, ohne daß ich zum Sprechen gekommen wäre. Ich kehrte sodann zum Katikiro zurück, den ich im Innern des Harems, umgeben von etwa sechzig bis siebzig Frauen, fand. Eine sehr lebhafte Unterhaltung entspann sich nun, da alle die Frauen mich gern haben, und als ich des Königs Schwester, Kabédja, des Katikiro Hauptfrau, erzählte, ich gedächte morgen abzureisen, und der Katikiro selbst seinen Frauen sagte, sie hätten

so viele Geschenke von mir erhalten, sie möchten doch nun mir etwas geben, da entspann sich ein förmlicher Wettstreit unter ihnen, wer mir das hübscheste Präsent geben möchte. Zuerst gab mir Kabédja ihren silbernen Armring als Andenken; Mtesas Tochter, Nassóro, zog einen kupfernen Ring vom Finger und steckte ihn mir an; eine andere Frau – was mich am meisten erfreute, lief und brachte ein neues Stück Indienne, das sie vom Katikiro erhalten; sie bat, es als Andenken mitzunehmen, und war nur mit großer Mühe zu bewegen, mir statt dessen ein Trinkgefäß aus Kürbisschale zu geben – es sei dies gar so gering, meinte sie, und ihre beste Habe sei die Indienne. Ich war wirklich ergriffen. Um damit zu enden, nahm ich einige Kleinigkeiten an und bat dann den Katikiro, er möge für meine Träger sorgen: Mtesa, zu dem er um Erlaubnis fragen sandte, gab selbige sofort, und so ging es dann nach herzlichem Abschiede von allen zum Kangáni, den ich krank im Innern seines Hauses fand. Er versprach die Träger für morgen früh, erhoffte jedoch ein Geschenk, was ich ihm später sandte. Um Mittag erfuhr ich, daß Mtesa mit Kanagúrba, der mich nach Chartum begleiten soll, noch kein Wort davon gesprochen, und so dürfte es wohl morgen nicht zur Reise kommen. Auf jeden Fall machte ich nachmittags Abschiedsvisiten bei Hamis bin Halfán, Mbási, Schambalángo, der mir sein ganzes Haus zeigte, und den Arabern Abdállah bin Habib, Messaúd bin Abéïd, Messaúd bin Salimīn, Sungúra bin Hamis. Beinahe alle sandten mir Ziegen zum Geschenk, und Messaúd bin Salimīn brachte spät abends ein prächtiges Fell vom Colobus Guereza. Nur die Kaffeepflanzen habe ich nicht erlangen können! An des Katikiro Frauen habe ich die mir noch übrigen Geschenke gesandt.

Hoffentlich wird es endlich zum Reisen kommen. Matongali Mŭkássa ist mir zugeteilt, um die Träger zusammenzubringen, läuft jedoch unnützerweise herum und hat am Abend noch nicht einen Mann. Dazu sendet Kangáni, der eben noch Geschenke erhalten, einen Mann und läßt mir sagen, er wolle Leute mit mir nach Mruli senden, damit ich ihm von dort aus Geschenke schicken könne.

DRITTES KAPITEL

Reise von Ladó durch das Lattuka-Land und Schuli-Land (10)

1881. 28. März, Montag. – Um 7.08 vormittags sind wir von Ladó in einer Barke abgereist. Der außergewöhnlich niedrige Wasserstand erlaubt den Negern, die Boote zu ziehen, doch wird das Vorwärtskommen durch große Schilfvorlagerungen, kleine zum Flusse kommende Bäche, die sehr tief eingeschnitten, und tiefe Einrisse durch das Hochwasser des vergangenen Jahres sehr bedeutend erschwert, da solche Stellen jedesmal Ein- und Ausschiffen der Neger nötig machen. Die schwierigste Partie aber ist jedenfalls das Kreuzen des recht breiten Flusses gegenüber von Lorons Insel – teilweise durch die im Flußbett selbst quer hinübergehenden Neger, teilweise durch geschicktes Manövrieren von Schilfinsel zu Insel ausgeführt. Daß dabei nicht oft Neger verunglücken, ist bei der Menge von Krokodilen hier wirklich merkwürdig. Nach mehr als siebenstündiger Fahrt in Gondókoro angelangt, hatten wir einen sehr willkommenen Regenguß und die sehr unwillkommene Nachricht, daß noch keine Träger von Lattuka angelangt seien; es wurde demnach sofort ein Bote an Chef Béfo gesandt, um ihn einzuladen, damit wir durch seine Vermittlung Träger von Belinian erhielten und das gefürchtete Lokója-Gebiet passieren könnten. Der Aufenthalt hier soll zum Sammeln verwendet werden. Ein mit Korn beladenes Schiff von Redjáf wurde von einem Hippopotamus angegriffen und durchbohrt, so daß die Leute eiligst dem Lande zuzueilen hatten und doch all ihr Korn verloren.

29. März, Dienstag. – Das Land um Gondókoro gewinnt durch die vielen von hier sichtbaren Bergmassen – ich habe deren gerade 17 angepeilt – ein recht verschiedenes Aussehen, obgleich die Details besonders in jetziger Jahreszeit viel zu wünschen lassen, da es trotz einiger Regen noch recht winterlich aussieht. Die kleine Station auf über

6 m hohem, aus gelbem Ton bestehendem Steilufer gelegen, wurde, nachdem Gordon sie völlig aufgegeben, von mir vor nun drei Jahren der damals hier einzigen Zitronenbäume wegen eingerichtet und dann zu einer Zweigstation für Ladó gemacht, die einerseits den Verkehr mit den umliegenden Negerstämmen vermittelt, anderseits aber durch sehr guten Boden reichen Anbau ermöglicht und nun als Stützpunkt für die Straße nach Lattuka unentbehrlich geworden ist. Viele Bári-Dörfer sind rings um die Station verstreut, alle in der üblichen Bári-Weise hübsch sauber gehalten und mit Euphorbieneinzäunungen für das Vieh versehen, da auch hier zur Zeit des Hochgrases Löwen, Leoparden und Hyänen sich häufig genug einfinden. Das Land ist wellig, nach Osten zu ansteigend, über und über mit Termitenhügeln besetzt, auf denen gewöhnlich Gestrüpp von Palmen steht. Der eigentliche Wald, wenn man überhaupt im Bári-Lande von solchem sprechen darf, ist ziemlich weit entfernt, offen und nicht gerade mannigfaltig gegliedert: schöne große Tamarinden bilden seine Hauptzier, wie auch einige monumentale Butyrosperma[1].

Der alte Missionsgarten, der heute etwas besser in Ordnung gehalten ist, liefert uns Massen von Limonen, die allerdings jetzt nicht mehr so kostbar wie früher sind, da in allen Stationen solche gepflanzt worden sind. Etwas weiter nördlich liegen die Gräber Higginbothams und A. Linants[2].

Chef des Landes von hier bis Belinian ist Loron, durch Bakers Buch bekannt, jetzt einer meiner zuverlässigsten Chefs.

30. März, Mittwoch. – Gestern abend sind endlich die lang erwarteten Träger aus Lattuka eingetroffen, leider zuwenig, um gleich aufzubrechen, so daß wir gezwungen sind, zu rasten, um die Träger mit Lorons Leuten zu ergänzen, die uns von hier bis nach Béfos Dorf am Belinian bringen sollen; von dort aus wird Béfo andere Leute stellen,

---

[1] Schibutterbäume, wichtige Fettlieferanten.

[2] 1874 in Gondókoro verstorben; Sohn von Linant de Bellefonds, der 1827 im Auftrag des ägyptischen Chediven im Gebiet des Weißen Nil forschte.

und wir werden so von Dorf zu Dorf weitergehen, bis die von Mr. Lupton erbetenen Leute uns begegnen. Jetzt jeden Tag hier Regen.

31. März, Donnerstag. – Um 6.05 vormittags brachen wir von Gondókoro auf und passierten zunächst, die Ausweitung des Flusses zur Rechten behaltend, den Graben der Bakerschen Station. Flaches Land streckt sich nach allen Richtungen hin am Flußrande, wie stets leicht gehoben und nach innen zunächst eine leichte Mulde bildend, die wir quer durchschreiten. Auf dem durch Verwitterung des darunterliegenden rötlichen Tones entstandenen Sandboden, der den Termiten, die hier sehr zahlreich, gutes Baumaterial liefert, hat sich viel Palmengestrüpp angesiedelt, und zahlreich ist auch Calotropis vertreten. Nur einzelne Hochbäume sind über das Land verstreut, und wo solch einer Schatten spendet, da hat gewöhnlich sich jemand angesiedelt. Zahlreiche kleine Seriben mit Euphorbienhecken für das Vieh sind so überall sichtbar. Dorngestrüpp, in dem zahlreiche Colius (C. leucotis)[1] sich herumtreiben, bilden stellenweise eine jetzt, da die Blätter gefallen, ziemlich trübe Staffage. Anderenorts aber, wo der klaffende schwarze Boden günstigere Vegetationsverhältnisse bietet, stehen schöne Tamarinden und Butterbäume, mit Akazien abwechselnd, die eben ihre ersten Blüten entfalten und sehr gut duften. Ganze Herden von Elefanten treiben sich hier umher. Am Bach Giriban (die Bári haben ein recht französisches nasales n) steht ein blühendes Adenium[2]; der Bach selbst, der sehr unbedeutend, ist völlig trocken. Er kommt vom Gbl. Bárkoka und ergießt sich in den großen Bach Kirínion. Völlig nackte Sandflächen folgen nun, stellenweise mit neuem Grase, wie gefleckt erscheinend. Bach Djérem, der vom nahen Gbl. Belinian kommt und auch trocken ist, aber sehr durchfeuchteten Boden zeigt, geht zum vorgenannten Bach. Die lange Belinian-Kette, von der der eigentliche Belinian (drei Massen) und Bárkoka

[1] Ein Mausvogel.
[2] Ein Hundsgiftgewächs mit knollenförmigem, weichem Stamm.

nur Teile sind, ist nun uns ziemlich nahe zur Rechten gelegen; sie ist von vielen Dörfern und Einzelseriben eingenommen und erzeugt sehr viel Durrah. Vor uns erstreckt sich immer noch flaches Land, das meist sandigen Boden zeigt und mit vielen vereinzelten Hochbäumen besetzt ist. Viele grüne Flächen, auf denen Rinder und Schafe weiden, Mengen kleiner in feste Dornenzäune eingeschlossener Seriben, fleißige Leute, die das Land für die Saaten vorbereiten (ein halbmondförmiges Eisen an sehr langem Stocke dient dazu), Hunde mit Glocken am Halse geben dem Lande ein wohnliches, heimisches Ansehen. Chef Béfos Dorf Urbare oder Rúbare, das wir nach sehr angenehmem Marsche von drei Stunden 9 Minuten erreichen, ist ebenfalls ein Komplex verstreuter Seriben, die ausnahmsweise sauber gehalten sind und ziemlich viel Vieh besitzen, das, über die weite Fläche verstreut, hier gute Weide finden mag.

1. April, Freitag. – Béfo war, nachdem er »den Regen verscheucht« (es drohte nachts wiederholt Regen), zeitig zum Aufbruch bereit, und durch offenes, sehr spärlich mit Bäumen bestandenes Land, in dem sehr viel Seriben zerstreut sind, gelangten wir bald zu Querhügeln aus hartem gelbem Ton, mit vielen Quarzfragmenten bestreut. Trotzdem die Bäume nur einzeln stehen, schieben sie sich doch in der Ferne so zusammen, daß die Berge nur selten und zeitweilig sichtbar werden. Mehrere kleine, jetzt völlig trockene Wasserläufe werden passiert und, nachdem wir Mengen von Elefanten gesehen, Bach Káduë (Cháduë – Kirínion) erreicht, der als Hauptader für die Drainage des Landes anzusehen ist. Obgleich auch er trocken, sind seine Ränder mit schöner Vegetation eingefaßt, und ein Loranthus hat sogar frühzeitig seine roten Blüten geöffnet.

2. April, Sonnabend. – Im dichten Buschwalde sind gute Wege ausgetreten, auf denen wir nach einer gestern als Lücke in der Reihe des Kadjumbo bezeichneten offenen Stelle uns richten. Es ist hier vermutlich viel Regen gefallen, denn der Wald ist schön grün, und im kurzen, eben aufsprießendem Grase blühen Mengen verschiedener Lilia-

ceen, unter denen ein weißes schönes Crinum durch seinen Wohlgeruch sich auszeichnet. Bach Djúbi, den wir zunächst passieren, ist jetzt trocken, muß aber zur Regenzeit ein beträchtliches Quantum von Wasser zum Flusse führen, da alle kleinen Bäche sich in ihn ergießen, und deren eine ganze Menge existieren. Unmittelbar auf den Bach folgt rechts an der Straße der kleine Berg Guri und ihm gegenüber Hügel, auf denen Granit mit weißem Glimmer zutage treten. Durch das nun folgende Parkland geht Bach Fúrla, vom kleinen, ebenfalls dicht an der Straße gelegenen Berge Obele kommend, zum vorerwähnten Bach Djúbi, während etwas weiter vorwärts Berg Njipi links an die Straße tritt und zusammen mit der rechts nun uns geleitenden Fläche des Kadjúmbo eine Art Tor bildet. Lichter Wald deckt den braunen Humusboden, der von zahlreichen vom Berge kommenden Regenbetten durchschnitten und durchfeuchtet wird. Zwischen Bach Oggulére und Bach Felék liegt links, nicht fern von der Straße, Gbl. Kóllomokko, und bald darauf machen wir eine Biegung nach rechts, die uns um die letzte Ecke des Gbl. Kadjúmbo herum in ein Quertal führt, das von dem eben genannten Berge rechts und der Reihe von Tóllogo links gebildet wird. Mengen von Häusern sind auf diesem auf kleinen Terrassen erbaut und mit Dornzäunen umschlossen, während die Talsohle von fleißigen Leuten wimmelt, welche den Boden zum Anbau vorbereiten. Nur Männer arbeiten, Frauen gehen mit Körben umher.

Da von den uns heute morgen von Béfo gestellten Trägern hier etwa neun entlaufen, sind wir genötigt, uns an den Chef zu wenden, um von ihm Leute von hier bis Liria zu erhalten; die Neger sind jedoch nicht zur Auskunft zu bringen, wo ihr Chef sei, und nach einstündigem unnützem Parlamentieren müssen wir, nachdem wir die Lasten möglichst verteilt, unverrichteter Dinge abziehen. Die Leute sind eben hier noch nicht ans Dienen gewöhnt.

Das schmale Tal, welches in seiner Länge vom Bach Modíra durchflossen wird, dem viele kleine Rinnsale von beiden Bergseiten zufließen, steigt vor uns leicht an und ist sehr gut kultiviert und dicht bevölkert. Zu Einzäunungen der Felder werden hier Boswellia-Stämme[1] verwendet, die schnell grünen. Vor uns das Tal scheinbar schließend liegt Gbl. Lóhe. Nach ziemlich gutem Marsche durch das Tal, dessen hinterer Teil hübsche Felspartien aufweist, biegen wir nun links ab, immer am Gbl. Tállogo hin, der nun den Namen Liria annimmt, passieren einen als Merkwürdigkeit gezeigten Felsblock mit sehr großer Höhle, Kolomëllo genannt, und haben nun Gbl. Lóhe zur Rechten gar nicht weit. Am Fuße des Liria hin über Steinhalden führt der Weg weiter; der Sandboden ist glühend heiß. Die Bergreihen sind allenthalben dicht mit Häusern bestanden, die eigentümlicherweise hier keine Umzäunungen haben; viele Leute bevölkern die Wege. Hin und wieder auch läßt sich eine Schmiede lustig hören. Zur Rechten ganz nahe liegt der dreigipflige Gbl. Njákke, ebenso hoch wie der Redjáf (Logwek); unser Halt ist inmitten einer weiten, von allen Seiten von hereinschauenden Bergen begrenzten Ebene unter einem hohen Baume.

Chef Rúgang, der gefürchtete Lokoja-Häuptling, hat sich erst im vorigen Jahre uns angeschlossen und ist immer noch als ziemlich unabhängig zu betrachten. Er versprach, Träger zu stellen, bat aber, wir möchten heute hierbleiben, was denn auch genehmigt wurde. Meine Geschenke erfreuten ihn so, daß er einen kleinen Elefantenzahn und Honig als Gegengabe brachte.

4. April, Montag. – Sandige weite Flächen mit spärlichem Graswuchs strecken sich weit vor uns aus; hier und da steht ein Boskett von gewöhnlichen Akazien, und nicht weit vom Bach liegen einige kleine Wasserlachen, Reste des Regens dieser Tage. Immenser Wildreichtum muß dies Land zieren, denn überall sind Spuren von Elefanten, Büffeln, Giraffen, Antilopen und Zebras sichtbar.

Nahezu drei Stunden Marsch führen uns zu einer größeren Wasseransammlung, Sogódi genannt, wo gewöhnlich ein Rendezvous von Jägern stattzuhaben scheint, da der Boden dicht mit Knochen aller Art überstreut ist. Eine hier

[1] Eine Weihrauchpflanze.

wachsende Pflanze mit sehr dickem großem Rhizom wird sehr eifrig von den Eingeborenen aufgegraben, weil ein Stück der fleischigen Wurzel dem Trinkwasser angenehmen Geruch gibt. Die Früchte sind eichelförmig und süß. Sehr häufig sind hier überall Sansiverien. Detarium, jetzt mit reifen, angenehm säuerlichen Früchten, ist ebenfalls häufig. Andere zweieinhalb Stunden Marsch immer durch dasselbe Parkland lassen uns das Geriesel fließenden Wassers vernehmen, und um 11.33 vormittags stehen wir am Rande des Baches Kanieti, der nördlich fließt. Er hat ein sehr breites Bett, aber jetzt wenig Wasser, das wir passieren und nach weiteren fünf Minuten Marsch zur ersten Seriba in Lattuka, der kleinen Station Wakalla, gelangen.

5. April, Dienstag. – Unsere kleine Seriba, nur von 25 Mann Soldaten besetzt, liegt an einer Biegung des Baches, der in ziemlich tief eingerissenen Ufern fließt und, wie die Flutmarke zeigt, etwa $1^1/_2$ bis 2 m über sein jetziges, allerdings tiefstes Niveau zu steigen pflegt. Sein Wasser ist sehr trübe und reißend, so daß oft für Tage die Passage unmöglich ist; etwa zehn Minuten aufwärts liegen etwa zwölf Fuß hohe Schnellen in einer anderen Biegung, über welche das Wasser rauschend sich ergießt. Scopus umbretta ist hier sehr häufig. Der Fluß geht von hier nördlich und soll in dem weiten Sumpflande, das dort liegt und nur zur trockenen Jahreszeit von Jägern besucht wird, sich verlieren. Das Land hier ist reich bewaldet und voll mit Buschwerk, und der Wildreichtum ein geradezu unerschöpflicher. Herden von Elefanten, Büffeln, Giraffen und Zebras, Wildschweine, Tausende von Antilopen verschiedener Arten, von der wuchtigen A. Oreas zur zierlichen A. Hemprichii, treiben sich hier herum und werden eifrig gejagt oder in den überall verstreuten Fallgruben (die Station hat derer siebzehn) gefangen. Daß unter solchen Umständen auch die Raubtiere zahlreich sind, ist selbstverständlich, und Löwen, Leoparden, Jagdleoparden, Hyänen sind Gäste, denen man alle Augenblicke begegnet. Gefürchtet sind nur die Leoparden, die häufig genug Leute anfallen, während die Löwen nie Menschen angreifen. Sie stehen

Großer Kudu (Antilope strepsiceros)

unter der Botmäßigkeit eines hiesigen Negerchefs, der stets zwei derselben in seinem Hause gezähmt hält (Faktum), und solange dieser Chef hin und wieder Geschenke an Korn und Ziegen erhält, erlaubt er den Löwen nicht, sich schädlich zu machen. Das ist der allgemeine Glaube. Daß die Löwen sehr gutmütig sind – vermutlich weil sie überreich Nahrung finden –, kann ich bezeugen, da ich erst heute morgen beim Vogelschießen ihrer drei auf einmal fand und nicht von ihnen behelligt wurde. Der jetzige Löwenchef heißt Lóttor und ist, trotz seines großen Ansehens und seiner gefürchteten Macht, wenig pretentiös. Von einem anderen Chef erzählt man, er besitze die Macht, das Wild von den Fallgruben fernzuhalten, und einer unserer Offiziere erzählte mir, daß, als einer Zwistigkeit halber der bewußte Chef in einer unserer Seriben für einige Stunden festgehalten wurde, für etwa acht Tage kein Wild mehr sich der Seriba genähert habe, so daß man dem Chef ein Geschenk zu senden hatte, um ihn zu versöhnen. Auch Chef Tschulongs

Kala-Bock (Antilope leucotis)

Frau, die nach dem Tode ihres Mannes jetzt die hiesigen Neger leitet, ist berühmt ihrer Macht über die sehr zahlreichen Krokodile wegen, die im hiesigen Flusse sich finden, aber kaum jemanden belästigen. Der Fischfang wird von den Frauen sehr eifrig betrieben, mit Netzen gewöhnlich, die von fünf bis sechs Personen über eine Stelle des Flusses gebreitet und dann dem Lande zu gezogen werden; die Fische sollen so groß werden, daß zwei derselben eine gute Trägerlast machen. Leider konnte ich bis heute keinen davon sehen, da die Regen in den Bergen den Fluß völlig getrübt haben. Etwa eineinhalb Stunden nordwestlich von hier liegt ein enormer Wald von Borassus-Palmen, Kayála genannt (ein Name, der aber nur »Borassus« zu bedeuten scheint); er liefert für alle umliegenden Dörfer reichliche Provision an Früchten, die, reif, einen melonenartigen Geruch haben und hier entweder so verwendet werden, daß man die faserige Samenumhüllung roh ißt oder sie in Wasser mazeriert und das Wasser trinkt (nicht unangenehm). Die

Kerne werden dann gepflanzt, und wenn der Keim sich zu zeigen beginnt, wieder ausgegraben; die Samen sollen alsdann gekocht wie Erdäpfel schmecken. Große Mengen werden hier täglich eingebracht, da Korn kaum existiert. Auch das etwa fünf Stunden weite Lorónia mit seiner zahlreichen Negerbevölkerung versorgt sich aus dem genannten Walde, und eben jetzt hatte Chef Latomé dort einen Wachtposten seiner Leute eingerichtet, da auch die Elefanten ihren Teil an den Früchten haben wollten und die Bäume umwarfen. Der Wald beherbergt außerdem enorme Mengen großer Affen und Wild.

Unmittelbar neben der Station befindet sich das eigentliche Negerdorf, welches dem Platze den Namen gibt, der nicht Wákkala ist, wie Baker angibt und wir ihm nachschreiben, sondern Okkela. Lange, lange Jahre muß dieses Dorf existieren, weil die ursprüngliche Umzäunung sich nachgerade in ein so dichtes Gewirr von Büschen, Dornsträuchern und Hochbäumen verwandelt hat, daß, außer an den künstlich offengehaltenen Eingängen, die Passage geradezu unmöglich ist und diese natürliche Festung sogar einem Angriff mit Schußwaffen erfolgreich lange trotzen würde. Der die Umzäunung bildende Wald ist an manchen Stellen wohl eine Viertelstunde breit. Das Innere dieser Waldfestung ist ein enorm großer, freigehaltener Platz, in dessen Mitte das Negerdorf steht, heute, nach Chef Tschulongs Tode, von seiner Frau verwaltet, bis sein Söhnlein erwachsen sein wird. Zahlreiche Hüttenkomplexe, durch enge, eingezäunte Straßen und Wege voneinander getrennt, bilden das Dorf, an dessen einem Ende eine besondere Einzäunung um einen mächtigen Ficus-Baum den Versammlungsort für Männer darstellt. Schiefe Gestelle aus Pfählen, hohe Gerüste, die einen Überblick gestatten, finden sich da und sind zu allen Tageszeiten von älteren und jüngeren Leuten besetzt, die dort plaudern, rauchen oder ihre Geschäfte abwickeln. Im Schatten des Baumes sieht man Knaben mit Korbflechten beschäftigt, wozu die Borassus-Palme gutes Material liefert.

Die Männer sind meist völlig nackt, mit Eisen und viel

seltener mit den geschätzten Kupferzieraten geschmückt; besonders wertvoll und gesucht ist Messing in jenen Spiralgewinden, wie sie von Zanzibar aus ihren Weg über Uganda bis hierher finden. Narbenverzierungen auf Brust, Wangen und Schläfen sind nicht eben selten. Perlenzierate werden wenig geschätzt, mit Ausnahme vielleicht der im Sudan überall mandjur genannten zylinderförmigen Perle, die zu Gürtelschnuren und Halsbändern verwendet wird. Rote Perlen sind nur als Tauschmittel für Tabak gesucht. Als Kopfbedeckung wird allgemein der schon von Baker erwähnte Helm von nahezu antiker Form getragen und vielfach mit Kupferplatten, oft einer Art beweglichem Visier, Perlen, Kauries und dem Samen von Abrus precatorius[1] verziert. Als Hauptzierde für den Helm aber gilt ein Busch, aus bunten Federn verschiedener Vögel zusammengestellt, denen man deshalb eifrig nachsetzt. So kommt es, daß den Lattuka-Leuten die kleineren Vögel wohl bekannt sind und man deren Namen schnell erfahren kann – ein wahrer Segen für den Sammler. Von Waffen habe ich bis jetzt Speere von sehr gutem Eisen und Schilde gesehen. Auch große geknöpfte Stöcke wissen die Leute sehr gut zu gebrauchen und erlegen damit z. B. die größeren Trappen. Überhaupt sind die Leute vorzügliche Jäger und stellen sich mit dem Speer sowohl dem Löwen und Elefanten, als auch, was viel mehr sagen will, dem Büffel entgegen. Letztere sind hier ungemein zahlreich und greifen ohne die geringste Veranlassung an – besonders gefährlich sind einzelne von ihren Herden abgesonderte, gewöhnlich alte Tiere, die gewisse Distrikte okkupieren und niemanden vorüber lassen. Ein solcher alter Bulle hatte sich hier dicht bei der Seriba etabliert, etwa zehn Leute schwer verletzt und wurde erst gestern nach 23 Schüssen erlegt. Ganze Gesellschaften von Jägern sind hier das ganze Jahr unterwegs, und daß die Jagd hier stets sehr ergiebig gewesen, zeigt der bei der ersten Okkupation des Landes lange vor Baker von den Danagla

[1] Paternoster-Erbse, eine Leguminose.

der Seriba und dem Flusse gegebene Name: Seribet es-Sajjadin (Dorf der Jäger).

Es ist auffällig, wie wenig Männer und wie viele Frauen in der hiesigen Seriba sich vorfinden, und es mag sich durch dies numerische Mißverhältnis, das auch anderweitig im Lande obwalten soll, erklären, daß die hiesigen Frauen, die beiläufig recht häßlich sind, nicht ob ihrer Züchtigkeit berühmt sind. Die Männer scheinen, wie mir erzählt wurde, hierin nicht sehr feinfühlend zu sein.

Das Innere des Dorfes ist furchtbar schmutzig, im Gegensatz zu den Bári-Dörfern, die, wenn auch ihre Umgebungen unsauber, wenigstens im Inneren stets rein gehalten sind. Eine Unzahl Ratten und Mäuse treiben sich zwischen den Häusern herum, die auf rundem, gewöhnlich mit Lehm verstrichenem und gedichtetem Unterbau ein ziemlich hohes spitzes Dach tragen, dessen First gern mit Gehörnen verziert wird. Kleine Kornbehälter umgeben auf hohem Unterbau die Häuser. Von Haustieren wurden nur Ziegen und Schafe, letztere hochbeinig und von sehr guter Rasse, sichtbar. Kühe sollen sich hier kaum halten, da sie schnell erkranken. Eigentümlicherweise habe ich keine Hunde gesehen. Feldbau scheint nicht recht zu blühen, sondern alle Leute auf Jagd und Fischfang zu sinnen.

Die Militärstation, obgleich klein, sieht sehr sauber aus: ihr Inneres ist dick mit gelbem Sande bestreut, der dicht nebenan gegraben wird. Ringsum liegen mit Arachis[1] und Korn bebaute Felder, und kleine Gartenanlagen sind im Entstehen begriffen. Vorzügliche Wassermelonen wurden gebaut.

Sechs kleine Strauße von der Größe von Truthühnern treiben sich hier herum; sie wurden aus Eiern, die im Sand vergraben wurden, durch die Sonne gebrütet und sind allerliebst zahm. Strauße sollen im Lande zu Hunderten umherziehen. Viele Schlangen und besonders zahlreich die giftige Echis[2] stellen zur Regenzeit sich ein. Ein sehr schöner

[1] Erdnuß.

[2] Wahrscheinlich die Sandrasselotter (Echis carinatus).

Ficus-Baum dicht an der Station ist von einer sehr großen Schlange bewohnt, die von den Eingeborenen und Soldaten eine Art Verehrung genießt.

Eigentümlich ist der Gebrauch, die Toten zu begraben, dann nach einigen Monaten wieder auszugraben und die Überbleibsel in eine große Burma (Tongefäß) zu tun, die dann an einem Baume aufgestellt wird. Solche mit Urnen umstellten und behangenen Bäume dürfen nicht berührt werden, um Unglück zu vermeiden.

6. April, Mittwoch. – Wákkala oder vielmehr Okkela ist das gelobte Land für den Sammler und Naturforscher. Wollte Gott, ich könnte hier nur vierzehn Tage verweilen! Die obenerwähnte natürliche Umzäunung des Dorfes ist eine Fundgrube für allerlei Schätze, und eine halbstündige Rast unter einem der hohen Bäume ist ein unvergeßlicher Genuß. Von den hohen Bäumen herab leuchtet der weiße Rückenbehang und der lange weißgeendete Schwanz von Colobus Guereza[1], der, in kleine Familien zusammengesellt, sich den fremden Eindringling furchtlos besieht. Dicht daneben sitzt ein beinahe mannsgroßer dunkler Pavian, dessen gefurchtes von grauweißem Barte umgebenes Gesicht einen beinahe greisenhaften Eindruck macht, während auf hoher dichtbelaubter Tamarinde eine Gesellschaft großer fuchsroter Paviane mit weißer Unterseite bellt und kläfft. Durch das Gebüsch huscht ein kleiner mausgrauer Affe mit schwarzem Gesicht, mir völlig unbekannt, und zwei Arten von Funambulus rennen an den Lianenranken auf und nieder, während auf der Erde Xerus leucumbinus[2] sich umhertreibt. Mäuse, Ratten, Ichneumone scheinen ebenfalls dort bequeme Unterkunft gefunden zu haben, und den Aussagen der Neger nach sollen ganz merkwürdige Gesellen, der Beschreibung nach völlig unbekannte Formen, sich manchmal dort sehen lassen. Auffallender und reicher ist die Vogelwelt.

Über die Vegetation läßt sich augenblicklich wenig sagen,

---

[1] Der Guereza, eine der schönsten Affenarten.

[2] Ein Erdhörnchen.

Der prachtvoll schwarzweiß gezeichnete Guereza

da die Saison, der letzte Teil der trockenen Jahreszeit, gerade die ungünstigste ist. Prachtvolle Hochbäume, unter denen besonders Tamarinden, ganz riesige Ficus verschiedener Arten, aber auch die schlanke Khaya[1] sich auszeichnen, erheben sich in dem dichten Unterholz von Capparideen, Morelia, Celastrum, Myrsine und vielen Schlingpflanzen. Akazien, sowohl schirmförmige Bäume als dornige Büsche, großblätterige Bauhinia[2], Cordia, Crataeva, Detaria, Kigelia[3] und andere füllen den Rahmen; leider sind keinerlei Blüten sichtbar, da die Regen den Boden noch nicht erweicht haben. Wer aber sammeln und Neues finden will, mag hier getrost seine Hütten bauen!

8. April, Freitag. – Die wehrfähige Bevölkerung des hiesigen Dorfes wurde mir auf zirka hundertzwanzig Mann geschätzt: achtzig jüngere Leute und vierzig solche, »die Helme und Elfenbeinarmbänder tragen«, d. h. volle Männer, abgesehen von einigen Grauköpfen, denen man nicht gerade Respekt zollt. Die Zahl der Frauen für jeden Mann wurde hier auf vier bis fünf angegeben, »da Rinder selten seien und auch Schafe und Lanzenspitzen jetzt nicht so billig wären als früher«. Der Preis für ein ausgewachsenes starkes Mädchen war früher und ist noch heute, wo Kühe existieren, wie weiter östlich, zweiundzwanzig Kühe; hier im Lande gelten als Äquivalent zwanzig Schafe oder Ziegen nebst vierzig Lanzenspitzen, in Laúde und den südlicheren Teilen vierzig Melod (Grabschaufeln) allein. Die Frauen sind stark und kräftig, tragen Lasten, vor denen ein Mann zurückschrecken würde, bringen das Wasser aus den oft weit entfernten Bächen (in Laúde existiert ein einziges Brunnenloch; trocknet dies aus, so gehen die Frauen früh zum Bach und kehren erst nachmittags zurück!) nach den Häusern, die ihrerseits wiederum nach Lattuka-Sitte meist auf steilen Berghöhen gelegen sind. Die Küche, das Herbeischaffen des

[1] Afrikanisches Mahagoniholz der Fam. Meliaceae.
[2] Eine Leguminosengattung mit zahlreichen Baumarten in allen Tropengebieten.
[3] Leberwurstbäume.

erlegten Wildes, die Verproviantierung des Hauses mit Palmenfrüchten, die Herbeischaffung des zum Hausbau nötigen langen Grases, die Anfertigung der Tongefäße mit Ausnahme der Pfeifenköpfe, das Jäten und Ernten liegt den Frauen ob. In der Küche spielt Mehlbrei und Fleisch die Hauptrolle, von Vegetabilien werden nur Kürbisse und Portulacca oleracea verwandt; eine hervorragende Rolle hat jedoch die Borassus-Frucht, von der vor jedem Hause

Leberwurstbaum

Haufen liegen, so daß das Dorf einen exquisiten Melonengeruch aushaucht, was um so angenehmer, als die Reinlichkeit gerade hier ziemlich außer Frage steht. Die großen Fischnetze werden von Frauen aus Fasern der überall häufigen Sansiveria gefertigt, und die kleinen Handnetze sind gewöhnlich um die Hüften geschlungen getragen. Die großen Netze werden, falls die Frauen zum Fischfang gehen, von drei bis vier Personen in den Fluß geführt, eine Strecke umspannt und dann dem Lande zugetrieben. Krokodile werden einfach ausgelassen. Große Fische werden mit Stöcken erschlagen.

Eigentümlich für ein Jägervolk ist das völlige Fehlen der Hunde hierselbst; sie sollen früher sehr zahlreich gewesen sein, aber sich auf Stehlen des Fleisches aus den Häusern verlegt haben; so erschlug man einen und den andern, und die gekränkten Eigentümer erschlugen wieder andere aus Rache, bis endlich keine übrigblieben.

Die Bewaffnung der Lattuka-Leute ist im Gegensatz zu den Bogen und Pfeile führenden Bári ein Schild und nur zwei Speere (die Schúl und die Bähr haben deren drei); die Schilde sind rund. Feuerwaffen existieren von den Danágla-Zeiten her und werden sehr geschickt gehandhabt; Fehden und Kriege unter den einzelnen Stämmen hören nie auf und dezimieren die zahlreiche Bevölkerung.

Sterben Leute, so werden sie außerhalb des Dorfes, auf der rechten Seite liegend, begraben und gewöhnlich ein Fell unter sie gebreitet; nach Monaten werden die Knochen gesammelt und in einer Burma an den überall vorhandenen Totenbaum gestellt. Stirbt aber ein Chef, so wird zunächst das Grab, welches im größten eigenen Hause gegraben wird, von den Frauen mit Schlamm und Tonerde geglättet, dann eine Haut ausgebreitet, auf welcher der Körper in sitzender Position ruht. Über ihm werden Matten fest eingestemmt, von Querhölzern getragen, und dann die Erde eingefüllt, damit sie den Körper nicht berühre. Nach geschehener Verwesung werden auch hier die Knochen exhumiert und im Tongefäß am Baume aufgehangen. Einer auch im Süden (Unyóro, Uganda) geübten Sitte zufolge werden, falls der

Tote seine Angehörigen in Träumen beunruhigt, bei diesem Tongefäß Opfer aus Mehl und dem Blute eines Schafes dargebracht und der Tote dabei ersucht, sich freundlichst solcher Besuche zu enthalten.

Amulette und Zaubermittel stehen überall in großem Ansehen, und sogar mein Kochapparat für Höhenmessungen ist zu dem gewiß schmeichelhaften Berufe eines Regenmachers gekommen. Vor einem Hause im Dorfe hier war auf einem Pfahl ein siebartig durchbohrter und überall mit Strohhalmen bespickter Kürbis aufgestellt; die Hausfrau hatte wiederholt geboren, die Kinder waren gestorben, und hier war das Mittel gefunden, um so etwas zu verhüten.

Kleine Kinder werden, falls sie sterben, rechts neben der Haustür (außerhalb) begraben und auf dem Platze gewöhnlich fünf bis sechs Durrah-Pflanzen gepflanzt – eine gewiß poetische Sitte.

Über Bekleidung der Männer wurde gesprochen; Frauen tragen Lederschürzen, eine längere hinten, eine kürzere vorn. Selten sieht man eine ohne die kurze Tabakspfeife im Munde. Kinder gehen völlig nackt.

Stirbt ein Mann, so erbt sein ältester Sohn, was immer sein Vater besessen, die Frauen eingeschlossen; er kann seine Brüder mit Anteilen bedenken, ist aber dazu nicht verpflichtet. Fehden zwischen älteren und jüngeren Brüdern sind deshalb sehr häufig und enden gewöhnlich mit dem Tode des jüngeren Bruders. Auch daß ein Sohn seinen alten Vater aus dem Wege schafft, um selbst an seine Stelle zu treten, ist nicht ungewöhnlich. Gerade jetzt ist Chef Mojes Sohn Ladjur in Tarrángole, wie mir dessen eigene Schwester erzählte, im Krieg mit seinem Vater, den er wohl töten dürfte. Rinderdiebstahl wird mit dem Tode bestraft.

9. April, Sonnabend. – Der Wald hier ringsumher, obgleich beim Betreten licht und vielfach durch weite Flächen gebrochen, schiebt sich als Totalbild so zusammen, daß die umliegenden Berge von den Arda-Hügeln, die sehr niedrig, kaum zu erpeilen sind. Den stattlichsten Eindruck unter ihnen macht jedenfalls der von den Lokójo-Leuten Gbl. Ekára benannte eigentümlich zweihörnige Hochberg,

den die Lattuka-Leute Tschúfal nennen. Er erinnert an Formen in Südtirol. – Die Leute scheinen hier mit Anbau sich wirklich nicht viel zu befassen. Sesam wird bei Laúde wenig gebaut; Tabak nur für das eigene strikte Bedürfnis, doch zieht man vor, den guten Tabak von Gbl. Emodoñ zu kaufen. Er kommt wie aller Lattuka-Tabak in runden Broten von dunkler, beinahe scharzer Farbe zum Verkauf, die beim Gebrauch zerschlagen und zerkleinert werden. Die Neger rauchen auch hier ein Drittel Tabak auf zwei Drittel Holzkohlen. Die Bereitung des Tabaks ist ziemlich einfach. Sobald die Blätter gesammelt, werden sie zerklopft oder zerstampft, bis Rippe und Blatt ein Ganzes bilden, dann eine Menge solcher völlig flachgepreßter Blätter zu einem großen schweren Paket vereinigt und selbiges im Schatten aufgehangen, bis eine Art Gärung eingetreten und wiederum durch Trocknen unterbrochen worden ist. Das Paket wird nun geöffnet, und man findet das Innere gewöhnlich völlig weiß von Schimmel. Die trockenen Blätter kommen nun in einen Mörser, werden fein zerstoßen und das Pulver mit ein wenig Wasser zur Paste angerührt, aus der die obenerwähnten Brote geformt werden, die dann im Schatten trocknen. Was immer von Zumischen von Honig usw. gesagt worden ist, beruht auf falschen Informationen. Der Tabak von Lattuka ist übrigens als Kaniétt im ganzen Gebiet des oberen Weißen Nils bekannt und sehr gesucht. Hier in Wákkala ist er kaum zu erlangen. Entschieden der beste Tabak in unserer Provinz kommt jedoch, und zwar in Blättern, von Obbo; er erinnert im Aroma lebhaft an die besseren Sorten des Tabaks von Uganda. Da die Chefs stets kleine Schemelchen zum Sitzen bei sich führen, ist gewöhnlich das Tabaksbehältnis unter der Sitzplatte des Schemels lochförmig angebracht und wird mit einem Lappen verstopft.

10. April, Sonntag. – Noch immer hier, da ein von einem Büffel schwerverwundeter Soldat meine ganze Sorge in Anspruch nimmt. Er war vor meiner Herkunft mit Mr. Lupton auf die Jagd gegangen und hatte sich, als der Büffel Lupton in die Dornen geschleudert, ihm entgegengestellt

und dabei so ernste Verletzungen erhalten, daß an ein Aufkommen wohl kaum zu denken ist. Die pure Menschlichkeit aber verbietet, ihn zu verlassen.

Es ist jetzt so feucht geworden, daß meine Vögel kaum zu trocknen sind und ich mehrere größere Sachen schon eingebüßt habe. In den Bergen ist so viel Regen gefallen, daß der hiesige Bach gestern für etwa zwei Stunden nicht allein ganz voll war, sondern sogar teilweise Strecken überschwemmte, um nach einigen Stunden allerdings wieder zurückzugehen. Auch der Weg nach Loronia ist an vielen Stellen unbegehbar geworden und der Bach Kohs so geschwollen, daß das Wasser den Soldaten bis zum Halse reichte. Daß unter solchen Umständen die Neger alle mit Säen beschäftigt sind, und sich hier kaum einer sehen läßt, von dem man einige Informationen erlangen kann, ist selbstverständlich. Insekten haben angefangen sich zu zeigen, schöne Falter lassen sich sehen, und neben einer kleinen Schlange erhielt ich heute eine Nectarinia im vollen Hochzeitskleide, ein Zeichen, daß der Haríf[1] nun wirklich eingesetzt hat.

11. April, Montag. – Da müssen denn Ausflüge in den nahen Buschwald entschädigen, und diese bieten allerdings genug des Neuen und Interessanten. Aggressive Wildschweine von großartigen Dimensionen, deren Hauer den Stolz eines europäischen Weidmannes ausmachen dürften, stellen sich einem hier zu drei bis vier gern in den Weg; ihr Fleisch ist von den Negern ungemein geschätzt. Auf den hohen Baumgipfeln schreien und gackern Schizorhis zonura, viel größer und stattlicher als alle in Ladó erlangten Exemplare und viel lauter auch im Rufe. Nicht gerade selten ist der interessante Indicator Sparmannii, der zischend und flügelschlagend sich von Baum zu Baum macht, aber gerade deswegen nicht leicht zu schießen ist: ein weibliches Exemplar legte vor seinem Verenden ein ziemlich großes reinweißes Ei, das mit seiner Mutter und einem prächtigen Männchen nun meine Sammlungen ziert. Die Indikatoren

[1] Herbst

sind recht selten; in vier Jahren habe ich nur diese Exemplare erlangen können.

14. April, Donnerstag. – Gestern abend ist nach langem Leiden der Soldat, dessentwegen wir so lange hier geweilt, verstorben, und zwar an Pyämie – ein furchtbarer Tod.

Da der weibliche Chef des Dorfes und die Dragomane mir Träger von hier zusagen, denke ich nicht nötig zu haben, mich an Chef Latomé in Loronia zu wenden, um Träger zu erhalten, und hoffe morgen früh endlich weiterzukommen.

15. April, Freitag. – Um sechs Uhr vormittags war alles zum Aufbruch bereit, nur die Träger fehlten, und nach den größten Mühen erst gelang es, unter Zurücklassung verschiedener Kolli um acht Uhr vormittags uns in Bewegung zu setzen. Schwere Gewitterwolken hingen über Gbl. Lafitt und verkündeten Regen, der hier meist von Nordost zu kommen scheint, doch meinten unsere Wetterpropheten, es werde mit einem leichten Schauer abgehen.

Ein weiter, sehr schlimm zu passierender Sumpf lag nun vor uns, der im Haríf jedenfalls zu weiten Umwegen nötigen mag; die Passage wurde jedoch glücklich vollbracht, da jetzt kein Gras den Weg versperrt. Kaum hatten wir jedoch trockenes Land gewonnen, als der Regen in Strömen niederkam, und da ein kurzer Aufenthalt keine Besserung versprach, wurde denn in Sturm und Regen weitermarschiert. In einem Moment war das Land in einen See verwandelt, welcher der Senkung des Terrains folgend nach rechts zu abfloß, während nach links eine ganz leichte Erhebung des im ganzen nahezu ebenen Landes sichtbar wurde. Bis über die Knöchel im Wasser watend, ging der Marsch nun fort, und schlimmer und schlimmer goß der Regen; natürlich war bei solchem Wetter an einen Genuß der sonst hübschen Szenerie kaum zu denken. Zwei Felspartien, anscheinend ein dunkler Granit, die ersten, seitdem wir die Liria-Berge verlassen, wurden passiert und im Parklande, vielmehr im Regenwasser, fortmarschiert, bis gegen zwölf Uhr vormittags das Gewitter in leisen Regen sich wandelte. Bald darauf gelangten wir zu einem Arm des ziemlich bedeutenden Baches Bitjár, der hier in hohen

Steilufern fließt und vom Regen so geschwollen war, daß wenigstens an der nun erreichten Stelle eine Passage völlig unmöglich war. Wir hatten demnach über eine Viertelstunde weit nördlich flußab zu gehen, ehe wir eine Kreuzungsstelle fanden, und nachdem wir endlich das Wagestück vollbracht, gelangten wir in neun Minuten Marsch zu dem eigentlichen Bette desselben Baches, dessen Passage nahezu eine Stunde in Anspruch nahm. Nachdem endlich Gepäck und Leute zusammen waren – eine Menge von Kisten war natürlich durchnäßt worden –, nahmen wir eine viel südlichere Richtung, gingen durch sehr gut bebautes Land auf den nun sichtbaren Loronia-Hügel zu, auf dessen Höhe Chef Latomés Seriba liegt, und nachdem wir das große Dorf Eyáka zur Linken gelassen und den Bach Kohs gekreuzt, der den vorigen aufnimmt und selbst von Tarrangole heraufkommt, brachte eine halbe Stunde Marsch uns zu unserer Station Loronia, wo wir die Toguls bereitfanden und bis zum Abend beschäftigt waren, uns zu trocknen und zu wärmen. Chef Latomé, der bis Bach Bitjár uns entgegenkam, wurde auf morgen beschieden.

16. April, Sonnabend. – Chef Latomés Loronia liegt auf ziemlich hohem Hügel mitten in einer weiten Ebene, die nördlich und nordöstlich durch die Kette Lafitt, von allen anderen Seiten aber durch weit entfernte Berggruppen eingeschlossen erscheint. Der Boden muß außerordentlich fruchtbar sein, da er eine sehr bedeutende Anzahl von Negern zu erhalten hat; die Zahl der waffenfähigen Männer wurde mir für dieses Dorf allein auf tausend Mann angegeben, was mit leichter Modifizierung immerhin glaubwürdig erscheint, wenn man die Zahl der den Hügel buchstäblich überall bedeckenden Hütten in Betracht zieht.

Chef Latomé beansprucht die Oberhoheit über andere dreizehn Dörfer, viele größer als das hiesige; ich sage beansprucht, weil er eigentlich kein größerer Chef, sondern nur Regenmacher gewesen, sich aber durch seine Kunst einen solchen Einfluß zu verschaffen gewußt, daß er heute überall anerkannt ist, und die obengenannten Dörfer, deren – wie in Lattuka üblich – jedes seinen eigenen Chef hat, willig die in jedem Dorfe befindlichen Latomé gehörigen Hütten mit deren weiblicher Bevölkerung erhalten. Latomé selbst ist nun schon alt, jedoch noch recht rüstig.

Die Bevölkerung ist eifrig mit Feldbau beschäftigt; die Arbeit wird mit denselben langgestielten halbmondförmigen Eisen verrichtet wie in Okkela, und Männer und Frauen beteiligen sich daran. Das Dorf selbst liegt von der Militärstation aus etwa zehn Minuten ab, in nahezu Nord (5°), gewährt auf dem Hügel einen äußerst pittoresken Anblick und ist wohl geeignet, jedem Angriff gegenüber sich erfolgreich zu verteidigen; es war früher in der Ebene gelegen, wurde aber der ewigen Fehden mit anderen Stämmen wegen und nach einem Angriff der Danagla von Tarrangole aus auf den Hügel verlegt.

17. April, Sonntag. – Gestern war Chef Latomé zu Besuch gekommen, und heute war es schönes Wetter und von dem Hügel das Land gut zu übersehen; so wurde denn zeitig ein Besuch bei ihm gemacht. Ziemlich steil aufwärtssteigend erreichten wir bald die ersten Häuser und gingen dann auf schmalen, sehr schmutzigen Pfaden weiter aufwärts. Durch Aufhäufen von Steinen sind hier geräumige saubere Terrassen geschaffen worden, auf welchen die einzelnen Gehöfte dicht nebeneinander aufgebaut sind, jedes einzelne von starkem Bambusrohrzaun umschlossen, der innen durch Palisaden so gefestigt ist, daß Kugeln hier kaum durchschlagen würden. Da die Gehöfte dicht nebeneinanderliegen, sind so ganze Palisadenreihen und lange Bambusverzäunungen geschaffen worden, die mit den engen Gäßchen und dem steilen Berge die ganze Position zu einer der bestverteidigten und stärksten des Landes machen. Auf einer Plattform ganz frei erhebt sich der Wachtturm, ein dreistöckiges Gerüst, auf dem Nacht und Tag Wächter sich befinden, da Latomé sehr vorsichtig zu sein scheint. Nahe dem Gipfel ist sein Haus gelegen, das, nur ein wenig geräumiger als die anderen, einen sauberen Hofraum enthält, während gerade darüber die Rinderseriba liegt. Der Chef ist ein ziemlich alter Herr, trägt die Lattuka-Marke in Gestalt von sechs wulstigen Narben, die zu drei und drei am

Augenwinkel in spitzem Winkel zusammenlaufen. Er ist ein sehr gewandter Dialektiker und als verschlagen und verschmitzt berüchtigt, kann auch gelegentlich Schlimmeres leisten, wie das Faktum beweist, daß hier 103 Danagla auf einmal niedergemacht worden sind. Mir gegenüber ist er stets äußerst zuvorkommend und freigebig gewesen, und auch gestern und heute wurden mir Geschenke an Honig, Mehl und Vieh gemacht, die natürlich sofort erwidert wurden.

Im Hofe war eine bunte Gesellschaft versammelt: viele Frauen mit kurzen Tabakpfeifen, die – in der Ecke des Mundes getragen – den Schönen ein recht unternehmendes Aussehen gewähren, Männer aus verschiedenen Distrikten, die Lattuka-Leute, an ihren schlanken Figuren und den länglichen Gesichtern kenntlich, die aus den südlicheren Teilen durch kurze, dicke Körper und mehr runde Gesichter gekennzeichnet. Alle Männer nackt, mit Eisenzieraten geschmückt; Elfenbeinringe am Oberarm, breite Kupferringe am Halse, jeder mit zwei Lanzen in der Hand, viele auch mit den langen Lattuka-Schilden kriegsbereit.

Als Kopfbedeckung wurden meist die aus Menschenhaar gemachten Lattuka-Helme getragen, die, mit glänzenden Kupfer- und Messingplatten geschmückt, mit Perlen verziert und von nickenden Straußfedern überragt, einen wirklich malerischen Eindruck machen. Für diese Helme sucht man rote Perlen, während zu Gürtelschnüren blaue Mandjur bevorzugt werden. Auch Mützen aus Korbgeflecht waren sichtbar.

Frauen tragen Lederschürze oder ihre Fischernetze um die Hüften geschlungen. Sie klettern sehr gut, trotz dieser Bekleidung. Mädchen, auch völlig erwachsene, waren ganz nackt.

Nach langer Konversation ging es nun zur höchsten Erhebung des Hügels, der Rinderseriba, von wo ein prachtvoller Ausblick über das Land sich öffnet vom Berge Lolígono im Behr-Lande nördlich bis zu den Lokója-Bergen westlich, den hohen Gipfeln der Obbo-Berge im Süden und Südwesten, aus denen die hohen Zacken des Tschúfal emporragen, zur Emodoñ- und Kilio-Reihe, dem nach Tarrángole führenden Defilee mit seinen wie Wachtposten aufgestellten Hügeln und der hohen Reihe des Lafitt von Ost zu Nord schließend. Ungern nur schieden wir von hier und kehrten zu unserer Behausung zurück.

Die Häuser Latomés sind von eigentümlich konischer, aber verdickter Form; sie sind mit Palmenblättern (Sáaf) gedeckt und durch die große Höhe des Daches sehr kühl. Ein eigentümlicher Gebrauch ist hier, daß nur eines natürlichen Todes gestorbene Leute beerdigt werden, während man Getötete einfach ins hohe Gras wirft.

20. April, Mittwoch. – Tarrangole, für jetzt unsere Hauptseriba im Lattuka-Lande, ist die älteste Niederlassung, welche hier existiert, da sie schon vor etwa 25 Jahren von den im Dienste der Chartumer Kaufleute stehenden Dongolanern eröffnet wurde. Chef Moje, der noch heute hier lebt, wandte sich zu diesem Zwecke an die damals in Schua stationierten Leute, die, als sie nach Gondókoro zurückkehrten, von da aus hierherkamen und im Einvernehmen mit Moje das Land zu veröden begannen. Die heutige Militärstation liegt ganz nahe am Bache Kohs, der hier im ganzen von Süden nach Norden fließt und jetzt vier bis fünf Fuß Wasser führt, das über Sand sehr schnell strömt und, wo nicht eingerissene Tonwände ihn einengen, große Sandbänke abgesetzt hat.

Daß der Boden ein ganz vorzüglicher und produktiver, beweist die große Anzahl von Bewohnern, die er zu ernähren vermag; er ist ein meist mit Sand vermischter gelblicher, fetter Lehm, stellenweise findet sich auch guter, schwarzer Humus. Die Bearbeitung ist außerordentlich leicht; weder Steine noch dicke, üppige Vegetation behindert den Arbeiter, der mit dem langgestielten halbmondförmigen Eisen die Erde zu höchstens 20–25 cm Tiefe aufkratzt und dann sofort sät. Rote Durrah, wenig Sesam, aber viel Duchn (Penicillaria)[1] werden hier gebaut. Süße Bataten wie Bananen scheinen hier unbekannt gewesen zu sein; sie

[1] Hirseart.

wurden zusammen mit Arachis[1] von unseren Soldaten eingeführt. Zahlreiche Herden von Rindern und besonders ganz vorzüglichen Schafen und Ziegen weiden überall – sie gehören dem hiesigen Chef, denn der enorme frühere Viehreichtum des Landes ist längst verschollen, und der jetzige Chef – ein Engländer[2] – benimmt sich schlimmer als die Danagla. Die Bevölkerung wohnt etwas seitab von der Militärstation (etwa eine halbe Stunde) in großen Dörfern, die wohlgebaut erscheinen. Die Leute, im gewöhnlichen Lattuka-Stile geschmückt und verziert, sind sehr freundlich und arbeiten willig für uns; die Frauen scheinen auch hier Packtiere, sie dürfen sich ihren Männern nur kniend nähern. Eine hübsche Sitte beobachteten wir bei der Ankunft; jedes Trägers Frau oder Frauen kamen ihm ein gut Stück Weges entgegen, um ihn zu begrüßen. Man sagt mir, daß, falls es nicht geschehe, es derbe Prügel gäbe. Überall sieht man Straußfedern, die Vögel müssen sehr zahlreich sein. Auch hier überall ist Geruch von Borassus-Früchten[3] vorwaltend; die Bäume sind jedoch sehr vereinzelt sichtbar; aus dem Namen Kaiáta jedoch, der zwei nicht weit von hier entfernten Dörfern zukommt, schließe ich, daß die Vorräte von dort kommen. Auch heute Regen.

21. April, Donnerstag. – Der ewige Regen erlaubt einem kaum, sich im Lande umzusehen. Ich habe heute Order gegeben, eine große Umzäunung zu errichten, und dann, was immer an Straußen zu erhalten möglich, zusammenzubringen, um eine reguläre Züchtung zu beginnen. Außer dem Vorteil, der so pekuniär dem Gouvernement erwachsen wird und der im Vergleich zu den erwachsenden Kosten ein ganz bedeutender sein muß, werden wir noch insofern dabei gewinnen, als die Bevölkerung in dieser Weise zu einer friedlichen und doch nutzbringenden Beschäftigung angeleitet wird. Straußeneier werden hier gewöhnlich in Dur-

---

[1] Erdnuß.
[2] Lupton Bey.
[3] Eine Palme.

rah[1]-Haufen eingelegt und durch die Hitze ausgebrütet oder an warmen, der Sonne ausgesetzten Plätze in ein Tonbett gelegt und vor Regen geschützt. Die herauskommenden Jungen sind äußerst zutraulich, gewöhnen sich schnell an Menschen und streifen tagsüber die ganze Umgegend der Seriba ab, um nachts dorthin zurückzukehren. Ihre Nahrung ist meist pflanzlich, doch nehmen sie außer Sand und kleinen Steinen sehr gern die großen geflügelten fetten Termiten, die nach Regengüssen herauskommen und hier, wie überall, äußerst begierig von jedermann gesammelt und gegessen werden. Auch in den Negerdörfern sollen überall Strauße gehalten werden.

Rinder- und Schafzucht wurde früher sehr eifrig betrieben, jetzt sind wenig Rinder vorhanden, deren Melken von Männern besorgt wird, welche die Milch in mörserförmigen Gefäßen auffangen. Die von den Dinka, Bári usw. geübte Sitte oder vielmehr Unsitte, die Hände und das Gesicht der Melkenden sowie die Milchgefäße mit Kuhurin zu waschen, existiert hier nicht. Butter wird meist zum Einreiben des Körpers verbraucht.

Salz ist sehr rar und wird durch Auslaugen verschiedener Pflanzenaschen gewonnen. Blut wird gern gegessen. Von Genußmitteln sind nur die Mrissa aus Durrah und der Tabak zu erwähnen, der hier von den Obbo-Bergen bezogen wird.

Lattuka-Frauen sind im ganzen fruchtbar, und es sind bis zu neun Kinder bekannt. Zwillingsgeburten, die selten vorkommen, sind für den Vater Unglücksbringer; wollte er danach zur Büffeljagd gehen, so würde er unfehlbar vom Büffel getötet werden; eine von ihm angeschossene Antilope würde bei seiner Annäherung entfliehen. Die solcherweise geschädigten Männer verlassen also ihr Dorf nicht, bis eine andere Frau Zwillinge geboren oder die eigene Frau ein anderes Kind zur Welt gebracht hat. Die Zwillinge, welche keine besonderen, sie von anderen Kindern unterscheidenden Namen erhalten, werden mit den anderen Kindern erzogen, und es haftet kein Vorurteil an ihnen.

---

[1] Hirse (Sorghum vulgare).

Als Stammeszeichen der Lattuka gilt das Ausbrechen der vier unteren Schneidezähne bei erreichter Pubertät und die Narben auf der Stirn und am Augenwinkel; am letzteren strahlen vier von oben und hinten kommende große Narben mit vier von unten und hinten kommenden zusammen. Auf der Stirn mit dem Ursprung der Nase als Zentrum stehen fünf zweiseitlich schief aufwärts und eine mittlere gerade. Auch die drei Speere sind charakteristisch für den Lattuka-Mann, ebenso sein Helm.

Die Begrüßung zu jeder Zeit des Tages und für alle Geschlechter lautet tóggolo und als Antwort chúmmo mit aspiriertem ch. Für Chefs, hier Lóbu genannt, existiert kein besonderer Gruß.

26. April, Dienstag. – Dorf Elliánga umgibt ein breiter Saum von Borassus- und Hyphaene-Palmen, den wir zu durchgehen haben, um dann über sandiges Parkland zu marschieren. Überall blüht Sansiveria, die zur Anfertigung von Stricken und Fäden dient. Weite, mit kurzem Grase bestandene Strecken, über welche hübsche, dichte Bosketts verstreut sind, steigen sanft vor uns an zu Felspartien, die über das Land einzeln verstreut sind. Wie eine Mauer zieht sich, nahezu parallel zur Rechten der Straße, die lange hohe Bergkette, die von Südwesten heraufkommt und die hohen Kuppen des Lavalóng und Logírri (zum Lotésse gehörig) aufweist. Wir nähern uns dann dem Djebel Gháttal, der von zahlreichen Negerdörfern besetzt ist; er bleibt nun links in ½ bis 1 km Entfernung von der Straße – zwischen ihr und dem Berge soll Bach Irrume fließen, den wir gestern jenseits Djebel Logúrris passierten und ziemlich wasserreich fanden. Zwei kleine trockene Bäche, Illánge und Lómunj, und mehrere sich über den Weg werfende Felsmamelons werden gekreuzt, bevor wir nach gut dreistündigem Marsche unter einem hohen Tamarindenbaume rasten. Nicht weitab vom Rastplatze liegt eine tiefe, viel weißliches, aber gutes Wasser enthaltende Brunnengrube, welche die Dörfer zu versorgen scheint, da Bach Kohs ziemlich weit abliegt. Es ist übrigens erstaunlich, mit welcher Leichtigkeit die Lattuka-Frauen ihre ganz außergewöhnlich großen »Burmen« voll Wasser

bergauf tragen. Die Steigung ist seit morgens eine ganz ansehnliche. Wir befinden uns hier in einer Art weitem Paß, westlich durch die obenerwähnte Kette, östlich durch die Verlängerung von Djebel Ghattal geschlossen, hinter welchem hier und da die Gipfel von Djebel Dongóttolo sich zeigen. Vor uns nahezu südlich schließt Djebel Sserréten den Durchgang scheinbar.

Gut bearbeitetes Land verrät die fleißigen Bewohner, die auf ihren Felsnestern sich vor uns verbergen. Buschwald folgt darauf. Djebel Ghattal ist durch kleine Hügel mit Djebel Húmma, seiner Fortsetzung, verbunden, die gleichfalls zu Djebel Dongóttolo parallel, gewissermaßen als Vorstufe, verläuft. Felspartien wechseln nun mit lichtem Waldbestande, bis wir zu einem Orte gelangen, an dem Wasser sich finden soll. Links von der Straße läuft in ziemlicher Entfernung Bach Irrume, den wir oben erwähnt, dicht am Fuß der Berge und nimmt alle kleinen Bäche auf. Regenbetten sind sehr häufig. Da wir uns hier inmitten von feindlichen Negern befinden, der Bach weit ist und die Neger nicht ohne Bedeckung zum Wasser gehen könnten, marschieren wir noch eine halbe Stunde vorwärts und halten am Rande eines kleinen Baches, der Wasser genug hat, um uns zu befriedigen. Gerade gegenüber zur Linken der Straße liegt auf dem Berge Dorf Aburé, ebenfalls feindlich; es heißt also die Augen aufmachen! Wie sich jetzt herausstellt, haben wir vor uns noch etwa 15 Stunden Straße, d.h. zweieinhalb Tage!

27. April, Mittwoch. – Gerade auf die Bajanga-Reihe zu und zunächst an ihr entlang in kühlem Morgenwinde marschieren wir durch den lichten Wald, welcher den Bergfuß deckt, oft genug unterbrochen von Lichtungen, die zur Saat vorbereitet wurden, oder eben bestellten Feldern. Eine hohe – etwa 100–120 m – Hügelreihe zieht sich vor dem eigentlichen Bergstock hin, auf deren Höhe zahlreiche, wohlbevölkerte Negerdörfer sichtbar werden; die Bevölkerung schaut uns aus ihrer Höhe zu.

29. April, Freitag. – Agarú ist ein rechter Außenposten, von der nächsten Station in Lattuka, wie wir gesehen, drei

gute Tagemärsche, von Fadibek zwei und ebenso von Fadjule zwei entfernt. Von Osten durch Nord zu West zieht sich die hohe Kette des Langía herum, einen weiten Halbmond bildend, in dessen Konkavität mehr dem Westende zu der Hochhügel Kéla liegt, an welchen die Station sich anlehnt. Urgebirgsmassen, meist ein grauer Granit, der schwärzlich punktiert erscheint, bilden die Berge, die nichtsdestoweniger wohlbewaldet erscheinen.

Vom Fuße des Langía-Zuges streckt sich weit nach Südost und Süd eine lichtbewaldete Ebene, aus der die genannten Berge aufragen; sie muß außerordentlich fruchtbar sein, ist aber jetzt nur teilweise kultiviert und bietet in ihrem Reste ein prachtvolles Weideland für Rinder und Schafe, die nach des hiesigen Chefs Herden zu urteilen sehr gut gedeihen.

Eine mir bisher nirgends aufgefallene Sitte wurde hier sichtbar: um die Rinder zu unterscheiden, geben deren Eigentümer den Ohren derselben die sonderbarsten Formen und Zustutzungen, Durchbohrungen, Ausschnitte, Ausfransung und dergleichen, so daß jede Kuh beinahe anders zugerichtete Ohren hat.

Die Hütten und Hüttenkomplexe der Eingeborenen sind weit über den Hügel von Kéla und das umliegende Land verstreut; bis zur Spitze des Hügels hinauf – der bei seiner Ersteigung sich als etwa 75 m hoch erwies – sind kleine Terrassen formiert, auf denen die Hütten, von fern beinahe unsichtbar, ihrer mit der Umgebung harmonierenden Farbe halber, dicht aneinandergedrängt stehen. Sie sind im Stile der Schuli-Hütten, die denen der Schilluk völlig ähneln, gebaut, aber meist nur klein und haben ein dickes Dach; es ist recht kalt hier, die Hütten sollen also vor Kälte schützen. Kornbehälter von Backofenform, Hütten für junge Mädchen, eine Masse kleiner Votivhütten mit großen Achatina[1]-Gehäusen und Gehörnern verziert, hier und da etwas abseits die Hütte eines Schmiedes, die überall im Schuli-Lande üblichen ankareb-artigen Holzgerüste unter hohen Bäumen, wo Männer und Frauen ihre getrennten Versamm-

[1] Schneckengattung.

lungs- und Konversationslokale haben, fehlen auch hier nicht. Außerhalb der Hüttenkomplexe findet sich gewöhnlich ein solcher Ort auf eigener Terrasse; auf Gerüsten sind hier als Trophäen die Hörner, lieber aber die Unterkiefer getöteter Tiere aufgehängt – alle Arten hiesiger Antilopen, Büffel, Giraffen, Zebra, aber auch Leoparden und andere Katzen fehlen nicht. Löwen sollen hier nicht vorkommen; Leoparden halten sich zwischen den Felsen und Steinblökken; häufig sind Gepard und Hyäne, diese als Schafdieb gefürchtet.

Die Einwohner, wie schon erwähnt, sind Schuli und als solche gute Jäger, wenngleich nicht mit den Lattuka-Leuten vergleichbar.

1. Mai, Sonntag. – Die Nächte sind so kalt, daß abends geschossene Vögel sich sehr gut halten; gestern erbeutete ich eine Hyphantornis, die der H. Spekei nahestehend und wohl neu sein dürfte, was die Zahl meiner neuen Spezies bis jetzt auf drei bis vier bringt. Im ganzen erscheint die Fauna des Landes viel mehr der abyssinisch-somalischen nahestehend als der unseres eigentlichen Gebietes, und ich glaube, daß ein längerer Aufenthalt jedenfalls Neuigkeiten zutage fördern dürfte, namentlich für Fringilliden, die hier im Kornlande par excellence natürlich vorwiegen. – Abends ward eine schöne große, jedenfalls neue Spinne und ein junges Chamäleon gefunden.

2. Mai, Montag. – Die Landschaft ist monoton: Buschwald und Dornengestrüpp. Die Aussicht nach den Bergen in Ost, die prächtig sein muß, ist durch hohes Gras gesperrt. Ein üppiger Schilfwald leitet zur Galerie an Bach Arénga, der, obgleich nicht breit (5 m), ungemein stark strömend, ein kaltes, gelbliches Wasser führt, das uns zum Knie reicht und das ganze Jahr hindurch sich so halten soll. Die Quellen, welche ihn speisen, liegen in den Bergen von Laborumohr; wohin er geht, wußten die Leute nicht anzugeben. Vom Bache aus richten wir uns nun auf Djebel Lámo, der in wechselnder Entfernung von 1–3 km nun stets zur Rechten bleibt. Auf der Höhe liegt das große Dorf Uóng, dessen von Tausenden von Weberfinken geplünderte Kornfelder wir

nun passieren. Das Korn ist hier nahezu reif! Um den Ausläufer des Berges herumgehend wird nun auf einmal nördliche Richtung genommen, obgleich die gerade Straße ziemlich Südwest liegt und durch Djebel Lálak, der vor uns liegt, wohl gekennzeichnet ist. Für eine halbe Stunde geht es so am Bergfuße fort an wirklich prachtvollen Ficus und Tamarinden vorüber durch wallende Kornfelder zum Dorfe Uállo, dessen Chef sich uns unterwerfen will und meine Führer dazu veranlaßt hat, mich hierherzubringen. Wir sind bald in bester Ordnung, und von ihm begleitet nehmen wir die alte Richtung auf, die uns in einer halben Stunde einen Sumpf passieren läßt, Wodbála genannt, wo für heute nach gut siebenstündigem Marsche Nachtquartier gemacht wird.

9. Mai, Montag. – Von Bach Dóre aus erstreckt sich weithin leichthügeliges, mit ziemlich hohem Grase und vielem Bambusgebüsch bestandenes Land, in welchem dem Savannen-Charakter des Landes entsprechend nur wenig Bäume aufkommen. Breite mit Schilf bestandene Senkungen zwischen den einzelnen Hügelreihen mögen im Haríf wohl Sumpfbetten darstellen. Jetzt ist es noch ziemlich trocken hier, und wäre nicht das Gras so feucht von Regen und Tau, so wäre der Marsch ganz angenehm. Im Buschwalde, der etwas weiterhin folgt, stehen ganze Kolonien von Amomum. Nach mehr als dreistündigem Marsche verkündet frisch gerodetes Land die Annäherung an bewohnte Orte, und zu Hügel Leruáma aufsteigend in prächtigem Walde, auf guter roter Tonstraße, betreten wir die Kornfelder des kleinen Dorfes Tingtúm und halten etwas später unter dem kleinen Dorfe Lira, Orte, welche beide, auf dem Abfall des obengenannten Hügels gelegen, von weiten Sorghum-Feldern umringt sind. Ein kurzer Abstieg führt durch wohlbebautes Land zu Bach Uvé, den wir durchqueren, um sofort in nun viel westlicherer Richtung zum Hochhügel oder vielmehr kleinen Berge Ujúgu aufzusteigen. Viele abgeschälte Bäume im Walde, den wir nun durchgehen, deuten auf Bienenzucht, deren Körbe hier aus Baumrinde gefertigt und an Bäumen aufgehängt werden. Wirklich schöner Hochwald mit dunklen, großen Laubmas-

sen, ein im Schuli-Lande seltener Anblick, säumt das Kulturland am Fuße des Ujúgu ein und setzt sich zu üppigem lichtem Walde fort, der uns zum Fuße des Hochhügels Gikkóhr leitet, an dem der Bach Abúju fließt.

10. Mai, Dienstag. – Eine weite hügelige Savanne mit stellenweise dichtem, leider sogar sehr dichtem Buschwald und ebenso stellenweise Anflügen lichten Waldes dehnt sich zwischen unserm Nachtquartier und der kleinen Station Fadjúlli, hier und da mit frischgerodetem Lande und Sorghum-Feldern abwechselnd. Wo Bäche fließen – wir kreuzen nur zwei kleine: Fakuánga und Tóhk –, bildet ein breiter Gürtel von Cyperus-Gräsern die Einfassung; ebenso haben schon hier die weiter im Süden so häufigen unbedeutenden Einsattelungen enormen Graswuchs. Roter bis schokoladenfarbener Boden muß reichen Ertrag gewähren. In allen Schilfmassen und Büschen ist Centropus monachus hörbar. Wie man sich der Station nähert, wird der Wald spärlicher, und die Station selbst liegt auf einer leichten Anschwellung des Bodens in weiten Grasfeldern mit geradezu seltenen Bäumen. Der ganze Marsch von Fadibék bis hierher beträgt 21 Stunden 12 Minuten, was in drei Tagen recht gut zu machen ist.

11. Mai, Mittwoch. – Zum frühen Morgen bin ich durch Geschenk einer Menge Straußenfedern überrascht worden, die einen guten Beitrag zur Gouvernementskasse in Ladó liefern dürften. Sie werden hier und im anstoßenden Lango-Lande sehr viel getragen und sind in allen Quantitäten zu erhalten.

12. Mai, Donnerstag. – Heute sind Leute von Farratjebb bei mir gewesen, welche die Anlage einer Station in ihrem Lande verlangen, um sie vor den Angriffen der Lobbóhr-Leute zu schützen, und ich hoffe, daß von dort aus ein Vorschieben unserer Posten bis nach Lorehm möglich sein wird, von wo aus wir uns das weitere Vordringen in die Galla-Länder mit Hilfe von Kamelen schon ermöglichen wollen. Von Lattuka aus denke ich dann im nächsten Jahre mit Gottes Hilfe durch die projektierten Stationen in Kuron und Irenga mit Kaffa und Enarea in Fühlung zu treten. Wir

haben hier weder Krieg noch Razzien, sondern nur Glasperlen und Kupfer sowie Stoffe nötig, um uns weiter und weiter vorzuschieben.

25. Mai, Mittwoch. – Dichter Nebel deckte das Land weitumher, so daß es kaum möglich war, zehn Schritte vor sich zu sehen, dazu die Nässe, welche sich vom Nebel selbst niederschlug und wie ein feiner Regen wirkte; das Gras war aber kurz, die Straße fest, und so konnten wir hügelauf, hügelab, allerdings ziemlich langsam, vorwärtsgehen. Nach Überschreitung einer ersten Hügelreihe wurde nach ansehnlichem Anstieg die Hügelreihe Faláro passiert, an deren Fuß Bach Jíbi in ziemlich breitem Steinbette fließen soll, jetzt aber trocken ist. Von da folgen sich ununterbrochen Reihen von Hügeln, über welche wir in manchmal hübscher Parkszenerie zu Bach Ujági niedersteigen, von wo – ein anderer kurzer Aufstieg quer durch die Kornfelder – wir zum Dorfe Derretó kommen, wo unser eine ziemlich unangenehme Überraschung harrte, da die mit den Lasten vorausgehenden Leute den Trägern erlaubt hatten, fortzulaufen, d. h. vermutlich zu faul gewesen waren, die Träger zu beaufsichtigen, oder sie schlecht behandelt hatten. Es ist das erste Mal, daß mir so etwas hier passiert. Da das Dorf ziemlich klein, so dauerte es ziemlich lange, bis etwa zwanzig Mann sich sammelten, was natürlich nicht zur Fortschaffung von so vieler Leute Gepäck hinreichte. Wir sandten demzufolge eine erste Partie Sachen ab und gingen dann nach fruchtlosem zweistündigem Marsche auf Trägersuche selbst nach dem nahen Kérefi, um von dort Träger zurückzusenden – natürlich erreichen wir so erst morgen Laboré.

26. Mai, Donnerstag. – Auch heute ist dichter Nebel, der alle Betrachtung der Umgebung unmöglich macht. Nachdem wir Bach Djombekä mit schönem Waldrande und noch zwei kleinere Bäche passiert, wendet sich der Weg, welcher zunächst nordwestlich gewesen, mehr zu West und führt über steiniges Terrain zum größeren Bach Mérve, zwischen dessen Felsblöcken Wasser fließt. Die Straße ist von der des Vorjahres abweichend, und so war Dorf Ook zur Rechten geblieben. Auch in den Namen für die Bäche finden sich

bedeutende Abweichungen, doch würde ich die diesjährigen Namen vorziehen, da der Führer, vom Orte selbst, gut unterrichtet war. Von Bach Mérve aus quer über rote Sandflächen mit der ihnen unzertrennlichen Vegetation von Akazien, Balanites und leider Randia steigt der Pfad nun rapide ab zu den am Flusse liegenden Kuila-Hügeln, nach deren Erreichung ein etwa sechs Minuten langer Abstieg uns wieder zum Flusse führt, den wir um 7.58 vormittags erreichen. Marsch 2 Stunden 34 Minuten gegen 2 Stunden 40 Minuten des Vorjahres (Differenz das Ersteigen der Hügel). Nach Überschiffung des Flusses, der schon gestiegen scheint, führen andere 18 Minuten Marsch zu Station Laboré, dem Schlußpunkt unserer diesmaligen Exkursion, die hoffentlich nicht unfruchtbar für die Geographie des Landes ausgefallen ist. Nachmittags wie gewöhnlich Donnerwetter und Regen, um meinem Rufe als Regenbringer Ehre zu machen.

27. Mai, Freitag. – Um 4.23 vormittags von Laboré abmarschiert und in sehr langsamem Marsche in 6 Stunden 53 Minuten (Aufenthalt abgerechnet) um 11.47 vormittags meine Haine in Muggi erreicht. Die beiden Stationen Muggi und Laboré sind zusehends im Aufblühen.

28. Mai, Sonnabend. – Abreise von Muggi um 4.30 vormittags. Ankunft in Kiri um 8.55. Von hier zu Wasser um 10.13 vormittags ab, und um 2.44 nachmittags Ankunft in Beddén, wo übernachtet wird. Die Euplectes sind hier noch kaum in Verfärbung getreten.

29. Mai, Sonntag. – Um 6.14 vormittags von Beddén ab und um 9.08 vormittags in Redjáf angelangt. Wiederum Skandalnachrichten von Ladó, wo man die Prügel zu Hunderten austeilen soll.

30. Mai, Montag, und 31. Mai, Dienstag. – Aufenthalt in Redjáf. Die Carica Papaya hängt jetzt voll Früchten, die hier schnell sehr beliebt geworden sind und deshalb zum Anbau derselben führen werden.

1. Juni, Mittwoch. – Um 6.14 vormittags ab von Redjáf. 9.30 vormittags Gondókoro. 12.55 nachmittags Ladó.

Viertes Kapitel

Rundreise durch den Bezirk Rohl

15. September, Donnerstag. – Mit denselben Gefühlen ungefähr, die ein Schüler empfindet, wenn der erste Ferientag begonnen, verließen wir heute die spitzbübische Seriba Ladós und wandten uns diesmal nach Norden zur Inspektion der nun von Gessis glorreicher Verwaltung neu übernommenen Landesteile mit Annexen, wo nach 42 mir übergebenen Bittschriften Sklavenhandel und Raub, Mord und Totschlag an der Tagesordnung zu sein scheinen. Mit mir reisen Chef Dohli aus Sissi und die Agár-Chefs, die den weiten Weg nicht scheuten, um ihre Kinder von mir zurückzuerhalten.

Sobald man Ladó verläßt – der Weg ist diesmal ein anderer als die vorjährige Makraka-Route –, dehnt sich eine muldenförmige Einsenkung mit buschigen Rändern im ganzen von Süden nach Norden hin, teilweise sumpfig durch Ansammlung der dieses Jahr reichlichen Regen, teilweise sandig und mit vielem Gebüsch und Dornensträuchern bestanden. Undurchdringliche Dickichte zu den Seiten des Weges gewähren einer erstaunlichen Menge von Löwen erwünschte Lagerplätze, und nur mit großer Vorsicht ist die Durchquerung möglich. Ein köstlicher Duft entströmt den tausend Blüten von roter und gelber Farbe, womit gerade jetzt die Akazien prangen, und unabsehbare Mengen von Vögeln, meist Fringilliden (Nigrita, Weber, Astrilden usw.), aber auch Glanzdrosseln, hausen hier. Alle hohen Bäume sind mit ihren Nestern förmlich überdeckt, und stets werden die Dornenbäume bevorzugt (Balanites, Zizyphus usw.). Tauben, Bartvögel dagegen leben auf den Sykomoren und Bassien. Die vielen kleinen Ansiedlungen, welche den Chefs Jalo und Mari gehören, und welche wir, in Euphorbienzäune geschlossen, zu beiden Seiten des Weges in geringer Distanz sehen, bilden den Distrikt Njori, eine der vielen kleinen Parzellen, in welche das Bári-Land geteilt ist.

Zwischen dichtes Gestrüpp schieben sich nun offene weite Flächen, teilweise nackt und rötlichen oder gelblichen Sand und viele kleine Steine aufweisend, teilweise mit niederem Grase bestanden und mit einzelnen Hochbäumen verziert. Euphorbienzäune, jetzt in Blüte, umgeben die zum zweitenmal besäten Durrah-Felder; das Eleusine-Korn ist noch klein und die Lubien kaum handhoch.

Nach längerem Marsche erreichen wir das obere Ende des großen Sumpfes, den wir auch im Vorjahre auf dem Makraka-Wege und auf dem Wege nach Redjáf viel weiter unten passierten. Es stellt dieser Sumpf eine Infiltration dar, die, vom Bahr el-Djebel kommend, weit ins Land reicht und kaum je austrocknet, selbst in den oberen, entfernteren Partien; kniehoch stand das Wasser, doch war die Passage, die etwas mehr als eine Viertelstunde erforderte, im ersten Teil des Sandbodens halber leicht, später jedoch im tiefen zähen Schlamm schwer. Sobald wir den Sumpf verließen, betraten wir die gewöhnliche Makraka-Straße und zugleich den Distrikt Kurdji, den Felkin[1] als Dorf angibt, während der Name dem Distrikt zukommt und jedes Dorf seinen Namen hat. Das Terrain steigt hier ein wenig und wird völlig trocken und sandig.

Mengen von Euphorbienzäunen umschlossen einst ebenso zahlreiche Gehöfte und Rinderseriben – heute hämmert der Specht an ihnen, und wüstes Gras und Solanaceen decken die Trümmer der Hütten mitleidiger als die Menschen, die hier ihre Jagden auf Rinder und Mitmenschen hielten. Die Euphorbien aber werden noch lange stehen, ein Denkmal der Schmach für die, welchen das Geschick die Verwaltung dieser Länder anvertraute, und die sich nicht entblödeten, die Augen zu schließen zu allem Greuel und Massenmorden ...

16. September, Freitag. – Unsere Karawane, die sehr zahlreich, gewährt durch ihre Zusammensetzung einen höchst malerischen Anblick, wozu die verschiedenen Negerstämme, welche sie bilden, am meisten beitragen, Niam-

[1] Der schottische Missionsarzt Robert Felkin; vgl. Anhang.

bara-Leute unseres braven Chefs Tombe, der mich begleitet bis zu seinem Dorfe, Leute aus Amadi, Chef Dohli mit seinen ziemlich nackten, stämmigen Frauen, die lang aufgeschossenen, engbrüstigen Agár, Soldaten, Danagla in bunten Gewändern, und mittendrin, hoch zu Roß, ich selbst. So gut ist es mir lange nicht gegangen; ich habe für 60 Taler ein zur Giraffenjagd abgerichtetes, aber trotzdem sehr ruhiges Pferd erhalten – freilich sind wir bis jetzt noch keiner Giraffe begegnet...

Sandiges Land, auf dessen offenen Flächen oft schwärzliche Konglomerat-Platten zutage liegen, ist abwechselnd mit dichten Busch-, oft aber auch weiten Grasstrecken bestanden, die meist einzelne prachtvolle Hochbäume aufweisen. Zahlreiche Wildpfade und Elefantenchausseen – breit sind sie – kreuzen die Grasflächen, die vom Winde und der eigenen Schwere niederliegendes Gras aufweisen.

Harter Lehmboden mit so hohem Grase bestanden, daß ich selbst zu Pferde darin verschwinde und absolut nichts von Bergen oder Aussicht zu sehen vermag, bringt uns zu Bach Bérr, dem vollgültigen Niambara-Namen für den von den Bári als Kongolo-Kóbi bezeichneten Chor et-Tin der Araber, wo wir im Vorjahre an der Makraka-Straße nächtigten. Wir sind jetzt schon im Niambara-Lande. Alle Wasser sind hier vom Lehmboden weißlich gefärbt, daher der Name Chor et-Tin der Araber. Nahe am Bache werden unsere Hütten errichtet, da die sechs Stunden Marsch im hohen Grase bei 30 bis 32° C die Leute ganz ordentlich mitgenommen hat und auch die Träger geschont werden müssen. Abends ist uns eine kleine Art schwarzer Moskitos sehr lästig geworden. Wetterleuchten über den ganzen Himmel. Bach Bérr, der aus dem nördlichen Fadjalu kommt, führt sein Wasser zu Bach Njamini.

17. September, Sonnabend. – Nach Mitternacht war ein starkes Gewitter mit vielem Regen niedergegangen und hatte die bei solchen Gelegenheiten unausbleibliche Verwirrung hervorgebracht; früh schlief alles, und wir kamen demnach erst später zur Abreise.

Das Land senkt sich von hier aus und ist deshalb meist

sumpfig, doch läßt sich auch im Sumpfe auf der festen Tonunterlage gut marschieren. Enormer Graswuchs bildet eine weitgestreckte Savanne, hier und da von Steppenwald und Dickichten von Dornsträuchern unterbrochen. Besonders zahlreich sind heute Kigelien, die solchen Boden lieben, und prächtige Dahlbergien. Wo der Boden trockener wird, hat sich im gelblichen Sande dichtes Akaziengestrüpp angesiedelt, zwei Arten angehörig, eine weichstachelige mit rosa und gelben Blütenkätzchen, die gut riechen, und eine andere durch lange, starre, weiße Stacheln und sehr große schwarze Auftreibungen an deren Basis gekennzeichnet, oft zwei bis drei Stacheln tragend. Diese hat wundervoll duftige weiße Blüten. Palmen fehlen. Termitenbauten sind auf solchem Boden selten; sie sind aus braunrotem Ton zackig aufgeführt. Massen von Tauben, deren Vorliebe für solch feuchtes Terrain wir auch in Schambé konstatieren konnten, gurren in den Hochbäumen. Vögel sind übrigens nicht häufig, obgleich rote Feuerfinken hin und wieder auf den hohen Grashalmen klettern. Die große Karawane hat eben alles verscheucht. Nur die zutrauliche Crithagra leucopygia läßt sich nicht stören und schmettert von den Akazien ihre wechselnden Strophen dem Wanderer entgegen, an Fülle dem Gesang des Kanarienvogels vergleichbar, aber viel wechselnder und reicher in Modulationen.

18. September, Sonntag. – Dieselbe Savanne, die wir gestern durchgangen, dehnt sich auch heute vor uns aus, zunächst feucht und sumpfig, gleich darauf dem langsam ansteigenden Boden entsprechend trockener und natürlich dann mit dichtem Buschwalde bestanden, der solche sanfte Anstiege besonders bevorzugt. Wir haben auch hier unseren Weg ziemlich mühsam zu bahnen, weil einerseits der Pfad an und für sich eng ist, anderseits aber die Regen und der Wind die hohen Gräser niedergelegt und die Straße geradezu gesperrt haben. Dornenbüsche und besonders die starren, fürchterlich stacheligen Randia-Zweige sind die unerläßlichen Zugaben solcher Wege. Von Bach Karakássa an, einem sehr kleinen, jedoch wasserführenden Rinnsal, wird das Gras ein wenig niedriger, und niederes Gestrüpp von

Akazien tritt an seine Stelle; gleich hinter Bach Dóbbalura, einer ebenso kleinen Rinne, schieben sich bebaute Felder in die Savanne ein. Von der hier wenig gebauten Penicillaria – im Bári-Lande überhaupt selten vorhanden – stehen nur noch die Stengel, da die Ernte vorüber; das Eleusine-Korn ist noch jung und hat die Samen früh angesetzt. Hier und da steht Hibiscus.

Die Steigung wird nun merklicher, die Straße auf hartem, rötlich-grauem Lehmboden viel besser, und bald darauf biegen wir in eine wirkliche, etwa 2 m breite, durch Ausrupfen des Grases hergestellte Straße ein, eine Aufmerksamkeit des hiesigen Chefs für uns – die uns in fünf Minuten zu Tombés Dorf Djubba führt, das, auf dem Hügelrücken gelegen, den Distrikt Lojútta, der ihm untertan, faktisch überschaut. Die Aussicht ist ganz malerisch, da von Nord zu West und Südwest eine Anzahl vereinzelter Kuppen zerstreut sind; in nahezu Ost wird von hohem Standpunkte aus sogar Djebel Ladó sichtbar. Die Redjáf-Berge Korok und Konufi sowie der an und für sich kleine Malokuánn sind durch die Bäume verdeckt. Der Anstieg gegen die Niambara-Berge, die von der Höhe der Häuser sehr gut sichtbar sind, deckt diese, von der Fläche aus gesehen, völlig.

Unter Hüttenbauen und Installierung – wir müssen hier Träger aus Morú erwarten, da die hiesigen Leute uns von Ladó hierhergebracht und es unrecht wäre, sie weiter zu verwenden – war der Tag vergangen, die Thermometer gekocht und die Höhe in sehr befriedigender Weise mit Aneroïd und Hypsometer auf etwa 598 m berechnet worden. Die Sonne sank, und Miriaden von Lampyriden zogen ihre feurigen Linien durch die stille Luft, während die Sterne blinkend herunterschauten und der Himmel oft sekundenlang durch Wetterleuchten in Feuer zu stehen schien.

Chef Tombé hatte schon vorher seine große Noggara unter den Kodjur-Baum auf dem freien Platze vor meiner Hütte gebracht und dort aufgestellt, und nun dröhnten die Schläge, zu drei und drei sich wiederholend, weit über das

Land: die Einladung zum Tanze. Sofort strömte denn auch das Volk herbei, und in einem Augenblick waren zwei lange Linien gebildet, eine von Frauen, die andere von Männern, diese jeder mit zwei Stäben aus dem harten Holze Diospyros mespiliformis[1] versehen, das beim Anschlage einen fast metallischen Ton hören läßt. Im Dreiachteltakte setzte nun die große Pauke, von einer kleinen Trommel, die sich inzwischen dazu gefunden, begleitet, ein; die im Dreiviertel ihrer Länge angeschlagenen Stäbe begleiteten, und ein Chorgesang leitete die Vorstellung ein. Aus den hüpfenden Takten dieser ganz hübschen Produktion entwickelte sich im Vierviertеltakt ein langsamer Marsch von Frauen und Männern zugleich, rings um die Noggara ausgeführt und vom Gesang begleitet, doch dauerte dies feierliche Gebaren nicht lange; die Pauke ließ einzelne Kapriolen hören, einzelne junge Männer sprangen hoch auf und krähten sich an wie erzürnte Hähne, einzelne besonders eifrige Frauen ließen das anfeuernde Tremulieren hören, das allen Negerfrauen so lieb ist, und auf einmal waren wir mitten in einem Allegro furioso. Hoch auf sprangen die Männer, im Niederfall wieder elastisch aufschnellend, die Stöcke klapperten, der Gesang schwoll an, hier und da avancierte eine Frau mitten zwischen die Männer hüpfend und den Körper nach rechts und links schwingend, während die Arme wie die Flügel einer Windmühle drehten. Sofort wurde die Einladung von den Männern aufgenommen, deren zwei bis drei sich um die Schöne springend und balzend drehten – allgemeiner und allgemeiner wurde die Lust, die Männer entledigten sich der unbequemen Kleider, die Frauen ließen ihre Schürzen und Schwänze fliegen, bis ein rasender Rundtanz sie um die Pauke führte, die Frauen einen inneren Ring, die Männer einen äußeren bildend, ein wahres Pandämonium, erleuchtet von dem roten Schein der Fakkeln, welche einzelne der Träger herumschwangen und die Funkenschauer über die Tanzenden entsandten. Man weiß bei solchen Gelegenheiten wirklich nicht, was man mehr

[1] Ein Ebenholz-Baum (Fam. Ebenholzgewächse).

bewundern soll, die unermüdliche Ausdauer der Tanzenden, die doch bei Tage gearbeitet, oder das ursprüngliche und heitere Vergnügen, das sich in all diesen blitzenden Augen und leuchtenden Zahnreihen spiegelt. Frauen mit Kindern auf dem Rücken, ganz besonders aber kleine Kinder von vier bis fünf Jahren sind die unermüdlichsten Tänzer, und vielleicht ist es gerade diese dauernde und wiederholte Gymnastik, welche den Negerkörper so zur Entwicklung bringt und Verkrüppelungen ausschließt. Bemerkenswert ist außerdem, und es spricht für den Charakter unserer Neger, daß Obszönitäten ihren Tänzen völlig fernliegen, während doch gerade solche im Süden in Unyóro und Uganda an der Tagesordnung sind. Die Linie zwischen anständig und unanständig ist, wo es sich um Urvölker handelt, stets nach dem letzteren zu verschieben, nicht als ob die Unanständigkeit bei ihnen vorwalte, sondern einfach nach dem alten Grundsatze: naturalia non sunt turpia. Gewisse Bewegungen des Körpers, die für Europäer mindestens gewagt erscheinen, sind bei den Negern völlig selbstverständlich, da sie selbige täglich und stündlich sahen und sehen.

Dr. Schweinfurths geistreiche Bemerkung, daß die Musik der Neger der Musik der Elemente abgelauscht sei, läßt sich ohne jeden Zwang dahin erweitern, daß auch der Tanz nur eine Mimik von natürlichen Vorgängen sei. Das Umtanzen der Frauen durch mehrere Männer, die Anfeuerung der Männer zu neuen Anstrengungen durch einzelne Frauen, die sich in ihre Mitte schieben und schnell wieder zurückziehen, selbst die versprechende und anreizende Plastik der Liebeswerbungen – alles das findet sich im Tierreiche bereits vorgezeichnet. Und die bei allen Negervölkern trotz mannigfacher geringfügiger Abänderungen stets wiederkehrende Grundidee dieser Tänze zeugt ja am besten für eine gemeinsame Quelle ihrer Entstehung; daß jedes Volk dann die Plastik nach seinen Lieblingsbeschäftigungen, und ich möchte sagen Lieblingstieren modifiziert, ist klar. Wie es aber kommt, daß bei der großen musikalischen Hinneigung der Neger und ihrem besonderen Taktgefühl nie eine

Tanz der Makraka-Neger

Harmonierung ihrer Gesänge durch Anwendung von Quarten und Quinten usw. zustande kam, ist beinahe rätselhaft.

21. September, Mittwoch. – Tombé hat mir freundlicherweise Träger gegeben, und wir sind um 8.06 vormittags glücklich abmarschiert. Durch eine sumpfige, mit hohem Grase bestandene Senkung hindurch wand sich der Pfad über weißsandigen, mit hohen Gräsern und hier und da Steppenwald bestandenen Boden zum großen Sumpf Lere, der wie der früher berührte Sumpf Bamban eine etwa 2 km breite, dicht mit Gräsern bestandene Fläche bildet, in deren Mitte eine offene Rinne quer hindurch den Weg darstellt. Das Wasser ist heute, da es lange nicht geregnet, an den tiefsten Stellen des Weges nur etwa ½ m hoch, trotzdem der Weg auf den faulenden, schlüpfrigen Gräsern so schwierig, daß wir nahezu eine Viertelstunde brauchen. Ist dieser Sumpf voll – es ergießen sich eine Menge kleiner Wasserläufe in ihn –, so fließt sein Wasserquantum in den Bach Kóda. Mehr nach Süden abbiegend ziehen wir nun wieder im hohen Grase hin; auf dem rötlichen Sandboden zeigen sich mitunter schwarzgebrannte Steinblöcke. Links, nicht gar weit von der Straße erhebt sich der schwarze, nackte Kegel des Djúkui, dessen weißgetünchte Höhe vielen Vögeln Zuflucht zu bieten scheint, was ihm den arabischen Namen Djebel et-Tēr (Vogelberg) verschafft haben wird. Nahe bei ihm liegt Djebel Lofónni, eine andere niedere Kuppe, etwas mehr in die Länge gezogen als jener. Jenseits Bach Lúkudju, der jetzt wenig Wasser zum Lere-Sumpf führt, zeigen Steinmassen eine blaugraue Porphyrbänderung. Mitten in breitem Sumpfgürtel fließt kurz hierauf Bach Kolojút, ein etwa 1 m breiter Kanal als Drainagerinne zum Lere; er hält jetzt nur wenig Wasser.

Von hier aus durchziehen wir dichten Buschwald, in welchem neben den schon früher erwähnten Bäumen und Sträuchern hier auch Anona[1] und Sarcocephalus sich zeigen. Auf offeneren Stellen stehen Euphorbien und Calotropis. Zwei unbedeutende Bäche folgen noch, dann

[1] Rahmapfel.

gelangen wir zum heutigen Halteplatz, wo gutes, d. h. gut trinkbares Wasser sich findet, während, was ich nicht recht glaube, das nächste Wasser ziemlich fern liegen soll.

Wie komische Mißverständnisse manchmal aus der unrichtigen Interpretation des kauderwelschen Neger-Arabisch hervorgehen, mag folgendes zeigen: gerade als wir aus dem Lere-Sumpf herauskamen, begegneten uns Träger, und ein sie begleitender sogenannter Dragoman übergab dem die Spitze unseres Zuges führenden Unteroffizier ein Postpaket, das dieser mir mit dem Bemerken zustellte, es sei ein turk kebir (großer Türke, d. h. Herr) vom Bahr el-Ghasal nach hier unterwegs und würde in Madi erwartet. Die Chefs der Seriben seien sämtlich beschäftigt, für ihn Träger zu sammeln. Natürlich wunderte ich mich, wer der hohe Gast sein möge, da mir keinerlei Briefe zugegangen waren – es war aber zum Fragen keine Zeit, und wir zogen weiter. Als ich selbst nun am Halteplatze den Dragoman, einen braven Morú-Jüngling, ins Gebet nahm, ergab sich nach vielen Redensarten als Schluß, daß der erwartete große Herr – ich selbst sei! Das kleine Wässerchen, an dem wir lagern, soll den langatmigen Namen Karangbábia führen und zu Bach Gaja fließen, der noch vor uns liegt.

23. September, Freitag. – Von zehn Uhr nachmittags an war ein tüchtiger Gewitterregen niedergegangen, doch bewährten sich unsere Hütten, und trotz der Fortdauer starken Regens bis früh regnete es uns diesmal nicht ins Bett. Einen gar komischen Anblick bieten in solchen Regennächten die zitternd übereinandergehäuften Träger und die Soldaten unter ihren Häuten. Die Abreise verzögerte sich demnach, da keiner zuerst in das feuchte Gras hineinwollte.

24. September, Sonnabend. – Ein genußreicher Marsch liegt hinter uns! Durch blühende Kulturen von Duchn (Penicillaria)[1], die auf dem grauen Lehmboden zu 3 bis 3½ m Höhe aufschießt, kommen wir in hügeliges, steinbestreutes Land, das mit Buschwald bestanden, jedoch oft

[1] P. = Pennisetum.

Lichtungen mit kleinen Gehöften und Feldern von Penicillaria und kleinen Lubien aufweist. Man sät hier den Sesam zwischen die Lubien und den Duchn hinein. Hohe Gestelle dienen als Wachttürme, von wo aus die Vögel verjagt werden. Nachdem wir Bach Ngórre, ein etwa 2 m breites rotes Sandbett mit sehr wenig Wasser, passiert, kommen wir zu dem bedeutenden Bach Táffari, der reißend nahezu von Süden nach Norden strömt und bei etwa 15 m Breite 1½ m tief ist. Ein schöner Waldrand säumt die Ufer, von denen das östliche ca. 3 m hoch, das Westufer aber sanft abfallend ist. Beide zeigen grauen Lehm. Die Strömung hat am Westufer eine mächtige Sandbank abgelagert.

Derselbe Wechsel von Buschwald und Savanne, nackten Sandflächen und wogenden Graswellen, verstreuten Hochbäumen (prachtvolle Tamarinden) und wiederum dichter Akazienbusch begleiten uns auch ferner. Grauschwarzer, feuchter Humus liegt an den bebauten Stellen vor uns, und hin und wieder wird ein verlassenes Gehöft passiert; die Bewohner haben sich schleunigst in die Grasdschungel geflüchtet, die Feuer brennen aber noch, und nachdem wir vorüberzogen, kehren die Leute heim. Man sieht eben, daß hier die Bewohner an unsanfte Behandlung gewöhnt sind, in unserer Provinz würde es keinem Menschen einfallen, seine Hütte zu verlassen.

Ein Kederú-Gehöft macht übrigens durch die Zierlichkeit seines Baues und die Kleinheit der Hütten, die mit dem Dache höchstens 10–12 Fuß hoch sind, den Eindruck von eben aus der Schachtel genommenem Kinderspielzeug. Gewöhnlich stehen vier bis fünf Hütten, eine solche offene, d. h. ohne Umwallung als bloßes Sonnendach, drei bis vier Vorratsmagazine für Korn und ein solches für Sesam beieinander ohne jede Einzäunung!

25. September, Sonntag. – Im feinen Sprühregen verließen wir den rauschenden und seit gestern sehr bedeutend geschwollenen Bach und hatten ein gut Stück ziemlich schwierigen Buschwaldes voll von enorm hohem Grase zu passieren, ehe wir an Bach Briosé, einem trockenen Sandbett von etwa 3 m Breite, auf felsiges Terrain kamen,

wo der Graswuchs etwas niedriger war. Hier wurde auch der gestern schon bemerkte kleine Berg, von den Leuten als Ssútzo bezeichnet, wieder sichtbar und blieb, da unsere Straße oft beinahe zu Ost ging, natürlich heute links von uns. Viele Gräber – entweder mit kegelförmig aneinandergelehnten Steinen gedeckt, deren untere Peripherie das kreisrunde Grab zeichnet, oder einfach durch eine Art Holzgestell gedeckt – zeigten sich am Wege, Denkmale von Pietät für die Verstorbenen, die man von unserem Bári-Lande nicht gewöhnt ist. Auf Bach Angúrra, einem breiten Sandbett mit sehr wenig stehendem Wasser am Fuße einer der zahlreichen Gneis-Mamelons, folgt ein kleines sauberes Dorf, Djubbóni geheißen, dessen Hütten in der glockenförmigen Dachkonstruktion von den früher gesehenen Kederú-Hütten, deren Dächer flach gedrückt kegelig sind (Kegel niedrig mit breiter Basis), abweichen. Leute waren auch hier nicht zu sehen. Eine frisch ausgerodete breite und bequeme Straße, die von hier begann, ließ uns nach all den Dornen und dem Grase aufatmen und die Leute segnen, die so etwas erdacht. Leicht gewellt und hin und wieder felsig ist die folgende Strecke bis zu Bach Kododróng, wo nach 3½stündigem Marsche gerastet wird. Zu beiden Seiten der Straße steht Buschwald, manchmal auch an Parkland erinnernde Bosketts, von hohen Kigelien, Tamarinden usw. gebildet. Leider behindert die Höhe des Grases, das alle Lichtungen ausfüllt, jede Aus- und Umsicht. Bach Kododróng ist ca. 4 m breit, aber völlig trocken; etwas oberhalb von ihm liegt jedoch ein kleiner, wasservoller Bach, der sich zu ihm begibt. Wir betreten nun die Felder: weite blühende Aussaaten von Penicillaria mit Halmen von bedeutender Höhe decken weit und breit das Land, ein gutes Zeichen für dessen Produktivität und den Fleiß seiner Bewohner. Hohe Gestelle zum Überwachen der Felder und Abwehren der Vögel erheben sich überall, ebenso solche zum Trocknen des eben reifenden Sesam. Überall sind weite Strecken neu gerodet, d. h. die Bäume bis auf niedere Stümpfe abgeschlagen, das Gras ausgerodet und die Dornen auf große Haufen zusammengetragen, vermutlich zum Verbrennen. Hier sollen Eleusine[1] und Lubien[2] sowie eine dem Lande eigene schnell reifende Durrah-Art gesät werden.

26. September, Montag. – Der Eindruck, den die Bevölkerung macht, ist ein recht vorteilhafter. Bescheiden und sogar etwas scheu, scheinen sie – da Viehzucht jetzt der Danagla halber unmöglich geworden – sich fleißig mit Ackerbau zu beschäftigen, wie die blühenden Felder beweisen, die überall das Land decken. Eine Art rote Durrah, dem Chartumer Faterit ähnlich und nicht so bitter als unsere südlichere Durrah, Duchn (Penicillaria), Eleusine, viel Sesam, Lubien zweier Arten sowie Tabak sind die vorzüglichsten Kulturpflanzen, zu denen eine Menge für die Küche verwertete, teilweise sogar deshalb gebaute Kräuter treten. Auch Baumfrüchte werden gern gegessen, und fand ich ganze Körbe einer solchen Art, die, einer kleinen Gurke ähnlich, hartschalig, zum Kochen verwandt wird und hier Kirruru heißt. Als Hauptnahrung sah ich Brei von Durrah in festen Klumpen oder wirklich breiig mit pflanzlichen Soßen. In der äußeren Erscheinung sind die Leute meist von Mittelgröße, obgleich hohe Gestalten vorkommen, die Männer mit guter Entwicklung der Muskulatur und der Fettpolster, ohne dick zu sein. Der Kopf ist im Gegensatz zu den Bári und Niambara nicht so lang, auch steigt die Stirn nicht so weit nach hinten; er ist vielmehr runder, in seinen beiden Durchmessern proportionell, und das Gesicht wird deshalb ebenfalls runder und gerader. Die Nase ist kurz, aber nicht dick und die Lippen nicht widerwärtig wulstig. Füße klein, oft völlige Plattfüße. Die Hautfarbe ist, obgleich rötlich durchtönt, doch um ein gut Teil schwärzer als die ihrer südlichen Nachbarn. Die Haare werden manchmal partiell geschoren, meist jedoch voll getragen, und die einzelnen kurzen Stränge wie der Körper mit Öl und Ocker gefärbt, auch allerlei Verzierungen eingeflochten. Diese sind überhaupt höchst mannigfach; von Schwänzen der Genettkatze, die die Männer vom Ellbogen herabhängen

---

[1] Hirsearten.

[2] Tropische Bohnen.

lassen, und den Glasperlenohrringen beider Geschlechter bis zu den wuchtigen vollen Eisenringen, mit denen man die Oberarme schmückt, ist wohl alles vertreten, was Negerphantasie zu ersinnen vermag. Die Laubschürzen der Frauen, oft eine reine Formalität, sind in dieser Beziehung Muster für die Breite individuellen Geschmacks; vom dichten Büschel grünbelaubter Zweige, die wirklich die Blöße decken, bis zum einfachen Kriecher oder einer grünen Ranke, die von der Gürtelschnur vorn zur Gürtelschnur hinten zieht. Überhaupt ist das schwächere, aber hier sehr stämmige Geschlecht im Bedecken mehr als sparsam, und viele der fettglänzenden, eisenbeladenen Schönen hüllen sich absolut nur in ihre Farbe. Wo eine Schambedekkung existiert, ist diese eben nur des Scheines wegen da; selbst die Schuli sind darin weiter vorgeschritten. Die Frauen sind unermüdliche Tänzerinnen und scheinen ziemlich frei zu sein, da beim Tanz mehrere sich ihre Tänzer mitten aus den Männern holten. Der Tanz, von Trommeln verschiedener Art (ein wirklicher Trommlerkünstler war da) und aufeinanderklappenden kleinen Stäben begleitet, besteht in einer Reihe kontertanzähnlicher Figuren und Evolutionen, von denen besonders das »Chassez« recht gut gelang. Mehrere Tänzerinnen schlugen ihre Fußringe so hübsch taktmäßig zusammen, daß ihr Klirren eine ganz angenehme Begleitung zum Tanz bildete. Eine ganz eigene Tanzfigur, die ich nirgends noch gesehen, war, daß ein Mann, auf den Schultern eines andern herumgetragen, sang und gestikulierte und seine Arme dabei wie segnend über das Volk ausbreitete; rings um ihn tanzte und sang ein Haufen begeisterter, fetttriefender Frauen mit schrillen »Jo-Jo«-Schreien, eine Szene, die das »Evoë Bacche« recht lebhaft versinnlichte, zumal den Biertöpfen heute fleißig zugesprochen wurde. Mitten unter den Frauen tummelte sich ein beinahe 6 Fuß hoher athletisch gebauter Mann mit enorm vergrößerten Hoden, die er durch eine Jagdleopardendecke verhüllt hielt; seine Brustdrüsen glichen denen einer Frau, und auch seine Stimme bewegte sich in viel höheren Lagen als sonst Männerstimmen. Mädchen, ganz kleine abgerechnet, wurden nicht sichtbar; eine schwangere Frau saß von weitem dem Tanze zuschauend.

Frauen tragen am Halse oft bis zu zwanzig kleine und größere Eisenringe. Diese, auch von Männern geschätzt, laufen oft nach hinten in einen etwa 20 cm langen gabeligen Eisenstachel aus, der beim Schlafen recht unbequem sein muß. Die Unterlippe ist bei Frauen oft zur Aufnahme eines Holzpflockes durchbohrt; die Oberlippe, auch bei Männern oft durchbohrt, trägt einen kleinen Eisenring mit Glasperlen oder einen Strohhalm. Gräber liegen mitten im Dorfe mit Steinkegeln. Die Grube ist lang, mit seitlicher Kammer, wie dies die Afrikaner wohl den Muselmanen abgeguckt haben. Drei verschiedene Größen von Trommeln, Flöten, Hörner aus Kürbisschalen. Aus diesen werden auch die Tabakpfeifen gemacht, mit Wasser gefüllt. Als Tabak Nicotiana virginiana; die N. rustica, bei Dongo und Djur gebaute, hier nicht vorkommend. Rauchen leidenschaftlich. In der Sprache sind wunderbarerweise die Zahlen von 1-4 (inkl.) völlig identisch mit den entsprechenden Zahlen der Madi Dufilé, 5 ist verschieden. Von 6 aufwärts wurden die Kardinalien durch Zusammensetzung (5 + 1, 5 + 2 usw.) gebildet bis 10, wofür ein eigenes Wort existiert. Dann tritt das Wörtchen pangan vor die Kardinalzahl, und so geht es bis 20 aufwärts. Sprachproben konnte ich sich überhäufender Geschäfte wegen nicht sammeln. Die wenigen Namen von Tieren und Pflanzen, die ich erfragte, nähern sich dem Madi kaum.

Zu den Gebräuchen der Agár (Dinka-Stamm): Die Sprachen der Dinka-Stämme scheinen nur dialektisch verschieden; die von Dr. Schweinfurth gesammelten Proben von den Mok waren den Agár nur teilweise verständlich, oft auch wurden für ein abgelesenes Dinka-Wort andere Interpretationen gegeben, so Brust für Bauch usw. Auch in den Pflanzen- und Tiernamen fanden sich Unterschiede, so bedeutete Schweinfurths Wort für Hippopotamus bei den Agár »Krokodil«, und das für Cercopithecusgriseo-virdis[1] gegebene Wort nur »Affe« im allgemeinen usw. Mädchen

---

[1] Eine Meerkatze (Tieraffen).

gehen bis zur Verheiratung völlig nackt (eine Lendenschnur abgerechnet), mögen sie auch lange Jahre unverheiratet bleiben. Wer die Schamteile eines Mädchens berührt, muß die üblichen Kühe hergeben und die Berührte heiraten oder als Strafe die doppelte Anzahl von Kühen geben – das Mädchen bleibt dann unverheiratet. Als Preis zahlt man zur Rinderfüllezeit 50–60 Kühe für ein hübsches Mädchen; jetzt genügen 8–10, und wo keine Rinder da sind, die doppelte Zahl Schafe und Ziegen. Arme Leute verheiraten sich untereinander in dieser Weise, reiche Leute geben ihre Töchter nur an rinderbesitzende Männer, die zahlungsfähig sind, und bilden so eine Gesellschaft, die in etwaigen Angriffsfällen sich, durch Solidarität der Interessen verbunden, aufs energischste unterstützt und hilft. Verstoßung der Frau wegen Unfruchtbarkeit mit Rückziehung der Hälfte der gegebenen Rinder, während die andere Hälfte dem Vater der Frau bleibt, kommt vor und hindert nicht am Wiederverheiraten der Frau. Untreue wird mit Verstoßung der Frau bestraft; der Ehebrecher zahlt an den im Besitze geschädigten Ehemann acht Rinder oder den eigentlichen Kaufpreis der Frau. Todesstrafe für Ehebruch ist unbekannt. Wird eine Frau verlassen, so steht ihr das Recht zu, ihre Kinder mitzunehmen, und deren Vater hat für jedes Kind eine Kuh als Unterhaltskosten an den Vater der Frau zu geben. Erwachsen dann die Kinder, so steht es den Söhnen frei, zu ihrem Vater zurückzukehren; die Mädchen bleiben der Mutter, die, falls sie sich wiederverheiratet, ihre Kinder dem neuen Ehemanne zubringt, welche derselbe aufzuziehen verpflichtet ist. Gebärt eine Frau, so wird die Nabelschnur des Neugeborenen mit scharfen Strohhalmen durchschnitten. Eine ganz eigene Sitte erfordert hierbei, daß von dem Blute, welches vom Nabel des Neugeborenen abtropft, einige Tropfen auf die Zunge seiner Mutter gestrichen werden, damit, falls später bei Streiten die Mutter böse Worte gegen ihr Kind schleudere, solche am eigenen Blute ihre Kraft verlieren. Der Vater hingegen mag die Kinder verfluchen – sein Wort hat als Zorneswort keine Geltung. Mord eines Mannes wird mit Erlegung von 30, einer Frau mit 40 Rindern gesühnt. Bei Zwillingsgeburten sieht man es gern, wenn eines der Kinder stirbt, da dies die Mutter oder den Vater vom nahenden Tode rettet. Eigene Benennungen für die Zwillinge, wie in Unyóro und auch bei den Bári, existieren hier nicht. Wie die Dinka sehr höfliche und wohlgesittete Leute sind und nie ohne zu grüßen sich begegnen (als Kuriosum mag ich sagen, sie betteln nie!), sind sie auch sehr sauber. Während die Zugänge aller anderen Dörfer von Unflat aller Art geradezu verpestet sind, ist ein Agár-Dorf stets rein: hat ein Neger seine Bedürfnisse zu verrichten, so geht er entweder tief in den Wald oder er hat einen kleinen Spaten zum Aushöhlen und Überdecken einer kleinen Grube bei sich. – Gegen Abend habe ich den verdickten Milchsaft einer Sykomore Kabu erhalten, der sehr klebrig ist und welchen die hiesigen Einwohner zum Kitten zerbrochener Gefäße verwenden.

28. September, Mittwoch. – Sehr wohlbebautes Land zieht sich von Mórlaba aus bis zum Bach Gúrrud hin, einem etwa 10 m breiten und 1/2 m tiefen hübschen Wasserlaufe, der gerade an der Kreuzungsstelle einen anderen jetzt völlig trockenen Zufluß aufnimmt. Hügel Ndīlo bleibt nun nicht weitab von der Straße rechts von uns liegen, und auf einem von Elefanten arg zugerichteten Pfade voll tiefer Löcher kreuzen wir eine Anzahl kleiner, jetzt trockener Regenläufe von 2–6 m Breite, die alle groben, rotgelben Kieselsand aufweisen. Die Elefanten sind hier so zahlreich, daß in etwa einer Stunde vier Herden von etwa 150 Tieren zusammen sichtbar wurden. Leider sind sie gerade keine Wegeverbesserer, und die im weichen Schlamm tief eingedrückten, mit Wasser gefüllten Fußspuren sowie die von ihnen umgebrochenen und nun über dem Wege liegenden Bäume sind in dem Gras- und Dorngestrüppgewirr keine angenehme Zugabe. Sehr zahlreich waren auch heute die Perlhühner und Francoline vertreten, die alle Augenblicke aus dem hohen Grase zur Seite des Weges aufschwirrten.

Neben einem kleinen Gehöft macht sich wieder einmal eine seltene Borassus-Palme bemerklich, die auf der bisher begangenen Strecke gänzlich fehlte, nicht als ob sie nicht wachsen könnte, sondern weil die jährlichen Feuer in den weiten Savannen vermutlich die jungen Pflanzen trotz ihrer enormen Lebenszähigkeit töten. Die Palmen wurden übrigens von hier an häufiger, und Dorf Dáhsso, ein kleiner Ort, liegt mitten in etwa 20–30 hochstämmigen solchen Palmen, deren Früchte, jetzt noch grün, auch hier zur Saatzeit des Kornes, d. h. zur Zeit, wo solches zur Neige geht, ein sehr geschätztes und gesuchtes Nahrungsmittel geben. Auf allen Sträuchern sind Nester großer roter Ameisen, die furchtbar brennend beißen; die Nester sind aus Blättern zusammengeklebt und etwa von der Größe einer Billardkugel. Das Dorf in landesüblichem Stil ist gerade in der Verlegung begriffen, da die Felder »alt geworden« und keinen Ertrag mehr zu liefern vermögen.

Feld an Feld reiht sich bis zum großen Dorfe Chef Kángos, wo wir einige Tage verweilen dürften, da Massen von Beschwerden zu erledigen sind und ich von hier aus gerade nach Búfi gehen möchte, um erst auf der Rückreise Amadi zu besuchen. Chef Dohli hat seine Liebenswürdigkeit so weit getrieben, mich bis hierher zu geleiten; überhaupt ist mein Zug recht mannigfaltig zusammengesetzt, da außer den hiesigen Eingeborenen noch Leute von allen Seiten des Kederu-Landes, Bewohner von Djebel Tindilo im Mandári-Lande, Agár und Mangbettu in meinem Gefolge sich befinden. Chef Kángos Dorf Biti, ca. zwei Stunden von unserer Seriba Amadi gelegen, ist sehr bedeutend und nimmt einen großen Flächenraum ein. Es gibt leider gerade hier so viel Beschwerden zu erledigen und so viel schmutzige Streite zu schlichten – die Leute von Amadi sind alle hier herübergekommen –, daß ich kaum Zeit zum Sammeln und nur zum Umschauen finden dürfte.

30. September, Freitag. – Die von mir geforderten und mir allerdings etwas widerstrebend überhändigten offiziellen Dokumente betreffs der hiesigen Bevölkerung sind so merkwürdig, daß ich mir nicht versagen kann, sie hier einzuschalten. Demnach leben im Bezirk Amadi außer den Gouvernementsbediensteten Danagla noch 96 solche Nichtstuer, mehr als 20 ohne jegliche nachweisliche Be-

schäftigung, etwa 15 angebliche Krämer, etwa 45 als sogenannte Uschurije (Zehntenzahler), die Land bebauen, aber dem Gouvernement nie etwas entrichten, und nicht weniger als 7 Fakih, bei denen das Dokument den wunderlichen Zusatz trägt: »háli an es sánaë, munkátaʿ a lilláh, teálah«, d. h. »ohne jede Beschäftigung, arm und auf die Güte Gottes vertrauend«. Außerdem 300 und mehr sogenannte Dragomane, Füruch Miri (Gouvernementssklaven), Makalil (eing. Soldaten) und Schaïal in Sillah (Gewehrträger), die im Kriegsfalle oder zu Raubzügen sämtlich aufgeboten und bewaffnet werden, um zu rauben und zu morden, in Friedenszeiten aber die erbeuteten Sklaven für sich arbeiten lassen und, wo deren Produkte nicht ausreichen, die seßhafte Bevölkerung terrorisieren und ausplündern. Hier folgt die genaue Statistik:

1. Ansässige Danagla: 96, von ihnen (außer Gouvernementsbediensteten): 27 ohne jede Beschäftigung
46 Uschurije (Zehntenzahler)
13 »Krämer«
1 Schneider
1 Bootsmann
8 Fakih
96

2. Angestellte Danagla 40, von ihnen 3 Mussaadin[1], 5 Bulukat (11), 32 Mann

3. Dragomane: 319, von ihnen (Makalil, Füruch usw.):

Djur	38
Morú	76
Agár	5
Njamnjam	51
Mangbettu	143
Bongo	6
	319

4. Gesamte fremde Bevölkerung: 40 + 96 + 319, d. i. unproduktiv 455 Mann außer fünfmal soviel Frauen.

---

[1] Assistenten.

Zur Erklärung der Anwesenheit so vieler Mangbattu und Njamnjam mag gesagt sein, daß von jedem Hauptzuge nach jenen Ländern man Massen von Sklaven mitbrachte und sie aus Mangel an Verwendung – der Handel blüht nicht mehr – immer entließ. Um nun all dies Gesindel, das unter Gessi Paschas Augen, der aus Vorliebe für seinen werten Freund Mula Efendi nichts mehr sehen wollte, das Land plünderte und aufzehrte, in guter Weise loszuwerden, habe ich sofort gestern die Verordnung getroffen, daß alle Leute ohne Beschäftigung sofort das Land zu verlassen haben und nach ihrer Heimat Chartum gehen. Die Ackerbauer verpflichten sich, jedes Jahr eine Abgabe von 100 p. ans Gouvernement zu zahlen und, falls sie sich Erpressungen oder schlechte Behandlung der Neger zuschulden kommen lassen, sofort das Land zu räumen. Gewerbetreibende zahlen eine Steuer von wenigstens 50 p. und unterliegen denselben Normen. Ein Fakih wird vom Gouvernement besoldet und bleibt als Schullehrer, die anderen reisen sofort nach ihrer Heimat. Die Dragomane, welche unbeweibt, treten ins Militär; die beweibten kehren mit Freiheitsscheinen mit Frauen und Kindern in ihre Heimat zurück. Das wird vorläufig helfen. Die Zahl der Angestellten, die sich auf vier bis fünf kleine Stationen verteilen, beläuft sich auf gerade 40 Mann (3 Mussaad, 5 Bulukat, 32 Mann), und da diese kleine Zahl hinreichend gewesen, das Land zu erhalten, so werden 50 Mann Soldaten mit einem Offizier dies weit besser und namentlich menschlicher für die Neger tun.

Liste der heut abgehandelten Prozesse: 1. vorläufige Tatsachenaufnahme in Klage eines Negers gegen Abdallah und Genossen wegen Tötung seines Vaters und noch drei Mann; 2. Anklage gegen Sürur Aga, Chef des Distrikts, wegen Veruntreuung von 100 Ardeb[1] Korn, und gegen seinen Schreiber wegen 12 Ardeb; 3. Klage Chef Dohli gegen Chef Tókkoro wegen Raub von 15 Frauen und Knaben; 4. Klage eines Dragomans gegen Mohammed Ali Gehli wegen Mißhandlung und Raub von 5 Frauen; 5. Klage

[1] Ägyptisches Hohlmaß.

einer alten Negerin gegen Chef Tókkoro wegen Tötung ihres Mannes und Raub ihrer drei Kinder; 6. Klage eines Negers gegen Fakih Reiah wegen Raub seines Sohnes.

Eine äußerst pikante Szene spielte sich ab, als Chef Dohli sich beklagte und im selben Augenblick ein junges kräftiges Mädchen mit einem Wassergefäß vorüberging, die er mir als eine der geraubten bezeichnete. Als sie herbeigeführt wurde und die beiden Chefs nun zankten und stritten, fragte ich sie, ob sie zu ihrer Mutter zurückzukehren wünschte. Sie war dazu sofort bereit, meinte aber, es sei besser, ich möge sie zu mir nehmen – das würde den Streit enden! Sie wurde sofort nach ihrem Heimatorte gesandt. Wieviel hundert ähnliche Räubereien und Mißhandlungen sind da noch in jüngster Zeit hier begangen worden, und die hiesigen Beamten Mula Efendi und Sürur Aga sehen selbstgefällig zu, und Gessi Pascha entblödete sich nicht, die Welt mit Erzählungen von der Musterverwaltung, die er eingeführt, von dem Schutze, den er den Negern angedeihen ließ, zu beschwindeln! Diese Provinz gehörte zu seiner Verwaltung.

1. Oktober, Sonnabend. – Wir sind hier nun außerhalb des Kederú-Distriktes im recht eigentlichen Morú-Lande, dessen Bewohner sich aber von den Kederú-Leuten nicht unterscheiden lassen, außer durch Sprachverschiedenheiten. Tracht, wenn man davon sprechen darf, Frisur, Schmuck, Waffen sind völlig dieselben. Die Frauen hier gehen meist völlig nackt, und nur manche hängen hinten an die Lendenschnur ein Laubfragment. Sonderbar dabei ist, daß, wenn man solchen Schönen begegnet, die Wasser tragen, sie mit der freien Hand das Gesicht verdecken. Nach allem, was man in Afrika sieht, ist Scham doch auch nur ein Erziehungsprodukt.

Das Dorf Biti ist ziemlich weitläufig gebaut und enthält etwa 250 bis 300 Hütten mit dazugehörigen Kornmagazinen; die Hütten, oft zu zwei bis drei in einer kleinen Umzäunung vereint, sind von glockenförmigen Dächern bedeckt und etwas größer als die Kederú-Hütten mit derselben zierlichen Konstruktion und den kleinen viereckigen Türen, die durch eine Art Deckel bei Tage von außen, bei Nacht von innen verschlossen werden. Es wäre interessant, zu berechnen, wieviel Sauerstoff die Luft einer solchen durch Lehm abgedichteten Hütte, in welcher Feuer brennt und drei bis vier Leute schlafen, enthalten kann. Die Kornmagazine sind unten halbkugelig abgerundete, mit Lehm abgedichtete sehr große Körbe aus Grewia-Zweigen, die auf 1 m hohen Gestellen stehen und mit konischen Deckeln versehen sind. Sie enthalten jetzt weißrötliche Durrah und Duchn, welche hier die Hauptnahrung bietet (zu Mehl gerieben und zu Brei angerührt, der mit pflanzlichen Saucen übergossen wird). Kürbisse verschiedener Art und Gynandropsis[1], die überall angebaut wird, liefern gutes Saucenmaterial; auch verschiedene Yams und andere Wurzeln werden zum Kochen verwandt. Die landesübliche Tabakart ist der Maschirr, ein sehr kräftiger Tabak mit gelben Blüten, der sowohl geraucht als – vermutlich von den Danagla erlernt – gekaut wird.

Im ganzen Dorf herrscht große Unordnung und Schmutz, sauber gehalten sind eigentlich nur die Gräber, konische Hügel, oft mit einer Steinpyramide bedeckt, oft auch mit einer kreisförmigen Umzäunung aus Zweigen umgeben und mitten zwischen den Häusern gelegen. Die Beerdigung soll in kauernder Stellung, das Kinn auf die von den Armen umgebenen Knie gestützt, geschehen.

Gewöhnlich stehen neben solchen Grabstätten die Hühnerhäuser, aus mit Lehm verstrichenen Steinplatten aufgemauerte weite Zylinder oder abgedichtete Körbe mit schweren Deckeln und verschließbarem Eingange. Die Hühner sind sehr klein, oft schwanzlos, legen reichlich, aber kleine Eier. Viele sieht man übrigens nicht, da Danagla und auch die Neger selbst – diese wohl aus Fleischmangel – sie essen. Der frühere Viehreichtum des Landes ist heute nur mehr eine Sage. Hier existieren wenige Schafe, aber keine Rinder, und schon Chef Dohli erbat und erhielt von mir als große Vergünstigung zwei Kühe mit ihren Kälbern. Es soll

[1] Als eine Art Spinat genutzt; wohl Gynandropsis gynandra.

nun meine Sorge sein, den Leuten Vieh zur Zucht zu geben und die rindervertilgenden Danagla auszutreiben.

Jagd scheint wenig betrieben: das Land ist bedeckt mit Elefantenherden, doch wagt man nicht, sie anzugreifen. Überhaupt liegt im Charakter aller dieser von West her hier eingedrungenen Stämme sowohl im Makraka-Lande als auch hier etwas Passives, ein Mangel an Elastizität und Resistenz, der sie von ihren kriegerischen Nachbarn, den Dinka, den Bári, den Lur usw. sehr unvorteilhaft unterscheidet und leider auch die Ausbreitung der Sklaverei, des Raubes usw. unter ihnen und die Einnistung der Danagla in hohem Grade gefördert hat.

Gambári, der Mangbettu-Chef, welcher mich zum Bach geleitete, erzählte mir dabei eine sonderbare Geschichte vom Psittacus erythacus[1]. Der Vogel, bei allen Negern als äußerst vorsichtig und umsichtig bekannt, soll, falls er zu nisten beabsichtigt, in die gewählte Baumhöhle, die er zweckentsprechend erweitert, einen lebenden Frosch tun und nun für mehrere Tage beobachten, ob dieser lebt oder stirbt oder von Schlangen gefressen wird. Ist dies letztere der Fall, oder der Frosch stirbt, so wird die Höhle als unsicher für die Brut sofort verlassen und eine andere gesucht, die bessere Garantien für die Erziehung der Brut bietet. Lebt der Frosch, so wird er nach einigen Tagen herausgeworfen und die Höhle bezogen. Eine solche Höhle soll dann vom selben Paare von Vögeln für Jahre benutzt werden, und die Mangbettu nehmen die kaum ausgefiederten Jungen, selten auch die Alten, aus den Höhlen. Es ist übrigens richtig, daß die meisten bis jetzt durch meine Hände gegangenen grauen Papageien aus Mangbettu wirklich junge Vögel (graue Iris) waren. Das Einmauern der Weibchen von verschiedenen Buceros-Arten[2] war meinem Gaste ebenfalls gut bekannt.

Gambári ist so völlig selbst zum Dongolaui geworden – er betet sogar auf muselmännische Weise und trägt einen silbernen Ring am kleinen Finger –, daß man bei seinen

---

[1] Graupapagei.

[2] Nashornvögel.

Erzählungen genau zu unterscheiden hat, was eigentlich die originelle Mangbettu-Anschauung der Dinge und Verhältnisse und was die Dongolaui-Anschauung von Mangbettu-Verhältnissen sei. Es war dies ja geradeso bei den früheren Missionaren, die eine Menge schöner Sachen für die Neger dachten und für solche Namen erfanden und zuletzt an die Kinder ihrer eigenen Phantasien glaubten. Wie kommt es doch, daß ebenso beinahe alle Afrikareisenden übertreiben und geradezu lügen? Ist denn die Auffassung und ungeschminkte Darlegung reeller Verhältnisse zu schwer oder zu langweilig?

Die Anklagen und Beschwerden mehren sich in geradezu erschreckender Weise: Mord, Raub und Sklavenhandel scheinen hier Asylrecht genossen zu haben. Ein vor mich gebrachtes Atōt-Mädchen erzählte mir, sie sei von ihren Eltern geraubt, dann von ihrem ersten Herrn, einem sogenannten Dragoman, um eine Flasche Branntwein an einen gewissen Suleiman Dongolaui verhandelt worden, der hier als Branntweinbrenner fungiert, und dieser habe sie um eine Unterhose an ihren gegenwärtigen Herrn verkauft. Ein Vergnügen war es, die Freude einer alten Frau zu sehen, als ich ihr ihre drei geraubten Knaben zurückgab. Wie ich von hier fortkommen werde, ist mir bis jetzt völlig unklar.

Gambáris Erzählungen von den Mangbettu-Gebräuchen illustrieren einiges von Schweinfurth[1] Erzähltes. Leute, die 50 bis 200 Frauen besitzen, sind nicht selten, sie besuchen selbige zu drei bis vier in der Nacht, und Frauen mit 8–12 und sogar 15 Kindern sollen nicht selten sein. Gambári erzählt von einer Wurzel, die, in das Bier geworfen, Halluzinationen und zugleich sexuelle Erregung hervorbringt; sie wird von den Frauen eigens ihren Männern gebracht, sowie auch die Frauen sich gewisser Wurzeln bedienen sollen, um empfänglich zu werden und viel Kinder zu bekommen, was als Vorzug gilt. Überhaupt müssen, was ja auch Schweinfurth betont, die Frauen recht lasziv sein. Die frühere Tracht ist völlig unverändert beibehalten,

---

[1] »Im Herzen von Afrika.« Leipzig 1875.

sowohl was Kopfputz als was Nacktheit betrifft; die hier befindlichen Mädchen und Frauen dagegen tragen ihr Haar in eine Menge Zöpfchen gedreht, wie sie es in Chartum zu tun pflegen. Auch bedecken sie sich. Die Cola-Nuß ist sehr häufig und wird zum Tabakrauchen gegessen. Von den Tieren ist Galago demidoffii häufig und bei Tage sehr leicht zu fangen, da er sich kaum bewegt; nachts jedoch ist er sehr behend und beweglich.

Seit gestern habe ich 84 Sklaven befreit und in ihre Heimat gesandt oder ihren vorherigen Chefs selbst übergeben. Die Leute fangen nun an zu begreifen, daß auch hier eine neue Zeit angebrochen, und wie heute ein Fakih mir sagte: »Gessi Pascha war ein Christ, aber besser als du; er ließ uns hier in Frieden und kümmerte sich nur um Bahr el-Ghasal.« Noch viel bezeichnender aber ist die Äußerung Sürur Agas, eines Eunuchen, gegenwärtig Chef des hiesigen Distrikts: »Als man uns raubte und verstümmelte und im Basar ausgestellt wie Vieh betastete und begriff, erbarmte sich unser kein Mensch. Wie müssen sich doch die Zeiten geändert haben, daß man um ein paar geraubte Neger so viel Wesens macht!« So tief ist das Sklavereibedürfnis selbst in alten Sklaven. Von Tákfara oder, wie er eigentlich heißt, Tókkoro, habe ich bis jetzt nicht weniger als 17 geraubte Mädchen und Knaben ihren Verwandten wieder zugestellt, und das ist der vielberühmte und vielgerühmte Amadi-Chef, dessen Freigiebigkeit alle meine Leute und zuerst mein ehrenwerter Kommandant Nur Bey priesen. Nun hat es sich aber herausgestellt, daß Tókkoro ein Erzschurke und daß Nur Bey selbst sich vier Mädchen zugeeignet hat – wer ist nun von beiden der größere Lump? Der unbeleckte Neger oder der beleckte Neger? Es tut mir leid, mein Tagebuch mit solchen Schmutzgeschichten zu besudeln, da ich mich doch bisher streng auf die Notierung dessen beschränkt, was mir an Land und Leuten auffiel, ohne auf solche wunde Stellen einzugehen. Ich könnte aber sterben, ehe ich mein Werk zu Ende geführt, und wünsche doch, daß man meine Ansicht von dem, was ich gesehen und offiziell verhandelt, kennen möge.

Im Gegensatz zu den andern Stämmen halten die Mangbettu-Leute fest zusammen und scheinen ihr Vaterland liebzuhaben, denn als ich scherzweise den Knaben vorschlug, sie zu Soldaten zu machen, oder die Mädchen, welche übrigens, nebenbei gesagt, sämtlich sehr häßlich waren und durchaus nicht die beinahe eleganten Formen unserer jungen Mädchen hier zeigten, an Soldaten zu verheiraten, wurde dies ohne weiteres mit dem Bemerken abgewiesen, sie wollten ja »nach ihrem Lande« gehen.

Ebenso war die Freude von Gambáris Bruder, als er ihn nach 1½jähriger Gefangenschaft am Bahr el-Ghasal wiedersah, geradezu rührend. Auch die Njamnjam lieben ihre Angehörigen: ich habe heute einen Knaben gesehen, der den ganzen weiten Weg von Dongu heraufgekommen, um seinen hier festgehaltenen Bruder zu sehen. Der von Felkin in Rumbehk gemessene Akká, Asika, hat sich ebenfalls hier eingestellt, ein lärmender Gesell, der viel trinkt und sonst für seine Rasse ganz ungewöhnlich groß ist (1,364 m). Nach den Beschreibungen, welche Gambári und der etwa 35jährige, sehr aufgeweckte Bursche geben, zerfallen die Akká, ein reines Jägervolk, in eine große Anzahl kleiner Stämme, die im Gebiete verschiedener Völker herumziehen, so jedoch, daß z. B. die im Mabodo-Lande nomadisierenden dem eigentlichen Mangbettu fernbleiben. Kommen sie zu den Niederlassungen eines Chefs, so ist dieser verpflichtet, ihnen Zerealien, Knollen und was sonst zu ihrem Unterhalt nötig, zu gewähren, und erhält dafür die Produkte ihrer Jagd, wie Felle, Federn, Schwänze usw. Sollte der betreffende Chef ihnen versagen, was sie fordern, so sind die kleinen Wilden äußerst rachsüchtig und gefährlich. Eigentliche Dörfer bauen sie nicht, wohl aber errichten die Frauen an ihren jeweiligen Aufenthaltsorten kleine Hütten, in welchen sie mit den Kindern und Männern schlafen. Sie sollen dabei den eigenen Gebrauch beobachten, daß die Beine sowohl der Frauen als der Männer zur Hütte herausragen. Unverheiratete haben nie Hütten, sondern bedecken sich mit Laub. Bewaffnung: Speer sowie Bogen und Pfeile, die sie äußerst geschickt zu gebrauchen wissen, auch für Vogeljagd. Elefanten sollen mit Pfeilen in die Augen geschossen oder ihnen die Sehnen des Fußes zerschnitten werden. Die Akká sind von allen Stämmen ihrer Boshaftigkeit halber äußerst gefürchtet.

4. Oktober, Dienstag. – Gestern hatte ich von Mangbettu-Leuten gehört, daß mehrere Danagla mit Sklaven aus Mangbettu hier in Amadi angekommen seien und dort sich versteckt hielten: ein Sergeant und vier Mann sowie zwei Danagla wurden sofort dorthin beordert und sind des Nachts zurückgekehrt mit Gefangenen: zwei Danagla, 67 Sklaven, unter ihnen ein Eunuch, und eine Menge von Ankareb, Stühlen, Kerzen aus Mangbettu-Harz usw. Auch zwei Akká befinden sich unter den Gefangenen.

Die sogenannten Kerzen sind beinahe meterlange in Rohr gehüllte Gemengsel aus einem nicht übelriechenden Harz und trockenen Blättern, vermutlich desselben Baumes; sie sind am unteren Ende mit einem langen Stock versehen, an welchem man sie bei Reisen trägt oder beim Tanze im Boden aufpflanzt.

Die Schaufeln sind beinahe kreisrunde, an einer Seite zum Stiel ausgezogene Eisenplatten, während die Beile von der gewöhnlichen Form sind. Rohes Eisen in Stücken von bohnenartigem Gefüge, eigentümlich geformte und in Mangbettu nessió genannte reine Eisenstangen und wuchtige Eisenringe dienen als Tauschmittel und werden zum Einkauf von Frauen benutzt. Eisenerz von Schlacken befreit heißt (né)mbiká.

5. Oktober, Mittwoch. – Heute morgen wurde mir ein junger Akká zugeführt, etwa 24–25 Jahre alt, von zwei Leuten geführt, die alle Mühe hatten, ihn festzuhalten. Er war mit den oben erwähnten Leuten von Mangbettu gebracht worden und hatte, als ich in der Nacht jene aufgreifen ließ, aus Furcht, geschlachtet und gegessen zu werden, sich im Dach der Hütte ins Stroh verkrochen, wo er unbemerkt blieb und erst am zweiten Tage heute aus Hunger herunterkam. Man hatte ihn dann trotz seines Sträubens von Amadi hierhergebracht, und als er unterwegs ins hohe Gras entflohen, ihn wieder eingefangen. Als ich nun befahl, ihn

freizulassen, und ihn fragte, ob er zu Gambári zurückkehren und mit ihm nach Mangbettu gehen wolle, verneinte er energisch und erbot sich, allein heimzukehren, was natürlich bei der Entfernung und den mannigfachen Gefahren des Weges (wilde Tiere, Danagla usw.) unmöglich ist. Ich schlug ihm demnach vor, bei mir zu bleiben, bis ich nach Mangbettu gehe, und dann heimzukehren, was er, nachdem er mich genau beschaut, nach einigem Zögern annahm. Er ist von rot durchscheinender, aber ziemlich dunkler Hautfarbe (wohl Schmutz), sehr prognath, dem Bilde in Schweinfurths Buche ähnlich und äußerst behende und lebhaft. Die Verständigung mit ihm ist ziemlich schwer, da er kein Wort Arabisch versteht und sein Mangbettu von dem der Leute Gambáris etwas abweichend scheint.

Ich habe neuerdings zehn Sklaven in ihre Heimat gesandt, sogar ein Bári-Mädchen habe ich hier vorgefunden. Äußerst durchdringend ist der eigentümliche Haut- oder Schweißgeruch, mit dem mehr oder weniger alle Neger, ganz besonders aber die westlichen Stämme (westlich vom Flusse Makraka, Morú usw.) und mehr als alle die Akká behaftet sind. Wenngleich dieser Geruch sich durch längeren Aufenthalt bei uns und Reinlichkeit und Wechsel der Kleidung einigermaßen verliert, so tritt er doch bei jeder Erregung, geistig oder körperlich, wieder hervor und scheint beinahe untilgbar.

6. Oktober, Donnerstag. – Es ist nun gerade eine Woche, daß ich hier sitze und wie Don Quixote gegen Windmühlen fechte – ich, ein einzelner Mensch gegen ein Land voll von Blut, Mord und Verbrechen. Und immer noch häufen sich die Anklagen! Seit Besetzung des Weißen Nils durch das Gouvernement hat sich hierher niemand gewagt; nie hat das Gouvernement von hier nur einen Piaster Einkünfte gehabt, wohl aber ist Blut und Gut zwecklos verschleudert worden. Hat ein Dongolaui Korn nötig, so geht er zum ersten besten Negerchef und nimmt es; ein regelmäßiges Steuereinziehen und regelrechtes Verausgaben wie bei uns in der Provinz kennt hier kein Mensch; ein Gouvernementsmagazin existiert nicht; daß von Korn, Honig, Wachs, Öl, Kautschuk

dem Gouvernement Einkünfte erwachsen können – wen geht das an? Und das war Gessis Provinz!

Von den Dinka-Stämmen sprechen die Nuër und die Atōt dieselbe vom eigentlichen Dinka abweichende Sprache, während anderseits Agár, Rek, Mok, Aluadj, Elliab, Kitsch, Bōr und Tutj völlig dasselbe Idiom sprechen: Die Behli gehören zur Mittu-Familie.

Eine ganz eigentümliche Sonderstellung, gleichsam die einer Pariakaste zwischen all diesen Dinka, scheinen die sogenannten Derr einzunehmen, Leute von schwarzer Hautfarbe und mittelgroßer, gedrungener Gestalt, die das trockene Land zwischen den Kitsch und Elliab durchziehen und teilweise sich zu diesen, teilweise zu den Atot halten. Sie sind ein völlig besitzloses, umherschweifendes Jägervolk ohne feste Sitze oder Dörfer und leben nur vom Erlöse ihrer Jagden. So sonderbar ihre Stellung, so eigentümlich scheinen ihre Prozeduren. Wie die Skorpione und Schlangen aller trockenen Landstriche größer und giftiger sind als die der feuchten Niederungen, mit einziger Ausnahme der Pythons, wenigstens für Zentralafrika, so sollen auch in dem von ihnen bewohnten Landstriche äußerst giftige Schlangen existieren, und zwar von rotbrauner Farbe, deren sie sich mit Hilfe von Wurzeln zu bemächtigen wissen. Ein Wassertümpel wird nun ringsum mit einem starken Dornenverhau umschlossen und dem Wilde, das trinken will, nur eine enge Straße offen gelassen. Die Schlange, der man den Schwanz durchbohrt und mit einem dünnen Strick durchzogen hat, wird an einem eingeschlagenen kleinen Pfahle befestigt und tötet das sich zum Wasser begebende Wild, oft zwei bis drei Antilopen in einem Tage, deren Fleisch einerseits zur Nahrung der Jäger, anderseits aber auch mit den Fellen zusammen zum Erkaufen ihrer Frauen dient. Ich gebe diese Erzählung, wie ich sie von den Agar gehört.

10. Oktober, Montag. – Leicht aufsteigend und Djebel Jére zur Linken im tiefen Gebüsch verborgen lassend, passieren wir zunächst eine ganze Reihe jener schon gestern so oft gefundenen Gneismassen, bald kuppelförmig abgerundete Hügel, bald flache Riffe und Geschiebe darstellend,

von welchen sich durch den vereinten Einfluß von Sonne und Regen große Platten abheben lassen. Das Gestein ist meist von weißgrauer, oft mehr bläulicher Farbe und zeigt zuweilen breite Bänderung in weiß und schwarzgrau. Der Buschwald ist meist mit hohem, dichtem Grase völlig ausgefüllt; hin und wieder stehen schöne Hochbäume, besonders großblättrige Sykomoren. Der Boden ist im allgemeinen der überall verbreitete rote Ton mit vielen kleinen Steinfragmenten und hier und da zu grobem Sande zerfallen; gegen Bufi zu tritt gelber Schwemmsand mit Quarzfragmenten auf. In Senkungen liegt dagegen auf der Tonunterlage ein schwarzer Humus, an feuchten Stellen mit Vorliebe von Elefanten besuchte Schlammpfützen bildend, an trockenen dagegen schon jetzt in weiten Rissen und Sprüngen auseinanderklaffend. Eine Menge kleiner Wasserläufe kreuzen den Weg, zum Teil nur durchfeuchteten Sand, zum Teil kleine Tümpel weißlichen Wassers haltend; nur Bach Dóngora führt bei etwa 1½ m Breite ½ m fließend Wasser. Alle sind zum Aji gerichtet. Bach Dóngora ist von schönem Uferwalde eingefaßt – schön für hier, wo in dem ewigen Einerlei von Buschwald und Savanne hohe, schattenspendende Bäume selten und gar Wald beinahe nie vorkommt. Der an und für sich lichte Buschwald macht von Bach Lomarió an richtiger Grassteppe mit seltenen Bosketts und vielem niedrigen Akaziengebüsch Platz. Vereinzelte Borassus beginnen sich nun wieder zu zeigen, und bald ragen auch die hohen Duchn- und Durrah-Stengel von beiden Seiten des Weges aus den hohen Gräsern hervor, ein Zeichen, daß wir uns den Niederlassungen nähern. Nach kurzer Rast, die wir nach vierstündigem Marsche auf nebenbei gesagt meist sehr guter Straße uns wohl verdient haben, wird ein kleiner Sumpf durchwatet, und dann betreten wir sofort die weiten Durrah- (weiß) und Duchn-Felder unserer Station, die abwechselnd mit Strecken absichtlich zum Häuserbau stehengelassenen Grases und weniger Bäume sich über eine Stunde weit ausdehnen und gerade im Reifen sind. Ich habe selten hier so wohlbebautes und fruchtbares Land zu sehen bekommen als auf der ganzen diesmal durchgangenen Strecke, die zusammen mit den Distrikten von Ajak und Rumbehk sogar Chartum mit Korn, Öl und Honig versorgen könnte, und trotzdem hat Gessi[1] sich nicht geschämt, in offiziellem Briefe von der Armut und Unproduktivität des Landes zu sprechen, um seines Lieblings Mula Efendis Verdienste hervorzuheben! Durch die Kornfelder sind eine Menge von kleinen Hütten verstreut, in welchen die Wächter schlafen, da auch hier die Finken gar arge Kornfeinde sind. Es ist geradezu erstaunlich, welche Arbeit ein Weberfink mit dem konischen Schnabel im Zerstören von Duchn-Ähren und noch mehr Maiskolben leisten kann – selbst Einhüllen der Kolben in grüne Blätter schützt nicht immer. Kurz vor Mittag wird der Fluß sichtbar, der in weiter Krümmung gleich darauf an den Weg tritt; am steilen, abgerissenen Abfall des auf dieser Seite etwa 5–6 m hohen gelben Lehmufers hin führt der Pfad oft so nahe am Rande entlang, daß ein fallengelassenes Papierknäuel aufs Wasser schlägt. Das Wasser ist jetzt von gelblicher Farbe und wimmelt, wie es scheint, von Fischen, die man alle Augenblicke aufschnellen sieht. Große Steinmassen durchsetzen den Fluß unmittelbar neben der Station Bufi, die dicht an seinem Ufer liegt. Mannigfache Beschäftigung und ein starker Gewitterregen füllten den Nachmittag aus.

11. Oktober, Dienstag. – Da wären wir nun in den Pfahlbauten! In einer 3 m hohen Umzäunung von Bambus erhebt sich, von mehr als 300 starken und übermannshohen Pfählen getragen, eine Plattform, von Holz und Reisern gebildet und mit Kuhdung und Ton zu einem Estrich glatt gestrichen. Ihre Länge ist 25, ihre Breite 28 m; durch eine Rohrwand in zwei Teile geteilt, bietet der äußere für den Empfang berechnete zwei große Hütten von 15 Fuß Durchmesser mit niedrigen, etwa 1 m hohen Lehmwänden und hohem Kegeldache. Die innere Harema oder Küchenabteilung hält sechs kleinere Hütten; in ihrer Mitte ist ein viereckiger Ausschnitt im Estrich; Leitern führen dort zum

---

[1] Vgl. Anm. (6).

Eine Station bei Semio

Parterre, wo Küche, Vorräte, Mörser zum Kornstampfen, Murhakka, Wasser usw. ihren Platz finden. Das ganze Arrangement ist wirklich merkwürdig, zumal hier, wo die Termiten nur vereinzelt und eigentlich kein rechter Grund für die Erbauung solcher Plattformen zu finden ist. Der Sandboden benimmt auch den Vorwand von Sumpf oder Furcht vor Miasmen. Die Station selbst ist eine regellose Anhäufung von einzelnen Gehöften, von welchen sich die der Danagla durch größeren Schmutz von denen der Bevölkerung unterscheiden. Jedes Haus war wohl ursprünglich von Bambuszäunen umgeben, diese sind jedoch meist verfallen, was um so auffälliger, da die Leoparden hier bei Tage die Leute aus ihren Häusern holen, wie wir heute erlebt, wobei übrigens die Neger unangetastet bleiben und die Leoparden das weiße Fleisch vorzuziehen scheinen. Jedes Gehöft umschließen kleine Gärten, in welchen Mais, Bamia[1], eine Art weißer Bohnen, Zwiebeln und Eierfrüchte angebaut werden. Die Tomate hat ihren Weg bis hierher

[1] Abelmoschus esculentus, auch Okra genannt (Fam. Malvengewächse).

noch nicht gefunden, dagegen existieren Bananen, Zitronen, bittere Orangen in jungen Bäumen, und die von mir aus Uganda bei uns eingeführte Papaya ist über Makraka bis hierher gelangt. Von Kulturpflanzen sind außer den üblichen Getreidearten noch süße Bataten (rotschalig), Corchorus, Gynandropsis, Hibiscus cannabinus[1], Baumwollen zweier Arten (eine mit weißgelbem Samen, während die des Bári-Landes grüne Samen hat) zu erwähnen. Übrigens ließe sich hier, wo Wasser und Leute reichlich vorhanden, gerade in bezug auf Anbau viel leisten. Leider herrscht aber auch hier das ewige Elend des Sklaventreibens, und kein Mensch denkt an Ausnutzung seiner Existenz anders als durch Raub, Plünderung und Sklavenhandel. Heute schon befinden sich Listen, mehr als 200 Sklaven enthaltend, deren Rückstellung von ihren Eigentümern verlangt wird, in meinen Händen. Fünfhundert Trägerlasten Korn sind von den Eingeborenen in jüngster Zeit noch eingefordert und verschleudert worden, und kein Mensch weiß, wohin sie gegangen. Das Magazin ist völlig leer, die Leute klagen, sie seien hungrig, und dabei gingen wir stundenlang durch Kornfelder. Ein gewisser Abd el-Cher hat über hundert Sklaven zusammengeraubt, und doch ist der Kerl nicht einmal im Dienste – hat also nicht einmal einen Schein von Recht für seine Anwesenheit hier! Und dies erbärmliche Geschöpf – Mula Efendi – der hier nun drei Jahre Chef der Verwaltung war und nicht einmal die Augen aufmachte, um zu sehen, was vorging!

12. Oktober, Mittwoch. – Auch heute ist Sklaventag. Der hiesige Chef El-Adjeb Aga hat sämtlichen Negerchefs verboten, sich vor mir zu zeigen, und sie mit schwerer Rache bedroht, falls sie dem zuwider handeln. Nun wollen wir sehen, wie es werden wird, wenn er seine Abberufung und die Order erhält, nach Chartum zu gehen, die ich soeben unterzeichnet – er und noch 26 Mann von hier! Es ist Zeit, daß der Terrorismus nun einmal aufhört, und es wäre mehr als ein Verbrechen, die Leute hier gewähren zu lassen. Arme

[1] Kenaf oder Gambohanf, eine Faserpflanze (Fam. Malvengewächse).

Neger! Gegen Abend kam Mohammed Abdu von Mangbattu hier an, er ist von Makraka direkt hierhergekommen und soll Post von Herrn Casati mitgebracht haben. Dr. Junker ist wohlbehalten im südlichsten Njamnjam-Lande. Mohammed Abdu hat 252 Lasten Elfenbein mitgebracht, und andere sind unterwegs. 105 sind von der Mondu-Station in Gosa angelangt; es wird dies Jahr so ziemlich 1200 Zentner für Chartum geben!

13. Oktober, Donnerstag. – Briefe von Herrn Casati in Tinkasi[1] angekommen; Raub und Mord auch dort, und alle die Beamten, die wir haben, einer schlimmer als der andere.

14. Oktober, Freitag. – Trotz aller Mühen bin ich noch immer mitten in Sklavenhänden: über 400 sind es bis jetzt geworden, die man reklamiert, und das außer den versteckten Mangbettu- und Njamnjam-Sklaven, die nach der kleinen Seriba Bodoku, die irgendwo westlich von hier gelegen, geschafft worden sind. Von 8 Uhr vormittags bis 1 Uhr nachmittags wurden heute 130 Sklaven an ihre Verwandten und Chefs zurückgegeben. Freude der Neger. In meinem Leben habe ich nie ein verächtlicheres Gesindel gesehen als die Danagla, die nicht einmal den Mut der Schande haben. Ein passiver Widerstand gegen alles, was man anordnet. Als Beispiel möge dienen, daß ich vor etwa 10 bis 12 Tagen von Mula Efendi, der nicht etwa besser als jene, ein Zertifikat verlangte betreffs eines Dongolaui, also Landsmannes von ihm, den ich anzustellen wünschte, weil er mir ein wenig besser schien als seine Landsleute. Bis heute habe ich das Zertifikat nicht erhalten, weil Mula Efendi die von ihm geforderten Garantien zu geben verweigerte.

Heute sind die Chefs von Lau oder Lao auf der Straße nach Rumbehk hier angekommen, natürlich mit Beschwerden über die Danagla in Ajak und Rumbehk. Ein hiesiger Dragoman, der sich selbständig bei den Mandari etabliert hatte und als deren Chef ausgab, hat zwei Knaben so geknebelt und geschlagen, daß deren rechte Hände für

[1] Wahrscheinlich der Ort Tangari, wo die Gräber von Miani und König Munsa liegen.

Lebenszeit unbrauchbar geworden sind, und doch wurde mir jener Dragoman als ein ausgezeichneter Mensch dringend empfohlen – nun, Mord ist eben im Danagla-Kataloge nichts so Schlimmes. Morgen sollen die ersten Danagla unter Bedeckung von Dragomanen nach Madi und von dort nach Ladó gehen, von wo der nächste Dampfer sie nach Chartum bringen soll. Gern würde ich die ganze Bande zusammenpacken und fortschicken, fürchtete ich nicht, daß man mir Tücke gegen die Gessische Verwaltung in die Schuhe schieben würde; so mag es denn in Zwischenräumen geschehen, die Leute würden sich doch unter meinen Händen hier nicht wohl fühlen.

15. Oktober, Sonnabend. – Mula Efendi will absolut nichts tun, sondern sagt nur zu allem ja und sitzt auf seinem Ankareb, die schlimmste Art von Widerstand, die einer leisten kann, da es kein Mittel gibt, sie zu bezwingen. Dazu Klagen auf Klagen der mißhandelten Bevölkerung, Arroganz der Danagla und der Aufenthalt hier, wo nicht einmal ein Ausflug in den Wald möglich ist.

16. Oktober, Sonntag. – Wenn Schweinfurth den Mangbattu-Frauen einige Laszivität vorgeworfen hat, so scheint nichtsdestoweniger ihre Anhänglichkeit an ihre Männer und das Gefühl für Familienbande dadurch nicht beeinträchtigt zu werden. Ich habe schon weiter oben erwähnt, daß auf Gessi Paschas Befehl Gambári, der an Munsas Stelle zum König von Mangbettu ernannt worden war (12), aus seinem Lande geholt und angeklagt, Eunuchen gemacht und verkauft zu haben, in Dem Suleiman anderthalb Jahre ohne jede Untersuchung gefangengehalten wurde. Daß in Mangbettu Eunuchen gemacht und dann verkauft wurden, steht fest; ebenso genau aber wissen wir, daß die Täter zwei Danagla – Beschir Saleh und Salib Hakim – gewesen, die später natürlich die Schuld in die Schuhe des Abd (Sklaven) Gambári schoben. Was für Unordnungen dann in Gambáris Abwesenheit von seinem Sitze dort vorgegangen, wie man seine Abwesenheit benutzt, um dort zu plündern und Sklaven zu rauben, geht wohl am besten aus den obigen Notizen hervor, nach denen ich allein von Amadi mehr als

Überfälle auf Negerdörfer, ein weitverbreitetes Übel im Sudan

hundert Mangbettu-Sklaven in ihre Heimat gesandt, während der Eunuch Rihan gerade von Mangbettu zu mir kam, um gegen Beschir Saleh, der ihn verstümmelt, zu klagen. Sofort nun, als ich die Verwaltung von der sogenannten Mudirieh Gurguru in die Hand nahm, schrieb ich nach dem Bahr el-Ghasal und reklamierte Gambári, der mir nach einigen ziemlich unnützen Ausflüchten denn auch gesandt wurde und nun hier der Untersuchung seiner Angelegenheiten gewärtig ist.

Heute um Mittag, also gerade zur rechten Visitenzeit, wurde ich auf einmal durch Damenbesuch überrascht: Gambáris erste Frau, die mit der Absicht gekommen war, nach Ladó zu gehen, um von mir die Befreiung ihres Mannes zu erbitten, hatte unterwegs gehört, daß er frei und bei mir sei, und war über Makraka hierhergeeilt, um ihn zu sehen; sie kam nun, um mir zu danken. Von mittlerer Figur und ziemlich wohlbeleibt, von eher dunkler, jedoch deutlich gelblich durchschimmernder Hautfärbung und wie alle Mangbettu, mit sehr hübschen und, was mehr sagen will, sehr sauber gehaltenen Händen begabt, war sie bis auf die kaum in Rechnung zu ziehende Schambedeckung völlig nackt; im rechten Nasenflügel saß ein blankpolierter Eisennagel mit breiter Kuppe – sonst absolut keine Verzierungen. Die Haartracht war den Umständen gemäß der hiesigen angepaßt und der Chignon zu einer Menge bis zur Schulter reichender Löckchen und Wulste aufgelegt. Sie ist nicht mehr gerade jung und die Mutter des ältesten Sohnes Gambáris, Idris, und hatte den langen Weg, am Nötigsten Mangel leidend, zurückgelegt – ihrem Manne zuliebe! Allerliebst war die Gelassenheit, mit welcher sie beim Eintritt in meine Hütte sofort einen Stuhl nahm und niedersaß, während der mitgekommene Dragoman, Gambáris jüngerer Bruder, zu stehen hatte. Es ist dies ein recht merklicher Unterschied vom Gebaren der Frauen und dem Respekt, den man ihnen hier zollt! Da der Gurt zum Bedecken der Schamteile beim Sitzen fehlte, wurden die Füße fest aneinandergesetzt und zwischen die Oberschenkel die Vorderarme gelegt.

19. Oktober, Mittwoch. – Noch keine Träger gekommen. Was ich mir gedacht, scheint wirklich der Fall: Leute wie Murdjan Aga, der nun seit mehr als zwanzig Jahren hier und sich gut Dr. Schweinfurths erinnert, ebenso Mula Efendi bestätigen, daß die heutige Seriba Lehssi genau da liege, wo die alte Poncetsche, von Abdu Husaim verwaltete (d. i. Mvólo), stand. Woher nun Junkers Name Moffó gekommen, ist mir unklar, da hier den Namen niemand kennt. Überhaupt sind auf Junkers Karte die Namen von Chefs, Ortschaften usw. ziemlich bunt miteinander gemischt, wie der Name Dufà alla (Name des jetzigen Verwalters) für das allgemein übliche Ajak beweist und viele, viele Namen im Makraka-Gebiete dartun. Es ist besonders, wenn man des Arabischen nicht ordentlich mächtig ist, allerdings mitunter schwer, die Namen zu erkunden; die Chefs aber sind gerade darum meist sehr zuvorkommend und geben jede gewünschte Auskunft. Am schlimmsten sind die mit jedem Stamme wechselnden Flußnamen zu konstatieren.

22. Oktober, Sonnabend. – Die Stunde der Erlösung aus diesem Sklavenneste hatte endlich geschlagen, und zeitig morgens gingen wir am Flusse stromaufwärts zum Einschiffungsplatze; die Neger sollten mit ihren Lasten weiter oben den sehr gefallenen Fluß passieren. Unser Fährmann hatte sich aber in den Kopf gesetzt, uns nicht an der gewöhnlichen Überfahrtsstelle auszuschiffen, sondern zog vor, länger als eine halbe Stunde flußaufwärts zu gehen, um uns an die erwähnte Furt zu bringen. Da das Wasser hier wirklich nur zur Brust reichte – bei etwa 80 m Breite –, hätten wir ganz gut ohne Barke passieren können und wären zu Lande viel schneller hergelangt – das sind aber Negerlaunen, mit denen man zu rechnen hat. Ein sehr böses Stück Schlamm ist zunächst zu queren – Reittiere müssen einen weiten Umweg machen –, und daß Einsinken in den zähen schwarzen Schlamm nicht die Toilette verbessert, zumal kein Wasser da ist, um sich zu reinigen, ist selbstverständlich. Die ewige Grassteppe, mit lichtem Buschwald wechselnd, führt zu einem andern zu beiden Seiten der Straße sich bis zu 1½ km Entfernung hinziehenden, mit sehr hohem Grase bestande-

nen Sumpfe Túndjuru, der mit dem bei solchen Gelegenheiten unvermeidlichen Lärm und Gelächter gekreuzt wird. Die Schlammrinne, welche die Straße vorstellt, ist stellenweise recht tief und ebenfalls nur zu Fuß benutzbar.

23. Oktober, Sonntag. – Es donnerte recht fröhlich, als wir uns heute morgen in Bewegung setzten, da aber die Jahreszeit der Regen nun wohl vorüber, konnten wir es nach der Hitze der letzten Tage auf einen Schauer schon ankommen lassen. Weithin dehnt sich die mit enorm hohem Grase bestandene Steppe vor uns aus, nur seltene Baumgruppen aufweisend, die dann meist zu kleinen Beständen geschlossen erscheinen. Palmen sind auch hier abwesend und selbst die Euphorbien selten. Die Terminalien dagegen sowie einige Akazienarten bilden stellenweise eine Art Buschwald, zu dem noch einige großblättrige Ficus sich gesellen. In ziemlich einförmiger Weise geht so der Marsch durch das hohe Gras vorwärts, bis einzelne Gneismassen sich über den Weg schieben und kurz darauf eine jener vielen über das Land zerstreuten flachrückigen Gneiskuppen erreicht wird, die zu etwa 200 engl. Fuß sich über das Niveau des umliegenden Landes erhebt und aus einem hellgrauen, stellenweise weißgebänderten Gestein besteht. Die Besteigung zeigt auf dem kurzen Rasen viele Spuren des Daseins von Sciurus leucumbrinus, dessen trockene Exkremente hierzulande pulverisiert zur Heilung verrotteter Wunden verwendet werden, da das Eichhörnchen sich von allerlei aromatischen Pflanzen nährt. Es erinnert dies an die in ʿArisch in Südsyrien übliche Sitte, die Exkremente gewisser Gazellen einsammeln zu lassen, um die Hände damit zu bestreichen, damit sie gut riechen. Von der Hügelhöhe eröffnet sich eine gute Rundsicht über sehr waldiges, nach dem Westen hin ansteigendes Land mit zahlreichen Rauchsäulen oder Dörfern, was dasselbe sagen will. Von Kuppen sind nur zwei in Südost gelegene und auch diese nur undeutlich sichtbar, da sie niedrig und durch viele Bäume nahezu verdeckt sind. Eine von ihnen wird als Djebel Jére, also die bei der Herkunft passierte Kuppe, bezeichnet; ob dies so ist, vermag ich bis jetzt nicht zu

unterscheiden. In derselben Grassteppe zieht dann der Pfad seine Schlangenlinien weiter, manchmal über Stellen, wo roter Ton und auf ihm eine Sandschicht mit dünnem Akaziengebüsch sich zeigen. Nachdem wir den von Amadi nach Ajak führenden Weg bald hinter der Kuppe Mámvolu, von der wir eben sprachen, gekreuzt, biegen wir plötzlich nach Westsüdwest, um bald darauf wieder nach West zu gehen, und gelangen über steiniges, leicht gehobenes Land zu einem kleinen Dorfe Kérimu, mitten in Duchn-Feldern gelegen, das entschieden identisch mit dem Kirmo der Karten, eine Bezeichnung, die übrigens für den ganzen kleinen Distrikt gilt. Felkins Kérimu muß östlicher liegen. Das kleine Dorf, dem Chef Atóti gehörig, der uns selbst bewillkommnet, besteht aus nur wenigen, von einer leichten Dornenseriba umgebenen Hütten, deren Konstruktion insofern von der bisher gesehenen abweicht, als das mit Lehm verklebte Untergestell nur ca. 1 m hoch und das Gras des Daches von dessen Spitze strahlig zur Erde niederreicht, nur die Tür freilassend, die immer hoch genug ist, um gebückten Leuten Eingang zu verschaffen. Viel Tabak war hier angebaut (N. rustica). Von Bäumen standen schöne hohe Anogeissi mit ihrem kleinen Laube und eben reifenden Samen da. Ihr Holz, von weißer Farbe und sehr eben, ist als sīlek hier überall von den Arabern sehr geschätzt.

Eine eigene Musikbande hatte sich am Fuße einer hohen Tamarinde aufgestellt: ein junger Mann blies auf einem langgestreckten Kürbishorn, das am Grunde einen Kürbis trug, dessen Schalloch der Musikant bald mit der Hand zuhielt, bald in verschiedener Weite offen ließ und dadurch allerlei Modulationen in seiner Musik erzielte, die bald dem Trompeten eines erzürnten Elefanten, bald dem Brüllen eines Stieres, bald auch im Piano dem Schnurren einer Katze glich. Dazu klappten die Hölzer seiner beiden Begleiter aufeinander, und ein einförmiger Gesang begleitete sie. Unter dieser Musik setzten wir uns in Bewegung, und noch jetzt ist mir unklar, was das für Lungen sein müssen, die auf dem ganzen ziemlich unebenem Wege nicht müde wurden, zu brüllen.

Die Steppe wird hier steiniger, im roten Sande liegen eine Menge schwarzer Konkremente, von Sonne und Regen gefärbt. Auch Termitenhügel sind hier wieder häufig. Im dürren Grase stehen viele Aloë. Eine Plage solcher Grassteppen ist eine winzig kleine Fliege, von den Leuten Dubanet el-fil (d. i. Elefantenfliege) genannt, die an Hartnäckigkeit alle ihre Gattungsverwandten übertrifft und mit Vorliebe die Augenwinkel und Nasenlöcher besucht, sich auch kaum verscheuchen läßt. Drückt man sie zwischen den Fingern, so bleibt ein starker Geruch an ihnen haften. Von sonstigen Fliegen sind zwei, eine der gemeinen europäischen sehr ähnlich und eine andere große, graue, recht häufig. Häufig auch sind Schmetterlinge verschiedener Arten, von den großen Papilio-Arten bis zu kleinen unscheinbaren Motten; die farbenprächtigsten aller von mir gesehenen Arten aber sind jedenfalls die kleine Zygaena, deren Purpur, Silber und Stahlgrün in der Sonne wie ein Feuerfunken blitzt. Leider besitze ich keine Insektennadeln.

24. Oktober, Montag. – Die Träger sind nicht gekommen, wohl aber eine Menge kleiner Chefs mit allerlei Beschwerden gegen den Verwalter des hiesigen Postens, der zwei von ihnen mit Feuer gebrannt und mit dem Messer bearbeitet hat.

Die Frauen des Landes zeichnen sich durch die besondere Verunstaltung der Lippen durch Einlegen von breiten runden Holzplatten aus. Eisenschmuck und besonders zierlich gearbeitete Ketten werden viel getragen. Als Waffen habe ich bis jetzt nur Lanzen mit ziemlich breiten, in der Mitte gerieften Blättern gesehen. Wildfallen, bei denen ein in der Schwebe gehaltener Baumstamm sich auslöst und niederfallend das Wild erschlägt, sind überall häufig zu sehen. Zum Fischfang dienen außer den Handnetzen noch Reusen der allgemein üblichen länglichen Form und auch massive eiserne Angelhaken. In großer Anzahl müssen kleine Vierfüßer existieren, deren Felle man überall als Schambedeckungen getragen sieht. Viehstand existiert seit langem nicht mehr. Eigen ist, daß nicht einmal Hunde sichtbar wurden. Das riesenhohe Gras macht übrigens jeden

Versammlungsplatz

Ausflug sehr schwer. Die Neger essen eine Art Ton, der gegraben wird, ganz besonders wenn sie viele Fische gegessen haben, um solche besser zu verdauen und ihren Geruch zu vernichten.

25. Oktober, Dienstag. – In der nun folgenden Strecke sieht es schon recht winterlich aus: an vielen Stellen hat man das Gras niedergebrannt, und weite Strecken rötlichen Sandbodens mit Asche und Kohlenstaub dehnen sich hier aus. Dazu gesellen sich die Stoppeln des stehengebliebenen Grases und die Massen vom Feuer getrockneter gelber Blüten, teils noch an den Bäumen, teils weit über den Boden verstreut. Auch einzelne Termitenbauten zeigen sich hier und da.

Wir haben hier schnell Hütten zu errichten, da Regen droht und wirklich auch kommt, bevor wir fertig sind. Eine Anzahl meiner Leute sind nämlich mit dem Gros der Sachen in Mvólo geblieben, da die Träger heute morgen nicht vollzählig gekommen waren und wir demnach nur das Nötigste mit uns nehmen konnten. Die Hütten stehen hier rings um einen freien von einem verfallenen Dornzaun geschützten Platz, einige auf ebener Erde, andre auf Plattformen, von Pfählen getragen. Alle sind sehr klein, die auf Gerüsten stehenden halbkugelig oft mit einer Art Vorhalle versehen; die auf ebener Erde stehenden zeigen ein zwei Fuß hohes Untergestell aus Holzpfählen und Kegeldächer. Die Plattformen gewähren in der unteren Etage, also rez-de-chaussé, guten Schatten, weshalb alle häuslichen Verrichtungen dort vorgenommen werden; auch die Männer finden sich dort zum Plaudern zusammen, und zwar gemeinsam mit den Frauen, die bei all diesen Stämmen ziemlich selbständig auftreten. Die Lippenzier sowie das große blanke Messer an der Lendenschnur fehlen auch hier den Frauen nicht; nackend sind sie nahezu, tragen aber, die Mädchen ausgenommen, Schwänze aus geschwärzter Baumwolle. Alle Frauen sind zur Wohlbeleibtheit geneigt; auch bei den Männern ist die Fettpolsterentwicklung eine ganz ausgiebige.

28. Oktober, Freitag. – Das war ein guter Beginn des Tages: 18 Mangbettu-Sklaven in Freiheit gesetzt und an Gambári zu übergeben angeordnet. Zwei Bitten von Negerchefs – einem ist der Bruder von einem gewissen Daud durch Kurbatsch-Hiebe über den Leib getötet worden, dem andern sind Mutter und Bruder durch den Diener des hiesigen Stationschefs erschossen worden. Und alles das unter Mula Efendis Augen, ohne daß er dazu ein Wort verlor.

Heute wurde mir ein eigenes Geschenk zuteil – ein Meteorit. Gambári, der Mangbettu-Chef, brachte mir das Stück, das ziemlich reines Eisen scheint und merkwürdig regelmäßig geformt ist, so daß ich zuerst glaubte, es sei von Menschenhand gemodelt worden. Dem aber widersprach Gambári, da das Eisen viel zu hart sei und selbst das Feuer ihm nichts anhabe, so daß man in Mangbettu dergleichen mehr als Kuriosität, als vom Himmel gefallener Donnerbolzen aufbewahre. Die Meteoriten sollen häufig sein, stets ist ihr Niederfall von lauten Detonationen begleitet, und oft zerspringen sie in Stücke. Gewöhnlich aber findet man sie in Stücken von der Größe des mir gebrachten oder wenig größer als dieses, oft völlig rund und flach gedrückt, oft eckig. Besonders ausgezeichnet durch Meteoritenfall ist ein Berg, Tinna genannt, wo man solche Stücke in Menge auflesen kann, ohne sie jedoch verwerten zu können.

Eine eigentümliche Behandlungsweise Verrückter ist bei den Mittu-Völkern üblich: man stößt quer durch einen Termitenhaufen ein breites Loch und steckt den Patienten, Kopf zuerst, hinein, um ihn auf der andern Seite wieder schnell herauszuziehen: die solcherweise geübte Anleitung auf die Haut soll oft von gutem Erfolge begleitet sein. Fieber behandelt man durch Aussetzen der Patienten in den direkten Sonnenschein, bis Schweiß eintritt. Eine Frau litt in Moddobéri an einem krustigen Exanthem (Rupia): ein Mann brachte drei kleine Hölzer, und nachdem er die Krusten mit selbigen berührt und dann allerlei Worte gemurmelt, pflanzte er sie in den Boden, daß sie eine Kegelfigur bildeten, und versprach Genesung für die Frau.

Die Umgebung von Ajak ist eine so traurige, wie man sie nur denken kann, da natürlich außer einzelnen hohen Bäumen alles weithin entholzt worden ist und nun die wellige Ebene nach allen Seiten hin nur mit hohem Grase bestanden sich ausdehnt. Der Boden ist ein gelber Lehm von zäher Konsistenz; ringsumher scheint das Land häufig Überschwemmungen ausgesetzt, und noch jetzt stehen an vielen Orten Lachen gelben Wassers, an dem sich die munteren Hoplocteri herumtummeln. Auch die grauköpfigen gelben Bachstelzen sind schon angekommen und wippen eifrig am Flußufer hin.

29. Oktober, Sonnabend. – Es scheint, daß selbst in diesem Bollwerk[1] der Danagla und deshalb der Sklavenwirtschaft die alten Zeiten vorüber sind; die Neger verweigern den Leuten absolut den Gehorsam, und es bedürfte keiner großen Mühe, um dies Pack samt und sonders totzuschlagen. Daß sie von hier fortmüssen, beginnen die meisten nun selbst einzusehen und geben demzufolge ihre Sklaven von selbst frei. Heute morgen habe ich wieder

[1] Gemeint ist Ajak.

einige zehn konfisziert, und so werden wir allmählich den Platz etwas säubern. Ohne Zweifel wird es dann etwas besser für das Volk werden.

Heute morgen erhielt ich einen Brief von Makraka, wo der Mann, den ich gesandt, gerade 25 neu von Mangbettu eingetroffene Sklaven getroffen und konfisziert hat, samt dem sauberen Fakih, der sie mitgebracht. Das wird auch in Makraka einigermaßen Ruhe schaffen, obgleich, solange Bachit Bey dort haust, keine Ordnung möglich ist.

Seit langer Zeit schon war mir zu Ohren gekommen, daß im Hause des hier ansässigen griechischen Kaufmannes Marco graue Papageien (P. erithacus) gebrütet und Junge erzogen hätten. Derselbe Herr, befragt, erzählt nun wie folgt: unter etwa sechs von Mangbettu gekommenen solchen Papageien, denen wie üblich die Flügel gestutzt waren, hielten zwei besonders fest zusammen, ohne daß jedoch die Paarung beobachtet werden konnte. Eines Tages nun kam eines der im Hause bediensteten Mädchen und brachte in einem Löffel ein weißes Ei von Größe der Taubeneier, aber etwas länglicher, und erzählte, ein Papagei habe dies Ei soeben auf einen Kornhaufen gelegt, der in einem sonst unbewohnten Hause sich befand. Das Ei trug leichte Blutspuren. Herr Marco trug nun dasselbe behutsam im Löffel zurück, fand wirklich einen der Papageien auf dem Kornhaufen und legte das Ei sofort in eine seichte Vertiefung des Korns, die der Vogel gescharrt, zurück. Der Papagei setzte sich gleich darauf. Jeden fünften Tag wurde nun ein Ei gelegt, bis ihrer vier zusammen waren; dann begann das Brüten, das gerade 22 Tage dauerte. Zwei Eier erwiesen sich als faul, während zwei auskamen. Ein Junges wurde vom Männchen getötet, als man es aus dem Neste nahm und wieder zurückbrachte; das andere wuchs und befiederte sich langsam. Durch einen Zufall wurde dasselbe getötet; die Mutter starb apoplektisch, der Vater lebt noch heute im Hause des Kaufmanns. Es dürfte dies so ziemlich der einzige beobachtete Fall von Brüten des grauen Papageis sein.

Die Bevölkerung der Seriba ist aus allen Lumpen

zusammengesetzt, die in Chartum kein Auskommen finden können und hier die Negerbevölkerung ungestraft aussaugen. Nach dem mir überreichten Verzeichnis sind hier ansässig: 121 Personen außer Dienst (7 Kaufleute, 57 Leute ohne jede Beschäftigung, 57 Ackerbauer) und 73 Dragomane (30 Njamnjam, 14 Djur, 10 Agar, 19 Bongo), was 194 ausmacht, zu welcher Zahl eine wechselnde Bevölkerung (Kleinkrämer, Leute, die vom Bahr el-Ghasal und Chartum usw. kommen) von wenigstens 100 Mann zu addieren ist, so daß die runde Summe ca. 300 Mann beträgt, ohne den Troß von Sklaven, die drum und dran hängen und zu 4 pro Mann sehr bescheiden gerechnet 1200 ausmachen, so daß schließlich die gesamte Zahl 1500 nicht produzierende, aber verzehrende Personen ergibt. Da genügen denn freilich die jährlich als Steuer eingetriebenen 600–700 Ardeb Korn nicht, sondern man muß noch ebensoviel für eigene Bedürfnisse eintreiben und so den Negern die Haut über die Ohren ziehen. Daß man außerdem noch jährlich Massen von Sesam, Sesamöl, Fett des Butterbaumes, Honig und Wachs einsammelt, ist ebenso selbstverständlich, als daß das Gouvernement davon absolut nichts zu sehen bekommt; es liegt mir im Augenblick eine solche Klage vor, nach welcher im Monat August dieses Jahres der Chef der hiesigen Station drei »Dame-jeannen« voll Honig, 15 Gefäße voll Öl, 15 voll Fett des Butterbaumes, 26 Lasten Sesam und 40 Lasten Korn freundlichst in sein eigenes Haus beförderte – »da ja doch das Gouvernement davon nichts wüßte!« Es ist übrigens hier in so großem Maßstabe gestohlen worden, und man hat das so lange Jahre getrieben, daß man sich nur wundern kann, wenn überhaupt noch etwas übriggeblieben ist, und daß noch so viele Neger existieren, ist wohl nur dem Umstande zuzuschreiben, daß die Dinka gar nicht zu verachtende Gegner sind, wie sie ja auch erst im Laufe dieser letzten zwei Jahre einigermaßen sich dazu verstanden haben, dem Gouvernement als Träger usw. Dienste zu leisten.

Heute sind hier die bisher für völlig unzugänglich gehaltenen Chefs der Atōt-Neger eingetroffen, um mir ihre

Aufwartung zu machen und mir hoffentlich die Straße frei zu lassen, wenn ich Schambé verlege, wo alle Holzvorräte auf eine Reihe von Jahren hinaus völlig erschöpft sind.

31. Oktober, Montag. – Was am Bahr el-Ghasal oder vielmehr in Chartum vorgegangen sein muß, ist mir unerklärlich, falls nicht schon der Bahr el-Ghasal wiederum gesperrt ist. Es sind nun heute gerade 94 Tage, daß Lupton Bey von Ladó abreiste und sich vornahm, ohne jeden Aufenthalt in Chartum sofort auf seinen Posten zu gehen. Gestern vom Bahr el-Ghasal gekommene Briefe sind nur elf Tage alt und tragen die Firma Musa Beys, nicht Luptons. Hier glaubt man an eine neue Verstopfung des Ghasal durch Pflanzenbarren, während ich, da Lupton in diesem Falle nach Schambé kommen konnte, mir nur denken kann, er sei wie immer krank geworden oder aber es ist in Chartum ein Wechsel in der Hukemdarie[1] eingetreten und er deshalb verhindert zu kommen, bis vielleicht der neue Gouverneur da ist. Heute erhielt ich von Ladó Post mit den üblichen Vorfällen dort – Trunkenheit, Ungehorsam usw. Wie das werden wird, wenn ich nach Mangbettu gehe und sechs Monate ausbleibe!

10. November, Donnerstag. – Hurra! fort sind wir aus dem Sklavenneste – freilich nur, um in ein ähnliches zu gehen!

Sobald man vom Flusse nördlich abbiegend die über eine halbe Stunde sich ausdehnenden Korn- und Bohnenfelder Ajaks passiert hat, kommt man sofort auf häufigen Überschwemmungen ausgesetztes hellgraues Lehmland, in dessen beim Trockenwerden leicht sandigem Boden sowie an höhergelegenen Stellen die Arachis hypogaea[2] ganz auffällig reichen Ertrag liefert. Trotzdem nun dieselbe von den Agar in großem Maßstabe kultiviert wird, hat bis jetzt kein Mensch daran gedacht, das Öl in anderer Weise als zum Einreiben des Körpers zu benutzen; man behauptet sogar, daß dies Öl im Gegensatz zum Sesamöl einen auf die

[1] Kommandantur (ägypt. Arabisch).

[2] Erdnuß.

Gesundheit nachteiligen Einfluß ausübe. Übrigens hatten alle unsere Träger sauber in Blätter gehüllte Packe der Arachis als Wegzehrung mit sich. Etwa anderthalb Stunden Marsch durch mit Wasserlachen durchsetztes, zu beiden Seiten des Weges von riesenhohem Grase eingefaßtes Land bringen uns zum Flusse, der hier bei etwa 20 m Breite zwischen 1 bis 1½ m tief ist (zufällig heute) und zwischen 2–3 m hohen, steilen Sandufern fließt. Gleich nach dem Übergange betritt man ein ziemlich unebenes Terrain mit tiefen Sumpfstellen, die noch jetzt voll Wasser und Schlamm stehen und etwa eine halbe Stunde weit sich hinziehen, um dann nach einer kurzen Strecke niederen Buschwaldes sehr ausgedehnten Kulturen von Sorghum und Penicillaria Platz zu machen, die stellenweise mit Grassteppe abwechseln.

12. November, Sonnabend. – Rumbehk oder Rohl, wie sie auch genannt wird, ist die älteste Niederlassung am Weißen Nil. Sie wurde ursprünglich von Malzac zur Elefantenjagd angelegt, und auch heute, wo die Elefanten längst aus der Gegend verschwunden, leben hier Leute aus jener Zeit. Im Laufe der Jahre gewann aber der Ort Ansehen als Zentralpunkt der hiesigen Niederlassungen und noch mehr als Ausgang für die nach Mangbettu zu sendenden Karawanen und Stapelplatz für das von dort gebrachte Elfenbein – weißes und schwarzes. Die sehr dichte Besiedelung der Umgegend mit sehr reichen Kornprodukten erleichterte diesen Aufschwung. Heute ist der Anblick der Station ein geradezu befremdlicher. Durch das Ausgraben der Erde zum Bau der Häuserumwallungen und das Glätten der Plattformen, auf denen sie stehen, ferner durch die früher versuchte Anlage eines Grabens ringsumher sieht das Land dicht um die Station so uneben aus, als hätten hier Goldgräber ihr Lager aufgeschlagen. Daß zur Regenzeit und noch jetzt große Pfützen Wassers in den oft recht tiefen Gruben sich sammeln, trägt zur Gesundheit der Niederlassung kaum bei. Wie eine Insel hebt sich die eigentliche Station inmitten dieser Klüfte heraus, ein Gewirr von mit Hütten besetzten Plattformen, das an Unsauberkeit jeder Beschreibung spottet. Fußbreite, mit Schmutz jeder Art

bedeckte Pfade führen durch dieses Chaos, und da auch die unter den Hüttenkomplexen belegenen Räume von den Sklaven bewohnt sind und dort gekocht und gebraten wird, vermehrt sich die Masse des Unrats und Gestanks ganz erheblich. Kaum einer hat daran gedacht, sein Heim mit einem Zaune zu umgeben, jeder schaut in seines Nachbars Haus, und zankt einer mit seiner Konkubine, so muß die ganze Station davon Zeuge sein. In einer Ecke der Station liegt eine Art Garten, dessen Bäume durch Mangel an Wasser halb vertrocknet sind, wie überhaupt das hiesige Wasser spärlich, milchig-trübe und von unangenehm erdigem Nachgeschmack ist. Von Kulturpflanzen sind außer halb verdorrten Limonen, süßen Limonen, bitteren Orangen und Opuntien nebst Baumwolle noch vier bis fünf hohe Dattelpalmen zu erwähnen, die Malzac gepflanzt hat und welche gute Früchte tragen sollen. Die ganze Anlage der Station, so fern von allem Wasser, ist verfehlt, und ich werde sie jedenfalls verlegen. An Gebetsplätzen fehlt es natürlich nicht, ebensowenig an Fakihs: hält man dagegen aber die gestern abend aus dem Joch befreiten 19 Njamnjam und 165 heute in Freiheit gesetzten Mangbettu-Sklaven, so bekommen die fleißigen Beter eine ganz eigene Farbe.

Es kommen ungefähr 10–15 Sklaven pro Kopf der Bevölkerung; allerdings haben sich einige besonders ausgezeichnet, und dazu gehört der Chef dieser Verwaltung, von dem heute allein 25 männliche und 15 weibliche Mangbettu-Sklaven – zusammen 40 – konfisziert wurden und dies außer mehr als zweimal soviel, die noch in seinem Hause befindlich sind, verschiedenen Nationalitäten angehören und vielleicht ebenso vielen, die vor meiner Ankunft fortgejagt wurden. Korn produzieren die Neger genug; ist das Fleisch zu Ende, so werden die Agār oder Atōt als aufsässig verschrien, und es wird eine Razzia gemacht, bei welcher das Gouvernement zu einem und die betreffenden Parteien zu drei Teile profitieren, und so macht der Unterhalt keine Schwierigkeiten. Kommen dazu noch so gute Gelegenheiten wie der sogenannte Krieg gegen Sibēr, so geht es freilich noch besser. Mula Efendi und der hiesige

Goldschmied Ali Wod el-Melich erzählen jedem, der es hören will, daß nach Beendigung des Krieges letzterer 22 Tage bei Gessi gearbeitet hat, um aus dem mitgebrachten Golde Ketten usw. zu fertigen. Die seidenen Kissen und Decken sowie die großen persischen Teppiche Sibērs liegen hier im Divan Mulas offen zur Schau. Die Sklavinnen aus Darfur und den westlichen Ländern – als Takruri bezeichnet – sind hier geradezu häufig; von Sibērs Sklavinnen habe ich bis jetzt sechs gesehen und gesprochen, und alle bedauern ihren früheren Herrn. Maultiere und Pferde waren um nichts zu haben, und jeder Stationschef hier hat deren zwei bis drei. Und das alles unter Gessis Augen und Leitung!

14. November, Montag. – Heute habe ich die Mangbettu usw. nach Amadi spediert und mein krankes Pferd dorthingesandt – 's ist doch besser, zu Fuß zu gehen! Hier ist noch alles in Unordnung, weder Rechnungen noch Dokumente sind zu erhalten, wie seit 1877 Station Rumbehk überhaupt nie Rechnungen eingereicht hat. Die Leute sind widerspenstig und unwillig zu arbeiten, die Beamten noch schlimmer – was kann man da tun? Rumbehk wurde von Ghaba Schambé aus von Malzac eröffnet; nach Malzacs Tode erwarb es Binder, von ihm Halil Schamé, dann Tohami, der es an Ghattas verkaufte, von dem es an das Gouvernement gelangte. Ajak wurde von Poncet von Abu Kuka aus eröffnet.

17. November, Donnerstag. – Eine weite, völlig wasserlose Strecke liegt vor uns; der Abmarsch erfolgte in hellem Mondenschein und demnach schon um 3.24 vormittags. Wenngleich nun solche Nachtmärsche durch die Kühle der Luft sehr angenehm sind, besonders heute, wo der gestern nachmittag gefallene Gewitterregen den Staub gelöscht, so haben sie, falls es sich um mehrere Tage hintereinander handelt, doch gewöhnlich Fieber im Gefolge, und man tut deshalb besser, hierin vorsichtig zu sein.

18. November, Freitag. – Es muß im Bahr el-Ghasal-Gebiet böse aussehen: Gessi scheint absolut nichts getan zu haben; gratuliere Lupton zu dem Augiasstalle, an dessen Reinigung selbst ein Ägypter verzweifelt. Die Bevölkerung

des hiesigen Distrikts sind Gok, also Dinka, nicht Bongo, wie Felkin meint, obgleich eine Anzahl Familien solcher hier wohnen (angesiedelt). Die Station besteht aus einer sehr großen Anzahl verstreuter Gehöfte und Seriben, in denen außergewöhnlich zahlreiche Danagla, man sagt mehr als in Rumbehk und Ajak zusammengenommen, ansässig sind und außer blühendem Sklavenhandel auch ein wenig Räuberei treiben. Die alte Seriba Scherifi hat eben auch in dieser Beziehung ihren alten Ruf nicht eingebüßt, obgleich die alten Scherif Babekr und Scherif Osman seit langem von Abd es-Ssammats famosem Trompeter Ingeleri getötet wurden. Schöne Saaten rings um die Station werden von den Bongo, die hier angesiedelt, bedient. Die Station selbst heißt nicht Abreál, wie der Distrikt, sondern Lang (Dinka-Name für Zyziphus); der Fluß wird von den Dinka Gell, von den Bongo Roah genannt. Ein für diese Saison außergewöhnliches Gewitter ging um drei Uhr nachmittags nieder. Die Zeit ist unter allerlei offiziellen Arbeiten so schnell vergangen, daß es kaum glaublich ist. Spaßhaft ist die Furcht der hiesigen Leute vor mir – als ob ich eine Landespest wäre, haben sie heute Gebete für meine baldige Abreise gehalten.

19. November, Sonnabend. – Wir sind hier noch im Dinka-Lande, der Ort heißt Alēl kuimba, d. h. »Eisenschmelze des Kuimba«, weil früher hier Eisen bearbeitet wurde. Die Entfernung von hier nach Muchtas Seriba Djōt muß nicht groß sein, da er herübergekommen, um nach uns zu sehen.

Da wir hier nahe am Ende des Dinka-Landes angekommen, sei noch einiges über dieselben und speziell die Agār und Gōk, deren Gebräuche identisch, nachgetragen. Will einer heiraten, so spricht er zunächst mit dem Vater der Erwählten, und nach langem Markten, wobei alle Verwandten der Braut vom Großvater zum Oheim und der Großmutter zur Kusine teilnehmen, wird der Preis gewöhnlich von hundert und mehr geforderten Rindern auf vierzig herabgedrückt, von denen jeder Verwandte sein Teil erhält. Ist alles in Ordnung gebracht, so schmücken sich die männlichen Verwandten des Bräutigams mit Schürzen von Leopardenfellen, allerlei phantastischen Kopfbedeckungen und Waffen, und unter Gesang und Tanz wird die Braut aus dem Vaterhause dem Bräutigam zugeführt und dann eine Orgie gehalten, zu dem der Bräutigam einen Ochsen und die Mrissa spendet. Am nächsten Tage ist der Vater der Braut gehalten, ein Fest zu geben, zu dem er Fleisch und Getränke liefert. Bei dieser Gelegenheit werden als eine Art von Generosität dem Bräutigam gewöhnlich zehn der für die Braut gezahlten Rinder als Geschenk für die neue Haushaltung zurückgestellt. Die Dinka verheiraten nie Mädchen ihres Stammes an Fremde, sie selbst aber heiraten aus den Mittu-Stämmen der Sofi und Beli, wo die Mädchen billiger und mit Eisen und Schafen oder Ziegen zu erkaufen sind. Häufig genug soll es übrigens vorkommen, daß ein junger Mann, der arm, und ein Mädchen miteinander eins werden, und er selbige entführt. Beide müssen sich dann verstecken, und gelingt es den Verwandten des Mädchens, sie zu finden, so würde ihr Freund getötet werden, falls er sich nicht irgendwie loskauft, und das Mächen würde zu den Eltern zurückgebracht, um zu geringem Preise an irgend jemand verheiratet zu werden. Gewöhnlich aber wird die Sache von den beiderseitigen Verwandten in irgendwelcher Weise geordnet. Werden Frauen verstoßen, so behalten, wenn sie es kraft einflußreicher Verwandtschaft oder Reichtum und Einfluß vermögen, die Männer die Kinder zurück; falls diese mit der Mutter gehen, haben sie Rinder zum Unterhalt zu beanspruchen. Verstoßung ist übrigens selten, da auf Ehebruch gewöhnlich Tod steht und die Dinka-Frauen sittlich sind. Geburten werden nicht besonders gefeiert noch Reinigungszeremonien vorgenommen. Zwillinge bedeuten Glück und werden durch ein Ziegen- oder Schafopfer gefeiert. Stirbt einer, so wird er gewaschen, rasiert und eingefettet und dann in zusammengekauerter Stellung mit nach oben gezogenen Händen, die den Mund bedecken, in eine kreisförmige Grube gesetzt, nachdem man seinen Schmuck ihm abgenommen; über ihn wird eine Rindshaut gebreitet und Erde aufgefüllt. Ist der Verstorbene reich, so wird noch eine zweite Rindshaut unter ihn gebreitet und ein

Ochse zum Opfer geschlachtet, den die Verwandten verspeisen. Die nächsten Angehörigen rasieren als Zeichen der Trauer den Kopf; übrigens gilt für sechs bis sieben Tage das Haus eines Verstorbenen für unrein und wird nur von den Angehörigen betreten. Selbst die Nachbarn mögen nicht einmal Feuer von da haben.

21. November, Montag. – Seit Mitternacht schon hatte es geblitzt und gedonnert, zum Regnen aber kam es glücklicherweise erst früh, als unsere Sachen schon fertig gepackt waren. Wir hatten demnach ein wenig Aufenthalt, marschierten jedoch, als der Regen etwas nachließ, ab und passierten zunächst, im hohen Grase am Bache hingehend, der für lange Zeit beinahe genau nördlich fließt, zahlreiche von Fischern errichtete Sonnendächer. Auch im Bachbette waren die Spuren ihrer Tätigkeit an Dämmen und Wehren zum Aufstauen des Wassers ersichtlich, während im hohen Grase eine Menge Fallen für kleines Wild auch von Jägertätigkeit zeugten.

Von Njang an, das wie alle hiesigen Dörfer seinen Wasserbedarf aus Brunnenlöchern entnimmt, führt der Weg wieder wechselvoll durch Grassteppe, lichten Wald und schöne Bambusgruppen, während einzelne Pflanzen hier eine bedeutende Stärke erreichen. Eine Zierde der Landschaft sind hier wie im Agár-Lande die hohen Parkien mit ihrer lichtgrauen, polyädrischen Rinde. Eine große Wasserlache liegt dicht am Eingange des Dorfes Mabongo, welches dem Distrikt den Namen gibt; Gänse und kleine Wasservögel tummeln sich auf ihr in Sicherheit herum, weil niemandem es einfällt, sie zu belästigen. Zwischen Gehöften und Kornfeldern hindurch gelangen wir in strömendem Regen schon um 10.24 vormittags zu unserer Station Mabongo oder, wie sie gewöhnlich benannt wird, Seriba Rachme, nach dem einzigen Dongolaner, der hier wie ein Sultan schaltet, von den Negern Abgaben einzieht, an das Gouvernement aber natürlich nichts liefert, sondern für sein Nichtstun noch bezahlt wird. In großem Bambuszaune stehen seine Hütten, und das auf eine Plattform gestellte Kornmagazin würde die Station Ladó für sechs bis sieben

Monate verproviantieren mit dem, was es jetzt enthält. Und dabei ist noch die Kornernte vor der Tür, von Sesam, Honig, Öl usw. nicht zu sprechen! Eine verzweifelte Wirtschaft!

Spät abends harrte meiner noch eine Überraschung: ich war gerade mit dem Niederschreiben dieser Notizen beschäftigt, als auf einmal sich zwei Mangbettu-Mädchen im Alter von sieben bis acht Jahren vor mir präsentierten und mir klagten, ein gewisser Bachr, ein Kenusin, habe sie vor ganz kurzer Zeit genommen, mit einem Njamnjam und einem Momwu-Knaben aus ihrer Heimat geraubt und nach Rumbehk bringen wollen, um sie dort zu verkaufen, habe aber, als er von meiner Anwesenheit gehört, sie dem hiesigen Stationschef zum Verstecken gegeben; sie hätten mich aber heute nahe am Wasser gesehen und seien deshalb zu mir geflüchtet. Wo die Knaben seien, wüßten sie nicht, jedenfalls aber in der Nähe versteckt. Daß ich in einem Augenblick den sauberen Stationschef im Sklavenjoch hatte, ist selbstverständlich, und so hatte ich schon um zehn Uhr nachmittags alle vier Kinder beieinander: die Knaben vier und sechs Jahre alt! Zur selben Zeit war ein Expreß nach Rumbehk gesandt, um die Festnehmung des Bachr zu bewerkstelligen, und so wird die Geschichte wohl bald zum Austrag kommen können. So geht es hier zu, und Gessi sprach von Ausrottung des Sklavenhandels!

22. November, Dienstag. – Durch lichten Steppenwald mit hübschen Bosketten an dem Orte vorüber, wo früher Dorf Bolló, jetzt aber nur ein großer Baum steht, betraten wir bei der Wasserpfütze Mangíllihi den Distrikt Djor, weite offene Eisentonflächen mit sehr vereinzelten Bäumen und Bosketten. Auch hier bilden die vielen Butyrosperma[1], in Bēli Kitto genannt, eine Zierde der Landschaft zusammen mit hohen schönen Tamarinden. Prächtig auch macht sich das reiche grüne Laubwerk, der im Mittu-Lande nicht allein an Bachläufen (wie anderwärts) sehr häufigen Gummiranke Carpodinus (hier billá genannt), die einen schönen weißen Kautschuk liefert, von welchem zahlreiche Proben gesam-

[1] Schibutterbäume.

melt wurden und das einst auch guten Handelsartikel bilden kann. Die röhrenförmigen gelblichweißen, zu einer Dolde zusammengehäuften Blüten, mit denen die Ranken jetzt überdeckt sind, hauchen einen etwas intensiven, aber angenehmen Duft aus. Hier macht sich auch wieder einmal Sanseveria (toi) bemerklich; der kurioseste Gesell aber in all der Pflanzenwelt ist ein euphorbienähnliches, etwa 1 m hohes Gewächs mit zylindrischem, etwa 6 cm dickem grauem, tausendfach genarbtem Stamme, auf dem ebenso runde kurze Äste sitzen. Weder Blätter noch Blüten sind sichtbar, das ganze gedrungene, nackte Gewächs macht aber einen förmlich unheimlichen Eindruck, der nicht gebessert wird, wenn man von den Eingeborenen hört, daß Büffel, die mit dem Kopf dagegenstoßen, durch den Saft völlig blind werden und ihnen der Kopf sehr anschwillt, so daß man sie ohne alle Mühe töten kann. Die Eingeborenen meiden deshalb die Pflanze, die gewöhnlich zu drei bis vier steht, ängstlich und nehmen sich vor dem weißen Milchsaft sehr in acht; sie nennen das Gewächs Kiboia.

Ein ganz eigentümlicher Gebrauch herrscht bei den Bēli: als am Abend sich alles Volk zum Gesang versammelte, setzten sich zunächst die Einwohner des Dorfes in einen großen Haufen zusammen und begannen einen Chorgesang; sodann sprang einer in der Mitte auf und begann die mit uns gekommenen Träger und deren Chefs, die doch auch Bēli sind, mit allen erdenklichen Schmähreden und Schimpfworten als Nichtsnutze und Tagediebe zu brandmarken, die gefürchtet hätten, allein zu kommen und deshalb die »Türken« mitgebracht hätten zum eigenen Schutze. »Beschnitten seid ihr, nicht einmal die Frauen wollen mit euch zu tun haben«, darin gipfelte die etwas derbe Strafrede, die im schnellsten Tempo von allen zusammen wiederholt und mit frenetischem Klappern der Stöcke auf eigens dazu hingelegte Holzblöcke begleitet wurde. Ein schöner Empfang! Dazu die trillernden Frauen und das rote Licht der hochgeschwungenen Strohfackeln. Unsere Leute, die im Kreise ringsum standen, hörten das alles höchst vergnügt an – es ist eben Sitte so –, und als der

Vorsänger endlich müde abtrat, ergriff einer einen grünen Durrah-Stengel und bearbeitete den Sänger damit recht herzlich, was dieser als ein Zeichen seiner vollen Befriedigung und Anerkennung sehr freundlich aufnahm. Nun kam die Reihe aber an unsere Leute, und hatten jene geschimpft, so gaben diese im selben Schnelltempo ein förmliches Pelotonfeuer der gröbsten und ärgsten Zoten an ihre Freunde zurück, die ihrerseits wieder sichtlich zufriedengestellt lachten. Sobald eine Partei müde, nahm die andere den Schimpfreigen wieder auf, und so ging der Gesang fort bis weit nach Mitternacht.

26. November, Sonnabend. – Meinen Leuten Rasttag.[1] Heute wieder einmal Lanius excubitorius gehört, der im Bahr el-Ghasal ganz zu fehlen scheint. Eine Ceryle maxima geschossen. Sehr gute Jagd hier. Otolicnus galago scheint sehr häufig zu sein, da ich in wenigen Stunden heute drei Exemplare erhielt. Die Iris ist hell-umbra und scheint bei lebhaften Exemplaren in gewissem Lichte blutrot durch.

Die hiesigen Negerchefs sind das widerspenstigste Gesindel, das ich je gesehen. Über 150 Sklaven von Ajak sind bei ihnen versteckt, und trotzdem ich gestern gleich nach meiner Ankunft ihnen befahl, diese zu bringen, und sie mir es versprachen, waren bis zum Abend nur vier Knaben gekommen, zu denen heute noch drei Mädchen und zwei Knaben kamen, während alle anderen versteckt gehalten wurden; so groß ist die Furcht vor den Danagla. Es blieb mir also nichts übrig, als die gesamte Bande, fünf an der Zahl, einzusperren, und so gedenke ich die Sklaven herauszubekommen. Solange noch ein Dongolaui am Weißen Flusse bleibt, wird die Sache nicht besser werden. Bis zum Abend habe ich so 23 Sklaven zusammengebracht und ihnen Freiheitsatteste geschrieben.

9. Dezember, Freitag. – Nachts wiederholt Regen; alle meine Leute kränkeln, und ist es Zeit, daß wir nach Ladó kommen. Ein Ausflug nach Tókkoros Dorfe Kenji oder, wie Felkin es nennt, Keniy-maza, zur Besteigung des dortigen

[1] In der Station Gueri.

Hügels und Ergänzung der Peilungen lohnte der Mühe, weil eine gute Aussicht und die endliche Feststellung der Bergesnamen erreicht wurde. Die Verschiebung der Berge in- und nebeneinander, wenn man von weitem sie sieht, und die unbestimmte Ausdrucksweise der Neger im Arabischen, selbst wenn man dessen wie ich völlig mächtig (Negerarabisch ist vollständig verschieden vom guten Arabisch), bewirken stets eine Verwirrung der Namen, die nur bei der Annäherung an die Berge selbst gelöst werden kann.

11. Dezember, Sonntag. – Die Träger dürften kaum morgen abend hier sein, und es soll dann die Straße über die Berge Odo und Kurschuk gewählt werden, um einen Abstecher nach Njambara zu machen und von dort nach Ladó zu gehen. Was übrigens das Ausbleiben des Dampfers, bis jetzt also mehr als vier Monate nach seiner Abreise von Ladó, veranlaßt, ist mir ziemlich unerklärlich, da selbst wenn Rauf Paschas Abberufung sich bestätigt, doch unsere Provinz außer Frage kommt. Noch rätselvoller wird die Geschichte durch Luptons Nichtkommen, da er doch unmöglich drei Monate in Chartum zum Vergnügen sitzen würde. Oder sollte der Fluß wiederum verstopft sein? Zu meiner Freude von Lupton-Bey Briefe vom 25. November a. c., nach denen in Chartum alles in Ordnung und Rauf Pascha noch da ist, auch viel Sachen für mich. Armer Monsign. Combani gestorben!

12. Dezember, Montag. – Da Dampfer »Borden« nun stündlich zu erwarten, so galt es baldmöglichst nach Ladó zu gehen, und des Wassers wegen wurde die etwas längere Straße über die Berge gewählt. Nach Kreuzung des hier recht breiten und immer noch zum Knie reichenden Flusses Aji oder Jeï oder, wie die hiesigen Morú ihn nennen, Rodi, wurden zunächst die weiten Kornfelder der Station durchgangen und dann der Buschwald betreten, der auf eisenschüssigem Boden von mehreren kleinen, jetzt völlig trockenen Wasserläufen durchschnitten wird. Das ganze Terrain ist äußerst felsig, und die einzelnen Gruppen, welche dem Lande ein abwechslungsreiches Aussehen verleihen, sind oft ziemlich hoch wie der linke an der Straße gelegene

Djebel Mérre, dessen Höhe wohl 300 engl. Fuß betragen muß. Bach Djale hält noch jetzt ein wenig Wasser, dann folgen wieder Buschwald und Felsen, zwischen denen ganze Herden von Elefanten weiden, bis auf einem niedrigen Gneisfelsen, an dessen Fuß ein Wasserbecken uns gutes Wasser gewährt, Rast gemacht wird, da es sehr heiß ist und wir spät von Amadi aufgebrochen sind. Leider gewährt der Ort, Mussa genannt, des dichten Buschwaldes wegen keine gute Umschau, und es ist kaum möglich, die nächsten Gipfel zu peilen. Im trockenen Steppenwalde gehen wir nun weiter, alle Augenblicke von Elefanten gestört, lassen die malerische, schwarzgebänderte und hochaufgetürmte Felsmasse Killa zur Rechten und steigen quer über ein von ihr auslaufendes Riff zu den Ruinen des verbrannten Dorfes Vari nieder, um gleich darauf an einer Pfütze Rast zu machen. Es ist nun ein Uhr nachmittags geworden, und die nächste Seriba oder das nächste Wasser soll kurz vor Sonnenuntergang erreicht werden, dabei sind sich die Führer, die kaum ein Wort Arabisch verstehen, ihrer Sache so ungewiß, daß es uns allen zur Freude gereicht, als wir mitten im Walde einen uns von früher her bekannten Neger treffen, der in Ajak seine Schwester zurückerhalten und nun auf dem Wege nach Amadi ist, um mich zu sehen. Er erbietet sich sofort zum Führer, und unter seiner Leitung erreichen wir kurz vor drei Uhr nachmittags, nachdem wir einen tiefeingerissenen trockenen Bach Taba und bald darauf einen hübschen Borassuswald passiert, Dorf Misáni, am Fuße des Djebel Uï gelegen, den wir schon früher von Hügel Teja neben Dorf Morlaba sahen, dort Voï benannt, gerade wie Uari als Uëre von dort genommen und auch Tsutzo ein alter Bekannter ist. Wir sind hier mitten im Kederú-Lande, dessen Grenze hier nach West der Fluß ist.

13. Dezember, Dienstag. – Um den Leuten die große Hitze zu ersparen, ordnete ich den Abmarsch schon für zeitig an, und jetzt kann ich sagen, ich tat gut daran, denn wir hätten sonst kaum die lange, nur wenig Wasser bietende Strecke so schnell zurückgelegt. Der Nachtmarsch durch den Buschwald, der von hundert Blüten duftet, hat im hellen

Mondenlicht seine Reize, aber die Dornen und das dürre trockene Gras sind doch sehr unangenehm. Trotz mehrmaliger Elefantenattacken, die jedesmal durch einige Schüsse verscheucht wurden, kamen wir denn auch schnell vorwärts, bis wir das trockene breite Bett eines schön mit Wald berandeten Baches betraten, der hier Arita benannt wurde, leicht aber unser früherer Bekannter Arise sein könnte. Breite und Figur stimmt genau, und auch hier marschieren wir volle zehn Minuten im Bette hin, das in zahlreichen Lachen und von Elefanten gestampften Löchern weißliches Wasser hielt. Übrigens hat man sich wohl in acht zu nehmen vor Dornen und bösen Ranken.

18. Dezember, Sonntag. – Da der Mond kaum noch Licht gibt, wird die Abreise verzögert, und es geht erst um 4.45 vormittags von Bach Koda ab nach unserem alten Schlafplatze am Bach Berr (7.37 vormittags) und von da nach Bach Njamini (9.28 vormittags), wo aber leider nur eine Pfütze sehr übelriechenden dunkelgrauen Wassers vorhanden ist. Unterwegs sind wir dem Rest der nach Madi bestimmten Soldaten begegnet; der Dampfer war gestern früh noch nicht in Ladó angelangt. Prachtvoller Duft von Hunderten von Gardenia-Bäumchen[1]. Da bei Nasches Dorfe Koka auch das Wasser weitab liegt, so gingen wir von hier aus auf der Makraka-Straße in scharfem, etwas mehr als dreistündigem Marsche nach Bach Luri, wo durch Graben in Vertiefungen des breiten weißen, sehr feinen Sandes gutes Wasser in Fülle erzielt wurde, und von da nach Djubis Dorf Kamiru, wo der Hitze wegen haltgemacht wurde. Von hier nach Ladó bleiben uns noch ca. fünf Stunden. Wir haben heute im Schatten 38–39° C. Gegen Abend Nachricht erhalten, daß der Dampfer früh in Ladó angelangt.

19. Dezember, Montag. – Vier Stunden vier Minuten guten Marsches brachten uns nach Ladó, wo Post und einzelne Instrumente meiner harrten. Auch mein neuer Adlatus Herr Jean Marcopouli (13), der Bruder des

[1] Sträucher aus der Fam. der Rubiaceae; zu dieser gehören auch der Chinarindenbaum und der Kaffeestrauch.

Chef-Dragomans des Generalgouverneurs, war angekommen. Es fällt mir dabei das alte Lied ein: »Denn wer den Papst zum Vetter hat, kann Kardinal wohl werden.« Leider hat in Chartum wieder einmal niemand daran gedacht, daß zum Sammeln und Präparieren von zoologischen Objekten Munitionen, Spiritus und dergleichen gehören, die man hier unmöglich sich selber machen kann, so daß wiederum zu den Glasperlen usw. gegriffen werden muß. Massenhafte reiche Post nimmt meine volle Tätigkeit in Anspruch.

Fünftes Kapitel

Reise nach Makraka

1882. 2. Oktober, Montag. – Um 6.20 vormittags ab von Ladó in Barke. Der Fluß ist recht hoch und das Vorwärtskommen überschwemmten Landes wegen recht schwierig. In den Schilfdickichten sind Mengen von Schilfsängern, von denen einer, der seltener, durch seine Größe (wie eine kleine Drossel) und eine sehr gelbe Unterseite auffällt. Erst spät, um 5.10 nachmittags, gelangten wir zu Lorons Dorf am Ostufer, wo frische Leute standen, und um 6.25 nachmittags kamen wir im Dunklen nach unserer Station Gondókoro.

4. Oktober, Mittwoch. – Um 6.05 vormittags sind wir von Gondókoro abgefahren. Der Fluß ist sehr hoch und das Ziehen der Barke der vielen Inseln und Flußarme sowie der starken Strömung halber sehr schwierig. Unterwegs auf einem kleinen Inselchen mitten im Wasser brachte man mir zwei völlig befiederte Junge von Phyllolais pulchella. Etwas später zwei andere. Das zweite Schiff ward von Bienen überfallen. Um 6.55 nachmittags sind wir bei völligem Dunkel in Redjáf angekommen. Hier habe ich Leute mit Geschenken von Riongas Nachfolger Kamisva und Anfina aus Unyóro getroffen. Um neun Uhr nachmittags kam die andere Barke.

6. Oktober, Freitag. – Mit meinem Kinyoro geht es noch recht leidlich, ich verstehe die Leute sehr gut, obgleich fehlender Übung halber das Sprechen mir einigermaßen schwer wird. Morgen früh gehts hoffentlich nach Beddén und von dort westlich.

9. Oktober, Montag. – Unmittelbar von Beddén aus, das wir um 6.35 vormittags verließen, steigt die Straße zwischen einer Menge von Felsblöcken und Trümmergestein, meist Quarz- und Granitstücken, in die Hügel hinein, die beinahe baumlos und von mittelhohem Grase bedeckt sind, das im Winde wogt, den Anblick einer hochgewellten Savanne gewährend. Eine große Menge kleiner Wasserläufe, meist

mit Sandbetten und von Felsen durchsetzt und eingeschlossen, ziehen sich quer über die Straße, die im ganzen in südwestlicher Richtung, oft mehr nach Süden abbiegend, quer über die Hügelreihe führt. Das Land muß, wie zahlreiche Euphorbienhecken, die nimmer fehlenden Zeichen von Vieh im Bári-Lande, beweisen, einst gut bewohnt gewesen sein. Die Blattern, wohl mehr aber die fortwährenden Razzien, welche den enormen Viehreichtum des Landes zugrunde richteten, haben es so ziemlich zur Einöde gemacht, in der nur selten Gehöfte und Dörfer sich sehen lassen. Übrigens ist das Land erst im vergangenen Jahre durch Anschluß der größeren Fadjelú-Chefs an das Gouvernement zugänglich geworden, und unser heutiger Ausflug ist die erste Durchkreuzung dieses Landes. Zur Weide geschaffen, ist das Land mit seinem rötlichen Lehmboden auch zum Ackerbau gut geeignet. Sorghum, besser noch Penicillaria (Duchn),[1] Hibiscus, Lubien, Tabak kommen sehr gut und liefern reichen Ertrag. Die Bári-Träger sind ziemlich weichlich und halten in sehr kurzen Zeiträumen Rasten, benehmen sich aber heute unter meinen Augen besonders gut und bringen uns schnell vorwärts. Der etwa 40 m hohe Felshügel Síndiru, aus Gesteinsblöcken aufgetürmt, die viel Glimmer enthalten, ist ein guter Aussichtspunkt zum Peilen.

Von hier aus wird die Bewaldung des Landes etwas reicher; Steppenwald tritt in die Savanne ein, in welchem wir die solchem Walde eigenen Vegetationsformen wiederfinden. Einzelne Ficus und Sterculia,[2] schöne Tamarinden, seltener Parkia[3] und Butyrospermum, überall Zizyphus, Balanites und Akazien (A. melliflua, kittr), Massen von Diospyros[4] mit eben reifenden Früchten sind charakteristisch. Sehr häufig ist eine Boswellia-Art[5], von weitem

[1] Hirsearten.
[2] Gehören zu einer Familie der Malvenartigen (Sterculiaceae).
[3] Urwaldbäume (Leguminosen).
[4] Wertvolle Tropenhölzer (Familie Ebenholzgewächse).
[5] Weihrauch-Pflanzen.

beinahe rötlich belaubt aussehend, strotzend von wohlriechendem Harze, das uns hier den Weihrauch ersetzt. Diese Boswellia wird mit Vorliebe zur Anlage von Einzäunungen benutzt, weil die äußerst zählebige Pflanze schnell wieder Wurzeln faßt und neu ergrünt. Selten sind hier und da Calotropis sichtbar. Palmen fehlen gänzlich, ein einziges etwa zwei Jahre altes Exemplar abgerechnet, das wir am Wege sahen.

12. Oktober, Donnerstag. – Und der Regen, der regnete jeglichen Tag – nicht allein den Tag, sondern auch die Nacht, so daß der aufgeweichte pechschwarze Humusboden den Fuß wie Pech festhielt. Chef Fitia, ein alter zahnloser Geselle, hatte denn auch trotz allen guten Willens, von einer Extragabe Kognak herstammend, genug zu tun, um seine Leute zum Tragen zu bereden, die Noggara schien auch nachts heiser geworden zu sein und klang höchst trauervoll, und erst um 7.15 vormittags ging es bei leichtem Regen, der freundlicherweise uns auch ferner geleitete, in das feuchte Grasmeer hinein.

Die Bewaldung ist hier eine etwas dichtere, und zu den vielen Parkia gesellen sich heute auch häufig Ducoba mit großen grünen Früchten. Im Grase standen sehr viele Aloën, und zum erstenmal auf der durchgangenen Strecke begegneten wir Amomum, leider mit noch grünen Früchten. Sind diese reif, so bilden sie ein sehr beliebtes Erquickungsmittel für unsere Leute, da die Säure wirklich angenehm ist. Eine Menge kleiner Bäche entwässern das Land; trotzdem begegnen wir allenthalben versumpften Einsattelungen zwischen den Hügelreihen, deren zäher Schlamm und stinkende Ausdünstungen das Herz erfreuen. Das Land muß einst prächtig bebaut und bevölkert gewesen sein, denn überall begegnet man den Pflanzen, welche alte Besiedelungen verraten: Rizinus, Kürbis und Solanaceen verschiedener Art. Aber auch viele Dörfer und Gehöfte – von blühenden Kulturen umringt – werden gesehen. Neben der Eleusine, die hier sehr gut steht, und ein wenig Duchn, wird viel Hyptis gebaut, wie auch weite Felder mit »Lubien« bestellt sind. Die Gehöfte sind meist mit starken Verzäunungen von dürren Ästen umgeben, deren Zwischenräume mit Dornen gefüllt sind. Es sollen viel Löwen hier vorkommen. Dorf Fárassak, einem äußerst freundlichen Chef Kenig gehörig, liegt hübsch auf der Hügelhöhe und erlaubt so einige gute Winkel zu nehmen. Zwischen Kulturen, die mit hohen Grasstrecken wechseln, geht es von hier zunächst südlich über einen kleinen Bach, dann aber wieder westlicher zwischen Hügeln und Bergen hin, bis wir um 11.57 vormittags durch drohenden Regen genötigt werden, noch viel nördlicher abzubiegen und am Fuße zweier Berge Nachtquartier zu nehmen. Während die Leute mit dem Errichten der Hütten in aller Eile beschäftigt sind, finden wir Zeit zur Ersteigung einer der nahen Kuppen, Kolomálon genannt, und genießen hier eine prächtige Umschau über die Berggruppen von Süd über West zu Nord, werden aber durch ein starkes Gewitter mit dem üblichen tollen Regen zu schleunigem Rückzuge gezwungen. Die Hütten sind dem auch nicht gewachsen, und so heißt es dann, den Regenmantel über dem Kopfe und die Füße in strömendem Wasser, sich in Geduld fassen. Na, die Winkel sind ja im Notizbuch – mags drum sein! Die erste zu Makraka gehörige Fadjelú-Station soll recht nahe sein. Djebel Korobék mag aber immer noch gute sechs Stunden fern sein.

13. Oktober, Freitag. – Die ganze Nacht hatten die Träger getobt und gesungen, da sie Fleisch und Korn in Fülle gehabt; zur Verherrlichung der Festlichkeit waren sogar aus dem nahen Dorfe sämtliche Schönen herbeigeeilt und hatten mit hochfliegenden Schwänzen getanzt und gesungen – geschrillt, sollte es wohl heißen. Erst ein diluvialer Regenguß hatte sie auseinandergetrieben, und dem Lärm der Menschen war der Lärm der Elemente gefolgt. Aber auch als wir etwas verspätet aufbrachen, weil 27 unserer Träger vorgezogen, beim Morgengrauen nach Hause zu gehen, statt unsere Lasten zu tragen – vernünftig genug –, regnete es gleichsam zur Begleitung: ein Regen à contre cœur, tröpfelnd, aber gerade genug, um die Arbeit zu stören und uns bis auf die Haut zu nässen. Bach Kuërkuëdji, nahe bei dem eben verlassenen Dorfe Kerbolóng gelegen, bildet

die Grenze zwischen dem Fadjelú-Distrikt von Redjáf und dem zu Makraka gehörigen. Schon an ihm macht sich wie an allen folgenden eine grünere, reichere Vegetation geltend, die weiterhin wohl zu Galerierändern sich entwickeln wird. Dorf Goddu, mitten in seinen von Heuschrecken arg zerstörten Feldern, bildet einen angenehmen Ruhepunkt, da es auf dem Hügelrücken gelegen; leider hatten die Berge neckischerweise sich in Nebel und Wolken gehüllt und spotteten der Bemühungen, Winkel zu nehmen.

Überschauen wir das Ergebnis der bisherigen Reise, so ist einerseits erwiesen, daß von Beddén aus das Land bis hierher fortwährend sich hebt und größere Bäche oder gar Flüsse nicht existieren; es fällt so z. B. die problematische Zeichnung vom Laufe des Baches Bibia auf Junkers Blatte fort, und alle die vor uns liegenden Bäche sollen ihr Wasser zu Bach Jeï führen, der dicht neben Station Vattako vorüberfließt. Die Existenz eines von Süden herauf in der Rego-Miri-Kette von Njambara auslaufenden Hochlandes resp. Gebirgszuges ist nun erwiesen, leider aber auch, daß die begangene Straße für Kamele und Lasttiere überhaupt nicht begehbar ist. Von hier aus (Gumbiri) soll eine direkte Straße in vier Tagen nach Kiri führen.

Gerade um Mittag wurde uns eine sehr angenehme Überraschung zuteil durch Ankunft einer Kolonne von Makraka-Trägern, die uns entgegengesandt wurden. Nach Nachrichten von dort haben die Leute von Ssabbi[1] unter Abdullahi Abd-es-Ssamat eine Razzia in unserem Gebiet gemacht, einigen Negern Hände und Füße abgeschnitten und alles geraubt, was sie bekommen konnten. Was da nun der Engländer Lupton als Mudir nutzt, wenn seine Leute sich dergleichen Grausamkeiten erlauben dürfen! Hoffentlich schiebe ich dem einen Riegel vor.

15. Oktober, Sonntag. – Zwischen Gehöften und Eleusine[2]-Feldern wand sich unser langer Zug dahin; das Besitztum des einzelnen ist von dem des anderen durch eine tiefe

---

[1] Landschaft Bongo.

[2] Hirse-Art.

Lagerbau einer Trägerkarawane (am Rohl)

Furche in der kohlschwarzen Erde geschieden. Mitten durch das hohe Grasland haben die Leute der Station eine Art guten Weges durch Niederschlagen und Ausraufen des Grases hergestellt, so daß unser Marsch ganz angenehm vonstatten ging. Bach folgt auf Bach, alle wasserreich und meist über Felsblöcke rauschend, die mitunter förmliche Brücken über das Wasser bilden, manchmal auch kleine Schnellen hervorbringen.

23. Oktober, Montag. – Im dichten Nebel begann um sechs Uhr vormittags der Abstieg zum Tale des Jeï. Sobald wir die Gehöfte und Felder von Langómeri und seine malerischen Felspartien hinter uns gelassen, führt der Weg beinahe schnurgerade (eine Seltenheit hierzulande) über mehrere sumpfige kleine Bäche und überhaupt sehr fruchtbares Land, dessen Boden ein mit Sand gemischter gelber Lehm ist, im hohen Graslande vorwärts. Die Bewaldung ist eine äußerst sparsame, dagegen ist das Land und mehr noch die Wegseiten mit arg schneidenden Cyperaceen[1] gesegnet. Eine hübsche Malve mit rosa Blüten fiel auf und hat gerade reife Samenkörner, nicht Blättchen, wie die Malven gewöhnlich zeigen. Der Nebel machte einem sehr trüben Tage Platz, und es war noch recht kühl, als wir um 7.48 vormittags am Ufer des Jeï standen, der hier bei 8 m Breite etwa 4 m Tiefe hat und nur schwimmend zu passieren war. Für die Träger war eine Art Brücke aus Knütteln hergestellt. Wie sie aber ohne ihre Beine zu brechen mit den Lasten auf dem Kopfe hinüberkamen, ist mir noch jetzt unklar. Wir zogen das allerdings unangenehm kalte Schwimmbad vor, und der Fluß war bald mit schwarzen und braunen Leuten voll, die fröhlich herumplätscherten. Meine Soldaten waren mir gefolgt. Zehn Minuten vom Jeï ist noch ein anderer Bach zu passieren, der zu jenem fließt und bei 4 m Breite auch über 2 m Wasser führte. Die Brücke war jedoch so ansehnlich, daß wir diesmal, um die Baumeister, die auf ihr Werk sehr stolz schienen, nicht zu verletzen, wohlgemut darüber-

[1] Riedgräser.

krauchten. Hügelauf erreichten wir schon um 8.13 vormittags nach einem Marsche von nur zwei Stunden zwei Minuten die kleine Station Vátako, ziemlich verwahrlost und schlecht gehalten, obgleich ein Feldwebel und 25 Mann hier stationiert und die Neger sehr freundlich sind.

Da heute das große Fest Id el-Kebir (14) ist, wird für heute und morgen hier Quartier genommen, um dann über Rimo und Udirfi nach Westen zu gehen. Unser bisheriger Weg hat sich von Junkers Route östlich gehalten, heute aber sie gekreuzt. Bleibt das Wetter regenfrei, so wollen wir am Nachmittag etwas jagen. Um drei Uhr nachmittags ging die gewöhnliche Regen- und Donnerkomödie wieder los, und bei dem abschüssigen Boden, auf dem unsere übrigens sehr schlechten Hütten stehen, waren wir bald überschwemmt. Das dauerte so bis gegen Abend, wo mir die Neger noch eine ganze Familie einer hübschen Streifenmaus (M. barbarus?) brachten: die Mama und vier allerliebste zierlich gestreifte Junge, alle äußerst zutraulich und sofort bereit, Nahrung anzunehmen. Es sind allerliebste saubere Tiere, die für den Käfig wie geschaffen sind. Die Art scheint hier sehr häufig zu sein, wenigstens waren die Neger bereit, mir jede Menge zu liefern.

24. Oktober, Dienstag. – Eine Pause im Regen benutzend, wurde frühzeitig ein Gang durch die Felder gemacht. Ringsumher ist alles abgeholzt, um Raum für Saaten zu schaffen, selbst das Bett des Jeï hat nur wenig Gestrüpp und Hochbäume; es ist demnach für Vögel kaum ein verlockender Aufenthalt. Doch fanden wir immerhin Hirundo rufifrons[1], Tricholeus elegans, Bradyornis pallida, Hypochera nitens, Vidua erythrorhyncha (ohne Schmuckfedern, aber auffällig groß). Regen trieb uns nach Hause und dauerte bis zum Abend, verhinderte jedoch die Leute nicht, zur Ehre des Festes zu singen und zu musizieren bis tief in die Nacht. Die ganze Nacht hindurch dauerte der Regen an.

25. Oktober, Mittwoch. – Noch immer plätschert der

[1] Eine Schwalbenart.

Regen, und wir sind hier gefangen! Morgen früh aber soll es unter allen Umständen von hier fortgehen. Mittags (zwei Uhr nachmittags) noch immer Regen! Seit acht Tagen haben wir keinen Sonnenblick gehabt.

26. Oktober, Donnerstag. – Ganze Nacht Regen! Und kalt. Um 6.13 vormittags setzen wir uns fröstelnd in Bewegung und marschieren durch den Steppenwald, der die Hügel deckt, während alle Einsenkungen von sehr versumpften Flächen eingenommen sind, die mit ihrem zähen schwarzen Schlamm gar böse zu begehen sind. Leiser Regen begleitete den Marsch, auf dem nur einmal sich Gelegenheit zu peilen bot, wobei gute Winkel nach Djebel Kéro und Djebel Loka sowie nach den Bergen von Korabá, Kurdja und Mugga erlangt wurden. Nach nahezu fünfstündigem Marsche langten wir am Bach Jémbo an, der bei 4 m Breite heute ca. 4 m tief war. Ein darübergeworfener Baumstamm bildete die Brücke, die ziemlich gefährlich aussah, aber doch zu benutzen war. Am höheren Nordufer wurde Lager genommen. Böse Nachrichten aus Makraka ereilten uns hier.

29. Oktober, Sonntag. – An der in einem Kranze schlechtgehaltener Bananen gelegenen Hauptseriba Rimo vorüber, wo etwa 10–15 Danagla hausen, ziehen wir zwischen den Gehöften zum Bach Géli, einem Nebenfluß des Jeï, nieder, der auf schwankem Baumstamm zu passieren war, da er bei etwa 10 m Breite zwischen 2 und 2,50 m tief ist. Eine Stunde verging, ehe die Sachen hinübergeschafft waren und wir durch einen dichten Cyperaceen-Gürtel zu Dorf Mága aufstiegen, einer kleinen Enklave im Fadjelú-Gebiete, die von Morú bewohnt ist. Reiche Kornfelder wechseln mit Sesam, Hyptis und Eleusine. Unmittelbar an das Dorf schließt sich eine sehr sumpfige Niederung mit etwa 1 m tiefem Wasser, Dange genannt.

Am Ausgange dieser Wildnis liegt Chef Wodas Dorf Wándi, eine Menge verstreuter Gehöfte mit weiten Sorghum-Feldern. Es ist dies das letzte Fadjelú-Dorf auf dieser Strecke, denn gleich hinter den letzten Gehöften betreten wir das Gebiet der eigentlichen Makraka, deren erstes Dorf

Póro ein sehr wohnliches Aussehen zeigt. Prachtvolle Colocasia,[1] Helmia und viel Tabak sind hier angepflanzt. Nach kurzer Zeit nehmen wir den Marsch wieder auf, durch grüne Kornfelder und ab und zu ein kleines Stück Grasland, bis wir um 11.39 Chef Banduas Dorf Abutú erreichen, wo genächtigt werden soll, weil Regen droht.

Auch hier ist reicher Anbau. Colocasia, Yams, Helmia, süße Bataten, mehrere Arten Bohnen, unter ihnen eine schwarze, deren Schoten 17 Samen enthielt, etwas Mais, viel Tabak und die üblichen Getreidearten.

Die Hütten sind viel geräumiger und höher als die der Fadjelú, tragen ein Kuppeldach (glockenförmig) und statt der Seitenwandung ein schachbrettförmig gemustertes Strohgeflecht, was sehr hübsch und sauber aussieht, gerade wie die Morú um Bufi. Herren im Dorfe sind die Frauen, die ihre Rechte gut zu wahren wissen. Von Haustieren sind nur Hunde und Hühner sichtbar. Die Makraká gehören ihrem Typus und der Sprache nach entschieden zur westlichen Gruppe unserer Neger. Von allen Seiten strömen mir so viel Leute zu, daß ich am Arbeiten schon verzweifle. Die Makraká sprechen die Sprache der Njamnjam[2] mit leichter dialektischer Abweichung. Für ihre Zusammengehörigkeit spricht aber mehr als alles der Anbau von Colocasia, Yams und Helmia, die bei keiner anderen Völkerschaft gebaut werden, abgesehen die Helmia, die ich auch sonst fand. Sie sind importiert, glaube ich. Eine Frau war beschäftigt, Raupen durch Absengen der Haare über Feuer und Rösten zum Essen vorzubereiten. Die Ziegen sind schlank, gestreckt, ziemlich hochbeinig, mit glatter Nase, ohne Brustbehang, weiß oder braun; die Hunde klein, kurz, mit aufrechtstehenden Ohren und hochgetragenem geringeltem Schwanze, semmel- bis ledergelb, Schnauze spitz und fein. Eine besondere Bohnenart mit sehr langen Blättern und schwarzen Samen rankt an Bäumen hinauf. Unser Dorf enthält acht Hütten, also acht Frauen und ihre Kinder, und

[1] Taro (Heimat Südasien).
[2] Njamnjam eigentlich Menschenfresser, richtiger Name: Azande.

zehn sehr große Kornbehälter. Unter diesen ist aus Lehm ein Estrich gebildet, wo die Frauen oft ihre Arbeiten verrichten oder rauchen. Musikinstrumente: Pauken, Hörner aus langen Kürbissen, Klappern und Pfeifen. Den Makraka besonders eigen ist die Schmiedekunst; die Messer mit breitem Griff aus Draht sind schön gearbeitet.

30. Oktober, Montag. – Das war ein Marsch! Um 6.05 vormittags verließen wir das gastliche Abutú mit seiner kommandierenden Chefs-Frau und waren bald in der Steppe, deren sumpfiger Boden ganze Wälder von Amomum aufbringt. Der Buschwald trug überall deutliche Spuren, daß viele Elefanten ganz neuerdings – vor kaum einer Stunde – durchgekommen waren, wie denn Elefanten überhaupt noch recht häufig sind und die Getreidefelder oft arg heimsuchen. Dorf Mbála bildet den Anfang einer fortlaufenden Reihe von Gehöften, Kulturen und Dörfern, wie ich es sonst nur in Uganda gesehen. Die Ähnlichkeit mit dem genannten Lande wird durch den Anbau verursacht; weithin strecken sich Felder mit süßen Bataten, die sonst nirgends so ausgiebig kultiviert werden. Sie sind hier meist weißschalig, doch kommen rote vor. Yams stehen überall, Bananen und Tabak in Mengen, viele Tephrosia deuten auf Fischfang, sogar die rote Amaranthus und die Canna indica[1] fehlen nicht. Freilich ist die Hausform eine mehr an die Njamnjam erinnernde. Sieht man die Leute mit ihren Bärten, besonders die langgezogenen Kinnbärte, so wird das Njamnjam-Bild vervollständigt. Weithin dehnen sich die grünen Kornfelder, meist noch kaum im Fruchtansatz begriffen. Hin und wieder auch zwischen zwei Dörfern hat man wohl als Gemarkung einen Graswald stehen lassen, besonders wo sumpfige Stellen sich finden.

Die von mir erkundeten Namen sind sämtlich Ortsnamen; da in Makraka die Besiedlung von der Ergiebigkeit des Bodens abhängt, also mit Erschöpfung derselben die Dörfer verlegt werden, so haben die Chefsnamen keinen kartographischen Wert, wie ich z. B. Chef Barafió, der nach Junkers

[1] Indisches Blumenrohr (aus dem tropischen Amerika).

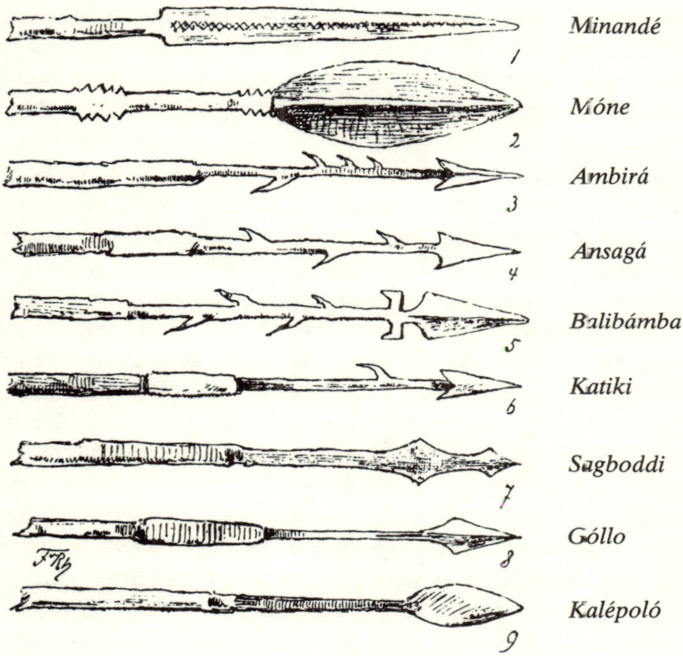

Spitzen der Makraka-Lanzen und ihre Benennungen

Karte östlich von Kabajéndi wohnte, stundenweit weiter südlich antraf.

1. November, Mittwoch. – Kabajéndi ist eine äußerst ausgedehnte Gruppe von Gehöften, zwischen welchen weite Räume dem Anbau gewidmet sind; jetzt, wo gerade eine Erschöpfungsperiode des Bodens dessen Ruhe und anderweitigen Anbau erzwungen hat, ist das Land überall mit kurzem Grase bedeckt. Bäume sind spärlich vorhanden, da die starke Besiedelung zunehmende Entholzung im Gefolge hat. Wasser ist reichlich zur Verfügung, da Bach Mense im Bereich der Station fließt, doch ist sein Wasser von Eisenoxyd rötlich gefärbt und schmeckt stark danach; man gräbt deshalb in geringer Entfernung vom Bache Gruben

und zieht zum Trinken das sich in diesen ansammelnde kalte Wasser vor, das eine weißlichgrüne Farbe hat, aber immer noch stark nach Eisenoxyd schmeckt. Der Anbau ist der gewöhnliche, nur sind mehr Bananen zu sehen, und in den Gärten der Beamten gedeihen Zitronen, süße Limonen, Papaya, Feigen und Anona[1] ganz gut. Alle sind von Ladó hier eingeführt. Merkwürdigerweise wollen die Granatäpfel, obgleich prächtig grün, auch hier wie in Ladó nicht fruchten. Ganz vorzüglich aber sagt der Boden den Zwiebeln zu, die hier außerordentlich groß werden. Baumwolle habe ich dies Jahr zum erstenmal anpflanzen lassen und von etwa zwei Okka Samen ca. 25 Zentner gute Baumwolle erzielt, ein Versuch, der entschieden zur weiteren Kultur ermuntert. Jetzt wollen wir es zunächst mit Indigo und Reis versuchen. Später soll Kakao an die Reihe kommen. Guaven sende ich von Ladó. Kabajéndi wurde vor ungefähr zwanzig Jahren von Leuten Debonos eröffnet, welche von der Jeï-Station Atrusch, heute Wandi, herüberkamen und sich zunächst weiter nördlich im Abukája-Lande ansiedelten, von wo, durch das Überhandnehmen der Termiten vertrieben, sie nach der alten Station Fadl Allah nördlich von hier zogen. Von dort endlich wurde die Station erschöpften Bodens halber im Jahre 1877 hierher verlegt, ohne daß man auf das schlechte Wasser Rücksicht nahm. Unter ihr stehen meist Makraka und Bombé, doch auch Abukája und wenige Morú. Mundú sind numerisch hier sehr schwach vertreten. Bári gibt es in kleinen Kolonien wie überall in der Provinz. Sie sind unter allen unseren Negern diejenigen, welche am leichtesten ihre Heimat verlassen und anderswo sich ansiedeln. Die rechten Njamnjam sind augenblicklich sehr zahlreich, weil Sultan Uándo, Mbios Bruder, durch die Gewalttätigkeiten Rafay-Agas vom Bahr el-Ghasal vertrieben, hier eine Zuflucht gesucht hat und mit all seinen Leuten sich hier anzusiedeln wünscht. Ich habe ihm meine Unterstützung zugesagt und die leeren Länder um Tomajá zur Besiedelung angeboten. Und schon sind

[1] Zimtapfel (Fam. Rahmapfelgewächse).

Boten abgegangen, um seine und womöglich auch Mbios versprengte Leute zu sammeln und zu bringen. Mbio selbst ist neuesten Nachrichten zufolge von Rafay und seinen Leuten gefangengenommen worden; schade um den tapferen Mann!

7. November, Dienstag. – Schon gestern beim Überschreiten der Bäche war mir die große Menge von Carpodinus-Ranken aufgefallen, die sich dort fanden. Die Eingeborenen, an welche ich mich heute wandte, kennen die Ranke wohl, waren aber höchst erstaunt, als ich sie beauftragte, den Milchsaft zu sammeln und uns zum Austausch gegen Glasperlen usw. zu bringen. Es kann dies[1] ein ganz guter Handelsartikel werden. Baumwolle gedeiht hier vorzüglich. Dreizehn Minuten nördlich von der Station fließt Bach Aïre in ganz enger Schlinge zu Nord; er ist wohl 6 m breit und von wundervollem Waldrande eingefaßt. Enorme Bäume bilden ein dichtes Laubdach; der Rotang (Calamus) schließt seine stachelbewaffneten Rohre hoch auf und hängt die feingefiederten Wedel herab. Seine Fruchtrispen sind noch unreif. In Makraka heißt die Pflanze wie im Njamnjam póddu, in Mundú aber ákka. Ich habe eine Menge Elfenbein zum Geschenk erhalten.

8. November, Mittwoch. – Abmarsch um 5.49 vormittags. Nachdem vom Hügel absteigend Bach Aïre wiederum passiert ist, stiegen wir gerade zu den Hügeln auf und gehen quer durch die nassen Kornfelder an der Hügelreihe entlang, um dann abzusteigen. Das vor uns liegende Land ist eine weite hügelige Steppe, bald reines Grasland, bald lichter oder stärker bewaldet. Durch Ausfüllung des Waldes mit enorm hohem Grase nimmt er, der sonst lichte Steppenwald, oft das Aussehen dicht geschlossenen Waldes an. Viele sumpfige Niederungen, meist ziemlich breite von Schilfmassen und Cyperaceen gefüllte Einsattelungen, durchschneiden die Steppe, deren Abfluß ein nördlicher ist. Ganz eigen ist eine lange Reihe von Felsgeschieben, die entweder als plattenförmige Gebilde über den Weg sich

[1] Der Kautschuk.

lagern oder aber wirkliche kleine Kuppen bilden und dann eine spärliche Vegetation an ihren Flanken tragen, während die Höhe nackt ist. Granit und Gneis sind die Gesteine. Die Sumpfniederung Bópara bildet die Grenze zwischen dem Mundú-Gebiet östlich und dem der Abaká westlich. Um acht Uhr vormittags an der Abzweigung des Weges nach Bábira nimmt unsere bisher nordnordwestliche Route auf einmal westliche und dann südwestliche Richtung an, die nun beibehalten wird. Verstreute Kornfelder, einige abgeerntet, einige mit hohem grünem Korn, bezeichnen die Stelle von Chef Konfós verlassenem Dorfe. Er hat weiter nördlich ergiebigeren Boden gefunden. Über Felsplatten steigen wir nun zum Bach Mekke nieder, der mit dem Aïre und der Asa den Jalo bildet. Er ist an der Kreuzungsstelle bei 6 m Breite nicht ganz 1 m tief und führt ebenso wie alle hiesigen Wasserläufe gelbes, aber völlig klares Wasser.

9. November, Donnerstag. – Wenn nur die Nächte ein wenig wärmer wären! Jetzt nach Sonnenaufgang um 6.46 vormittags zeigt mein Thermometer 15,9° C., eine wahre sibirische Temperatur für unsere empfindliche Haut. So sitzen wir denn vor kleinen Feuern, um wenigstens die Hände zu wärmen.

10. November, Freitag. – Es sind keine Träger gekommen. Ich habe eine Expedition nach Wandi gesandt, um endlich den Lumpen von Bachit Bey zur Vernunft zu bringen – mit Gewalt, wenn nötig. Die europäische gelbe Schafstelze ist jetzt häufig hier. Jeder Mensch, der mich ansieht, will von mir Geschenke – beneidenswerte Lage! Die Steppenkatze scheint hier sehr häufig zu sein, da in einem Tage mir drei Junge gebracht wurden; allerliebste hellgraue Tierchen mit wenigen braunschwarzen Streifen und weißen Pfoten. Sie fauchen trotz ihrer Kleinheit ganz entsetzlich, wenn man sie berührt. Es wäre interessant, ein paar nach Europa zu senden und die durch Veränderung des Klimas und der Nahrung sowie durch Domestizierung hervorgerufenen Veränderungen, besonders in zweiter und dritter Generation, zu beobachten.

13. November, Montag. – Nachts waren uns die Elefan-

ten auf den Hals gekommen, hatten sich aber durch einigen Lärm verscheuchen lassen. Um 6.28 vormittags wurde abmarschiert und nahezu auf der alten Straße um 10.10 vormittags unser früheres Nachtquartier Bág erreicht. Von hier sollen wir bis zum Meriddi zurückgehen, dann aber nördlich abbiegen, um Gósa zu erreichen. Jeden Tag haben wir jetzt stürmende Nordwinde, die alle Arbeit im Freien stören. Ein Versuch, von einem östlich von der Seriba gelegenen Hügel einige Winkel zu nehmen, scheiterte, obgleich ich das Gras hatte niederbrechen lassen, an den vielen Bäumen, welche die Aussicht versperrten, wie noch mehr an der Dummheit des Ortschefs, der seine eigenen Berge nicht kannte. Hier ist ein Ficus spec. (vermutlich lutea) zahlreich, aus dem die Abaká ihre Schurze machen; sie nennen den Baum dibbi. Eigentlich ist der Schamgürtel der Männer ein steifes Lederstück, vorn in die Höhe stehend, und ebenso eines hinten, gewöhnlich hinten mit Eisen verziert.

16. November, Donnerstag. – Chef Falóngo scheint seine Leute weit besser zusammenzuhalten als sein Bruder Ansea; so waren denn die verlangten Träger auch schon früh da, und um 5.56 vormittags konnten wir abmarschieren.

Von den flachen Gneisplatten des kleinen Hügels Assála aus werden eine ganze Reihe von Bergen sichtbar, die alle nahezu von Süden nach Norden verlaufen, doch gelingt es uns nicht, für die genommenen Winkel auch Namen zu erhalten, da die Berge im Abúkaja-Lande liegen und unsere Abaká so weite Reisen nicht machen, daß sie jene kennenlernten. Korn und Tabak, Mrissa und Sesam gibt es ja im eigenen Lande; Stoffe liefert der Dibbi-Baum (Ficus sp.); Justus Perthes Institut[1] ist den Leuten auch unbekannt – warum also reisen?

Die Sümpfe folgen sich heute mit überraschender Eile, und der vorletzte, Mbruzzólo, dessen Name so italienisch klingt, ist bös afrikanisch, da man beinahe versinkt. Auch an

---

[1] In Gotha; war Begründer von Petermanns Mitteilungen, in denen zahlreiche Arbeiten Emin Paschas erschienen.

seinem Aufstieg bilden flache Gneisgeschiebe eine Art Hügel, von dem sich eine gute Aussicht über das Land zu den fernen Bergen bietet. Die eigentliche Steppe macht von hier aus lichtem Walde Platz, meist von schönen, kleinlaubigen Anogeissus-Stämmen gebildet. Das breite Sumpfbett des Issandjú läuft hier quer über die Straße, sein Abfluß ist ein östlicher, also zum Aïre, wie man hier den Jalo noch nennt. Weitere Kornfelder beginnen unmittelbar am Bach, unterbrochen nur von Kulturen von Sesam und sehr kleinen Grasrändern, die man zum Hüttenbau absichtlich stehen läßt. Vor den Hütten sitzen die häßlichen Abúkaja-Frauen mit dem durch Einlegen von Holz- oder Knochenpflöcken schnabelförmig gewordenen Munde. Ein hübscherer Gast dieser Kornfelder ist die schöne Agapornis pullaria, der als »Inséparable« bekannte Zwergpapagei, der hier in ganzen Flügen den Feldern arg zusetzt und von den Eingeborenen verabscheut wird. Schon um 10.13 vormittags sind wir am Ziel; auf freiem Hügelrücken, der eine vorzügliche Umschau gewährt, hat Chef Burúngulu uns sehr saubere Hütten errichtet, und man könnte fast Lust bekommen, für immer hierzubleiben und dem heißen Ladó den Rücken zu kehren. Der Ort heißt Amberéko. So weit das Auge reicht, liegen grüne Sorghum-Felder; sogar die von Gósa sind sichtbar. Als Hintergrund sieht man dann die vielen Berge des Abúkaja-Landes. Leider ist wegen starken Nebels und Unwissenheit der Leute nicht viel zu erkunden.

17. November, Freitag. – Auch der heutige Marsch bietet eine Reihenfolge von sehr ausgedehnten Kornfeldern und kleinen Sümpfen dar. Sowie man den Felsrand des Hügels, auf welchem Amberéko liegt, verlassen hat, beginnt der Abstieg sehr merklich zu werden, und in den Senkungen zwischen den Terrainwellen liegen breite, mit hohem Grase gefüllte Sumpfbäche oder schlammige Niederungen; doch ist die breiteste und tiefste derselben, Bach Ndéndoa, lange nicht so böse zu begehen als die gestrigen. Der Ausblick vom Hügel über die wallenden Nebel, unterbrochen von den Hügelhöhen, die, mit Kornfeldern gekrönt, wie Inseln aus einem Meere hervorragen, ist prächtig. Im Dorfe Lumbássi

harrt unser eine Überraschung: zwei zum Bahr el-Ghasal gehörige Danagla waren vor einiger Zeit nach Ndirfi gekommen und hatten es nun, durch meine Anwesenheit etwas in Schrecken gesetzt, versucht, von Sklaven begleitet, die sie bei uns aufgetrieben, nachts die Grenze zu überschreiten, waren aber von den Negern erwischt und einfach in die Scheba, das Sklavenjoch, gesteckt worden, bis ich ankäme. In Gósa will ich die Sache untersuchen. Es ist aber ein gutes Zeichen, daß, wo früher die Danagla als Herren die Neger in die Scheba steckten, jetzt die Zeiten den Spieß umgedreht haben. Um 8.43 vormittags erreichten wir den Aïre oder Ire, hier ein hübscher kleiner Fluß von 20 m Breite bei 1 m Tiefe in felsigem Bette mit sanft abfallenden wohlbewaldeten Ufern, der sehr stark strömt, und gelangten gleich darauf nach unserer Station Gósa, wo für ein paar Tage gehalten werden muß, um offizielle Geschäfte zu erledigen und – Wäsche zu waschen! – Die Makraka-Angelegenheit nimmt größere Ausdehnung an, als ich gedacht; so wollen wir uns bereit halten, wenn es uns an den Hals gehen sollte.

18. November, Sonnabend. – Gósa ist so gelegen, daß von Bergen und Hügeln absolut nichts zu sehen ist, es wird demnach nichts übrigbleiben, als ein hohes Gerüst errichten zu lassen, wie wir dies schon oft getan. Die Station, Zentrale des Abukája-Landes, ist von mir vor kurzer Zeit angelegt worden, um die Straße von Mangbettu nach Norden und zum Gebiet des Bahr el-Ghasal für Sklaventransporte zu verschließen; und nötig war dies. So sind der Baulichkeiten noch wenige, aber äußerst sauber gehalten, da das Land an Bambus, Rohr und einer Art Schilfgras, das sich ausgezeichnet zum Bedecken der Hütten eignet, genug liefert. Die genannten Stoffe und Lehm genügen, um sehr ansehnliche Baulichkeiten auszuführen, und ich wäre zufrieden, hätten wir solche in Ladó in Fülle. Dieser Ort ist überhaupt eine der schlechtest gelegenen Stationen unseres Landes, von allem entblößt, was man braucht: sogar die Neger fehlen! Und das war Gordons Werk. Abends spät erhielt ich einen Brief von Chartum – über Bahr el-Ghasal – mit dem Wunsche des

Generalgouverneurs, bis zur Beruhigung des Sudans von allen Gehältern der Beamten 10% abzuziehen. Dagegen die angenehme Nachricht, daß zwei Dampfer von Chartum hierhergesandt und vor langem schon von Chartum abgereist seien, also nahe sein müssen. Seltsam ist nur, daß Lupton Bey mir nicht ein Wort geschrieben, da doch Post für ihn gekommen sein muß.

20. November, Montag. – Natürlich ist auch hier die alte Trägernot; seit zwei Tagen haben wir nach Trägern gesandt, und heute sind ihrer etwa zwanzig beisammen, so daß es eine Gottesgabe sein wird, wenn wir morgen früh von hier abreisen können. Der gewählte Weg ist von hier quer durch das Abukája-Land über Seribet Wod-Sumr nach Kúrra, und von da über die alte Seriba Fadlalla nach Makraka Ssugaire und Wandi, von wo aus hoffentlich Ladó erreicht werden soll. – Man arbeitet hier ganz vorzüglich weiße Baumwollstoffe leichter Sorte (im Sudan damúr genannt), und ich will gern Knaben und Mädchen hierhersenden, um das Weben zu erlernen. Baumwolle pflanzt man jetzt in Makraka überall.

22. November, Mittwoch. – Morgenstunde hat Gold im Munde – wären wir nicht um fünf Uhr vormittags aufgebrochen, wir wären noch nicht hier! In der Steppe, welche sich an die Gehöfte von Mandá ausschließt und welche heute hübsche Akaziengehölze sowie Mengen von Butyrospermum aufweist, liegen viele Gneisgeschiebe bald völlig flach, bald zu hügelförmigen Kuppen gehäuft. Von einer derselben, nahe am Dorfe Dibúa gelegen, zeigen sich vor uns zwei Bergreihen, deren letzte Masse Ela wir nach kurzem Marsche erreichen. Statt nun der alten Straße folgend zwischen die Berge hinein und mit einigem Klettern quer durchzukommen, hatte die Weisheit meiner Führer beschlossen, lieber die Berge entlang zu gehen und dann um sie herumzukommen – um mich nicht zu ermüden. Daß dabei wenigstens vier Stunden vertrödelt werden, darauf kam es ja beim hiesigen Zeitüberfluß nicht an! So ging es denn an der weiß wo endenden Bergreihe entlang hinunter nach Süden und Südosten quer über die Abhänge der Berge fort, in

Schluchten und Abstürze hinein, durch Gras und Rohr, ein Marsch, der wirklich kein beneidenswerter war. Nach mehr als vier Stunden Weg wurde jenseits Bach Ménde ein wenig gehalten, die Führer aber drängten zum Aufbruch, da es noch gar weit sei, und recht hatten sie gewiß. Auf den Berghängen wächst eine für mich neue Euphorbia[1], deren viereckige Stengel flügelförmig sich erweitern; die Blüten sind hellrot. Das Gewächs wird etwa 0,75 cm hoch und steht nur auf den Felsen. Massen von Cercopithecus[2] beleben die Felsgehänge, von weißbärtigen Männchen geführt. Eine große Anzahl kleiner Wasserläufe wurde gekreuzt, sie gehen alle südlich; die meisten führen noch jetzt klares, fließendes Wasser, da sie wohl von Quellen aus der Bergreihe stammen. Wir sind nämlich in einem langen Tal, aus dem wir erst um zwölf Uhr herauskommen, um sofort in die Kornfelder zu gelangen. Nach langem, durch Sonnenhitze beschwerlichem Marsche erreichen wir endlich um 1.24 nachmittags unsere Station Alugánja, ein prächtiger Platz mitten in den Bergen. Unterwegs war mir Post aus Ladó zugekommen und mit ihr die Nachricht vom Tode meines einzigen Kindes!

24. November, Freitag. – Der Wandi-Spektakel hat sich in Wohlgefallen aufgelöst, denn Bachit Bey ist, als er sich bedrängt sah, trotz seiner bewaffneten Diener ausgerückt und nach Ladó gegangen. Feiger Lump! (15) Schon gestern abend hatte man allerlei von vielen Elefanten erzählt, welche die vor uns liegende Straße unsicher machten; ich ließ deshalb erst beim Morgengrauen abmarschieren, wie gewöhnlich stellte sich aber die ganze Sache als grundlos heraus. Der Weg ist eigentlich ein Spaziergang, der drei Stunden lang durch Sorghum-Felder, Kulturen von Hyptis, Tabak, Bataten und Colocasien führt. Letztere, die Colocasie, ist das beste Zeichen, daß wir unter den Njamnjam sind, denn außer in Uganda und Unyóro wird sie nur von den Genannten gebaut. Die vielen Gehöfte, von den sauberen

[1] Wolfsmilch.

[2] Meerkatzen (Tieraffen).

Kulturen umringt, die netten Hütten, unter welchen auch heute eine solche für Knaben war (von Schweinfurth als bamógi abgebildet, wenn ich nicht irre), die Bäume mit Bündeln von Maiskolben und anderen Samen behangen, die vielen Netze und Stricke zum Wildfangen, Massen von Tephrosia-Büschen[1] zum Fischfange – all dies verleiht dem Lande einen gastlichen, wohnlichen Anstrich, der natürlich für das Gedeihen seiner Bewohner spricht. Ich will es mir gern angelegen sein lassen, dies strebsame Volk soviel als möglich zu fördern.

26. November, Sonntag. – Während bei meiner vorigen Makraka-Reise im August 1880, also in der Regenzeit, wir kaum Wasser zum Trinken gefunden, waren heute infolge der reichlichen Sommerregen alle Bäche wasserreich, und da die Strecke nur kurz, wurde ihr größter Teil auf Durchwaten von Wasser und Schlamm verwandt. Weithin dehnen sich die Sorghum-Felder von Makraka Ssugaïre, von denen eine Menge von Knaben durch lautes Geschrei die auch hier sehr zahlreichen Elefanten abzuhalten suchen.

27. November, Montag. – Die Station[2] ist äußerst vernachlässigt im Gegensatz zu allen anderen, vermutlich, weil der nun schimpflich abgezogene Chef der Verwaltung, Bachit Bey, keine Zeit fand, sich um Verbesserungen zu kümmern. Der Boden ist produktiv, aber nicht ausgenutzt, wie denn auch Gärten hier seltener sind als anderswo. Baumwolle und Zuckerrohr kommen sehr gut, ebenso Mais. Bananen sind zahlreich, aber vernachlässigt, und tragen deshalb spärlich wie bei uns überall. Am Bach Jeï, welcher dicht neben der Station vorbeifließt und ziemlich große Schnellen aufweist, steht zahlreich eine Gardenia, von den Makraka blippo genannt, wohl dieselbe, von welcher Schweinfurth in Mangbettu spricht. Die jetzt noch unreifen holzigen Früchte von Apfelgröße, stark gereift, werden ins Feuer gelegt und dann der Saft ausgepreßt, der eine sehr

[1] Schmetterlingsblütler, zum Teil mit narkotischen Inhaltsstoffen (Lähmung der Fische!).
[2] Gemeint ist Wandi, Hauptort von Makraka.

haltbare schwarze Farbe gibt (Tinte); man bedient sich derselben hier zum Färben des Leders.

28. November, Dienstag. – Kleine Granulationen auf der Conjunctiva des rechten Auges machen mir die Arbeit sehr schwer.

30. November, Donnerstag. – Sonderbarerweise kommen keine Briefe von Ladó. Heute sind Leute abgesandt, um Bachit Bey von Njambara zu entfernen – wenn er noch dort ist, was ich kaum glaube.

1. Dezember, Freitag. – Frühmorgens kam eine Kolonne von acht Negern, die mit Bachit Bey gegangen und jetzt wegen Hunger zu uns zurückgekommen waren, unter ihnen eine Frau mit zwei Kindern, die ihren Mann, einen der Waffenträger des Bey, verlassen hatte und mit ihren Kindern gekommen war!

Ein völlig entwickeltes und recht hübsches Akká-Mädchen wurde gemessen; ganze Länge 116 cm, also noch kleiner als die Lenzschen Abongo-Maße. Nachmittags Post von Ladó, wo alles wohl in Ordnung scheint.

2. Dezember, Sonnabend. – Ein recht bezeichnender Fall hiesiger Anschauungen hat sich heute vor mir gezeigt: zwei langaufgeschossene Dinka, ein Knabe und ein Mädchen, kamen zu mir und erzählten, daß ein anderer Knabe, ihr Landsmann, der mit ihnen zusammen gedient habe, in Makraka Ssugaïre mit einem anderen bei einem Dongolaui bediensteten Fadjelú-Knaben (»einem jener Sklaven, die man aus dem Walde bringt, und für die ihr Herr weder Geld noch sonst etwas verausgabt, um sie zu erlangen«, sagte der Knabe) Streit gehabt und diesen mit der Peitsche geschlagen habe, worauf der Fajelú-Knabe ihm gesagt: »Du wirst in diesem Jahre hoffentlich nicht lange mehr Brot essen!« Kurz darauf sei denn ihr Landsmann nach Ladó gegangen, um dort Tabak zu verkaufen, und bei der Rückkehr von einem Löwen angefallen und aufgefressen worden. Das sei nun das Machwerk jenes Fajelú-Knaben, der durch Zauberwurzeln den Löwen gegen jenen gehetzt, und die Kläger verlangten seine Bestrafung, womöglich Blut um Blut.

4. Dezember, Montag. – Die nach Ladó gesandten Leute

können vor übermorgen kaum hier sein, und wir werden deshalb vor Sonnabend kaum abreisen können, obgleich der Aufenthalt keineswegs angenehm und ich nebenbei des Auges wegen zur Untätigkeit verdammt bin. Von den Dampfern, welche, wie man sagt, am 22. Ramadan und 15. Scheval, also vor vier und drei Monaten von Chartum hierhergesandt worden, ist natürlich keine Spur, also wohl nur ein Mißverständnis. Oder sollte der Fluß verstopft sein oder die Dampfer in dem Majah sich verirrt haben? Auch von Lupton Bey trotz seiner Versprechen und Ankunft des Dampfers am Bahr el-Ghasal sind keine Briefe gekommen.

5. Dezember, Dienstag. – Wo ich die Leute hernehmen soll, um Makraka einigermaßen zu organisieren, weiß ich absolut nicht; das wäre ein Posten, auf welchem ein tüchtiger europäischer Beamter sich glänzend geltend machen könnte. Marno habe ich nun dreimal verlangt und bin abschlägig beschieden worden – man hat mir dafür Herrn Marcopuli gegeben!

Endlich kommt Post von Ladó, wo man in großen Ängsten um mich scheint, da ein dortiger berühmter Wahrsager prophezeit, daß mir persönlich von Bachit Bey Unglück widerfahren werde. Dieser selbst hat seine alten Hütten bezogen, nicht in Ladó, wie ich ihm angeordnet, sondern etwa zwei Stunden entfernt, gerade auf der Makraka-Straße, wo er alle Getreidetransporte nach Ladó abschneiden und die Station buchstäblich aushungern kann. Kämen endlich die Papiere, welche ich von Ladó erwarte, so bliebe ich gewiß keine Stunde mehr hier, sondern ginge, das Ding zu beenden.

6. Dezember, Mittwoch. – Tote Exemplare von Merops frenatus Hartl.[1] Alle vier mit beryllblauer Säumung des Zügelstreifs. Zwei lebende Junge von Habropyga astrild, noch nicht völlig gefiedert und in sehr elendem Zustande, nahmen im Bauer sofort Futter. Auch die Francolinen scheinen wenigstens zwei Bruten zu machen, denn ich erhalte fortwährend neben beinahe ausgewachsenen Jungen

---

[1] Ein Bienenfresser.

solche, die höchstens vier bis fünf Tage alt sein können. Auch sie haben den blaßrosa Schnabel.

7. Dezember, Donnerstag. – Briefe von Herrn Casati aus Mangbettu erhalten und sofort beantwortet. Er will kommen, sobald er eine kleinere Reise beendet hat. Von Ladó keine Nachricht.

8. Dezember, Freitag. – Die Expedition nach Kallika ist von Djanda glücklich abgereist; so wird der Kibbi-Fluß noch vor Ablauf des Jahres von seinen Quellen an bis Mangbettu in unseren Händen sein. Endlich kamen Briefe von Ladó, wo alles in Ordnung scheint; so wollen wir, so Gott hilft, Montag früh von hier fort. Gegen Abend die Leute von Gurguru[1] hier angekommen, mit ihnen mein alter Protegé, jetzt Sultan, Gambári, der gar übel und mager aussieht. So mögen Casatis Beschwerden wohl richtig sein. Mit Gambári sind noch vier andere Mangbettu- und Njamnjam-Fürsten gekommen – meine Taschen werden das entgelten müssen.

9. Dezember, Sonnabend. – Heute Zahltag für die Löhne von 1880 und 1881, jedenfalls hier nie gehört, da bis jetzt die Gelder in die Tasche der Chefs wanderten und es buchstäblich hier Leute gibt, die seit zwölf Jahren im Dienste nie einen Piaster zu sehen bekommen haben. Getreide nach Ladó gesandt.

10. Dezember, Sonntag. – Rings um Wandi steht alles in Feuer; es ist vor Hitze, Asche und Staub kaum auszuhalten. Da nachts gewöhnlich Windstille, brennen die Feuer die ganze Nacht durch, und der gegen acht Uhr vormittags einsetzende Nordwind facht sie neu an. Als ganz erträglicher Industriezweig arbeiten die Leute hier ganz hübsche Schuhe aus selbstgefertigtem Leder; die eisernen Nägelchen werden von den Negern ganz hübsch gearbeitet.

11. Dezember, Montag. – Endlich! Um 5.37 vormittags von Wandi abmarschiert. Unsere Kolonne ist aus etwa 300–400 Leuten gebildet; einige, die Korn zum Verkaufe nach Ladó bringen, andere, die nach Chartum gehen wollen,

---

[1] Mangbettu.

andere, die ihr Geld abholen wollen. Dazu Soldaten, Sklavinnen, Dragomane und der ganze Apparat eines Zuges. In zehn Minuten wurde Bach Jeï erreicht und von ihm um 5.52 vormittags abmarschiert; von 8.20 bis 8.38 vormittags Rast, dann in gutem Marsche um 10.30 vormittags Bach Bibia erreicht und ohne Aufenthalt gekreuzt, obgleich jetzt keine Brücke mehr vorhanden. Um 11.26 vormittags wurde an einem Bach Nachtquartier genommen, um den vielen Nachzüglern Zeit zum Kommen zu geben und hoffentlich morgen früh zeitig zusammen abzugehen. In der heute in 5 Stunden 26 Minuten zurückgelegten Strecke hatten wir im Jahre 1880 auf derselben Straße, allerdings im Harif und bei hohem Grase, 6 Stunden 24 Minuten gebraucht; wir haben also heute einen Vorsprung von 58 Minuten erzielt.

12. Dezember, Dienstag. – Gestern abend spät kam ein Bári von Ladó, welcher erzählte, Bachit Bey sei mit all seinen Leuten von meinem Vekil in Ladó dort interniert worden, nachdem man ihm zuvor alle Waffen abgenommen. Hoffentlich wahr! Marsch von 5 Stunden 59 Minuten gegen 6 Stunden 53 Minuten des Jahres 1880; es scheint demnach unsere Marschgeschwindigkeit dies Jahr größer und konstant (58 und 54 Minuten Gewinn).

13. Dezember, Mittwoch. – Um 5.32 vormittags vom Bach Gollak ab und um 7.45 vormittags am Bach Kuénni angekommen. Unterwegs ein Unteroffizier von Ladó mit Post; Bachit Bey ist in Ladó interniert, und mit ihm etwa zwanzig Mann Dienerschaft. Die Waffen sind ihm abgenommen, nur 21 Gewehre gefunden und ein – Mörser für Bomben!

15. Dezember, Freitag. – Um 4.42 vormittags von Bach Kobi ab, langsam gegangen; um 7.08 vormittags Bach Njamini (Bach Temassin) erreicht und ziemlich viel gutes Wasser gefunden. Von da um 7.22 vormittags ab, gut marschiert und schon um 10.02 vormittags Bachbett Luri erreicht, um wie gewöhnlich durch 1/2 bis 1 Fuß tiefes Graben im Sande gutes, klares Wasser zu erhalten. Von hier um 10.19 vormittags ab und in langsamem Marsche um 10.35

vormittags Dorf Kamirú erreicht. Hier haben wir die Diener Bachit Beys gefunden, zwei mit Remingtongewehren, einer mit einem Perkussionsgewehr, die sich hier angesiedelt hatten und den Vorübergehenden ihre Sachen und Getreide abnahmen. Sodann wurden Leute gesandt, um Bachit Beys Dorf zu untersuchen, wo sehr viele Sklaven sein sollen. Von hier aus morgen, hoffentlich zeitig, soll Ladó erreicht werden. – Der heutige Tag ist ereignisreich: zwei andere Burschen mit einem Gewehr und Munition, dem früheren Schreiber Bachit Beys gehörig, wurden angehalten und nach ihrer Herkunft gefragt. Sie waren auf dem Wege nach Makraka begriffen. Statt zu antworten, versuchte einer den fragenden Soldaten mit dem Messer zu verwunden! Gegen Abend kamen die zur Säuberung der Straße gesandten Leute und brachten 79 Mädchen, 32 Knaben, 6 Strauße und 5 Esel, die sich in Bachit Beys Dorfe vorgefunden, und zweimal soviel sind entflohen!

16. Dezember, Sonnabend. – Um 5.25 vormittags von Kamirú ab; um 5.49 Bach Luri gekreuzt und um 8.38 Rast gehalten. Um 8.55 abmarschiert und 9.29 vormittags Ladó erreicht.

Sechstes Kapitel

Im Lande der Mangbettu

7. Mai, Montag. – Nach langem Warten waren endlich Träger gekommen, nicht die für mich bestimmten, wohl aber genügend, um mich und meine Leute sowie Herrn Casati, der sechzig Träger beanspruchte, zu befördern. In der letzten Zeit waren einige ziemlich starke Regen gefallen; wir konnten also auf Trinkwasser auf dem im Winter recht wasserarmen Wege rechnen. Um 5.45 vormittags wurde Ladó verlassen mit all seiner Hitze und seinem Schreiberelend, und ein kühler Nordwestwind machte den Marsch durch das im Frühlingsgrün prangende Land recht angenehm, obgleich viele sumpfige Stellen und Regenpfützen im Wege lagen. Besonders ist es die nahe bei Ladó gelegene Senkung, welche vom Fluß aus ihr Wasser durch Infiltration erhält, die schon jetzt, obgleich es noch so zeitig im Harif, über eine halbe Stunde weit knietiefes Wasser und Schlamm führt. Quer durch diese Senkung fließt Bach Njamini zum Strome. Die Vegetation ist, wie immer, wo es sich um rechte Steppenformen handelt, ziemlich unverändert; die Akazien, Zizyphus, Tamarinden, Kigelia[1] usw. sind das ganze Jahr über grün und zeigen keinen deutlich ausgesprochenen Blattwechsel, daß man von Winter- und Sommerbelaubung sprechen könnte. Andere Gewächse, wie das sonderbare Adenium[2] mit dem mächtigen unterirdischen Stamme, blühen, bevor sich ihre Blätter eigentlich entwickeln. Solche sind jetzt schön grün belaubt. Viel auffälliger macht sich der Eintritt des wunderschönen Monats Mai bei den Vögeln bemerkbar, die man von allen Seiten schmettern hört; sogar so ärmliche Sänger wie Philagrus und die Weber suchen die hohen kahlen Zweige auf und zwitschern, was sie nur können. Quer durch den Dornbusch haben Elefanten und

---

[1] Leberwurstbaum.

[2] Ein Hundsgiftgewächs (Apocynaceae) mit knollenartigem Stamm.

Flußpferde breite Pfade getreten. Was mir aber am erfreulichsten, ist die wieder zunehmende Besiedelung des Landes, in welchem kleine Hüttenkomplexe überall neu errichtet werden. Man fängt jetzt gerade an zu roden und die Erde zur Saat vorzubereiten. Es scheint, daß die Bári-Frauen mir ihre besonderen Sympathien zollen: von allen Seiten kamen die geschürzten Schönen herbei, mir die Ohren vollzuschrillen, eine gewiß spontane und um so wertvollere Huldigung.

Marsch zum Quellgebiet des Uëlle.

8. Mai, Dienstag. – Um 5.27 vormittags abmarschiert, begegneten wir um 7.07 einer Post von Lupton Bey vom 2. April a. c., also ziemlich neu. Es muß böse zugehen, wenn Lupton so resigniert schreibt, daß er noch einen Versuch machen will und daß, falls dieser mißglückt, am Ghasal alles verloren ist. Schlimmer noch ist die Nachricht, daß Junker in Dar Bandua gewesen, daß die Hauptseriba des Landes angegriffen und 47 Mann getötet worden seien. Lupton hat von Junker nichts gehört, hofft also, daß er lebe. Je mehr man von Ladó sich den Bergen nähert – Niederschlagszentrum –, um so grüner wird der Wald. Freilich ist von Blüten gerade jetzt nicht viel zu sehen. Pflanzen, welche ihre Blüten der Früchte halber vor den Blättern entwickeln (Adenium, Gardenia usw.), sind längst abgeblüht; solche, die zuerst sich belauben, sind schön grün, tragen aber noch keine Blüten, außer vielleicht einer weißblühenden Akazie, der Dahlbergia[1], und den weißen Sternblüten der Randia. Dafür ist ein schönes Epilobium[2] häufig. Unter den Bassia liegen Massen von Früchten. Überall aber singt und zwitschert es von allerlei Vogelstimmen.

11. Mai, Freitag. – Kurzer Marsch von 4 Stunden 17 Minuten zum Bach Bibia, wo drohenden Regens halber

---

[1] Bäume der Familie Bignoniaceae, die das Palisanderholz liefern

[2] Weidenröschen (Familie Nachtkerzengewächse), eine weltweit verbreitete Gattung.

gehalten wird. Es donnert ganz lieblich. Im Bach wenig Wasser, wie es überhaupt hier wenig geregnet zu haben scheint. Es war gut, daß wir hier geblieben waren, denn vor uns soll kein Wasser zu finden sein. Vermutlich, um diesem Mangel abzuhelfen, schickte uns unser Herrgott ein recht tüchtiges Gewitter, und es regnete mir wieder einmal ins Bett. Nun, alle Tage kanns doch nicht schön sein!

15. Mai, Dienstag. – Um 5.35 vormittags, nachdem Herr Casati den Weg nach Makraka Ssugaïre eingeschlagen, gingen wir – ein stattlicher Zug – zunächst auf der nach Rimo führenden Straße vorwärts. Sowie man die felsigen Umgebungen Wandis verlassen, beginnt eine lange Strecke Brachlandes, das jetzt mit niederem Gestrüpp besetzt ist. Die geringe Mächtigkeit der Ackerkrume erlaubt den Leuten kaum drei Jahre lang dasselbe Land auszubeuten, und obgleich diese Wechselwirtschaft in ökonomischer Beziehung ihr Gutes haben mag, ist sie besonders dem Geographen durch die fortwährende Verschiebung der Dörfer und Gehöfte etwas unbequem. Es lassen sich nur mit Mühe feste Anhaltspunkte gewinnen, da für Dörfer selten ein eigentlicher Name existiert; man ist deshalb darauf angewiesen, alle kleinen Wasserläufe zu erfragen, um wenigstens so eine unveränderliche Unterlage zur Arbeit zu haben. Das Land ist von eigentlichen Makraká bewohnt, die wir schon früher als fleißige Ackerbauer kennenlernten. Es ist demnach nicht zu verwundern, daß überall, wo Dörfer liegen, und es gibt deren sowie zerstreuter Gehöfte gerade genug, das Land einem Garten gleicht. Die Makraka haben übrigens ihren originalen Sandeh-Charakter darin bewahrt, daß sie zu Viehzucht absolut nicht zu bringen sind. Sooft ich ihnen Vieh geben ließ, hatten sie nichts Eiligeres zu tun, als es aufzuessen. Über eine Stunde lang gingen wir auf der Rimo-Straße, bis wir selbige links ließen und bald zu einem Felshügel kamen, von welchem ein Ausblick auf die Berge von Njambara, die von Loká, Mugga und Kombé möglich wurde. Von da wieder über viele Brachen gelangten wir zu den Makraka-Dörfern, die sich lang aneinanderreihen; die Zwischenräume sind ausgefüllt von Kulturen und Strecken

dichten Waldes oder mit kurzem Gestrüpp und hohem Grase bedeckten Brachfeldern. In Kultur fanden sich viel Mais, weniger Bananen, die Yams, Colocasia, Massen eines weißblühenden Kürbisses, aus dessen Kernen man Öl preßt, und eine Bohne, die von mir eingeführt ist. In England als »Lima-Bohne« bekannt, groß und weiß, hat sich dieselbe seit 1877, wo ich durch Oberst Mason Beys Güte die Samen aus Ägypten erhielt, von hier aus bis weit nach Mangbettu und dem Bahr el-Ghasal-Gebiete verbreitet und ist bei den Negern sehr beliebt geworden.[1]

29. Mai, Dienstag. – Die Esel unserer braven Danagla hatten die ganze Nacht Konzert gemacht und die zahlreichen Hunde sie melodisch begleitet; so war der Morgen recht erwünscht gekommen. Die Tiere schweigen dann, weil sie wissen, daß ein Tagewerk und als Dank dafür Prügel ihrer harrt. Doch verzögerte sich die Abreise bis um 6.08 vormittags, und dann erst marschierten wir in den dichten Nebel hinein. Nachdem wir den Bach Akéo gekreuzt, wandten wir uns bald südlich und südsüdwestlich durch Savannenland mit niederem Buschwerk, das wohl vorzeiten mag kultiviert gewesen sein. Der Boden des sehr hügeligen und von vielen sumpfigen Niederungen durchschnittenen Landes ist ein rötlicher Ton von sehr grober Art; selten nur finden sich von Eisenoxyd braungefärbte Granittrümmer an der Straße. Ein guter Marsch von einer Stunde und zwanzig Minuten führt uns zum Bach Garámba, der in den Akka münden soll und ein ziemlich unbedeutender Wasserlauf ist, wenigstens an der Kreuzungsstelle. Von hier an wird der Buschwald etwas dichter; die Sarcocephali haben schon große, aber noch unreife Früchte. Hochbäume aber sind Seltenheiten und deshalb ganz gut zu Landmarken zu benutzen. Daß das Gras höher und auch lästiger wird, ist selbstverständlich, gehen wir doch gen Süden. Trotz der vielen Regen sind jedoch die Sümpfe noch passierbar und nicht mit denen weiter im Süden zu vergleichen. Um 8.45 wird eine auffällig große Sycomore erreicht; sie steht an der

[1] Phaseolus lunatus aus Mittelamerika.

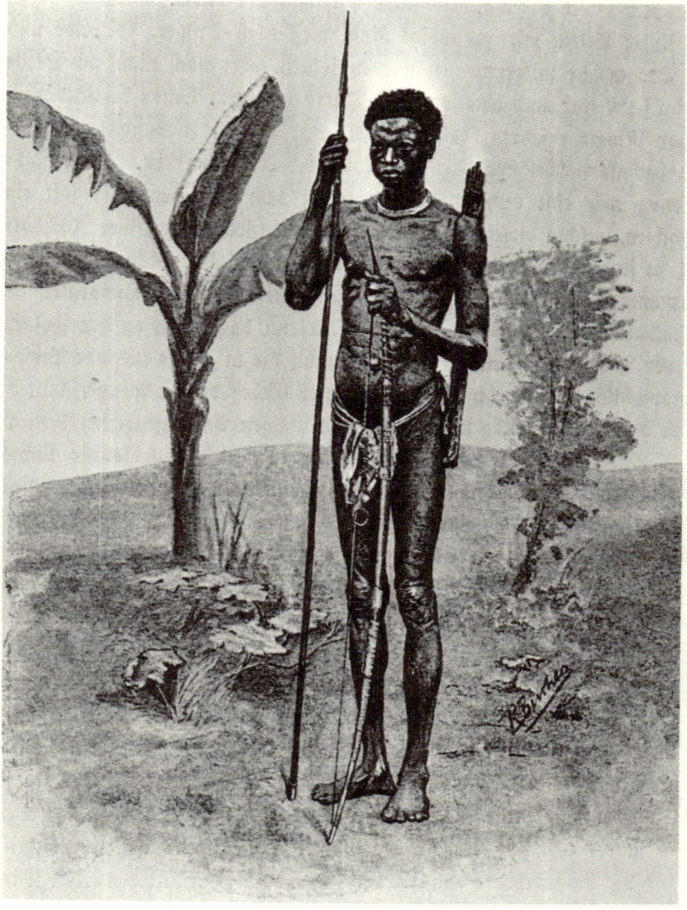

Krieger der Mundú

Grenze zwischen dem Gebiete der Mundú, das wir jetzt verlassen, um das der Abukája-Oigíga zu betreten, eines Stammes, der sprachlich zu den Madi von Dufilé, den Kalliká usw. gehören soll. Schon um 9.19 vormittags erreichen wir Dorf Mbiúndsu, unser Nachtquartier, ein sehr ausgedehntes Dorf, wo in jüngster Zeit sich viele Sandeh neben den Abukája angesiedelt haben. Die Sandeh schreiten stetig nach Osten fort, und ich will sie gewiß fördern: ausgezeichnete Ackerbauern.

1. Juni, Freitag. – Der erste Ausgang war, wie selbstverständlich, dem Flusse[1] geweiht, von dem Junker gehört, den aber nur Casati gesehen. In Westsüdwest, zehn Minuten von der Seriba, fließt er direkt nach Westen, eine hübsche Wasserfläche, etwa wie der Jeï, wenn er voll ist, über Steintrümmer und Blöcke. Massen, geradezu Massen von Hippopotamus leben in ihm. Er ist schon jetzt nur im Kahne zu passieren, was nicht ausschließt, daß im Dezember Herr Casati ihn zu Fuß durchquerte – ein rechter Gebirgsfluß, der nie versiegt. Die Mündung des Dongu in den Kibali muß vermutlich weiter nach Westen gelegt werden, als auf Junkers Karte ersichtlich ist, da von hier aus drei Tagemärsche westlich Bagindos Dorf liegt, wo auf dem Marsche nach Mangbettu der Dongu gekreuzt wird. Für leichte feste Barken mag zur Regenzeit der Fluß ganz gut schiffbar sein. Er heißt bei den Abukája »Lomvú«, bei den Loggo »Jo«, bei den Mundú »Ungú« und endlich bei den Makraka und den Arabern »Dongu« nach einem Chef, der früher daselbst wohnte.

4. Juni, Montag. – Nach Nachrichten aus Mangbettu soll Kanna, der große Sandeh-Chef, jetzt als Unruhestifter fungieren, da er mit dem von mir wieder eingesetzten Asanga nicht gut gestimmt. Es wird doch nötig sein, daß ich selbst dort eingreife, wäre es nur, um das Land in große Provinzen zu teilen, um diese kleinen Reibereien loszuwerden.

Auf Junkers Karte steht der Name Arrigo. Rigo (wie es heißen soll) ist der Chef sämtlicher hiesigen Abukája und obendrein ein höchst anständiger und verständiger Mensch, soweit ein Neger überhaupt dies sein kann. Seine eigentliche Heimat ist nahe bei Gósa, wo noch heute sein Bruder einer der bedeutendsten Chefs ist; im Geleite der Danagla hierhergekommen, hat er sich alle hiesigen Abukája unterworfen und ihnen auch ziemlich viel Loggo zugefügt, die mit

[1] Der Dongu.

den Abukája sprachlich wenigstens eines Stammes zu sein scheinen. Was ich bisher an Sprachproben gesammelt, führt Abukája und Loggo zum Madi von Dufilé, dessen westliche von mir früher verfochtene Herkunft sich so gut beweist. Zur selben Gruppe gehören dann Lúbari und Kalliká.

Rigos Dorf liegt nur 20 Minuten von der Station entfernt auf dem Hügel und lehnt sich an eine kleine Terrainanschwellung an, von der man weit nach Süden und Südwesten anscheinend wohlbewaldetes Land sieht, das wellig verstreicht, ohne jedwede Erhebung zur Anknüpfung von Aufnahmen. Nach Norden und Osten schließen nahe niedere Hügel den Horizont völlig ab. Das Dorf oder vielmehr die Dörfer – denn es sind viele, viele Komplexe von Gehöften, welche weit über das Land verstreut sind – sind nicht groß, gewöhnlich nur zwei bis drei Familien oder, wo es sich um Chefs handelt, gar nur eine Familie umfassend. Dadurch aber, daß jede Frau eine eigene Hütte und eigene Kornbehälter besitzt, dehnt sich der Komplex aus, denn Polygamie ist auch hier zu Hause. In den Gehöften der Chefs ist die Dienerschaft mit Familie außerhalb des Gehöftes in ringsumher verstreuten Hütten angesiedelt.

Die Schönen des Landes sind ziemlich häßlich; grobknochige, große Figuren mit bedeutender Muskelentwicklung, einem ziemlich großen runden Kopfe, ziemlich stark entwickeltem Haarwuchs (in sehr zierlichen Löckchen), sehr starken, beinahe männlichen Zügen und großen breiten Lippen. Rote Eisenockerfarbe scheint sehr beliebt, denn die Haare und ein großer Teil des Körpers sind stets damit getüncht; die malerischsten Wirkungen aber bringen die teilweisen Färbungen des Gesichts hervor: rote Ringe um die Augen oder rote Flächen längs der Ohren und eine Wellenlinie vom Jochbogen bis zur Nase. Hübsch sind nur die Kinder und auffallend zutraulich dazu. Die Hütten bieten nichts Besonderes. Korn muß sehr gut kommen; alle Speicher waren übervoll, und das ganze Dorf roch stark nach Mrissa; man muß also dafür Korn übrig haben. Schon hier fängt übrigens die Kultur der roten Durrah an, die später in Loggo und Amadi die weiße Durrah völlig ersetzt.

Es ist das unbestreitbare Verdienst der Araber, die weiße Durrah von Chartum in Makraka eingeführt und verbreitet zu haben. Außer Durrah, die jetzt reifte, fanden sich angebaut Kürbisse, wenig süße Bataten, etwas Mais (stark von den Hippopotamus heimgesucht, die weite Ausflüge zu ihm machen), Gynandropsis und Tabak. Die Jahreszeit ist noch zurück. An allen Zäunen rankt eine Trichterwinde mit schönen blauen Blüten. Das Dorf war voll von auffällig kleinen Hunden mit spitzer Schnauze, geringeltem Schwanze und kurzen Beinen; sie scheinen den Übergang zur rechten Njamnjam-Rasse, den fetten Hunden, zu bilden. Übrigens sind sie recht mager. Wovon wohl die Hunde bei den Negern leben mögen?

5. Juni, Dienstag. – Es ist überaus feucht hier; die Thermometer zeigen früh und abends meist nur eine Differenz von 1–1½°. Schreibt man, so wird einem das Papier unter der Hand feucht; Präparate, besonders Vögel, sind nur durch Unterhalten von Feuern in der Hütte zum Trocknen zu bringen. Es ist deshalb kein Wunder, daß die Station voller Kranken ist. Katarrhe und Diarrhöen, von der niedrigen Nachttemperatur begünstigt, spielen die Hauptrolle; dann herrscht Syphilis mit all ihren Folgen, die hier oft in Lähmungen sich zeigen. Hernien habe ich nicht so häufig gesehen wie anderswo. Als Abführmittel braucht man die Samen der obenerwähnten Winde, welche, in ziemlich großer Menge genommen – etwa 100 Körner –, zugleich als Emeticum wirken soll.

6. Juni, Mittwoch. – Seit gestern abend war Gewitter, erst nur Sturm, Donner und Blitze, dann seit Mitternacht ein so ruhiger Regen, wie wir ihn in Ladó nie sehen. Dazwischen alle Stunden ein Donnergrollen, damit man es nicht vergißt. Heute ist es mir geglückt, Hand auf Belal zu legen, einen früheren Dragomanen von Njamnjam-Abstammung, der sich etwa zwei Tage von hier zwischen den Loggo angesiedelt hatte und mit seinen Leuten sie unterwarf, aber sich völlig unabhängig gebärdete und dem Gouvernement jeden Gehorsam verweigerte. Als ich ihn wiederholt einladen ließ, vor mir zu erscheinen, verweigerte er es direkt, da er mit mir

nichts zu tun habe; so war ich zur Sicherung der Straße nach Mangbettu gezwungen, mit ihm Abrechnung zu halten, und nun sitzt er hinter Schloß und Riegel. Baginde, einen anderen solchen Nichtsnutz, der den Übergang über den Dongu monopolisierte und alle Reisenden beraubte, haben meine Leute in Mangbettu festgenommen; so bleiben noch Tauwil und Bongeré zu beseitigen, damit das Land endlich von Mord und Totschlag gereinigt werde. Das sind die Früchte des alten Systems; bei Baginde fanden sich dreißig Gewehre, zwei derselben Remington, Geschenke Bachit Beys und Hauwaschi Efendis. Zur Sicherung des Weges nach Mangbettu will ich hier eine wirkliche Station errichten, welche ihre Filiale nach Ost gegen Bakirwa und Loggo, nach West gegen Uándos Land vorschieben soll und hauptsächlich eine Station am Ufer des Kibbi-Kibali-Uëlle zu errichten hat, um den Wasserweg zwischen Mangbettu, Loggo und Kalliká zu sichern, auf den ich großes Gewicht lege. Es hängt nun alles davon ab, zu sehen, ob der Fluß Obbi, an welchem die Station Loggo liegt, wirklich der Kibali ist, und das kann nur ein Marsch von Kubbi nach Loggo klarmachen, zu dem mir Chef Gambári hoffentlich Führer und Leute geben wird. So soll es denn übermorgen hoffentlich von hier nach Kubbi gehen, und von dort nach einem Abstecher nach Tingasi zurück nach Loggo und Tambira, unserer vorläufig südlichsten Station hierzulande. Ich bin froh, fortzukommen, denn für meine Sammlungen habe ich so gut wie nichts gearbeitet und in sonstiger wissenschaftlicher Hinsicht – auch geographisch – wenig genug. Hoffentlich kommt es vor uns zu gedeihlicherem Tun. Es ist augenblicklich so feucht hier, daß auch mit Feuer in der Hütte kein Präparat trocknen will.

16. Juni, Sonnabend. – Schon gestern abend hatten die Leute untereinander gestritten, ob wir wohl heute den großen Fluß erreichen würden, und es hatte einigermaßen deprimierend gewirkt, als von zehn Uhr nachmittags an Regen fiel. Glücklicherweise hellte sich gegen Morgen das Wetter auf, und trotz dichten Nebels war jeder gespannt auf das Ereignis des Tages. Bach Nambia, der Chef Dsungas

Dorf umfließt und schöne Exemplare einer Pandanus aufweist, war bald auf einer sehr schlechten Brücke überschritten, ebenso Bach Gango, der zu jenem fließt, von prachtvollem Galeriewalde umgeben, wo Hunderte neuer Blüten und Gewächse uns entgegentraten. Über hochhügeliges Terrain gelangen wir sodann zu dem Sumpfe Nangondi, einer scheußlichen Schlammansammlung, die uns brusttief einsinken läßt und aus welcher die Reittiere kaum herauszubringen sind. Über eine Viertelstunde nimmt diese Niederung in Anspruch, und das Singen und Schimpfen will gar kein Ende nehmen. Weit gewellt streckt sich dann Savanne vor uns aus, hier und da von tiefeingesenkten Wasserläufen unterbrochen, die teilweise von prächtigen Galeriewäldern umgeben sind, teilweise aber wie Bach Bedúmgono breite Wasserflächen darstellen, die von Bächen durchflossen werden. Gestürzte und im Wasser verborgene Stämme, Löcher, Massen von faulenden Wurzeln und Laubwerk sowie reiche Vegetation und schlammiger Boden machen den Weg nicht eben angenehm, besonders wenn einem das Wasser bis zum Halse reicht. Alle Wasserläufe sind bis hier noch dem Dongu tributär. Eigenartig ist die wellige Savanne mit ihrem wogenden, hellgrünen Grase und den dunklen Waldlinien, welche die Wasserläufe bezeichnen. Aber auch kleine Hügel finden sich gewöhnlich mit besonders hohem Grase umstanden; felsiger Boden läßt nur kurzes Gras aufkommen, zwischen welchem in seichten Vertiefungen kleine und größere Pfützen von Regenwasser stehen. Seerosen finden sich hier, und zierliche Actitis laufen am Rande hin, Insekten aufnehmend. Bach Badúngono bildet die Grenze zwischen den Sandeh und den Mangbettu, deren Gebiet wir nun betreten. Die Landschaft ist so ziemlich dieselbe, nur werden die Wasserläufe und mit ihnen die Galeriewälder häufiger, gerade wie in Unyóro. Im Moraste des Sumpfes Nénseli steht eine große Kandelaber-Euphorbie, ein so außergewöhnliches Vorkommen, daß es der Erwähnung wert ist. Kurz vorher war mir Bach Nadjango als erster zum Uëlle fließender Wasserlauf bezeichnet worden. Der Sandeh-Führer sagte: Uëlle, und es war beinahe eine freudige Überraschung für uns. Es muß hier seit langem nicht geregnet haben, denn der Pfad ist trocken und hart. Weiter durch das wallende Gras ziehen wir hin, da läßt sich auf einmal Rauschen hören wie von großen Schnellen, und jeder horcht auf. Über flache Geschiebe, die übereinandergeschichtet sind, rauscht Bach Nágole, ein lebhafter Bach, zum Strome, den er nahe von hier erreicht, und nach weiteren 5 Minuten Marsch blitzt es auf einmal vor uns auf. Die weite Fläche des Uëlle liegt etwa 15 m unter uns, spiegelnd im Sonnenlichte nach Nordwesten ziehend. Wir eilen zum Ufer hin, und ein Trunk Wassers wird Freund Schweinfurth geweiht – dem Entdecker des Uëlle ... eine völlig glatte Wasserfläche, und gleich vom Ufer ab zwischen $3^1/_2$–$4^1/_2$ m Tiefe zieht der Fluß seinen Weg; wohin ...?

Boote sind auf Anruf bald zur Stelle, aus einem mächtigen Baumstamme gehöhlt und wohl imstande, 15–20 Personen zu befördern. Ein schaufelförmiges Ruder und eine lange Stange dienen den beiden Ruderern, die sehr geschickt arbeiten und in gerade fünf Minuten uns übersetzen. Auf der Uferhöhe wird gehalten, bis die Maultiere herübergeschwemmt sind, eine etwas schwere Arbeit. Glücklicherweise wurden weder Krokodile noch Nilpferde sichtbar. Schöner Uferwald säumt den Fluß ein, der ein viel stattlicheres Aussehen hat als der Blaue Nil, wenn er voll ist. Die Träger wollen nicht hierbleiben, da das nächste Dorf ganz nahe sei, und wir müssen ihnen leider folgen. Die Leute haben so brav getragen (5 Stunden 25 Minuten), daß es eine Schande wäre, sie im Freien zu lassen, wenn ein Dorf und gutes Essen nahe ist. So wird denn weitergepilgert, und nachdem zwei schöne Bäche mit breiten Galerien gekreuzt worden sind, gelangen wir in 59 Minuten nach Dorf Nédada, Chef Bandas Sitz, der zu Gambáris Leuten gehört. Eine hübsche Hütte war hier für uns vorbereitet, und der Chef, wie alle Mangbettu, ist ein freundlicher, ruhiger Mann, der mit seinen wenigen Leuten uns gern behilflich ist. Morgen soll es zu Chef Mbaga und von da nach Kubbi zu Gambári gehen. Die Leute verstehen ihre Dörfer anzulegen! Von der dunklen Waldlinie, welche dem Wasserlaufe folgend das

Galeriewald

Dorf im Halbkreise umgibt, hebt sich der weiße freie Platz mit den im Kreise stehenden Hütten prächtig ab. Jede Hütte steht auf einer künstlichen Erhöhung, oft bis zu 1 m gehoben, und ist in der bekannten Spitzdachform errichtet. Die

Kornbehälter stehen recht hoch und sind mit dem hellgrauen Ton des Landes abgedichtet. Gebaut wird im Dorfe selbst viel Maniok einer schmalblättrigeren Art als die der Ugandas. Er heißt bei den Sandeh bavrá, bei den Mangbettu né-u. Eine schöne Spinne mit Rot am Unterleibe ist hier häufig. Kleine Maus erhalten.

18. Juni, Montag. – Die ganze Nacht grollte der Donner und zuckten die Blitze; in meinem schönen Hause aber – denn zur »Hütte« ist es zu groß und schön gebaut – war es so traulich warm, daß ich es gern mitnehmen möchte für die ganze Reisedauer. Die Herren Sultane, wir hatten ihrer zwei große, Gambári und Jangara, und einen kleinen, Mbaga, ließen sich vermutlich zum Privatvergnügen etwas vorblasen, denn die ganze Nacht hindurch schallten die Posaunentöne der Elfenbeinhörner. Frühmorgens sah es ziemlich trübe aus, und leichter Regen rieselte nieder, als die Mangbettu-Träger im großen Zuge nahten, um die Gepäckstücke aufzunehmen, eine Arbeit, die schnell und geräuschlos vonstatten ging. Um 5.47 vormittags waren wir unterwegs, kreuzten gleich hinter der Seriba den lebhaft fließenden Bach Ndeddu, den wir mit dem Sandeh-Namen Torbingua kennengelernt, als wir ihn ganz nahe am Uëlle kreuzten. Das Sandbett gewährt einen guten Übergang, und da ausnahmsweise kein Randwald hier sich zeigt, hatten wir keinen Aufenthalt zu machen. Über kleine, sehr schlammige Sumpfwässer, von imposanten Galerien eingehegte Gewässer, die durch schmale Steppenstreifen geschieden sind, in welchen mehrere Gneisgeschiebe sich bemerkbar machen, gelangen wir zum Bach Ndeddu, der etwas später nochmals gekreuzt wird, um nun rechtsab zu bleiben. Und dann beginnt eine Reihe von Galerien, die in ganz kurzen Zwischenräumen aufeinander folgen, jede einzelne von einem kleinen rieselnden Bache oder einem Sumpfwasser durchflossen. Böse genug sind oft die Übergänge zu bewerkstelligen, denn der Schlamm ist manchmal brusttief und scheint unter dem Fuße noch immer tiefer und grundloser zu werden. Für alles aber entschädigt die unbeschreibliche Pracht der Vegetation, die überwältigende

Fülle neuer Formen, die Majestät der Baumriesen, die zu 40 m aufragen. Vom Bache Lindi an, der inmitten einer solchen Prachtgalerie über gelblichen Sand fließt, beginnt das Land waldiger zu werden; es lagen hier früher viele Dörfer, und die Bananenwälder, die sich in den eigentlichen Wald mischen, sind Zeuge dafür. Leider wendet man hier den Bananen durchaus nicht die Sorgfalt zu wie in Uganda, wo alles sauber und rein gehalten ist, während hier das Unkraut alle Lücken ausgefüllt hat. Demgemäß tragen die Bananen natürlich weniger, es gibt aber immer noch genug. Das Sumpfwasser Botoru verdient seinen Namen (Schlamm) in vollem Maße; die Brücke ist hin und wieder unterbrochen, jedenfalls ein Meisterstück naiver Ingenieurskünste. Der Weg führt nun dauernd durch Landschaften, wie wir sie nur im Süden sahen; Wald, Bananenwälder, die sich selbst überlassen, und Strecken gigantischer Scitamineen, Gräser, unterbrochen hier und da von Lichtungen, auf deren freien Plätzen die Hütten der Mangbettu stehen. Auf einer solchen Lichtung tritt uns die erste Elais-Palme[1] entgegen, der wir je begegnet – ein Augenblick von Bedeutung für uns. Die Elais ist hier nur gepflanzt und schiebt sich sacht nördlich vor. Selbst in Mangbettu ist sie nur stellenweise zahlreich zu finden. Durch den Schilfwald fließt Bach Bogboro, ein klares Wasser, an dessen jenseitiger Böschung Dorf Djandi, Chef Ngunsis Sitz, liegt. Dieser, Gambáris Bruder, ist ein äußerst zuvorkommender, bescheidener Mensch, der sehr gut Arabisch spricht und uns gern hier behalten möchte. Ein enorm großer freier Platz ist mit Elais-Palmen bepflanzt, unter welche sich hier und da eine Conia mischt; in großem Kreise stehen die Hütten, in der Mitte die Versammlungshalle, ein von halbkugeligem Dache überwölbter sehr großer Raum mit gestrichenem Estrich, gestützt von Massen sehr hoher, schön verzierter und geschnitzter Pfähle. Die geraden langen Stämme der Xilopia aethiopica haben das Material geliefert. 300–400 Leute sind versammelt, um uns zu besehen; viele unter

[1] Ölpalme.

ihnen alte Bekannte, Sklaven, die ich vor zwei Jahren aus Ajak und Rumbék hierhergesandt. Als erwünschtes Geschenk wurde mir hier ein schöner junger Falke gebracht (Gypohierax angolensis), leider mit gestutzten Flügeln, berüchtigt als Hühnerdieb, ein schönes kühnes Tier mit mächtigen Fängen. Ein anderes Geschenk waren Kola-Nüsse, die ebenfalls häufig genug sind und als Arznei gelten. Nach kurzer Rast hier – wir waren nahezu $4\frac{1}{2}$ Stunden marschiert und hatten dabei nicht weniger als 19 Wasserläufe gekreuzt – setzten wir den Marsch fort, uns jetzt gerade südöstlich haltend, betraten hinter der breiten Galerie des Nombiko die Felder der Militärstation Kubbi und passierten diese bald darauf. Es roch aber so schlecht, daß wir vorzogen, bis zu Gambáris Dorfe Bellima zu gehen, wo wir gerade zur Zeit ankamen, um Hütten zu errichten und den Regen auf uns niederprasseln zu lassen, der bis gegen Abend andauerte.

Ein Porträt der Mangbettu

19. Juni, Dienstag. – Nebel des Morgens verspricht einen schönen Tag, zu dem uns Posaunen und Trommeln wachriefen. Das ganze Dorf ist frisch mit Ölpalmenöl parfümiert, das frisch gar nicht übel riecht.

Die Mangbettu, jetzt von allen Seiten von fremdartigen Völkern umringt, behaupten, ihre Vorväter seien aus Nordwest gekommen[1] und hätten von dort die noch heute übliche Beschneidung mitgebracht; sie seien mit den Darfúr-Leuten nahe verwandt gewesen. Nachdem sie alsdann das Land weithin erobert, hätten sie große Streifzüge gegen die Sandeh gemacht, unmerklich sich aber mit den Umwohnern vermischt. Diese seien die Momvú, die eine völlig gesonderte, für Mangbettu schwer zu erlernende Sprache sprächen. Akká hätten sich seit den ältesten Zeiten nomadisch hier und da gefunden, gerade wie sie auch jetzt keine

[1] Die Kultur der Mangbettu stammt wohl von Süden.

festen Dörfer haben. Als Mangbettu-Stämme und sprachlich einig, wenn auch oft dialektisch leicht gesondert, werden aufgezählt: Meädje-Madjó 15 Gruppen, Meädje, Mandú, Mabissánga, Madjo, Bamba, Mabódo, Manboré, Njapú, Abárango, Abro, Mbéri, Botté und endlich jedenfalls interessant die Majánga (Mangbettu-Name für Babukkur). Auch die Mondú Makrakas finden wir hier als eigentlich zum Sprachstamme der Mangbettu gehörig, während die Abaká der nordwestlichen Gruppe angehören, die Kredj, Golo usw. umfaßt und auch die Luba einschließt. Die Sprache der Mangbettu hat mit der der Sandeh absolut nichts zu tun; sie ist vokalreich und demnach leicht zu erlernen, weil vokalreiche Sprachen leichter im Gedächtnis haften.

Anthropophagie ist heute, wenn auch verborgen, geradeso üblich wie früher. Fleisch ist ein Luxusgegenstand, mag es das eines alten Weibes, eines fetten Schweines oder eines dicken Affen sein. Spitzgefeilte Zähne habe ich bis jetzt nicht gesehen, dagegen beinahe überall ein leichtes schiefes Anfeilen der mittleren oberen Schneidezähne, ein mit der Spitze nach oben gekehrtes kleines Dreieck bildend. Ausziehen von Zähnen ist völlig unbekannt und verlacht; auch andere Verunstaltungen durch Schnitte, Narben usw. sind nicht häufig, abgerechnet die Durchbohrung der Ohrmuschel, an welcher man den Mangbettu sofort erkennt. Die Hautfarbe der Mangbettu, die ich hier gesehen, ist sehr dunkel, ein ins Schwarze ziehendes Braun auf gelber Grundlage, nicht rot wie die Sandeh. Individuen mit heller gelblicher Hautfarbe sind mir hier noch nicht vorgekommen. Frisuren und Ausputz sind unnötig zu beschreiben, da sie Schweinfurth getreu abgebildet hat. Eisen ist sehr gesucht in jeder Form; geschätzt natürlich ist Kupfer und Messing, und meine Schädelsammlung wurde mit Kupfer erkauft. Soeben stehe ich in Unterhandlung um ein vollständiges Akká-Skelett von einem alten Manne, der vor kurzem verstorben (!) sein soll. Auch Schädel von erwachsenen Schimpansen sind mir zugesagt worden sowie allerlei Sämereien und Getier. Die ornithologische Ausbeute ist bis jetzt nicht gerade groß, doch ist heute der erste Jagdtag, und ich brachte drei für mich neue Spezies heim.

20. Juni, Mittwoch. – Die Leute von Mangbettu nehmen unter den Negern sowohl ihrer körperlichen Beschaffenheit als ihren geistigen Anlagen und Begabungen nach eine völlige Sonderstellung ein. Sie erzählen, daß ihre Vorfahren einst von Nordwesten hierhergezogen seien und ihr Land ursprünglich an Darfúr gegrenzt habe. Sie hätten dann sich hier angesiedelt und das Land weithin unterworfen, auch große Kriegszüge gegen Westen und Süden hin ausgeführt und die Sandeh, als sie von Südwest vordrangen, zum Abweichen von ihrer Marschlinie gezwungen, so daß heute die Mangbettu wie ein Keil sich zwischen die Sandeh einschieben. Daß sie übrigens die Sandeh von je als ihnen untergeordnet betrachtet hätten, erhelle, daß kein Sandeh eine Mangbettu-Frau nehmen könne, während man wohl Sandeh-Frauen im Besitz der Mangbettu findet – ein Faktum, das nicht zu bezweifeln ist. Die Ureinwohner des hiesigen Landes seien verschiedene Stämme ohne eigentliche Herrscher gewesen, wie die Momvú und ein Teil der Mabode und einige andere, die zerstreut unter den übrigen Stämmen leben und heute sozusagen eine niedere soziale Stellung einnehmen. Die Akká hätten sich schon damals zerstreut unter allen Stämmen als nomadisches Jägervolk bewegt, wie dies ja noch heute der Fall ist. Nun ist es richtig, daß vielfach den Momvú, welche durchschnittlich kleiner und einen Ton schwärzer sind als die Mangbettu, auch eine völlig verschiedene Sprache sprechen, heutzutage bei den Mangbettu nahezu alle häuslichen Verrichtungen obliegen und sie besonders als Feldarbeiter eines großen und verdienten Rufes genießen. Sie haben südlich und südöstlich ein großes Gebiet inne, das von den Mangbettu beliebig ausgeplündert wird. Was die Mabode betrifft, die doch als Mangbettu gelten, so soll ihr Land sich sehr weit ausdehnen gen Südost, so daß noch keiner von hier ihre Grenze erreicht hat. Mehrere ziemlich bedeutende Flüsse durchziehen ihr Land.

Die Verfassung der Mangbettu ist eine äußerst einfache.

Die großen Chefs sind erbliche Würdenträger, und zwar vom Vater auf den ältesten Sohn, dem alle anderen Brüder sich zu fügen haben und dies auch tun ohne Krieg. Ist kein erwachsener Sohn vorhanden, so folgt der Bruder oder nächste Anverwandte; dasselbe gilt bei Minorennität des Erben. Doch sollen Fälle vorkommen, wo der stellvertretende Bruder des Verstorbenen die Leute so für sich zu gewinnen verstand, daß er selbst nach erreichter Majorennität des eigentlichen Erben im Besitze blieb, der nach jenes Tode zu den eigentlichen Erben zurückkehrte. Außerdem kommt es vor, daß bei Vorhandensein mehrerer Brüder die Volksstimme sich dahin geltend macht, daß die Nachfolge nicht dem ältesten, sondern dem klügsten und beliebtesten zukomme, und das wird denn auch durchgeführt, ohne Krieg oder Blutvergießen zu verursachen. Die Depossedierten treten ohne weiteres ins Privatleben zurück, wie denn auch die Angehörigen des Chefs sich in nichts von dem Volke unterscheiden. Durch das Eingreifen der Danagla sind nun an vielen Orten die Erbschaftsverhältnisse völlig verändert worden, indem sogenannte Dragomane als Chefs an die Stelle wirklicher Chefs gestellt wurden, wie ja auch Gambári kein eigentlicher Chef, sondern ein Dragoman war. Heute aber die rechten Erben wieder einzusetzen, würde große Verwicklungen hervorbringen; es ist also besser, alles zu belassen wie es ist, solange sich keine Ursache zur Klage bietet. Die Unterchefs werden von den Herrschern ernannt, haben sich aber im Laufe der Zeiten ebenfalls zu erblichen Funktionären umgewandelt, weil außer im Falle sehr wohlbegründeter und triftiger Beschwerden sie nicht abgesetzt werden, und selbst bei Herrscherwechsel der neue Herr vorzieht, sich eine Partei zu bilden, um keine Unzufriedenheiten hervorzurufen. Doch ist das Recht des Herrschers, seine Unterchefs zu ernennen und abzusetzen, unbezweifelt. Für besondere Dienste eines Mannes, sei er auch ein gewöhnlicher Diener, oder für besondere Auszeichnung erfolgen Belehnungen mit Landstrichen, gewöhnlich spärlich besiedelten oder Grenzterritorien; der neue Chef mag hier seine Tüchtigkeit sofort beweisen durch Heranziehen von Leuten, Besiedelung und Bebauung des Landes, Pazifizierung und Annektierung von Grenzländern usw. Eigentliche Steuern irgendwelcher Art werden nicht erhoben, wohl aber sind die Chefs gehalten, von Zeit zu Zeit ihren Herrschern aufzuwarten. Sie bringen dann Geschenke an Mädchen, Vieh, Eisen, Rindenstoffen und dergleichen mehr mit sich. Während der Zeit ihres Aufenthaltes ist der Herrscher verpflichtet, sie zu beköstigen, und deshalb ist die große Zahl der Frauen jedes Chefs zu erklären, da diese die Felder bestellen.

Dreimal wird in Mangbettu jeden Tag gespeist: früh, mittags und abends; aus dem Hause jeder Frau kommt eine große Holzschüssel Essen, wohl mit Öl versetzt, vor den Herrscher, der dann an seine Leute verteilt. Er selbst darf nicht öffentlich essen; im Hause seiner Lieblingsfrau speist er, von ihr bedient, und was von seinem Essen bleibt, wird, nachdem er der Frau zugeteilt, vergraben. Speisen sind, da Vieh selten, meist vegetarischer Natur, wozu die Natur Schätze liefert. Wurzeln aller Art, Yams, Manihot, von dem hier nur die gute Art wächst (die giftige ist häufig bei den Sandeh), Helmia, süße Bataten, Sesam, Eleusine-Korn (kein Sorghum, noch Penicillaria, für welch letzteres sogar das Wort fehlt), Kürbisse und eine Menge Früchte, meist ölige, bilden die Nahrung, zu dem Wild aller Art (ausgenommen Löwe, Leopard, Elefant, Schlangen), Hühner und Eier (von der kleinen Sorte), allerlei Vögel, als Leckerbissen auch die Larven von Holzwürmern und besonders auch Menschenfleisch kommen. Die Anthropophagie ist noch ebenso im Schwange wie früher, wenngleich einzelne Chefs daran nicht teilnehmen wollen, wie Jangara, der dafür bekannt ist.

Im Gegensatz zu solchen Völkern, wo die herrschende Klasse sich streng von der dienenden getrennt hält, scheinen hier viel bessere Sitten. Obgleich die Heiraten zwischen den herrschenden Familien häufig sind, kommen Heiraten von Mädchen aus der Herrscherfamilie, besonders wenn sie nicht sehr hübsch sind, mit gewöhnlichen Leuten oft genug vor. Die Heirat geschieht stets durch Vermittlung eines

Dritten, der auch die als Brautpreis dienenden Geschenke in Empfang nimmt und teilweise an den Brautvater abgibt, teilweise für sich und die nächsten Verwandten behält. Es bestehen diese Geschenke in Sklaven, Vieh und besonders Eisen. Die Festlichkeiten der Hochzeit, bei welcher alle Anwesenden zu beschenken sind, dauern oft zwanzig Tage lang. Überall herrscht eine uneingeschränkte Polygamie, die noch dadurch vermehrt wird, daß der Brautpreis je nach Schönheit des Mädchens und Mitteln des Werbers sich modifiziert. Arme Leute aber müssen sich mit minder hübschen Frauen begnügen. Die Mangbettu-Frauen sind wegen ihrer Fruchtbarkeit berühmt, und häufig genug sind die Fälle, wo eine Frau zehn Kinder geboren und dadurch nur geschätzter geworden ist. Unfruchtbarkeit ist ein Schimpf und veranlaßt in allerdings seltenen Fällen die Rückgabe der Frau an den Vater und Rückforderung eines Teils des Brautpreises. Öfters zieht man vor, einige Frauen mehr zu nehmen und von ihnen Kinder zu bekommen. Die Mangbettu behaupten übrigens, im Besitze von Wurzeln zu sein, welche, im Getränk genommen, sowohl Impotenz als Sterilität beheben. Prostitution ist sehr selten und wird meist mit dem Tode bestraft. Ehebruch wird dem Chef vorgeführt, der das ganze Vermögen des Ehebrechers konfisziert und zwischen dem Vater der betreffenden Frau und ihrem Manne wie 2:1 teilt. Kann die Frau nachweisen, daß sie gezwungen wurde, so bleibt sie bei ihrem Manne, dem in jedem Falle eine ihrer Schwestern als Ersatz gegeben wird, ohne daß deshalb die Geschädigte schlecht behandelt oder vom Ehebette ausgeschlossen würde. Ist sie mitschuldig, so kehrt sie in ihr väterliches Haus zurück und kann sich wiederverheiraten; eine ihrer Schwestern geht an ihre Stelle. Geburten von Zwillingen bedeuten Glück und werden durch große Feste gefeiert, zu denen alle Umwohnenden Geschenke bringen. Die Nachgeburt wird in feierlicher Prozession auf einem Wege begraben, und jeder, der über den Ort schreitet, pflückt zwei Blätter, spuckt auf sie und wirft eines rechts und eines links, damit es Glück bringe.

21. Juni, Donnerstag. – Für Zwillinge gibt es eigene

Namen. Sind es Knaben, so heißen sie óburi (Erstgeborener) und nabesse (Nachgeborener); sind es Mädchen, »abúda« und »tindáde«.

Die Mangbettu sind sehr reinlich, und auch ihre Dörfer entbehren des Kranzes von Unrat der übrigen Negerdörfer. Waschungen werden häufig vorgenommen, nur in Trauerfällen, wo das Haar geschoren wird, unterbleiben sie. Öleinreibungen halten die Haut geschmeidig und geben ihr Glanz: man braucht dazu meist Elais-Öl, oft auch das rote Öl des mbibi-Baumes, da Lophira hier selten ist. Frauen brauchen noch heute den dunklen Saft der Gardenia, blippo, Männer das Rotholz (Pterocarpus santalinoides) zu Schminken und Verzierungen. Eisenzierate sind sehr geschätzt. Als Genußmittel habe ich bis jetzt nur Tabak von nicht schlechter Qualität und Mrissa sowie die Kola-Nuß kennengelernt. Der Tabak (N. virginiana) heißt tabbu, wird nicht im großen kultiviert, aber leidenschaftlich geraucht; sogar kleine Kinder trifft man rauchend an. Als Rauchinstrument hoher Herren gilt noch heute die enorme Pfeife aus der Mittelrippe eines langen Bananenblattes mit am breiten Ende eingesetzten Köpfchen, aus der gewöhnlich nur zwei Züge getan werden. Daß beim Wegtragen dieses Monstrums der Diener einmal einen Zug tut, ist wohl selbstverständlich. Auch Wasserpfeifen aus Kürbissen sind im Gebrauche. Tabakkauen ist von den Danagla eingeführt, hat aber keine rechte Verbreitung erlangt. Zum Kauen dient dagegen die Kola-Nuß, eine flachgedrückte Frucht von schöner rosa Farbe. Der Baum (Sterculia acuminata) ist in den weiten Galerien der Flußränder nicht gerade selten und sehr hoch; die Frucht gleicht einer großen geschwollenen Banane, deren dünnere grüne Schale zwei Reihen großer von weißer dünner Haut umgebener flachgedrückter Samen enthält, deren Parenchym schön rosa ist. Der Geschmack ist bitterlich, leicht speichelerregend: man behauptet hier, daß die Nüsse ein gutes Mittel gegen Blutandrang, Schwindel und Blutstühle seien; andere wollen die Frucht als ein Aphrodisiacum empfehlen. Ich habe beim Genuß eines ganzen ziemlich großen Samens keinerlei bemerkenswerte

Eigenschaften gemerkt. Überall gebräuchlich ist Mrissa-Bier, sowohl aus Eleusine, dem einzigen hier vorkommenden Korne, als aus Bananen, nahezu wie in Uganda gemacht. Man vertilgt davon große Quantitäten und sucht außerdem noch eifrig nach dem Palmwein, der aus der Raphia und auch der Elais gemacht wird. Da die Prozedur, welche im Ausschneiden des Blütenschaftes, Anhängen eines Töpfchens und Bedecken desselben von oben zum Schutze gegen Regen besteht, natürlich Verstümmelung des Baumes zur Folge hat, darf man sich diese Operation nicht häufig erlauben. Besonders ist die Ölpalme viel zu kostbar, da Fette im Lande selten sind und doch so unendlich viel verbraucht werden. Es gibt hier an Fetten: Termitenfett, Sesam, Mbeseké (eine Art Cucumis), Elais, Mbibi und verschiedene Pflanzenfrüchte, die mehr oder weniger Öl halten. Daß Menschenfett, wo es zu haben ist, gern verbraucht wird, ist unnötig zu erwähnen.

Gerade wie den Waganda ist den Mangbettu ein gewisser Schönheitssinn angeboren, der sich nicht damit begnügt, ein Gerät zu fertigen und dem Gebrauche anzupassen, sondern dasselbe auch zu verzieren sucht, und zwar oft in recht ansprechenden Mustern und Formen. Daß auch ein gewisser Farbensinn hier mitwirkt, sieht man an den farbigen Verzierungen der Hütten und Werkzeuge. Es ist in Mangbettu Sitte, das für die Regenzeit nötige Holz zur trockenen Jahreszeit (wenn man davon reden kann) schlagen zu lassen. Wie alle Arbeiten, tun dies die Momvú-Diener. So begnügt man sich nicht, die einzelnen Holzstücke gleich lang und möglichst glatt zylinderförmig zu behauen, sondern nachdem man sie in den Hütten aufgeschichtet wie unsere Holzstöße, verziert man die Schnittflächen mit Punktmustern in Rot, Weiß und Schwarz. Gerade in solchen Kleinigkeiten äußert sich der Charakter eines Volkes oft deutlicher als in seinen geräuschvolleren und auffälligeren Betätigungen.

Mag es gleich hier erwähnt sein, daß bei Regen kein Mangbettu seine Hütte verläßt und für solche Fälle sogar für natürliche Bedürfnisse Gefäße vorhanden sind, deren Überwachung den Dienern obliegt. Das Verhältnis zwischen diesen und den Herren ist ziemlich patriarchalisch; der Diener bildet wie überall im Orient ein integriertes Glied der Familie. Die Hütten für die Dienerschaft liegen gewöhnlich etwas abseits von denen der Herren und unterscheiden sich sowohl in Form als auch in Dimensionen von jenen, die das spitzausgezogene Dach zeigen und sehr saubere Tonwände und Estriche aufweisen. Gestelle zum Schlafen finden sich überall.

Ist das Tagewerk getan, so tanzt und singt man. Bei feierlichen Gelegenheiten tanzt der Chef oder sein Sohn vor den auf Schemeln im Halbkreise sitzenden Frauen, die seinen Tanz mit wellenförmigen Bewegungen der Arme und Wiegen des Körpers sowie Gesang begleiten, in welchen die umstehenden Männer mit einstimmen. Der Gesang ist nicht übel, und hier ist mir der einzige Fall einer Annäherung an Terzen-Begleitung des Gesanges vorgekommen. Die Kleidung des Tanzenden, sein Ausputz mit Gürteln und Schwänzen von Genetten, Leoparden, Bündeln roter Papageienfedern sind genau dieselben wie zu Schweinfurths Zeiten. Tänze der Frauen werden abseits abgehalten; in großem Kreise trippeln sie singend umher, umschlossen von doppelter Männerreihe: die Bewegungen sind viel züchtiger als anderswo. Interessant war ein Pas de deux zwischen Gambári und seines Vaters Schwester, einer uralten, mit Papageienfedern aufgeputzten Person: die Szene stellte eine junge Person vor, die sich den Annäherungen des Liebhabers zu entziehen sucht, aber schließlich von ihm eingeholt wurde. Großer Beifall belohnte sie. Sultan Munsas Tochter (16), mit Gambári verheiratet, weigerte sich entschieden zu tanzen. Als Musikinstrumente figurieren: Posaunen aus großen Elefantenzähnen, Trommeln und Pauken, Klappern mit Schalen einer Frucht gefüllt, die stark rasseln. Außerdem tragen die Tanzenden Gürtel von den Schalen einer Frucht, die ebenfalls stark Geräusch machen.

22. Juni, Freitag. – Stirbt hier jemand, so bleibt alle seine Habe dem ältesten Sohne, welcher alle Frauen mit Kindern – seine Mutter ausgenommen – zu seinen Frauen macht,

während er die Frauen ohne Kinder an seine Brüder verteilt, die auch Portionen von der Habe des Vaters erhalten, nach Gutdünken des eigentlichen Erben. Die Beerdigungszeremonien sollen – ich zweifle, ob viele Leute beerdigt werden – äußerst einfach sein: an einem passenden Orte wird ein Loch gegraben und die Leiche verscharrt, immer außerhalb des Dorfes. Große Herren sollen sogar ihre Leichen nach besonders bevorzugten Orten transportieren lassen, und man errichtet eine Hütte über dem Grabe. Ganz vereinzelt stehen unter den Mangbettu die Leute vom Stamme der Madjo, welche ihre Toten verbrennen und die Asche verstreuen sollen. Ich gebe all diese Nachrichten mit größtem Vorbehalt, weil meine Informanten nur zögernd darüber sprachen und ich bis jetzt nie eine Grabstätte gesehen habe. Kleine Kinder werden vor der Tür der Hütte begraben, rechts von außen. Als Zeichen der Trauer gelten Scheren der Haare, Vernachlässigung der Hautkultur (Waschen, Einölen) und Zurückgezogenheit vom Verkehr. Eine bestimmte Trauerzeit wird nicht eingehalten. Allgemein ist das Mitgefühl mit Frauen, die ihre Kinder verlieren.

Überhaupt erfreut sich die Frau einer viel höheren sozialen Stellung als bei den übrigen Negervölkern, wenngleich auch hier der größte Teil der Arbeiten ihr obliegt: Feldarbeiten, die ja hier leicht sind, das Anfertigen von Tongefäßen und Pfeifenköpfen sowie Matten- und Korbwerk sind alles Frauenarbeiten. Im eigenen Hause genießt die Frau unbedingte Achtung. Kein Mann würde eine Arbeit oder ein Werk unternehmen, ohne zuvor seine Frau zu Rate zu ziehen, und es sollen oft genug Fälle vorgekommen sein, wo Fraueneinfluß den Rat der Ältesten aus dem Felde schlug. Junge, hübsche Mädchen, und es soll deren viele geben, sind von allen Seiten umworben.

Der Glaube an Zauber und Zaubermittel ist weit verbreitet, und besonders sind die alten Frauen im Verdacht, solche Dinge zu verstehen. Allgemein üblich und bekannt sind die Orakel-Befragungen mittels Hühnern, denen man den wässrigen Extrakt einer Wurzel (man braucht die intensiv bitteren Coccinea dazu) einflößt. Ähnlich dem Sandeh-Verfahren, Holz auf Holz zu reihen [?], benutzt man hier Bananenstämme, die ins Geviert gelegt, dann mit Wasser besprengt und mit Blättern beworfen werden. Glaube an das böse Auge ist auch hier zu Hause. Man paralysiert die Wirkung durch Anspucken der verdächtigen Person; Zauberer, die zugleich als Ärzte figurieren, verdienen viel Geld, sind aber doch manchmal in Lebensgefahr. Die Arzneien sind meist Wurzeln und Kräuter, unter denen hier wohl noch mancher medizinische Schatz zu heben ist. Eine große Zwiebelpflanze findet sich oft bei den Hütten angebaut; sie wird allgemein als Aphrodisiacum gebraucht, indem man ein Blattstück zerquetscht und es ins Gesicht wischt.

Die Mangbettu scheinen sinnlich zu sein, denn sie kultivieren alles, was auf Geschlechtsumgang Bezug haben kann, mit äußerster Sorgfalt. Fälle von schweren Geburten oder Rückhalt der Placenta werden durch Auflegen von Kräutern auf den Leib der Gebärenden behandelt. Originell war die Erzählung einer alten Frau, daß im Falle von Verzögerung des Placenta-Abganges man der Gebärenden drohe, eine gewisse scharfe Wurzel aus dem Walde holen und in die Geschlechtsteile einführen zu lassen. Die Furcht bewirke den Abgang der Placenta!

Als Bekleidung der Männer gilt wohl überall Rindenstoff, aus der Rinde eines Urostigma bereitet, welche hier nóggi heißt, von den Sandeh aber rokko genannt wird, ein Name, welcher sich jetzt überall eingebürgert hat. Die Stoffe, frisch von ledergelber Farbe, werden häufig dunkelrot, manchmal auch schwärzlich (durch Humus) gefärbt, gerade wie in Uganda, können sich jedoch an Feinheit der Textur und Geschmeidigkeit des Stückes durchaus nicht mit den Uganda-Stoffen messen. Es mag dies teilweise von der Bereitung, mehr jedoch davon abhängen, daß man die Rinde zu alt und zäh werden läßt, ehe man sich zur Abschälung und Bearbeitung entschließt. Diese geschieht im ganzen wie in Uganda durch Spalten der Rinde, Reinigen der äußeren Seite von Schmutz, Aufspannen und Klopfen mit Elfenbeinstücken und Aussetzen an die Luft und Sonne zum Entziehen des Wassers und zum Bräunen. Die Streckung wird aber hier nicht allein durch Klopfen hervorgebracht, sondern mechanisch durch Ziehen. Gemusterte Stoffe habe ich bis jetzt noch nicht gesehen.

Während die Männer die Rindenstoffhose, manche aber auch nur eine Art Badehose aus demselben Stoffe, und wieder andere eine Art lange Schürze vorn und kurze Schürze hinten tragen, keiner aber nackt geht, ist die Frauenbekleidung mehr als unbedeutend. Eine Andeutung einer Schambedeckung gürtet die Lenden, und die Schamteile sind eben bedeckt.

Ist man hierin nicht eben skrupulös, so wird um so mehr Sorgfalt auf Kopfputz verwendet, und da die Natur durch reichen Haarwuchs behilflich ist, kann man schon etwas leisten. Außer den hohen Chignons finden sich eine Menge Phantasiefrisuren, durch Puffen und Strähnen von Haaren hergestellt, die manchmal jeder Beschreibung spotten. Wo eigenes Haar nicht reicht, gebraucht man auch solches Verstorbener, die es ja nicht mehr nötig haben. Die Kopfbedeckungen werden durch Elfenbeinnadeln befestigt, deren man auch etliche zur Zier ins Haar steckt. Sie sind zierlich gearbeitet, oft mit großen runden oder viereckigen Knöpfen oder Rauten oder auch Halbmonden versehen. Eiserne Haarnadeln finden sich bei den Sandeh ausschließlich vor. Der Chignonbau ist von Schweinfurth beschrieben, ebenso die Strohhüte ohne Ränder, welche die Männer tragen und, wenn wohlhabend und hochgestellt, mit Papageienfedern, wenn ärmer aber mit weißen Hahnenfedern verzieren. Die Natur hat dazu eine Masse gerade weißer Hühner und Hennen geschaffen.

Wollen die Mangbettu ihre Zustimmung zu etwas zu erkennen geben, so rufen sie: ih, ih, beim Erstaunen: wá, wá, wobei die Augenbrauen aufgezogen und die Hand vor den Mund gehalten wird.

23. Juni, Sonnabend. – Es bleibt uns hier übrig, die Beschneidung zu erwähnen, welche bei den Mangbettu überall üblich ist. Sie wird als ein von den Ahnen aus Nordwest mitgebrachtes Unterscheidungsmerkmal von den Negern aufgefaßt und ausgeübt, wenn die Knaben so weit

erwachsen sind, daß sie anfangen sich zu bedecken (5–6 Jahre). Eigene Leute üben sie mit besonderen Eisenmessern; die Blutung wird gestillt durch Aufstreuen der Asche von Früchten eines gelbblühenden Strauches (indúmba), und darüber bindet man die Blätter eines Arum. In fünf Tagen soll die Vernarbung geschehen sein. Arme Leute machen nicht viel Umstände, sondern bieten ihren Nachbarn einen Topf Bier an; große Herren feiern die Gelegenheit oft 8–14 Tage mit Festen und Gastmählern.

Es wurde oben zu bemerken vergessen, daß, wenn ein Herrscher die Tochter eines anderen freit, der Brautvater gehalten ist, seiner Tochter noch vier andere Mädchen mitzugeben, »damit sie nicht allein sei«. Diese werden ebenfalls zu Frauen erhoben.

Hatten wir erwähnt, daß Verunstaltungen des Körpers bei den Mangbettu nicht vorgenommen werden (das Loch im Ohre abgerechnet), so ist doch eine Einschränkung nötig. Man bandagiert den Kopf kleiner Kinder bis zum Alter von ungefähr drei Jahren, um den Durchmesser des Schädels von vorn nach hinten zu vergrößern, d. h. durch seitliche Zusammendrückung und Pressung von oben nach unten einen Langschädel zu erhalten. So wird das Gesicht rund und der Hinterkopf zylinderförmig lang nach hinten. Runde Kopfform, wie wir sie aufweisen, wird mit der des Büffels verglichen und für unschön erklärt.

Ganz merkwürdig sieht es aus, wenn eine Frau sich vor einem niedersetzt oder aufsteht. Beim Sitzen wird das breite Rokkoband über den Schoß gebreitet und so passabel für die Dezenz gesorgt; beim Aufstehen duckt sich die Frau zunächst so, daß sie dem Beschauer den Rücken wendet, hält sodann den Stuhl, sich erhebend, dicht an das Gesäß, dies verdeckend, und verläßt so das Zimmer.

Niedere Personen sprechen höhere in zusammengebeugter Stellung, die Hände auf die Knie gestützt, an. Obgleich das Verhältnis zwischen Diener und Herrn ein sehr kordiales scheint, ist doch der Gehorsam ein unbedingter. Hochgestellte Frauen lassen sich stets beim Ausgehen von Dienerinnen und einem Diener begleiten.

Wie schon erwähnt, sind die Freiheiten der Frauen ziemlich groß. Man muß allerdings, um solches zu beobachten, sich weitab von den von Danagla okkupierten Plätzen begeben, weil da alles modifiziert erscheint. Es ist durchaus statthaft, daß ein zur Mannbarkeit gelangtes Mädchen, sei es auch des Herrschers Tochter, nachts zu ihrem Liebhaber, wäre er auch ein gewöhnlicher Neger, geht und bei ihm bleibt. Will sie ihn heiraten, so wird es dem Vater mitgeteilt, und dieser macht einen schwachen Versuch, einen Brautpreis zu erhalten, der, falls der Liebhaber begütert, ohne Weigern erlegt wird. Ist er arm, so wird davon abgesehen. Auch sonst scheinen Frauen ziemlichen Umgang mit Männern zu genießen, wie es auch früher und vielleicht noch heute in entlegeneren Orten üblich ist und war, dem ankommenden Fremden Frauen zur »Bedienung« zuzuteilen.

Von Hausgeräten sind die bekannten Bänke und Bänkchen für Männer, die Stühle für Frauen (man arbeitet jetzt Kisten aus einem Stück Holz!), Tongefäße von ziemlich hübscher Form, aber primitiver Arbeit mit Linienverzierung zu erwähnen. Das schöne Material, welches den Leuten in Palmblattrippen, Rotang dreier Arten, prachtvollem Holze aller Art zur Disposition steht, erleichtert natürlich die Arbeit, doch bleibt es immerhin beinahe rätselhaft, zu sehen, wie mit einem Handbeile, einem Schnitzmesser und einigen rauhen Baumblättern ein Stück Holz in dünne, glatte Brettchen verwandelt wird. Jedenfalls muß man den Leuten lassen, daß sie ebenso geschickt wie willig zur Arbeit sind und an einer gut gelungenen Arbeit Genuß finden, nicht nur sie des rohen Gebrauches wegen machen.

Verhandlungen mit Munsas Söhnen

24. Juni, Sonntag. – Ich habe Gambári vorgeschlagen, mir einige Knaben mitzugeben, um sie in Ladó zu Tischlern usw. ausbilden zu lassen. Auch will ich zwei in die Schule stecken, um sie dort Lesen und Schreiben lernen zu lassen. Er hat

mein Anerbieten angenommen, und so hoffe ich, wir werden Erfolg haben.

Heute, als an einem häßlichen Regentage, wollen wir ein Vokabular entwerfen. ... Das Vokabular ist gut geglückt und beweist, daß Mangbettu absolut nichts mit den Negersprachen von Nordostafrika zu tun hat: schon die Zahlen sind vollständig abweichend. Die Mangbettu nennen sich selbst Mongbéttu (weder Monbuttu noch Mangbattu). Mangbuttu dagegen heißt ein Momvú-Stamm nahe dem Lande der Loggo.

Das Zebra oder wenigstens ein gestreiftes Pferd kommt im Lande vor; man nennt es ndumba (17). Strauße existieren nicht.

Eigen ist, daß für Schaf und Ziege dasselbe Wort angewandt wird. Den Esel bezeichnet man schmeichelhafterweise als tori (Antilope). Kurzbeinige Hühner werden als eigene Rasse unterschieden und lili benannt.

25. Juni, Montag. – Es hatte Einsicht gehabt und nicht geregnet, und die Trommeln und Pauken, die man gern des Abends in Bewegung setzt, damit man bei der Stille sie weiter vernehme, hatten – mit durch Kautschuk umhüllten Schlegeln gerührt – kunstvolle Wirbel ausgeführt, denen ebensolche in den verschiedenen Ansiedelungen antworteten. Die Träger waren gekommen, und nach einigem Zaudern des Nebels halber ging es fort aus dem gastlichen Bellima mit seinen seifeduftenden, räucherigen Schönheiten, zunächst hügelab an vielen Hütten vorüber gegen Bach Bamba hin. Der Weg ist zu beiden Seiten meist von verwilderten, sehr ausgedehnten Bananenwäldern, oft auch von rechten Mauern von Scitameen und Gräsern flankiert, und häufige Abzweigungen nach rechts und links, alle sauber gehalten, beweisen, daß überall Ansiedelungen verstreut sind. Bach Bamba ist ein versumpfter kleiner Wasserlauf von einem sehr breiten Galeriewalde umschlossen. Um die Passage zu erleichtern, hat man einzelne Stämme der Länge nach aneinandergereiht, über die man sich hinweghelfen mag. Zu beiden Seiten sind dichte Pandanus-Nester. Schöner Hochwald liegt zwischen hier

und der Gadda, dem Hauptwasserabzuge, der in sehr geschlängeltem Laufe zum Kibali zieht und alle hiesigen Bäche aufnimmt.

Er fließt äußerst rasch und führt gelbliches Wasser. Eine große Menge von kleinen Wasserrinnen, alle in prachtvollen Galeriewäldern versteckt, schneiden das Land vor uns in kleine Parallelogramme, die meist Steppenwald aufweisen. Als größere Tributäre sind nur Adú und Eja zu erwähnen, letzterer etwas ansehnlicher als der Gadda selbst. Kurz bevor man zu ihm gelangt, tritt dem Reisenden ein sehr ausgedehnter Wald von Elais-Palmen entgegen, vermutlich eine jetzt vernachlässigte Anpflanzung, denn ringsherum finden sich Massen von Bananen und verwilderter Maniok. Es ist eine Freude, die schönen Stämme mit den reichgefiederten Wedeln zu sehen, von unten bis oben in einen Schleier reicher Vegetation gehüllt. Platycerium elephantoides[1] war auf ihnen häufig, und es scheint, als ob gerade die kleinen Taschen, welche die Stümpfe der abgefallenen Wedel am Stamme bilden, für viele Epiphyten ein willkommener Wurzelungsplatz sind. Der Weg ist des vielen Schlammes wegen einigermaßen anstrengend; jenseits des Baches Tofo, in dessen Galerie mehrere Centropus bauchredeten, wurde also ein wenig gerastet. Die Fortsetzung des Weges zeigte kurz vor Bach Arimbi eine Seltenheit: zwei kleine Quellen weißlichen Wassers, die, zu einem recht ansehnlichen Faden vereinigt, zum genannten Bache fließen. Am Aufstiege am jenseitigen Ufer lagen einige Granitfragmente von feinkörnigem Gefüge. Nach Überwindung eines breiten Sumpfes im Schweiße unseres Angesichts sind wir am Bach Au, der ebenfalls ein ganz ansehnlicher Lauf ist und heute viel Wasser hielt. Es sollte hier gehalten werden; da sich aber kein passender Platz finden ließ, so passierten wir noch den kleinen Bogbó und errichteten am jenseitigen Rande der breiten Galerie unsere Hütten. Beim Vorüberziehen der Leute war auffällig, wie Akká und Mondú vorziehen, ihre Lasten auf den Rücken zu nehmen

[1] Ein Geweihfarn.

und durch ein über die Stirn ziehendes Tragband von buntem Bast zu schleppen. Alle anderen Neger, die Mangbettu inbegriffen, tragen auf den Köpfen.

26. Juni, Dienstag. – Schon verhältnismäßig zeitig waren wir in Bewegung und marschierten recht rüstig vorwärts, passierten die Galerien von Akká, welche, versumpft und von Elefanten besucht, eine fortlaufende Reihe von Löchern im tiefen Schlamm aufwiesen, und Timbitilli, die etwas leichter zu begehen war, stiegen dann leicht auf über einzelne Granittrümmer durch die gutbewaldete Steppe und gelangten bald zu einer Partie wirklichen Urwaldes mit prachtvoller Vegetation, bis am jenseitigen Ufer des versumpften Galeriebaches Kakka Halt geboten wurde, um die Nachzügler zu erwarten, da von hier der bisher betretene Pfad verlassen werden sollte. Der Anhalt war nicht sehr erquicklich, weil wir von Millionen von kleinen Ameisen attackiert wurden und zweimal das Feld zu räumen hatten. Schließlich aber kamen die Kolonnen an, und nun begann ein Marsch, wie selbst ich in acht Jahren Praxis im Lande ihn kaum gemacht habe. Von Pfad war nicht mehr die Rede; im tiefen Dunkel des Urwaldes hatten wir die Rankennetze zu zerschneiden, um nur durchzukommen. Von allen Seiten von Vegetation eingemauert, drückten wir uns durch, querten Bach auf Bach, die Galerien erwünschend, die wenigstens einigen Raum gestatteten, bald über bemooste Wurzeln und Steine stolpernd, bald zum Leibe tief in den weichen Schlamm versinkend. Natürlich war hier kein Weg für Reittiere zu finden. Mitten im Walde sind auf winzigen Lichtungen natürlicher Bildung kleine Momvú-Dörfer errichtet, die hier, vor allen Feinden geschützt, hausen, da vor uns kaum jemand diesen Weg gemacht, und selbst unsere Führer aufs Geratewohl gingen. Von unserer ganzen Gesellschaft – mehr als 300 Eingeborene – war nie einer hier gewesen. Rings um die Gehöfte, deren zierliche Hütten aus Baumrinde und Rotang zusammengebunden sind, fanden sich sehr viele Wildfallen für kleinere Raubtiere; besonders häufig soll hier der Jagdleopard (G. guttalus) sein. Ein ziemlich großer Wasserlauf, Tombi genannt, wurde mitten

im Walde durchwatet; er ist 12 m breit und tief genug, den Weg zu erschweren. Als wir schließlich am Rande des Sumpfes Kugu wieder die Steppe betraten und aufatmend an der Kreuzungsstelle haltmachten, fand es sich, daß kein Mensch wußte, wo wir eigentlich waren, und so hatten wir Leute auszusenden, um Führer aufzutreiben. Die Ankunft derselben verzögerte sich über eine Stunde, und als sie schließlich kamen, waren wir so klug wie zuvor. Es wurde also auf Rat der Besterfahrenen eine ziemlich westsüdwestliche Richtung genommen, und wir gingen in das riesenhohe Gras hinein, das die Steppe erfüllt. Ein dreiviertelstündiger Marsch brachte uns zu früher besiedelten Stellen, wo am Rande des Nelúngbo sich ein chaotisches Vegetationsgewirr entwickelt hat. Kurz darauf erreichten wir einen anderen größeren Wasserlauf, Tiró genannt, etwa so groß wie der Gadda nach Dorf Bellima, und nachdem wir ihn überquert, wurde allgemeiner Erschöpfung halber am jenseitigen hohen Ufer Nachtquartier genommen. Es ist der heutige Marschtag – nur 4 Stunden 29 Minuten – einer der schlimmsten, auf die ich und meine Leute uns zu erinnern wissen, und, was schlimmer, es ist keinem recht klar, wie weit eigentlich die nächste Ansiedelung ist und wann wir eigentlich Tingasi erreichen werden. Das kommt vom Vagabundieren im Walde. Auffällig häufig ist hier Anthocleista[1], diese sonderbare Form der Galerieränder. Artocopus ist ebenfalls häufig und bis zu 30 m hoch werdend. Von Pandanus und Calamus will ich lieber nicht sprechen – unsere Kleider und leider auch Haut wissen genug davon.[2] Hier duftet es von den schneeigen Blütenkugeln des Sarcocephalus. Eine schöne, vermutlich neue Blattpflanze mit metallisch roter und grüner Unterseite wurde erhascht. Leider war sonst nichts zu sammeln. Eine eigene Erscheinung im Mangbettu- und Sandeh-Lande sind die hohen

[1] Ein Brechnußgewächs; hierzu auch Strychnos mit den berüchtigten Pfeilgiften.

[2] Schraubenbaum und Rotang mit scharfkantigen Blättern bzw. Widerhaken.

Erdhügel (wie mounds), die man überall trifft, vielleicht Überreste eines sonst höheren Terrains, die durch festere Konsistenz der Abschwemmung widerstanden.

30. Juni, Sonnabend. – Von drei kleinen Bächen umringt und selbst tief gelegen, ist Tingasi[1] der möglichst unpassende Ort, den man für eine Station wählen konnte; es kommt dazu, daß die Termiten nicht einmal die Saaten aufkommen lassen. Da hat Jangara viel besser gewählt. Überhaupt wird eine Verlegung der Station schon aus dem Grunde geboten sein, weil der Westen des Landes zu wenig Korn produziert, um die Soldaten, die wir doch zu nähren gedenken, zu erhalten: Gambáris Land ist darin viel reicher und gibt Eleusine in Fülle.

1. Juli, Sonntag. – König Munsas Söhne hatten für heute ihren Besuch angekündigt und kamen nun, mich zu sehen. Mbába, der älteste, ein noch jetzt ausübender Anthropophage von reinem Wasser, war begleitet von Bébé, der mit ihm zusammen lebt, und von Bombo, der nahe bei ihm ein kleines Dorf verwaltet. Ihr Sitz liegt am Nomajo, bevölkert von einem Gemisch aus Mambelé, Bomba, wenigen Mabode und Momvú; doch scheinen, wie aus einigen Worten klar wurde, die jungen Leute eine Hoffnung auf Restituierung des väterlichen Erbes fest im Auge zu halten. Der erste Besuch war natürlich ein ziemlich zeremonieller, und es konnte dabei nicht Politik verhandelt werden, zumal Gambáris Sohn Kerbedó als Dolmetsch fungierte und das Kapitel der Usurpationen in Mangbettu ja gerade in Gambári eine schlagende Illustration findet. Mbába ist ein hübscher junger Mensch, seiner an Gambári verheirateten Schwester sprechend ähnlich; er hatte sich ziemlich elegant ausgerüstet, trug aber zum Zeichen seiner Trauer weder die Papageienfeder am Hut noch die kupferverzierten Schnüre zum Gürten des Rindenstoffes. Eine ganze Menge seiner Geschwister sind noch bei Gambári und Jangara, welch letzterer auch die Lieblingsfrau Munsas bei sich aufgenommen; sie ist die einflußreichste Person im Staate Jangaras.

---

[1] Die Hauptseriba in Mangbettu.

Nach allen Seiten hat sich die Nachricht meiner Ankunft wie Wildfeuer verbreitet, und von allen Seiten kamen die Fürsten und Chefs des Landes zu mir. Asanga, Mbrú, der andere Asanga (Mambelé), Sensé, Bangwe haben mir ihre Ankunft anzeigen lassen. Weit im Süden von Mambelé soll übrigens der mächtigste aller Mangbettu-Chefs, Negisá, am Berge Abambola über die Maigó herrschen; vielleicht wird es möglich, ihn irgendwie zum Anschluß zu bringen. Überhaupt wäre es wohl im Interesse des Gouvernements, gerade hier einen intelligenten europäischen Gouverneur anzustellen; die größere Ausgabe würde sich hundertfach lohnen.

2. Juli, Montag. – Interessant, daß im Lande kein Guineawurm vorkommt. Krankheiten scheinen überhaupt selten und gutartigen Charakters.

Was man gewöhnlich Akká- oder Tikki-tikki-Lanzen nennt, sind solche der Mabóde; die Akká führen nur Bogen und Pfeile.

Die politische Umgestaltung des Landes nimmt meine ganze Tätigkeit in Anspruch: Gambári komplottiert in Gemeinschaft mit den Sandeh-Chefs, um uns loszuwerden und sich selbst an Munsas Stelle zum Alleinherrscher zu machen. Er will, nachdem die wenigen Soldaten und Danagla beiseitegeschafft worden sind, die Waffen und Munitionen nehmen und sich in Momvú oder bei den Mabóde etablieren, wo sein Bruder Aramá schon jetzt fleißig arbeitet, um die Leute zu gewinnen. Wir wollen das schnell genug beenden.

Heutzutage scheinen die Maigó der ausgedehnteste Stamm der Mangbettu, da sie etwa 15 Unterabteilungen zählen sollen. Auch die Mabóde sind sehr zahlreich, und ihre südlichen Grenzen sind noch völlig unbekannt.

Was die »Maoggu« Schweinfurths anbetrifft, so habe ich gerade wie für die Massansa keine Identität feststellen können: am nächsten läge der Gedanke an die Loggo, welche wirklich viel Rinder haben und wohin Munsa im Verein mit den Arabern Razzien machte. Die Maigó, an welche man auch denken könnte, besitzen keine Kinder.

Übrigens wird sich die Frage durch Besichtigung der Loggo-Rinder wohl entscheiden lassen.

Außer Jangara hatte ich das Vergnügen, Chef Masinse zu empfangen, einen rechten Sandeh, der drei Tagereisen von hier westlich am Flusse wohnt und sich besonders gegen Junker sehr freundlich benommen hat; er scheint ein recht verständiger, guter Mensch, besonders für einen Sandeh. Morgen soll der berühmte Mambanga kommen, der uns soviel zu schaffen machte.

Ein Ausflug lohnte sich heute; die schönste und größte Nectarinia[1], welche ich je gesehen, ein für mich neuer Buceros[2], zwei schöne Exemplare von Cosmetornis Spekii[3], gut befiedert, ein neuer Fliegenfänger und eine hübsche Corythornis wurden heimgebracht. Dazu wurde die Akquisition eines Akká-Schädels[4], einer alten Frau von mehr als 40 Jahren, durch Herrn Casatis Güte mir möglich gemacht. Es wird dies der erste solche Schädel sein, welcher je nach Europa gegangen. Meine kleine Sammlung von ethnologischen Objekten mehrt sich auch zusehends; leider lassen mir die offiziellen Beschäftigungen, Empfänge usw. kaum Zeit, diese Notizen niederzuschreiben, geschweige denn an meinem Vokabular zu arbeiten, das doch so gut begonnen wurde. Vielleicht gelingt es bei meiner Rückkehr nach Kubbi, mehr davon zu sammeln. Könnte ich nur einen Monat hier weilen und arbeiten!

3. Juli, Dienstag. – Heute soll großes Fest bei Jangara sein, leider ist der Morgen sehr trübe ausschauend, und man fröstelt bis ins Innerste bei dem bösen Nebel.

Es war klar und schön geworden, als wir um zehn Uhr vormittags uns aufmachten nach Jangaras Dorfe, von wo seit früh schon die Paukenwirbel herüberklangen. Mehr als tausend Neger hatten sich dort eingefunden, und sogar die Njapú-Chefs Bembi und andere, welche seit einiger Zeit sich von Jangara ferngehalten, waren in vollem Kriegsstaate

[1] Nektarvogel.
[2] Nashornvogel.
[3] Eine von Speke zuerst beschriebene Ziegenmelkerart (Nachtschwalbe).
[4] Pygmäen.

Kriegsspiel der Mangbettu

erschienen. Jangara selbst hatte sich in ein europäisches Gewand geworfen, das er gestern von mir erhalten, vertauschte aber auf meine Bitte dasselbe mit seinem Original-Rokko, der ihm besser ansteht, und erschien nun im Aufzug Munsas, abgesehen vom vielen Kupfer, das ihm fehlt. In einer großen Halle ließen wir uns nieder, und sofort entwickelte sich ein Scheingefecht: es scheint, daß im Gefecht die rechten Mangbettu-Krieger nur mit Schild und Lanzen (drei bis vier) bewaffnet vorgehen, während Momvú mit Bogen und Pfeil sie als Tirailleure begleiten. Das agile Wesen dieser, die, zu 20–30 auf die Erde gedrückt, gleich Schlangen sich durch das Gras winden und dabei einen zischenden Laut hören lassen, zeigt, daß sie keineswegs zu verachtende Feinde sind. Die Mangbettu selbst sind gelenkig, sie halten sich stets in Massen zusammen. Jangara nahm selbst teil, es scheinen sich jedoch die großen Chefs eher im Hintergrunde zu halten, von wo sie durch Signale mit tragbaren Pauken dreier Arten den Kampf regeln. Inzwischen waren die Frauen erschienen, alle herzlich häßlich, schön bemalt mit Schwarz und Rot, an ihrer Spitze Munsas ehemalige Favoritin, heute Jangaras erster Ratgeber und Freund. Im weiten Halbkreis umgaben sie mich auf ihren Stühlen, und Jangara, der eine Zeitlang ausgeruht, erhob sich neuerdings, umweht von Genetten-Schwänzen und Papageienfedern, gefolgt von den beiden Spaßmachern, die ihm die Fliegen abwehrten, und begann die Geschenke für mich herbeizuschaffen: eine Masse Elfenbein, Lanzen, Messer, Trumbatsch, einen Bogen, Pfeile und Köcher. Dann sprach er zum Volke und forderte es auf, den Gast zu ehren; und nun begann eine komische Szene. Die Großen des Reiches schritten hervor und brachten mir Gaben, der eine Lanze, jener eine Elfenbeinnadel, dieser ein Messer, jener sogar einen Hahn – in kürzester Zeit war ein ganzes Arsenal beisammen, und ich hatte ernstlich zu protestieren, daß nicht noch mehr kam. Auch die Frauen trugen Elfenbeinnadeln zu dieser neuen Art von Steuer bei. Wieder begann die Anrede, dann zog sich Jangara zurück auf seine Bank und kaute Kolanuß, denn er raucht nicht, und wir waren in bester

Eine Versammlung Mambangas

Unterhaltung, als alles durch die Nachricht gestört wurde, daß Mambanga, der Rebellenchef und jetzige Scheinfreund des Gouvernements, vor dem Dorfe der Erlaubnis harre, einzutreten. Jangara wurde einsilbig, und ich brach sofort auf, lud aber Jangaras Frauen für den späten Nachmittag zum Besuch ein.

Um vier Uhr nachmittags (wir waren gegen drei Uhr nachmittags zurückgekehrt) kamen sie denn auch, etwa sechzig an Zahl, begleitet von Dienern und Dienerinnen ohne Zahl, braune und rote und schwarze, mit Gardeniensaft bemalt und mit Rotholz geschminkt, leuchtend von Elais-Öl. Die vornehmsten Frauen trugen Messingspiralen an Armen und Beinen und den Mangbettu-Kopfputz mit den feinsten Haarsträhnen über die Stirn, den übrigens auch die tragen, deren Vater oder Mutter starben und deren Haare sie annektierten. Das gewöhnliche Volk war ohne Schmuck, die Mädchen mit gelösten Haaren und mehr als sparsamer Schambedeckung. Es ist auch hier Sitte, daß ein großer Chef seine eigenen Töchter zu Konkubinen nehmen kann; Jangaras Töchter sind übrigens herzlich häßlich. Nach einiger Unterhaltung wurde ich gefragt, was ich mit den zum

Trocknen aufgehängten Vogelbälgen anfange, und als ich bei dieser Gelegenheit eine Abbildung eines Vogels zum Vorschein brachte, hieß es Bilder zeigen. Heran nun, Meister Schweinfurth! Hätte er sehen können, wie seine Zeichnungen jung und alt ergötzten, wie die Hände staunend den Mund deckten und die »Ih, Ih« nicht enden wollten, er hätte sich reichlich belohnt gefühlt für die Mühen seiner Mangbettu-Reise. Ein reiches Geschenk von Kupfer und Perlen endete die Sitzung spät am Abend. Die Tage werden mir sowieso zu kurz hier zur Arbeit.

4. Juli, Mittwoch. – Verteilung der Messer usw. Post nach Ladó. Zunächst Empfang Mbittimas, des ältesten Sohnes Uandos, der an Mambangas Stelle jetzt über die Babissanga herrscht, obgleich er ein Njamnjam ist, eine der verrückten Ideen Bachit Beys. Dann Empfang Mambangas selbst, des berühmten Rebellenchefs[1], der in höchst theatralischer Weise mir seine Unterwerfung machte, zugleich aber einen Plan zur Reorganisation Mangbettus entwickelte, der bezweckte, alle jetzigen Chefs auf ihre eigentlichen Posten zu setzen und diejenigen, welche eigentlich nur Dragomane seien, zu entfernen. Kann mit einigen Modifikationen schon geschehen! Dann kam ein Donnerwetter, das uns fünf Stunden unnütz verlieren ließ, nachdem Jangara, der gehört, daß ich Mambanga freundlich empfangen, in einem Paroxismus von Furcht herbeigeeilt, mich bis Mittag aufgehalten hatte und Hawaschis skandalöses Benehmen erzählte.

Meine Sammlungen hatten sich um einen jungen Schimpansen vermehrt, der mit seinem Geschrei mir den Kopf warm machte. Auch einige hübsche Waffen habe ich erhalten können. Die mir von allen Seiten versprochenen Tongefäße kommen aber nicht, auch mit Sämereien hapert es gar sehr, und mit Vögeln will es gar nicht recht vorwärts, obgleich so ziemlich jeder Tag eine für mich neue Spezies einbringt.

Wo Asanga bleibt, ist mir ziemlich unerklärlich; er ist

---

[1] Vgl. Anhang: Die dunklen Punkte.

nahe und kommt nicht. Heute kam dafür Sultan Mbrús Sohn, nach dem wir gesandt, um ihm die Briefe an Dr. Junker (18) zu geben.

5. Juli, Donnerstag. – Briefe an Dr. Junker fortgesandt. Mbrús Sohn versprach mir, sie ihm persönlich zu übergeben. Er gab die Distanz zwischen seines Vaters Sitze, drei Tagemärsche von hier, und Semios Land auf zehn Negermärsche an, die unsereins in 14–15 Tagen macht.

Es wird nun Zeit, an die Abreise zu denken, und Asanga will immer noch nicht kommen! Das Sammeln von ethnographischen Objekten ist schwierig, weil keine Dörfer nahe sind und Jangara vorgibt, nichts zu haben.

6. Juli, Freitag. – Heute ist erster Ramadán; wir sind aber auf der Reise vom Fasten natürlich dispensiert.

Die Feuchtigkeit ist nachgerade so groß, daß es kaum möglich ist, ein Präparat zu trocknen, und es besonders für die großen Arten von Vögeln wie Turacus und Musophaga sehr böse aussieht. Einen der letzteren Art angehörigen Vogel mit völlig rotem Schopfe habe ich heute eingesammelt und dazu eine prachtvolle, sehr große Taube, die wohl südlich sein mag, da sie im Heuglin fehlt. Sie steht der C. guineensis nahe, es fehlt ihr aber die so eigene Fleckung jener. Jangara kam auf eine Art Bettelvisite, mußte aber unverrichteter Dinge wieder abziehen. Jeden Tag gibt es Gewitterregen: es wird Zeit, daß wir von hier fortkommen, sonst werden wir die Flüsse kaum passieren können.

8. Juli, Sonntag. – Endlich einmal ein wirklich sonniger Tag nach stark nebligem Morgen, obgleich es jetzt (fünf Uhr nachmittags) schon wieder donnert. Das war ein geschäftiger Tag: zunächst früh Empfang Bauris oder, wie es heißen soll, Boris, des Sandeh-Chefs, dessen Vater Mandji, Ntikkima-Kipas Sohn (der älteste ist Kanna), von Nessugo, Mambangas älterem Bruder, erschlagen worden, wofür Bori Munsas Sohn Ndimba, den ältesten, mordete, weil Mambanga und Nessugo Söhne eines Bruders von Munsa waren. Bori, ein kupferroter Sandeh, war bisher nie hierhergekommen und hatte erst vor kurzer Zeit seinen Gehorsam angezeigt. Er brachte mir einige sehr hübsche Sachen mit

Der Afrikaforscher Wilhelm Junker

und war überhaupt sehr artig, schied aber, nachdem er sich genaue Instruktionen erbeten, sofort. Ihm folgte eine Visite Asangas, die ziemlich lange dauerte und mir neuen Aufschluß über die Genealogie gab.

Kurz nachdem sich Asanga verabschiedet, kam Mbrú, ein alter prächtiger Gesell, Sandeh-Chef von Ntikkima, den die Araber Kefa nennen, seiner Tüchtigkeit halber vom einfachen Diener zum Chef gemacht, wie er mit Stolz erzählte. Der weiße Bart war rot gefärbt. Er liebt in oratorischen

Phrasen sich zu ergehen, ist aber äußerst vernünftig. Der gerade Gegensatz zu ihm ist Bangwe, Kannas von ihm fortgejagter Bruder, der hier nun gegen Kanna intrigiert, während ich keine Lust habe, mich mit Kanna in Krieg zu verwickeln, da er bisher sich ferngehalten, aber nie etwas Schlimmeres getan, als seinen unnützen Bruder fortgejagt hat.

10. Juli, Dienstag. – Von Casati habe ich mich verabschiedet: ein braver, guter Mensch, der alle Teilnahme verdient. Von Jangara und seiner Frau wurde ebenfalls langer Abschied genommen; sie hätten mich noch gern behalten, wie ich überhaupt hoffe, daß ich mir die Leute zu Freunden gemacht habe. Auf der alten Straße gingen wir dann zurück und gelangten in 5 Stunden 28 Minuten gutem Marsche nach der Station Maïgó, wo unsere Hütten bereit waren. Die Entfernung ist also gut berechnet, da beide Male gut stimmen. Hier scheint es nicht so viel geregnet zu haben wie im Westen des Landes, vielleicht, weil das Land höher liegt. Weil aber kein Regen kam, regnete es in der Hütte Ameisen. Post von Ladó.

11. Juli, Mittwoch. – Um 5.24 vormittags von Maïgó abmarschiert. Jangaras Leute halten sich außerordentlich brav und marschieren wie die Engel. Da ich an der Spitze war, ging es schnell vorwärts, und nach 3 Stunden 18 Minuten wurde am Bach Menende, der bedeutend geschwollen, Rast gehalten. Jangara, dessen Gebiet hier an das Gambáris grenzt, hat eine Art Brücke herstellen lassen, was den Übergang für die Sachen wesentlich erleichtert; doch sah ich immerhin meine Arbeitskisten mit Zagen über die Baumstämme kommen!

Auf dem Weitermarsch erreichte mich eine Hiobspost: die Dinka haben Rumbék angegriffen und alle Einwohner, Soldaten usw. getötet, die Gewehre und Munitionen genommen und wollen nun Ajak angreifen. So werde ich statt nach Süden wohl nach Norden gehen müssen!

13. Juli, Freitag. – Gambári[1] ist bei allen seinen Fehlern

[1] Vgl. Anhang: Die dunklen Punkte.

der Verständigste unter der ganzen Gesellschaft, was besonders dadurch bewiesen, daß er der einzige Gefährliche für uns ist. Sein langes Zusammenleben mit den Danagla, zuletzt seine lange Haft am Bahr el-Ghasal, hat ihn die obwaltenden Verhältnisse verabscheuen und, was schlimmer, alle Mängel unserer Verwaltung kennen gelehrt. Unabhängigkeitsgelüste fühlt er stärker als alle, und so ist er ein gar nicht geringer Gegner; zum Glück (oder Unglück?) lieben ihn seine eigenen Leute nicht.

Rückreise nach Ladó

14. Juli, Sonnabend. – Rast- und Posttag für Ladó. Ich will in aller Eile noch zusammenraffen, was immer ich finde, und habe kaum Zeit für mich. Gestattet mir der liebe Gott gesunde Heimkehr nach Ladó, so kehre ich diesmal wirklich mit Schätzen beladen heim; sehr schöne Holzarbeiten der Sandéh, Abusanga und Abarambo; schöne Töpferwaren der Mangbettu und Sandeh, Sämereien, Vögel, Quadrupeden und Quadrumanen, und als das Beste das heute erworbene vollständige Skelett eines männlichen Akka, völlig ausgewachsen. Prachtvolle Kautschukproben sind ebenfalls bereit zur Versendung.

Eine große Plage hierzulande ist eine kleine Stechfliege, die besonders früh und abends sich sehr unangenehm fühlbar macht und eine Art schlimmjuckende kleine Pustel hervorruft. Schon bei unserer Ankunft hier waren wir nicht wenig erstaunt alle zusammen, schwarz und weiß, an einem Ausschlage zu leiden, der mit roten Flecken anfängt, gerade wie Masern: auf den Flecken erhoben sich dann kleine Pusteln oder vielmehr Knötchen wie bei Acne, die erst verschwanden, als wir von hier fortgingen. Auch in Uganda war diese Fliege häufig.

20. Juli, Freitag. – Wenn dem Esel zu wohl ist, geht er aufs Eis, und wenn einer zu marschieren wünscht, mag er getrost Sandeh zu Führern und Mangbettu zu Begleitern nehmen! Unter des neuen Führers Leitung ging es um 5.45 vormittags

in das wogende Gras der Steppen hinein. Schon von Anfang an wollte mir die zu sehr nordöstliche Richtung, die uns weiter vom Dóngu abführte, nicht gefallen. Folgen aber mußte ich, auf die Gefahr, mir den Unwillen der ganzen Karawane zuzuziehen, weil ich alles besser wissen wolle. So ging es denn nahezu anderthalb Stunden gerade fort durch die endlose Steppe und das wogende schneidende Gras, in dem nur wenig buschartige Bäume sich zeigen. Von weitem schon wird die dunkle Waldlinie längs dem Bache Navunge sichtbar, die sich zu einer breiten, schönen Galerie gestaltet.

22. Juli, Sonntag. – Die Träger sind nicht gekommen; wären auch dumm, bei solchem Wetter ihre Hütten zu verlassen: seit Mitternacht gießt es in Strömen hernieder, und der Weg nach Tauwil verspricht recht heiter zu werden. Nachmittags Ausflug zum Dongú, der weithin das Land überschwemmt hat. Heute Post aus Ladó erhalten.

28. Juli, Sonnabend. – Es ist zum Verzweifeln! Einen starken Tagemarsch von hier, also etwa 8–9 Stunden Negermarsch, soll ein gewisser Nur, ein Dongolaui, eine Seriba errichtet haben. So sandte ich heute etwa 36 Lasten mit zwei Leuten zu ihm, um Träger von dort zu requirieren, da ich keine Möglichkeit sehe, von hier anderswie fortzukommen. Die Leute können, wenn die Seriba wirklich nahe, heute dort ankommen, und morgen gegen Abend können die Träger hier sein. Zwei Tage verloren! Post nach Ladó gesandt.

29. Juli, Sonntag. – Um Mittag kam ein Neger mit der Nachricht, daß die gestern gesandten Leute nicht zu Nurs Seriba Dimbi, sondern völlig gegen meine Befehle zu Chef Linende gegangen seien und dort Träger sammelten. Was will man da tun! Um drei Uhr nachmittags platzten auf einmal der Besitzer der hiesigen Hütten und mit ihm Mohammed Nur in meine Hütte, mit ihnen 46 Träger; sie hatten gehört, daß ich hier in der Klemme sei, und waren Tag und Nacht marschiert, um mich zu erreichen. Mit ihnen kam der Gewitterguß! So waren die Leute wenigstens für mich da, und morgen früh geht es fort!

5. August, Sonntag. – Heute Bairam des Ramadán und

demnach zur Untätigkeit gezwungen: nicht einmal Vögel schießen kann ich, da man mir die Arbeit des Präparierens als Entheiligung des Sabbats anrechnen würde. Nachmittags ist Mustafa Aga von Kudurma gekommen und mit ihm eine Fülle von Nachrichten. Die Abaká in Ssabbi haben zwei kleine Stationen Abdullahis verbrannt, wodurch die Leute gezwungen worden sind, Ssabbi zu verlassen, und die Besatzung von Mandugga hat sich nach unserer Station Gosa geflüchtet. So ist unsere Verbindung mit dem Bahr el-Ghasal völlig unterbrochen. Hassan Wod Mussad hatte, als er von dem Unglück in Rumbék gehört, seine Leute zusammengerafft und die Grenze überschritten; dann teilte er sie in zwei Teile: er selbst mit wenigen Leuten kampierte zwischen Gohk Muchta und Rumbék, und mehr als 100 Mann zogen auf eine Razzia. In der Abwesenheit dieser überfielen die Agár und Atōt-Hassan ihn mit seinen wenigen Leuten und töteten sie alle: die Razzia-Leute aber kehrten mit reicher Beute zurück und zogen sich, als sie von dem Vorfalle hörten, auf Gok el-Hassan zurück, das sie, vielfach angegriffen, erreichten, aber völlig verbrannt fanden. So gingen sie denn nach Djur Ghattas, wo Hassan Bey Ibrahim sich verschanzt haben soll. Wau soll ebenfalls angegriffen worden sein, ebenso Dembo. Auch bei uns ist's unruhig: die Abaká Anseas haben ihn zur Flucht nach Kudurma genötigt, wo er augenblicklich verweilt, und um Gosa herum ist's auch nicht recht geheuer.

6. August, Montag. – Zweiter Fest- und zweiter unnütz verlorener Tag. Wäre besser, einige Vögel sammeln zu können. Meine Sachen, die ich mit Ibrahim Aga vorausgesandt, sollen endlich in Kabajendi angekommen sein; hoffentlich folgt er bald selbst, damit ich dann fortkomme. Nachmittags Briefe von ihm aus Loggo, den 28. Juli 1883: so dürfte es noch etwas länger währen, bis er kommt, denn Loggo ist weit entfernt. Nachricht vom Tode Ringios, der, wie es scheint, auf eigene Faust eine Razzia machen wollte und dabei von den Negern getötet wurde. Es geht dies Jahr böse zu unter unseren Leuten.

8. August, Mittwoch. – Was der Mensch nicht alles

werden und lernen kann! Sogar Schuhwerk ausbessern und Vorschuhen habe ich gelernt. Merkwürdigerweise von Kabajendi gestern keinerlei Notiz, dagegen ein gutes Remington-Gewehr konfisziert, das Bachit Bey einem westlichen Chef gegeben hatte. Unsere Soldaten haben keine Gewehre, und hier findet man solche zu zwanzig bis dreißig bei jedem Chef.

9. August, Donnerstag. – Meine Hütte bröckelt im Regen stückweise ab und wird sich wohl so sacht verkrümeln, auch ist sie nicht wasserdicht, so daß ich bei jedem Regen den trockenen Platz zu suchen habe, wo meine Vögel zum Trocknen hängen können. Es ist sowieso jetzt äußerst schwer, sie zu trocknen bei der großen Luftfeuchtigkeit. Heute ist endlich der Schuhmacher von Kabajendi angekommen und das Mißverständnis so aufgeklärt: der Stationschef, der nicht lesen kann, hatte, vermutlich von Branntwein verklärt, buchstabiert und statt »samati« (Schuhmacher) »araki« (Branntwein) herausgebracht und schreibt nun, um sich zu entschuldigen. Das sind meine Leute und noch dazu die besseren!

10. August, Freitag. – Es findet sich hier eine böse Art kleiner Stechfliegen, beinahe wie bei Gambári; und meine Leute, es sind deren allerdings nur fünf bis jetzt, leiden unter der Kälte, die nachts wirklich empfindlich wird. Hoffentlich kommt Ibrahim Aga bald an. Inzwischen vergnügen wir uns damit, es uns ins Haus regnen zu lassen. Gegen Abend kommt zu meiner größten Überraschung Post vom Bahr el-Ghasal und mit ihr ein Brief von Dr. Junker vom 9. Mai aus seiner Seriba bei Semio, wo er zu bleiben gedachte, bis gute Nachrichten von Chartum eingegangen seien. Da wird er lange warten können, vielleicht erreichen ihn aber meine Briefe, die ich am 5. Juli von Tingasi aus an ihn gesandt habe, sowie die Posten, welche früher an ihn geschickt wurden. Ebenso erhielt ich von Lupton Bey einen Brief aus Dembo vom 2. Juni voll geographischer Spekulation, obgleich das Problem ein einfaches scheint und der von Lupton betonte Zusammenhang des Uëlle mit dem Kongo durch Junkers Arbeiten gründlich widerlegt scheint. (19)

16. August, Donnerstag. – Meine neu konstruierten Schuhe sehen fabelhaft ansehnlich aus, von hellbraunem Leder, selbstgegerbt mit der Rinde von Prosopis und Sterculia zur Farbe. Neuerdings kamen Posten mit Dummheiten von Ladó: Osman Efendi scheint es schon satt zu haben und nach Chartum gehen zu wollen. Von Vögeln ein Männchen von Amblyospiza mit dem roten Kopfe und ein Cuculus clamosus jun. in ganz eigenartigem Gefieder, sehr schwarz mit zitronengelben Füßen und Nägeln.

18. August, Sonnabend. – Die ganze Nacht fiel Regen; es ist kalt zum Erfrieren. Ich habe Post nach Ladó und an Casati gesandt. Das Schlimmste, was mir passieren konnte, ist eingetroffen: meine Patronen sind zu Ende, und Zündkapseln gibts hierzulande nicht, so daß ich mit einem Vorderlader arbeiten könnte. Da sitze ich in der Patsche, und die Vögel fliegen und lachen mich aus. In Ladó habe ich noch einige Patronen, aber wer bringt sie, und wann? So heißt es, den Präparator nach Ladó schicken, was jammerschade ist. Meine Papageien machen sich mit ihrem Geschrei sehr widerwärtig und wollen dabei absolut nirgends bleiben als in meiner Hütte unter dem Arbeitstische oder auf dem Stuhle selbst.

25. August, Sonnabend. – Um 5.31 vormittags waren wir auf der wohlbekannten und stets sehr sauber gehaltenen Straße und gelangten in nicht ganz einer Stunde Marsch zu Bach Bandama (Uëre), der sehr geschwollen war, aber auf guter Brücke schnell passiert wurde. Trotz vielen Wassers ging es dann eilig vorwärts, und erst um 8.53 vormittags, nachdem wir viel mehr als den halben Weg zurückgelegt, ließ ich die Leute rasten. Bald aber waren wir wieder unterwegs, denn es donnerte ganz fröhlich und von Südost kamen schwere Regenwolken herauf.

Das Schlimmste ist, daß Bach Bibia immer noch den Weg nach Ladó völlig sperrt und vielleicht noch einen Monat sperren wird. Schöne Aussichten!

26. August, Sonntag. – Heute geht der hiesige Schiffer Ali mit Leuten und Rohr nebst Seilen und Stricken nach Bach Bibia, um dort Flöße zu konstruieren zu unserer Überfahrt.

Sobald er mir Nachricht sendet, folge ich ihm mit den Sachen, und habe ich erst Bibia passiert, so habe ich wohl noch einige Wasserläufe vor mir, denke aber, sie werden mir nicht so viel Schwierigkeiten machen.

27. August, Montag. – Bis über den Kopf in offiziellen Arbeiten. Der Fluß will nicht fallen.

28. August, Dienstag. – Wasserstand beinahe derselbe. Die Flöße sollen heute in den Bibia gesetzt und geprobt werden, und geht die Sache, so könnten wir endlich fortkommen; wie wir dann Koda passieren werden, ist eine andere Frage.

29. August, Mittwoch. – Um 5 Uhr nachmittags Nachricht bekommen, daß die Flöße bereit seien. Fluß neuerdings bedeutend gestiegen.

30. August, Donnerstag. – Um 7.03 vormittags verließen wir Wandi und erreichten in 10 Minuten die Fähre, die diesmal weithinein ins Land verlegt worden, weil der Jeï aus seinen Ufern getreten ist. Trotzdem war die Überfahrt bald getan, und um 8.07 vormittags marschierten wir ab über leidlich trockenen Boden, bis wir um 12.30 mittags Bach Bibia erreichten, der, bis zum Rande voll, erstaunlich reißend floß. Die Flöße waren aber ganz praktisch aus Rohrbündeln gemacht, und obgleich sie etwas Wasser durchließen, doch imstande, bis zu sechs Personen zu tragen. Die Bári, welche als gewandte Schwimmer uns begleiteten, nahmen die Seile um den Hals, und bald passierten wir den Fluß und etablierten uns auf der Höhe des jenseitigen Ufers, da das Übersetzen der Sachen den ganzen Nachmittag beanspruchte und der leise Regen die Leute auch behinderte. Alles kam glücklich ans Ufer, ohne sonderlich durchfeuchtet zu sein, und die von einem von Ladó kommenden Dragoman uns gemachte Mitteilung, daß der Weg passabel und alle Wasserläufe bedeutend gefallen seien, sieß uns hoffen... Schon während des Übersetzens der Sachen war der Bibia neuerdings etwas angeschwollen, allein man liebt ja, gute Nachrichten zu glauben.[1]

---

[1] Am Nachmittag des 4. September erreichten sie Ladó.

Siebtes Kapitel

Auf der Flucht – mit Stanley nach Zanzibar

Die Begegnung mit Stanley

23. April, Montag. – Ich hatte heute in aller Frühe einige zwanzig Neger aufgeboten, um Wachteln zu fangen, die ich gern zu Vergleichungen haben möchte. Ein Terrain-Stück mit einigem Hochgrase und Gestrüpp wurde umringt, und einige Leute schlugen mit Stöcken auf die Büsche und das Gras und schüchterten die Vögel so ein, daß einige faktisch mit der Hand gehascht wurden, während man auffliegende mit langen Ruten niederschlug. Die Beute war übrigens für mich, der nur brauchbare Exemplare annahm, gering: ich wählte nur vier Vögel aus. Es waren übrigens im betreffenden Terrain nur Turnix lepurana zu finden, keine Wachteln – ich habe also morgen zu wiederholen.

Gleich nach Mittag versuchte ich den Antilopen nahzukommen, hatte aber kein Glück und kehrte gegen Sonnenuntergang ärgerlich heim, als auf einmal zwei Schüsse dicht aufeinander folgend fielen und kurz darauf ein Unteroffizier aus Msva mit einem Briefe sich vorstellte, der die Aufschrift »Gute Nachricht« trug. Der Unteroffizier hatte den bösen, felsigen Weg von Msva in der überraschend kurzen Zeit von zehn Stunden zurückgelegt! Der Brief lautete wie folgt: »Soeben ist ein Mann Mogos hier eingetroffen mit der Nachricht, daß Stanley in Mugango bei Viarifu angelangt ist und heute zu Wasser nach Msva kommen wird. Bitte demnach schleunigst zu kommen. Der Bote hatte den Fremden mit eigenen Augen gesehen.« Ich habe sofort einen Eilboten nach Wadelay gesandt, um den Dampfer zu beordern; hier gibt es keine Träger, sonst wäre ich wohl zu Lande gegangen.

Um acht Uhr nachmittags kam ein Bote aus Msva mit

einem andern Briefe. »Statt Stanley ist soeben ein anderer Engländer hier eingetroffen mit einigen Soldaten und dem ehemaligen Diener Dr. Junkers, Binsa; der Fremde heißt Jephson. Stanley selbst mit Soldaten usw. befindet sich bei Angáli, dem Bruder Mpíguas. Er erwartet, daß Sie mit den Dampfern kommen, um ihm die Soldaten und die Vorräte zu transportieren. Wir alle erwarten Sie.«

24. April, Dienstag. – Heute nacht hat kein Mensch geschlafen, und heute ist alles festlich geschmückt; einer beglückwünscht den andern. Ich habe einen Offizier zum Lande nach Msva gesandt, um Mr. Jephson zwei Zeilen von mir zu bringen; ich selbst erwarte den Dampfer morgen und reise dann sofort ab.

26. April, Donnerstag. – Die Araber sagen: El-intisár eschedd an en-nar – »Warten ist schlimmer als Feuer« –, und das ist mir nie so klar geworden als jetzt, wo ich den Dampfer erwarte und er nicht kommt. – Gegen Abend kommt Post von Msva. Suleiman Efendi zeigt seine Ankunft dort an und berichtet, Mr. Jephson sei sehr ungeduldig, mich zu sehen – jedenfalls nicht ungeduldiger als ich. Ein früher in Ladó gewesener sudanesischer Soldat sei in Msva mit Dr. Junkers Diener Binsa. Jephson hat eine Post an Stanley gesandt des Inhalts, daß er angekommen sei, wir alle leben und ich bald ankommen werde.

27. April, Freitag. – Um halb drei Uhr vormittags ist der Dampfer endlich angelangt, und wie immer will nun niemand die Schuld am Verzögern tragen. Ich habe sofort ausladen lassen und dann das Boot an den Wald gesandt, um Holz zu nehmen; zwanzig Mann sind mitgegangen, um zu helfen. Das von Wadelay gekommene Korn und Sesam gehen mit uns nach Süd. Um elf Uhr vormittags war der Dampfer zurück, und um 11 Uhr 55 Minuten vormittags waren wir unterwegs. Die Fahrt war aber des feuchten Holzes halber so langsam, daß wir viel Zeit verloren und erst um 6 Uhr 32 Minuten nachmittags in Msva anlangten. Es war dunkel, und ich konnte kaum den noch sehr jungen Mann erkennen, der am Ufer meiner wartete. Hinter ihm waren seine Zanzibar-Leute versammelt, die ein knattern-

des Gewehrfeuer unterhielten. Wir begaben uns nun nach der Station und blieben plaudernd bis neun Uhr zusammen: die Expedition muß schrecklich gelitten haben. Stanley ist auf den Bergen von Njamssanssi, wo er meiner wartet. Einen langen Brief, den er mir geschrieben, füge ich im Originale hier an.[1] Danach habe ich freilich nicht viel Hoffnungen – aber mein Entschluß ist gefaßt: gehen werde ich nicht! – Ich will morgen alles zur Abreise nach Süd vorbereiten.

28. April, Sonnabend. – Neue lange Plauderei mit Jephson; dann Besuch Mogos. Ich höre, daß Butiros Serkis, mein Agent aus Chartum, in Ägypten sei. Ich glaube, ich werde mich für Mangbettu entscheiden. Es scheint, daß man in Kairo entschieden meine Abreise wünscht.

29. April, Sonntag. – Um 8 Uhr 17 Minuten vormittags dampften wir von Msva ab.

Um 6 Uhr 32 Minuten nachmittags warfen wir Anker bei Njamssanssi und waren nicht wenig überrascht, uns durch Schüsse bewillkommnet zu hören. Es stellte sich dann bald heraus, daß Mr. Stanley etwa eine halbe Stunde weiter nach Süden sein Quartier aufgeschlagen hatte und die Leute gesandt hatte, um nach uns zu schauen. Ich ließ also alles festmachen und ging dann, von Casati und Jephson begleitet, in dessen Boote südwärts, durcheilte eine Art Sumpf, wurde auf der Höhe mit knatterndem Gewehrfeuer von den nahezu frenetischen Zanzibar-Leuten begrüßt und stand endlich vor Stanley. Ich werde den Moment nie vergessen...

Bei Stanley befand sich Dr. Parke, der den Krieg im Sudan mitgemacht; die anderen Europäer waren noch zurück mit den Sachen: nur Stanley war in Gewaltmärschen vorausgeeilt, hatte entsetzliche Prüfungen unterwegs zu bestehen und verlor eine Menge seiner Leute durch Hunger. Wir waren denn auch im eifrigen Gespräch – jedenfalls eine böse Last für Stanley bei meinem schlechten Englisch. Nun

---

[1] Wortlaut bei Stanley: Im dunkelsten Afrika. Bd. 1, S. 363. Das Original existiert nicht mehr.

gab es genug zu hören; natürlich war immer das Interessanteste die Reise Stanleys vom Aruwimi herauf bis hier. Er war am 14. Dezember 1887 schon hier gewesen. Kadongo in Kassinje hatte ihm jedoch jede Auskunft verweigert und zwei seiner kranken Leute getötet. So war er denn wieder zurückgegangen, hatte Munitionen geholt und seinen Weg durchgefochten bis hier. Mein Brief war ihm durch Kavali, dem von Kadongo, seinem Bruder, vertriebenen Chef, hier übergeben worden und hatte ihm den ersten Beweis geliefert, daß wir lebten. Ein großes Pack wurde mir dann übergeben; es enthielt einige Kleider, die mir das Gouvernement freundlicherweise gesandt, ein Paket Petermannscher Mitteilungen und Karten aus Gotha und ein Paket Briefe für mich – alles durch die dauernde Nässe in bösem Zustande. Stanley hatte dann die Güte, mich mit Champagner zu bewirten, und die Zeit bis nach zehn Uhr abends verfloß wie im Traume. – Die Expedition hat vom Kongo an bis hierher nahezu stets dichten Urwald durchreist.

30. April, Montag. – Ich schwelge in Stanleys Erzählungen und kann mir immer noch kaum erklären, was in der Welt ich getan habe, um solche Sympathie und Opfer zu verdienen. Ich habe heute des Vizekönigs und Nubar Paschas Befehle (20) gelesen, die beide mir aufgeben, mit den Soldaten nach Ägypten zu kommen, und sich verpflichten, unsere rückständigen Gehälter zu bezahlen, zu gleicher Zeit uns aber freistellen, zu bleiben, wo wir sind: nur haben wir dann allen Ansprüchen auf fernere Hilfe von Ägypten zu entsagen und auf unsere eigene Verantwortungen und Gefahr zu bleiben. Als ich Stanley fragte, warum man nicht lieber mir einen klaren Befehl, zu kommen, geschrieben, sagte er mir, Dr. Junker habe so viel von meiner Liebe für das Land gesprochen, daß man gefürchtet habe, ich würde eine direkte Einladung ablehnen.

Stanley erzählte mir die Vorgänge von der Organisation der Expedition an bis zur Ankunft hier – ein Gemälde von unbeschreiblicher Anziehung für mich.

Meine Briefe sind bis zum Februar reichend, doch sind mehrere von ihnen durch die Feuchtigkeit völlig verlöscht und unleserlich geworden. Einige, auf die ich gerechnet, sind nicht angekommen, dagegen habe ich die Genugtuung, zu erfahren, daß meine im Jahre 1883 an Schweinfurth gesandten ethnologischen Objekte, Körpermessungen von Bári und Akká, sowie meine anderen Sendungen glücklich dort ankamen und veröffentlicht worden sind. Auch an kaum gehofften Ehrenbezeugungen für mich fehlt es nicht: das Museum für Völkerkunde aus Leipzig sendet ein Dankdiplom; die Anti-Slavery Society in London und die Scotch Geographic-Society in Edinburgh haben mich zu ihrem Korrespondierenden Mitgliede ernannt. Freund Ratzel schreibt nicht, dagegen ein neuer Korrespondent, und zwar ein sehr geschätzter, Dr. Sclater[1].

4. Mai, Freitag. – Der Morgen war sehr rauh: wiederholter Regen und kalter Wind wollten nicht aufhören, miteinander zu wetteifern. Ich hatte deshalb auf die Idee eines Besuches bei Stanley verzichtet und war mit meinen Notizen und Tagebüchern beschäftigt, als zu meiner Überraschung gegen Mittag Stanley selbst kam. Nach allerlei Plaudereien und Erzählungen, meist auf die Ausrüstung der Expedition bezüglich, wandte sich das Gespräch wie gewöhnlich auf unsere Verhältnisse, und ich hatte gerade versucht, Stanley zu überzeugen, daß, hätte ich Unterstützung und Aufmunterung gefunden, ich gar nie die Absicht gehabt hätte, von hier fortzugehen, als er in, wie ich zunächst glaubte, etwas pikiertem Tone (ich irrte mich aber) mir sagte: »In coming out I believed you to be in need of help, being in distress you and your man.« Der hierin eingeschlossene Zweifel berührte mich einigermaßen, und ich mag mit einiger Wärme gesprochen haben, denn er ersuchte mich sofort, ihm doch endlich eine klare und endgültige Entscheidung auf seine Frage geben zu wollen: ob ich fortgehen wolle oder nicht – ohne jedoch dabei wieder auf die Entscheidung der Leute zu warten. So sagte ich denn ungefähr folgendes: der Chediv läßt mir die Wahl, ob ich kommen wolle oder nicht, und ebenso meinen Leuten. Darin liegt ein Zweifel an uns, der

[1] Ein englischer Zoologe.

Die erste Begegnung Emins mit Stanley

uns nur verletzen kann, denn wir haben bisher gehorcht. Es liegt aber auch darin eine Verantwortung für mich, die ich nicht annehmen mag. Daß wir hier, fern von allem Verkehr und von jeder Verbindung abgeschnitten, nach Abreisen der Expedition nicht bleiben können, ist mir klar und wird auch meinen Leuten klar sein. Daß diese aber nach Ägypten gehen wollen oder werden, glaube ich nicht; davon auszunehmen sind die Ägypter und Schreiber, die ich sofort in Mr. Stanleys Hände geben wolle zur Beförderung nach Ägypten. Hätte der Chediv, der doch die Hoffnung einer Wiederbesetzung des Sudan nicht aufgegeben haben wird, mir befohlen, meine Leute auf einem dem Meere und somit den Kommunikationen näheren Platze zu sammeln und dort seiner Befehle zu harren, so würde ich dies getan haben und die Leute mir gefolgt sein: davon sei ich gerade so fest überzeugt wie von ihrer Unlust, nach Ägypten zu gehen – wenige ausgenommen. Für mich stände also die Sache einfach. Ich selbst habe keinerlei Lust, nach Ägypten zu gehen: ich wolle jedoch mich jeder Einmischung enthalten. Er, Stanley, habe mir versprochen, bei seiner Abreise, um die übrigen Mitglieder der Expedition herzubringen, Jephson und die drei sudanesischen Soldaten, die mit ihm gekommen, hier zu lassen. Diesen möge er eine Art Proklamation an meine Leute geben, die Wünsche des Gouvernements enthaltend. Jephson könne sich dann überzeugen, was die Leute eigentlich wollen. Seien sie willig, zu gehen, so würde ich der erste sein, mich an ihre Spitze zu stellen. Wollten aber nur die Ägypter und ein verschwindend kleiner Teil der Sudanesen gehen, so wolle ich dieselben ihm übergeben und selbst bleiben, denn ich wolle meine Leute nicht verlassen und hätte ihnen dies versprochen. Er solle mir deshalb nicht zürnen. Daß ich übrigens hierbleiben wolle, könne ich kaum versprechen, denn ich müsse mich nach einem Orte umsehen, der uns Verbindungen mit der Welt gestattet. Ob dies von Mangbettu aus durch einen Vorstoß zum Nepoko-Aruwimi oder vom Victoria-Nyanza aus zu geschehen habe, oder ob ich meinen Weg zum Tanganika bahnen könne, das müsse ich dem Nachdenken und der Zeit überlassen. Stanley hörte mir aufmerksam zu. Nach einigen Augenblicken des Schweigens sagte er mir dann etwa folgendes: »Aus dem eben Gehörten entnehme ich, daß sie keine Lust haben, nach Ägypten zu gehen, und hierbleiben würden, falls Sie Unterstützung fänden. Ich finde das von Ihnen vorgeschlagene Vorgehen den Soldaten gegenüber und deren Befragung korrekt. Falls nun die Soldaten sich für den Marsch nach Ägypten entscheiden, so ist es natürlich sowohl Ihre als meine Pflicht, dieselben dorthin zu führen. Falls aber die Soldaten oder wenigstens der größere Teil derselben die Abreise verweigern und vorziehen, unter Ihrer Führung zu bleiben und Ihnen zu folgen, wohin Sie gehen, dann hört natürlich Ihre Verbindung mit dem ägyptischen Gouvernement auf, und für diesen Fall habe ich Ihnen zwei Vorschläge zu machen. Auf Ihre Ehre vertrauend, will ich Ihnen diese schon jetzt machen: ich setze dabei natürlich voraus, daß Sie stets Ihr Bestes tun werden, zunächst Ägyptens Wünschen gerecht zu werden, und daß Sie mir das Geheimnis wahren. [Das versprach ich und denke es zu halten.] Zunächst macht Ihnen der König von Belgien den Vorschlag, zu bleiben wo Sie sind und das Land für ihn zu verwalten. Sie werden Generalgouverneur mit dem Range eines Generals; Ihr Gehalt bestimmen Sie selbst; der König stellt jährlich 8 bis 12000 £ zu Ihrer Verfügung, um Verwaltungskosten usw. zu decken und die Soldaten zu bezahlen, bis das Land seine eigenen Kosten deckt. Alle weiteren Anordnungen können leicht getroffen werden, und man ist bereit, Ihnen Zufuhren zukommen zu lassen. – Der zweite Vorschlag ist der: Sie sammeln die Leute, die Ihnen folgen wollten, und gehen nach der Nordost-Ecke des Victoria-Sees, bauen dort Stationen und benachrichtigen sofort Mr. Mackinnon von Ihrer Ankunft. Eine Gruppe englischer Kaufleute wartet nur Ihrer Ankunft, um sich in einer Kompagnie gleich der ehemaligen Ost-Indien-Kompagnie zu konstituieren. 400000 £ sind bereit. Man bittet Sie, zu vertrauen, und alles übrige wird sofort geordnet werden. Eine erste Karawane mit Zufuhren geht sofort von der Küste an Sie ab.« Auf meine Frage, was aus meinen Offizieren bezüglich Rang und Gagen werde, hörte ich, daß sie dieselben von der neuen Kompagnie bestätigt sehen würden (21).

Stanley forderte mich auf, zu überlegen und ihm später meinen Entschluß mitzuteilen. Gegen Sonnenuntergang entfernte er sich und bat, ich möchte ihn noch abends besuchen, weil er mir einige Dokumente zeigen wolle. – So tat ich denn. Er übergab mir eine Karte des Kongo-Gebietes und eine Kopie des zwischen Frankreich und Belgien oder vielmehr dem Kongo geschlossenen Grenzvertrages und zeigte mir ein Blatt, auf dem er gleich nach seiner Unterredung mit König Leopold dessen Vorschläge notiert hatte. Es geht daraus hervor, daß der König äußerst ängstlich ist, sich die Nilroute zu sichern. – Erst um zehn Uhr abends kehrte ich heim: es ist dies wohl der denkwürdigste Tag meines Lebens!

7. Mai, Montag. – Um sechs Uhr nachmittags gingen wir dann nach Stanleys Zelt, wohin ich zum Diner eingeladen

war. Heftiger Regen kam wiederholt an; das Zelt ist jedoch wasserdicht, und so waren wir geschützt. Natürlich wurde unter den Themen der Unterhaltung wiederum das der Reise nach Zanzibar und das einer Niederlassung am Victoria berührt, wobei Stanley mir sagte, daß Dr. Kirk wohl der erste Anstoß zu diesem Projekte gewesen und daß er, Stanley, im Gegensatze zu mir wünsche, daß all meine Leute sich entschließen könnten, uns zu folgen. Ich erzählte ihm dann, wie Casati sehr energisch dafür eintrete, lieber sich in Mangbettu zu konzentrieren und von dort aus einen Versuch zu machen, sich mit den Händlern am Kongo in Verbindung zu setzen; wie er aber den Marsch mit Tausenden von Leuten von hier aus zu Süd und Ost für unmöglich halte. Ich muß gestehen, daß auch mir ein solcher Marsch sehr schwer, wenn auch möglich scheint, und verfehlte nicht, dies zu betonen. Stanely zeigte sich einigermaßen überrascht oder vielmehr betroffen, begann aber dann sofort andere Erzählungen, und ich hatte keine Gelegenheit, auf dies Thema zurückzukommen. Ich will übrigens nicht versäumen, dieser Tage endlich zu einer klaren Auseinandersetzung zu kommen (22).

24. Mai, Donnerstag. – Um fünf Uhr vormittags marschierte ich mit 50 Mann aus, um zwei Stunden von hier Stanley und Parke die Hand zu drücken. Bald nach Sonnenaufgang folgten sie mir, und ein kurzer Abschied trennte uns für wohl sechs bis sieben Monate.

Flucht von Wadelay

Vita Hassan, ein Jude aus Tunis, war Apotheker in Ladó und persönlicher Freund Emin Paschas. Seiner zweibändigen Schrift »Die Wahrheit über Emin Pascha« ist der folgende Auszug über die Flucht von Wadelay nach Süden entnommen. Es sind typische Augenblicksskizzen der vom Mahdismus bedrohten »Musterprovinz«. (Bd. 2, S. 176–180)

Emin Pascha wollte jetzt nach Tonguru gehen, um eine größere Entfernung zwischen sich und die Mahdisten zu bringen. Als er darüber die Soldaten befragen ließ, erklärten sie sich alle mit dem Aufbruch einverstanden. Kaum war derselbe beschlossen, als die Soldaten mit ihren Offizieren an der Spitze und entfalteter Fahne erschienen, um vor dem Hause des Pascha eine Demonstration zu veranstalten. Sie verlangten, daß die Chutarīje, zwölf an Zahl, aus Rache für ihre in Dufilé getöteten Kameraden hingerrichtet würden, da Chutarīje und Derwische von derselben Rasse waren.

Da die Demonstration der Soldaten Gewalttätigkeiten und Blutvergießen nach sich ziehen konnte, was um jeden Preis vermieden werden mußte, übernahm ich es, die Gemüter zu beruhigen, was mir auch glücklicherweise gelang. Ich mischte mich unter die Soldaten und machte ihnen begreiflich, daß wenn die Mahdisten auch ihre Brüder getötet hätten, unsere Chutarīje daran vollständig unschuldig waren und selbst, wenn dies der Fall wäre, man sie lieber als Gefangene behalten und zum Lasttragen gebrauchen sollte; falls sie eine Flucht der Chutarīje befürchteten, brauchte man sie nur bis zu dem Augenblick des Aufbruches einzusperren. Mein Rat fand Beifall, die Chutarīje wurden in der Kaserne interniert, und die Soldaten beruhigten sich.

Da man für unsere Reise nach Tonguru nicht genügend Träger hatte finden können, so glaubte Kodi Agha die vorrätige Munition an die Soldaten austeilen zu müssen. Diese Maßregel schien mir gefährlich, denn bei der zu erwartenden Unordnung konnte die Befürchtung vor einem Angriff der Mahdisten oder der Aufbruch mit Stanley die jetzt reichlich mit Munition versehenen Soldaten verleiten, uns unterwegs zu verlassen und sich in ihre Berge zurückzuziehen. Ich gab Kodi Agha den Rat, die Munition nicht zu verteilen, aber er hörte nicht darauf und ließ am Morgen unserer Abreise die Munition austeilen.

Schon waren die Nachrichten immer schlimmer geworden; die Mahdisten sollten sich der Dampfer bemächtigt haben und nach Wadelay unterwegs sein. Ein einziger Rettungsweg war uns nur noch offen: zu Lande nach Tonguru zu gehen. Unser sämtliches Gepäck wurde im Stich gelassen, das eiserne Boot »Advance« untauglich gemacht, und in einer kleinen Karawane, Männer, Weiber, Kinder, Soldaten und Träger, setzten wir uns längs des Stromes in Bewegung. Wir waren kaum wenige Stunden von Wadelay, als ich bemerkte, daß die Soldaten samt und sonders verschwunden waren. Meine Voraussage hatte sich leider bestätigt. Emin, Hauāsch, Jephson, Marco, Casati, Osmān Latīf und ich mit den beiden Schreibern Ahmed Ibrahīm und Ahmed Rāif, den Familien von Bassīli Bochtor und Ahmed el Barrād, eine sehr kleine Zahl von Negern und Negerinnen war alles, was von der Karwane übrig geblieben war. Die Soldaten waren nach Wadelay zurückgekehrt und hatten das Haus des Mudīr vollständig ausgeplündert. Im Laufe des Tages wurden wir von einem Korporal eingeholt, welcher dem Pascha mitteilte, daß nach den Erzählungen der Neger die Dampfer von Dufilé nach Wadelay unterwegs seien. Im Namen der Soldaten, welche Wadelay wieder besetzt hatten, bat er den Pascha, zurückzukehren. Natürlich weigerte sich Emin, und wir setzten unseren Weg fort. Die Nacht überfiel uns in der Nähe des Gebietes von Boki; nachdem wir unsere mitgebrachten Lebensmittel verzehrt hatten, warteten wir unter freiem Himmel den Anbruch des Morgens ab. Eine Frau, die sich während der Nacht von unserer Karawane ein wenig entfernt hatte, wurde am Morgen, von den Lur getötet, gefunden. Bei Tagesanbruch setzten wir uns wieder in Marsch. Gegen Mittag bemerkte ich durch die hohe Vegetation am Ufer des Stromes den Rauch eines Dampfers, der noch weit entfernt war. Mit der schlechten Nachricht von gestern zusammengehalten, konnte die Ankunft eines solchen nicht beruhigend für uns sein. Man hatte erzählt, daß die Mahdisten die Dampfer erobert hätten, folglich konnte es niemand anders sein als sie, welche sich zu unserer Verfolgung aufgemacht, nachdem sie uns in Wadelai nicht gefunden hatten. Ich marschierte gerade mit Marco an der Spitze der Karawane und setzte meinen Weg fort, da ich es für unnötig hielt, dem Pascha von unserer Entdeckung etwas zu sagen. Ich war jeden Augenblick darauf gefaßt, den Feind uns angreifen zu sehen; Rettung gab es für uns nicht mehr, denn mochten wir uns

Major Hauāsch Efendi. Er gehörte zum engsten Kreis der ägyptischen Offiziere im Dienst Emin Paschas.

auch wenden, wohin wir wollten, wir konnten dem Feinde nicht mehr entrinnen. Wir marschierten also entschlossen geradeaus vorwärts, indem wir auf den verhängnisvollen Augenblick gefaßt waren. Als der Dampfer näher gekommen war, erkannten wir die Farben der ägyptischen Flagge und hörten einen Flintenschuß an Bord, mit dem man unsere Aufmerksamkeit erregen wollte. Gleichzeitig ertönte das Trompetensignal »ssalām bērak« (Fahnensalut). Trotzdem konnten wir uns unserer Befürchtungen nicht entschlagen, da die Mahdisten häufig genug solche List gebraucht hatten und ägyptische Fahnen und Militärmusiker besaßen. Jedoch begaben wir uns auf alle Fälle an das Ufer des Stromes und konnten nach wenigen Augenblicken zu unserer Freude sehen, daß der Dampfer »Chedive« Freunde brachte; es war der Kapitänleutnant Rihān Agha Hamed el Nil, welcher uns suchen kam. Er fragte mich nach dem Mudīr; als er erfuhr, daß der Pascha nur etwas zurück war, wartete er, bis der Rest der Karawane herangekommen war und berichtete dem Pascha über die Ereignisse. Die Mahdisten hatten bei ihrer Ankunft vor Dufilé ihre Streitkräfte geteilt; während das Gros durch den Garten am Stromufer eindrang, hatte der Rest die Stadt umgangen und das Westtor angegriffen, um so die Truppen von zwei Seiten zugleich zu fassen. Bei dem Eindringen der Derwische vom Strome her hatten sich unsere Soldaten in Unordnung nach der Westseite zurückgezogen, wo sie auf die Handvoll Derwische stießen, welche von dort kamen; so zwischen zwei Feuer genommen, stürzten sie sich wieder nach der Stadt zurück und trafen hier auf die Hauptmacht der Derwische, die sich schon zum Plündern zerstreut hatten. Vollständig überrascht, ließen diese sich niedermetzeln, und nur einem Rest gelang es, zu entkommen, während der Platz in den Händen unserer Soldaten blieb. Beim ersten Angriff hatten sich einzelne Derwische auf die Dampfer gestürzt und sie auch tatsächlich genommen; als sie aber sahen, daß ihre Gefährten aus der Stadt vertrieben wurden, verließen sie unverzüglich die Schiffe und entflohen.

In der Befürchtung, daß der Feind einen neuen Angriff

Streiter des Mahdi

versuchen könnte, ließ Sselīm Mattar alle Weiber und Kinder einschiffen und nach Süden transportieren. Bei dem Zusammenstoß hatten die Mahdisten erhebliche Verluste erlitten: 180 waren auf dem Schlachtfelde geblieben, ungerechnet die Toten und Verwundeten, welche der Feind mitgenommen hatte. Man versicherte mit der tiefsten Überzeugung, daß bei dem Angriff der Zauber der Unverwundbarkeit der Derwische, an welche der Soldat unglücklicherweise steif und fest glaubte, was zu den Siegen derselben sehr viel beitrug, durch ein Mittel gebrochen worden war, welches die Soldaten in Dufilé ausgeklügelt hatten. Unter den zahllosen abergläubischen Vorstellungen im Ssudān war auch die, daß man durch gewisse Amulette sich vor Kugeln, Lanzenstichen oder jeder anderen Waffe schützen könnte. Ein im Ssudān sehr weit verbreiteter Glaube ist der, daß eine Kugel, welche auf den mit dem betreffenden Amulett geschützten Mann selbst auf Gewehrlänge abgeschossen wird, wirkungslos zu seinen Füßen niederfällt. Um diesen Zauber der Unverwundbarkeit der Derwische zu brechen, hatte man silberne Kugeln gegossen; man konnte auch gewöhnliche Bleikugeln für Remingtongewehre gebrauchen, mußte aber ein Stückchen Ebenholz in ihre Spitze einsetzen. Zu diesem Zweck hatte man in Amadi das ganze Silbergeld des Ortes eingeschmolzen und daraus Zauberkugeln gegossen. In Dufilé hatte das wenige Silbergeld, 70 Madjidithaler, welche man bei Hauāsch Effendi konfisziert hatte, zur Herstellung solcher Kugeln dienen müssen, welche sorgfältig aufbewahrt wurden. Außerdem hatten die schwarzen Soldaten eine Menge Kugeln angebohrt und in das Loch ein Stückchen Ebenholz gesteckt. Dies Mittel sollte nach den Soldaten die Unverwundbarkeit des Feindes zunichte machen. Omar Ssāleh, der Befehlshaber der Derwische, hielt, als er diese Kugeln sah, jeden Widerstand gegen einen Feind, welcher die Achillesferse herausgefunden hatte, für nutzlos. Der Rückzug der Mahdisten war dadurch jedenfalls beschleunigt worden.

Was den Gebrauch des Ebenholzes anlangt, so glaube ich nach meiner persönlichen Erfahrung versichern zu können, daß die von einer Ebenholzspitze verursachte Wunde schwer zu heilen ist und auf alle Fälle sehr viel Zeit braucht, bis sie sich völlig schließt. Ich habe selbst Gelegenheit gehabt, den Fall eines jungen Mädchens zu beobachten, das sich im Walde den Fuß an der scharfen Spitze eines Ebenholzastes verwundet hatte. Es wurde nach dem Hospital geschafft, aber trotz Emins und meiner aufmerksamsten Pflege, trotz der vollständigsten Ruhe und Vermeidung jeder Bewegung erst nach drei Jahren wiederhergestellt. Bisweilen fanden wir die Wunde fast geschlossen, während sie am anderen Tage zu unserer großen Überraschung wieder ganz offen war und stark eiterte. Ein anderer fast identischer Fall ist der des Quartiermeisters Ruschdi Helmi, welcher, auf dieselbe Weise von einer Ebenholzspitze verwundet, seine offene Wunde behielt und trotz aller unserer Fürsorge auf der Rückreise mit Stanley unterwegs starb. Wegen seiner septischen Eigenschaften wird das Ebenholz von verschiedenen Negerstämmen, namentlich von den Dinka, zur Herstellung der Pfeile benutzt. (Ende des Textes von Vita Hassan. – Anm. d. Hrsg.)

Emin in Stanleys Lager bei Kavalli

18. Februar, Montag, bis 24. Februar, Sonntag. – Schon zeitig kamen die Manyuema-Sänger, mir ein Ständchen zu bringen, und erhielten ihren Sold in Perlen. Etwas später führte ich meine Offiziere zu Stanley, um zu hören, was sie zu sagen hätten. Auf Stanleys Frage nach ihren Absichten und Ansichten ersuchten sie ihn zuvörderst, ihnen seine Mission zu erklären, und als er dies getan – gerade so wie ich und Jephson früher – waren alle einstimmig darin, daß sie mit ihm gehen wollten, wohin er sie führen möge. Das sind nun alles schöne Redensarten, und obgleich ich überzeugt bin, daß einige von ihnen es ehrlich meinen, bleibt doch zu sehen, was die Revolutionspartei in Wadelay nun beginnen wird.

Gegen Mittag kamen Stanleys übrige Leute unter Füh-

Brand in einer Station

rung von Dr. Parke, Kapitän Nelson und Leutnant Stairs, die mir alle sehr gut gefallen. Die Karawane nahm sich stattlich aus, als sie über die Hügel herunterkam, in der Nähe aber waren viele Kranke ersichtlich. Ich hatte bald die Besuche der Herren, und die Zeit verging schnell genug. In der Nacht brach Feuer aus im Hause der Diener Stanleys, und obgleich durch die Isolierung der Hütten und völlige Windstille keine Gefahr drohte, war doch das Prasseln der sich entladenden Patronen und Gewehre unangenehm. Jephson wurde von einer matten Kugel leicht am Schenkel getroffen, und mir flog gerade eine Kugel über den Kopf hin. Um Mitternacht war alles vorüber.

Ich mußte zeitig zurückkehren, um nach Kranken zu sehen, da die Kälte der Nacht meine Leute krank macht, und um meine Offiziere zu Stanley zu führen, der ihnen einen für die in Wadelay befindlichen Offiziere bestimmten Brief einhändigen wollte. Die Hauptpunkte dieses Briefes sind: Stanley ist willig, eine vernünftige Zeit zum Sammeln der Leute zu gewähren; er ist keineswegs gehalten, ihnen Träger zu stellen, sondern ein jeder hat für seine eigenen Träger und

Transportmittel zu sorgen. Ausgenommen hiervon sind der Pascha als Chef und Casati und Marco als Freunde. Keiner solle unnützes Gepäck mitschleppen, sondern alles, was erforderlich, seien Waffen, Munitionen, Kochgeschirre, Kleider und Lebensmittel. Die von Stanley gebrachten Munitionen bleiben zur Verfügung des Paschas. Stanley ist einzig und allein verpflichtet, einen guten Weg zu zeigen, will aber sein Bestes tun, um in Beschaffung von Lebensmitteln usw. uns behilflich zu sein. Wer sich mutig und berufen fühlt, soll hierherkommen zur Reise, wer dies nicht könne und hier bleiben wolle, solle seine Offiziere um Rat fragen.

Die Offiziere beteuerten ein andermal ihre guten Absichten, und wir wollen nun, sobald die Leute, die heute nach dem See gehen, zurückkehren, abreisen.

15. März. – Gegen Abend ging ich zu Stanley, und nach einer langen Diskussion, bei der wir beide etwas warm wurden, wurde beschlossen, die Abreise von hier auf den 10. April festzusetzen. Stanley wollte am 30. März den Abmarsch beginnen. In Rücksicht jedoch auf die Entfernung von Wadelay bat ich um zehn Tage mehr, und ich muß hier eigens bemerken, daß, obgleich Jephson behauptet, »St. may be everything but he never will be a gentleman«, ich Stanley in jeder Beziehung schätzen gelernt habe.

2. April. - Stanley hat mir einen langen Besuch gemacht, und wir haben eine sehr lebhafte Diskussion über Sklaverei und Abolitionismus, über eine mögliche Wiederbesetzung des Sudan und dessen Verwaltung sowie verschiedene andere Themen gehabt, in bezug auf welche wir, eigentlich zu unserer eigenen Überraschung, meist übereinstimmende Ansichten hatten, obgleich Stanley viel praktischer ist als ich.

Von mehreren Seiten höre ich, daß die meisten meiner Diener entschlossen seien, nicht von hier abzureisen; es würde dies, da sie doch unterwegs mir keinerlei Dienste leisten können – sie haben für ihre eigenen Kinder zu sorgen und sie zu tragen –, eine große Erleichterung für mich sein; ich will jedoch in ihrem eigenen Interesse sie zur Abreise zu bewegen suchen, da sie hier unfehlbar verkommen würden und doch in Msalala und sonstwo Unterkommen finden könnten.

3. April. – Ich habe meine Diener zusammengerufen und ihnen auseinandergesetzt, was vor uns liegt, zugleich aber auch sie darauf aufmerksam gemacht, daß nach unserer Abreise vermutlich hier Unruhen und Krieg ausbrechen werden. Zwei von ihnen, die älteren, haben erklärt, sie würden nicht abreisen, und einer, der älteste, ist noch schwankend: die jüngeren haben alle ihre Bereitwilligkeit zur Reise ausgesprochen. Die Leute sind zu entschuldigen: sie haben Kinder und keine Träger zur Reise. Als Kuriosum: ich bin gezwungen, meine Madi-Träger selbst zu beköstigen, da Stanley keine Rationen für sie ausgesetzt hat. – Auch die Soldaten, die mit mir hierher gekommen, habe ich heute befragt, und von neun Mann haben sich nur vier zur Reise bereit erklärt: Matjera, der Unyóro-Dragoman, Firús, der Trompeter,[1] und zwei andere, die vor der Abreise wohl noch sich anders bedenken dürften. Auch unter Schreibern und Offizieren ist die Ansicht, nicht abzureisen, sondern die Soldaten von Wadelay zu erwarten, vorherrschend, und selbst Leute, die wie Suleiman Efendi bisher stets zu mir hielten, sind wegen Mangel an Trägern nahezu gezwungen, zu bleiben. Ich habe Stanley wiederholt darüber gesprochen, kann aber nie eine befriedigende Antwort erhalten.

5. April. – Einer meiner Offiziere hat mir vorgeschlagen, ich solle einige Tage warten und ihn nach Msva senden, um dort zum Rechten zu sehen!! Und das fünf Tage vor unserer Abreise ...

Eine hübsche Tollhausszene liegt hinter uns. (23) Um halb elf Uhr vormittags kam Stanley und erzählte mir, daß in der Nacht einige meiner Leute den Versuch gemacht hätten, Gewehre von den Zanzibaresen zu stehlen; er wolle dies nicht dulden und solche Dinge um jeden Preis unterdrükken, und ich solle mich nun entschließen, was ich tun wolle; ich sei sein Gast, und so lange ich in seinem Lager weile,

---

[1] Diese begleiteten ihn später auf seinem verhängnisvollen Marsch ins Kongogebiet. (Vgl. Einleitung.)

Gaetano Casati, Vita Hassan und Wilhelm Junker

solle ich mit allen gebührenden Rücksichten behandelt werden; er müsse aber entschieden handeln. Bis hierher ging alles gut; er erzählte, daß keiner seiner Offiziere von dem Vorfalle wisse, und er von mir Verschwiegenheit verlange. Auch dies war in Ordnung. Als aber, nach der vorzunehmenden Handlung gefragt, er mir die Alternative stellte, ich solle entweder meine Leute alle zusammenrufen, und beim geringsten Widerstande würde er nicht zögern, sie zu massakrieren, oder ich solle mich entschließen, morgen früh, während er seine Leute mustere, meine Sachen zusammenpacken und abmarschieren, er wolle sofort mit all seinen Leuten folgen und ein Lager zwei bis drei Meilen von hier errichten, von wo er mit 100 Bewaffneten zurückkehren und Casati, Marco, Vita von hier abholen wolle – da wurde ich stutzig und schüttelte den Kopf, worüber er so ergrimmte, daß er mir äußerst harte Worte sagte und, auf den Boden stampfend, aus dem Hause stürmte. Gleich darauf wurde sein Zelt abgebrochen, alle Zanzibaresen zusammengerufen und alle Ausgänge des Lagers besetzt und alles zum Feuern bereit gesetzt: ich eilte hinüber und, um den wie ein Toller wütenden Mann zu beschwichtigen und schlimmen Folgen vorzubeugen, erklärte ich ihm, wir seien bereit, jetzt abzureisen. Dies half wenigstens so viel, daß er in etwas mäßigerem Tone, aber immer noch das Gewehr in der Hand, mir erklärte, ich solle alle Leute zur sofortigen Abreise beordern. Auch dies versprach und tat ich. Inzwischen hatten sich meine Leute gesammelt, und er schien seinen Plan geändert zu haben, denn er hielt nur wütende Reden, entwaffnete einige verdächtige Leute, unter ihnen meine beiden Diener, die die Abreise verweigerten (der dritte rettete sich durch zeitiges Einlenken), und befahl, sie zu binden und zu bewachen, und fragte dann die versammelten Schreiber und Offiziere und Soldaten, wer reisen und wer bleiben wolle. Natürlich erklärte sich solcher Vergewaltigung gegenüber jeder zur Reise bereit, und er befahl ihnen, am 9. April bereit zu sein zur Reise am 10. April. Wer zurückbleibe, den wolle er niederschießen lassen. Dann zerstreute sich der Haufe, sein Zelt wurde wieder errichtet, und die Narrenposse war vorüber. Nicht daß ich ihn wegen seiner Fürsorge tadele, aber dasselbe Resultat hätte mit einer weit geringeren Aufwendung szenischer Mittel und journalistischer Eloquenz erreicht werden können. Schade, daß der so hochbegabte Mann so häßliche Ecken aufweist.

7. April. – Ich habe heute die Freilassung meiner Diener verlangt und erhalten und ihnen gestattet, falls sie es wollten, sich an uns anzuschließen, sie hätten jedoch mir keine Dienste mehr zu leisten, noch wolle ich ihnen Träger geben. – Jephson ist gekommen laufender Geschäfte halber, und wir haben eine lange Unterhaltung gehabt, in der ich erfuhr, daß alle Offiziere Stanley recht gäben in seinem Handeln, aber sein rüdes Vorgehen bedauerten und wünschten, daß es zwischen uns nicht zum Bruche käme; daß Stanley über meine Weigerung, zu kommen, sehr verstimmt gewesen sei und daß alle herzlich wünschten, es möchte mit dem Vorgefallenen genug sein. Jephson wiederholte seine frühere Angabe bezugs Stanley: »Everything but

a gentleman«. Auch er hat, wie es scheint, die ihm gewordene Behandlung in unserer Provinz für nicht komplimentär genug gefunden – wenigstens soweit es mich persönlich betrifft: was ich ihm getan, weiß ich nicht. – Abends spät fiel Ferida[1] auf der Straße und zog sich eine schwere Kontusion des Ellbogens zu, die sofort Fieber verursachte.

8. April bis 14. April. – Gestern abend keine neue Befehle von Stanley, ein zu notierendes Faktum. Ich habe Parke und Nelson interpelliert darüber, ob sie, wie Jephson mir gesagt, mir unrecht gäben. Beide deprezierten und erklärten, daß, obgleich sie sein Vorgehen gegen die Unruhestifter nur billigen könnten, sie ebenso energisch die Art und Weise seines Vorgehens mißbilligten. Und damit genug!

9. April. – Ich habe heute die Instrumente verpackt, Kisten gewogen und alles zum Abmarsche für morgen vorbereitet. Von Trägern für meine Leute ist bis jetzt nicht die Rede; dagegen ist wiederum großer Ball im Gange, und die häßlichen Wawra-Frauen mit den Lippeneinlagen und den Laubschürzen springen wie toll umher. Ich ging später zu Stanley, um ihm wegen der fünf kranken Madi zu interpellieren, die mir als Träger zugewiesen sind und doch nicht tragen können; erhielt aber nur ausweichende Antwort. Spät noch ließ er mir sagen, daß 330 Träger bereit seien. Nachts Lärm und Gesang, bis Regen die Leute verscheuchte.

Durch die Urwälder am Ruwenzóri

14. Mai. – Nicht gerade zeitig marschierten wir ab und hatten, sobald wir die vorspringede Schulter der Hügel umgangen, einen prächtigen Ausblick auf die lange und hohe Bergkette, deren integrierender Teil der Ruwenzóri ist. Wie eine hohe, dunkle Mauer türmte sich die lange

[1] Die Tochter Emins.

Reihe vor uns auf, bei dem klaren Wetter anscheinend sehr nahe, doch immerhin einige Tagemärsche fern; lange weiße Nebel- und Wolkenstreifen zogen sich in halber Höhe der Berge hin, und die drei Gipfel glänzten weiß im Sonnenlichte, während westlich davon die Zwillingskegel begannen, von denen Stanley mir bei seiner ersten Herkunft gesprochen und die er schon damals auf seiner Karte verzeichnet. Vor uns lag das Tal des Semliki, der Flußlauf selbst durch einen langen Streif grauweißen Nebels gekennzeichnet, und jenseits wie diesseits die Hügelreihen parallel zu ihm hinziehend.

Lange führte der Marsch nur durch anscheinend völlig unbewohntes, mit dichtem Graswuchs bestandenes Land; Bäume und Sträucher waren wie überall auf den Bergen hier selten, und nur in den Hügelfalten war höherer Wuchs zu sehen. Der Abstieg aber – und er ist sehr bedeutend, denn um sechs Uhr vormittags notierten wir in Mboga: 657,55 mm/21,0° und bei der Ankunft in Kiriamo nur dreieinhalb Std. östlicher 691,75 mm/29,5° – änderte bald die Szenerie. Buschige Gewächse zunächst und etwas später Bäume traten häufiger und häufiger auf und bildeten eine Art Buschwald, durch den wir auf sehr trockenem, rotem Boden unsern Weg zur Tiefe des Tales machten. Die Baum- und Strauchformen bieten nichts sonderlich Bemerkenswertes dar; es sind dieselben, wie wir an ähnlichen Lokalitäten unserer Provinz zu finden gewöhnt waren: lederblättrige, stachelige Formen, die lange Dürre ertragen können, ohne darunter zu leiden. Zu bemerken ist das ungemein häufige Auftreten einer Rhus-Art an den höheren Hügelhängen; auch hohe Akazien wurden seit langem wieder einmal gesehen. Natürlich sind in solchen Orten auch die tierischen Bewohner reicher vertreten als im meilenlangen Graswalde ohne Bäume. Irrisor und Crateropus, diese untrüglichen Einwohner des Steppenwaldes, Weber und Schilfsänger, Spechte und Kuckucke werden gehört und gesehen.

16. Mai. – Halttag. Stanley ist neuerdings krank; Schmerzen in Leber und Milz, Erbrechen, dickbelegte Zunge. Stairs Fieber, Bluturin. Jephson: Fieber. Schöne Aussichten!

Emin Paschas Tochter Ferida

Ein Kochversuch gestern früh um elf Uhr gibt die Höhe für hier zu 2909 engl. Fuß, was im Vergleich zu Buvovo mit 4928 engl. Fuß einen Abstieg von 2000 Fuß zeigt. Daher hier Hitze, Moskitos, Malaria.

Von Hauāschi sind drei Träger entflohen, von Osman Efendi vier. Ein Bund völlig roter Bananen von der großen, eckigen Sorte gesehen.

21. Mai. – Rasttag hier. Gestern hat Parke etwa zweieinhalb Stunden weit rekognosziert, aber nur Buschwald und sehr vereinzelte Niederlassungen gefunden; er ging Süd wenig zu Ost. Heute sind neuerdings zwei Kompanien ausgezogen, um einen Weg zu finden.

Als nachmittags die Zanzibaresen zurückkehrten, sandte sie Stanley zu mir, und sie brachten mir den Kopf eines gar nicht übel aussehenden Mannes von 28 bis 30 Jahren von echtem Unyóro-Typus und -Farbe. Sie waren etwa viereinhalb Stunden weit vorgegangen, hatten unterwegs viel Schlamm und Wasser sowie dichten Wald gefunden, in dem einzelne Ansiedlungen von Zwergen (Akka) gelegen; schließlich waren sie zu einer ausgedehnten Reihe von Niederlassungen in weiten Bananenwäldern gekommen, hatten dort aber viele Leute getroffen, von denen zwei getötet wurden. Ein mitgebrachter Schild, den Stanley mir gab, ist von echtem Unyóro-Stil. Graue Papageien sind zahlreich; Schimpansen habe ich gehört. Der Platz ist von Tausenden mikroskopisch kleiner Stechfliegen bevölkert, die auch bei Tage fliegen und sehr juckende Pusteln hervorbringen. Ebenso sind Moskitos zahlreich und in den Hütten viele Flöhe.

22. Mai. – Wir marschierten zeitig ab und kamen sofort in den Wald, nicht in den duftenden herzerfreuenden Wald nördlicher Länder, sondern in moderriechenden heißen afrikanischen Wald voll dichten Unterwuchses und durchwachsen mit alten Bananenpflanzungen. Heute fanden sich große Bestände von Vatica mit ziemlich hohen schlanken Stämmen; ebenso waren die überall häufigen Calladium hier felderweise zu sehen, höchstens gemischt mit einigen Acanthus. Geradezu überwältigend ist die Fülle der Schling-

pflanzen, deren Ranken bald zwirnfadendick, bald von der Dicke eines starken Taues uns allenthalben umgarnen. Schön sind die roten Blüten stattlicher Spathodea-Bäume, die hier kleine Bestände bilden, gerade wie in Süd-Unyoro. Der Genuß des Marsches ist aber recht geschmälert dadurch, daß das tiefliegende und nahezu flache Land förmlich überschwemmt ist, und wir nicht allein mehrere kleine Zuflüsse zum Semliki zu kreuzen, sondern drei Viertel des Weges durch knietiefe, ausgedehnte Schlammpfützen sowie lange Strecken stehenden, schlammigen Wassers zu waten haben. Was das bei einer Karawane wie der unsrigen – Frauen, Kinder, Kranke – sagen will, ist leicht verständlich. Stunde nach Stunde verfloß im Waten durch diese Pfützen, und wir waren froh, endlich zu einem leichten Anstiege zu kommen, der trockenes Land versprach, wurden aber enttäuscht, weil die von oben herabrinnenden Wasser auch hier alle Wege nahezu unpassierbar gemacht und alle Vertiefungen gefüllt hatten. Etwas besser war es aber doch, und daß der Boden etwas fester, bewies die Vegetation: Sterculia mit flügelförmigen Wurzeltafeln sowie Acazia traten an Stelle von Vatica, Calladium und Amomum. Mitten im Walde begegneten wir zwei Niederlassungen von Zwergen (Akka, hier Batua oder Watwa geheißen): eine niedergebrannt, die andere aus sechs Diminutiv-Hütten im Unyoro-Stile mit kleinen erhöhten Schlafplätzen von 1 m Länge und 45 cm Breite. Die Hütten waren völlig leer, und von den Bewohnern nichts zu sehen. Etwas weiter hin war eine offenbar zum Marktplatz bestimmte Lichtung im Walde, auf die verschiedene Pfade mündeten.

Erst nach ein Uhr nachmittags kamen wir zu unserem Lagerplatze, einem Dorfe mit vielen Hütten, und hatten uns bald eingerichtet: Bananenblätter machen gute Hütten und gute Betten. Leider ging das Regnen, das sich schon während des Marsches leicht bemerklich gemacht, bald wieder los, und wir hatten zur Abwechslung auf feuchten Betten zu schlafen, da die Sachen der ermüdeten Träger halber sehr spät ankamen. Eine meiner Kisten und ihr Träger fehlte. Kapitän Nelson, der die Nachhut kommandierte, sowie mehrere Ägypter sind nicht gekommen. In einer Hütte fanden wir einen großen Schild aus Geflecht, genau so, wie ich selbe aus Momvú erhalten habe. Auch hier die lästigen Stechfliegen und Mücken.

23. Mai. – Auf reichem rotbraunem Boden folgte die Fortsetzung des gestrigen Waldes, nur heute noch reicher mit Bananen gemischt als gestern. Da das Gelände sehr hügelig, ist es natürlich trockener, und wäre es nicht, daß Hunderte gestürzter Stämme und Bananen ein fortwährendes Klettern nötig machen, daß tiefe Abstiege und ebenso hohe Aufstiege, sowie das Hingehen an den Abstürzen auf schlüpfrigem Boden das Wasser und den Schlamm von gestern reich ersetzen, so könnte man den Marsch wohl schön finden. Unterwegs begegneten wir wiederum einigen verlassenen Batua-Dörfern. Schmetterlinge waren sehr zahlreich.

Schon zeitig gelangten wir zu unserem Nachtquartier, drei Niederlassungen in einer langen Reihe, getrennt durch Bananenwälder. Schon unterwegs hatten meine Leute sich reich verproviantiert: Massen von Bananen waren, fruchtschwer, vom Winde ausgebrochen worden und die Fruchttrauben am Boden gereift für den, der sie mitnehmen wollte. In den Hütten viele gute Bohnen. Sofort sandte Stanley eine Partie Leute aus, um nach dem Wege zu sehen; bei seiner Ankunft früh hatte er Leute hier vorgefunden, sie waren aber auf einige Schüsse hin entflohen.

Gerade jetzt kehren die Zanzibaresen zurück und bringen mir einen neuen Kopf zur Ansicht, abweichend vom Wanyoro-Typus. Rund, mit vorgewölbter Stirn, dicken Augenbrauen, kurzer Stumpfnase und breiten Lippen, deren obere durchbohrt ist und einen doppelten Messingring trägt. Ohren ziemlich groß, wohlgebildet ohne Perforation. Zähne: die unteren Schneidezähne fehlen. Farbe: hell kaffeebraun. Kein Bart. – Kein Weg wurde gefunden: überall Wald und Wald. Ich kann dies ziellose Schießen auf Leute nicht begreifen, während es doch für uns höchst wichtig ist, lebende Führer zu erhalten. Kapitän Nelson ist angekommen: er hat gestern einen Ägypter, Hamedán, der absolut nicht zum Weitermarsche zu bringen war, einfach verlassen und vier Vita gehörige Lasten eingebracht, für die er vier Dollar Gratifikation für die Zanzibarträger beansprucht. Stanley sendet mir privatim die Nachricht, daß wir morgen hierbleiben. Die Leute werden zufrieden sein; zu essen gibt's genug. Abends der gewöhnliche Gewitterregen.

24. Mai. – Die Berge vor uns alle in Wolken gehüllt und nur für Augenblicke sichtbar. Leute ausgesandt, um nach der Straße zu forschen. Die Offiziere Stanleys sagen mir, daß der gestern eingebrachte Kopf genau so aussehe wie die Waldneger, die sie vom Kongo unterwegs gesehen. Jedenfalls weicht das Aussehen von dem der Wanyoro sehr bedeutend ab und gleicht mehr den westlichen Negerstämmen. Vor den Hütten stehen mehrere hübsche Dracaenen. – Es scheint hieraus hervorzugehen, daß die Neger doch für mehr als das Eßbare Sinn haben, denn die Dracaenen gewähren keinerlei Nutzen, und ihre Schönheit ist doch nur unter zivilisierten Leuten anerkannt.

Die Zanzibaresen sind heimgekehrt. Sie waren in zwei Partien ausgezogen: alle gegen die Berge in der Richtung der einzuhaltenden Straße. Sie hatten einige Stunden Wald durchgangen, etwas besser passierbar als gestern, und waren dann in die Ebene gelangt. Sie hatten überall große Dörfer getroffen und keine bedeutenden Wasser gekreuzt. Die andere Partie war gerade gegen die Berge gezogen und am Fuße derselben auf große Dörfer gekommen, wo die Leute mit Biertrinken beschäftigt waren, aber bald flohen und einige Pfeile auf die Zanzibaresen schossen, was diese sofort mit Gewehrsalven erwiderten. Sieben bis acht Gefangene wurden eingebracht, von denen ich drei zu sehen bekam. Ein etwa 30 Jahre altes Weib, kurz und stämmig, von heller Schokoladenfarbe, rundem Kopfe, sehr vorgebauchter Stirn und großen Augen. Vier obere Schneidezähne gefeilt, untere intakt. Oberlippe in der Mitte durchbohrt und eine kleine Messingspirale tragend. Von den Ohren nur das rechte im Lappen durchbohrt und ohne Ohrgehänge. Die Frau, mit der absolut keine Verständigung möglich war, erinnerte mich lebhaft an die Momvú-Frauen, die ich in

Mangbettu gesehen. Ein junges Mädchen, etwa 12 Jahre alt, mit Eisenringen völlig überladen und zwei kleine Messingarmbänder aufweisend, gehörte einem völlig abweichenden Typus an. Von hellbrauner Hautfarbe und schlankem Wuchse, zeigte sie längliches Gesicht und die breiten Augen der Wahuma-Frauen; sie war jedoch so verschüchtert oder so erschreckt, daß auch aus ihr kein Wort zu erfragen war. Ein anderes Mädchen, etwa 18 Jahre alt, schien die Schöne ihres Dorfes gewesen zu sein, denn sie war mit Eisenschmuck völlig überdeckt und trug 14 Halsringe, von denen einige von besonderer Form. Auch Messing in kleinen Spiralen war an ihren Armen zu sehen. Sie gehörte demselben Typus an wie die vorige, zeigte jedoch ein kürzeres Gesicht und sehr vorgebauchte Stirn und war von etwas dunklerer Farbe. Außer Eisen trug sie noch Ketten von Muschelplättchen. Das Haar war voll und zu einer Art Haube gezogen, über der Stirn aber rasiert. Im Gegensatz zu den beiden vorigen, die nur einige Blätter als Schambedekkung trugen, hatte sie einen etwa einen ½ m breiten um den Leib laufenden Gürtel von sehr schmutzigem Rindenstoffe. Wir beruhigten sie und konnten schließlich aus ihrem sehr abweichenden Kinyoro so viel verstehen, daß wir hier noch in Uwamba sind, das bis zum Semliki und den Bergen reicht, und daß der Chef der Wawamba, der hier zu wohnen pflegt, aber jetzt entflohen ist, Wakaikunda heißt, sein Bruder Wándu aber am Semliki wohne, wo wir diesen gekreuzt hatten. Die Wawamba seien im dauernden Kriege mit ihren Nachbarn, den Wahóko, und hätten außerdem unter den Razzias der Banassura Kabregas viel zu leiden. Die Batua gegen Westen seien sehr zahlreich, hätten aber keine Chefs und lauerten nur im Walde den Vorübergehenden auf.

26. Mai. – Auch heute Wald, aber von der bösen Sorte: modernde Bananen, umgefallene Stämme, Schlammpfützen, Dornen und Ranken und sehr beschwerliche Auf- und Abstiege an den Hügeln. Gerade an solchen Stellen, wo man ohnehin all seine Geschicklichkeit nötig hat, um nicht zu stürzen, bringt das Getrampel der Leute und Tiere eine zähe oder, wo es steil abgeht, so schlüpfrige Schlammasse hervor,

daß Hände und Stock kaum ausreichen zum Schutze vor dem Falle. Ein recht ansehnlicher Bach, jedenfalls zum Semliki gehend, wurde dreimal gekreuzt, jedoch ohne Schwierigkeiten, weil das sehr schnell fließende Wasser über Sand- und Kiesboden zieht.

28. Mai. – Es hatte die ganze Nacht geregnet, und noch früh dauerte der Regen fort; wir verzögerten demnach den Abmarsch, aber als wir gegen acht Uhr vormittags aufbrachen, begleitete uns der Regen, und so blieb es mit kurzen Intervallen bis zum Abend.

Gleich nachdem wir einen kurzen gras- und schilfbewachsenen Hügel gekreuzt, kamen wir wieder in mit Bananen gemischten Wald mit überschwenglich reichem Unterwuchse. Zwischen diese Waldstrecken schoben sich an den Hügelabfällen und Wasserläufen sehr reiche Kulturen an Mais, Talabun (Eleusine) und einige Durrah von geradezu blutroter Farbe. Von Bananen spreche ich nicht, denn das Land ist übervoll davon, und die Früchte liegen am Boden, ohne daß man sie aufhebt. Die Niederlassungen und Gehöfte liegen auf den Hügelrücken und sind völlig den früher gesehenen analog, voll von Mais und Bananen. Türen aus rohen Planken sah ich hier häufig. Die Rohrwand im Innern der Hütte ist stets so angebracht, daß sie das Innere völlig deckt. Hauptnahrungsstoff scheint hier überall Mais.

Der Marsch auf dem vom Regen völlig aufgeweichten Boden war äußerst beschwerlich, da kein festes Fußen möglich war; ausgedehnte und tiefe Schlammpfützen fehlten auch nicht, und das Auf- und Niedersteigen nahm die Leute, die ohnehin gegen den Regen keinerlei Schutz hatten, furchtbar mit. Ich kam um ein Uhr nachmittags zu unserem Lagerplatz, wo Dr. Parke eine Hütte für mich reserviert hatte; Leutnant Stairs mit der Nachhut kam um vier Uhr nachmittags und berichtete, daß Hamedán, der den andern Tag zurückgeblieben war, heute zunächst ein kleines Negermädchen, seine Sklavin, und später sein eigenes kleines Kind ins Gras geworfen und verlassen habe. Das sind Leute! Jetzt um vier Uhr nachmittags hat es seit einer halben Stunde nicht geregnet, und nur Donner und schwere

Wolken über den ganz nahen Bergen prophezeien Regen für die Nacht. Heute haben wir nur einen kleinen, sehr schnell fließenden Bach gekreuzt.

Beim letzten Ausfluge vom Lager sind seit langem einige Steine sichtbar geworden: die durch Verwesung pflanzlicher Gebilde in der außerordentlich großen Feuchtigkeit – denn es scheint hier immer zu regnen – entstehende Humusschicht ist so dick, daß sie alle Unterlagen deckt; sie gibt aber auch zum Lockerwurzeln und Fallen der Bäume Veranlassung. – Viele unserer Leute sind an Geschwüren krank.

30. Mai. – Nachdem beim Abmarsche wie gewöhnlich unsere Leute ihre Unverschämtheit durch Vordrängen und Schreien bewiesen, kreuzten wir sofort einen kleinen Bach mit sehr schlüpfrigem Ab- und Anstiege und gelangten in ziemlich hohes Hügelland, bestanden mit demselben Schilfe und Ranken, wie wir sie seit zwei Tagen den Wald haben ablösen sehen. Hügelauf und -ab führte der heute ziemlich gute Pfad, und heute waren die passierten Niederlassungen viel zahlreicher als gestern. Sie lagen, geschützt durch einen großen Schilfgürtel, immer auf den Hügelhöhen und bestanden meist aus sechs bis acht Hütten, die heute nicht die vorspringenden Türen der früheren Tage zeigten, aber sonst im Unyóro-Stile erschienen. Natürlich war alles völlig ausgeplündert von den uns vorausziehenden Leuten, und meine Sammlung ethnographischer Objekte dürfte sehr dürftig ausfallen.

Ein Ausblick von den Hügelhöhen in die Schluchten und Täler ist von überraschender Schönheit: wallende Nebel, Bananenwälder, unterbrochen von Mais- und Kürbisfeldern, Lichtungen, frisch gerodet, mit Umwallungen von vier Meter hohem Schilfe, riesige Bäume, die bis zur Verästelung über dreißig Meter messen und dann ihre Krone ausbreiten. Von Bäumen häufig Khaya und Lophira. Wir ziehen längs der Bergkette hin, die einen Halbmond bildet und wohl deshalb »Montes Lunae« benannt wurde – denn es ist kein Zweifel, daß sie mit diesem identisch ist. Da der Marsch in der Sehne des Bogens geht, haben wir Gelegenheit, eine ganze Anzahl von Zuflüssen zum Semliki zu kreuzen – zwei davon bedeutend (besonders der zuletzt gekreuzte) –, die tosend und brausend in sehr starkem Gefälle dahinschießen. Das Wasser ist völlig klar, aber gelblich von Farbe, eiskalt und hat den Geschmack der Bergströme. Im letzten Teile des Marsches traten als neue Erscheinung im Graslande eine ganze Anzahl hoher Schirmakazien auf, einer ostafrikanischen Art angehörig. Überhaupt ist der Wechsel zwischen Wald und Prärie seit zwei Tagen sehr auffällig, und Stanley erzählt mir, daß er auch früher stets in 3000 Fuß Höhe ähnliches Grasland gefunden hat.

3. Juni, Montag, bis 9. Juni, Sonntag. – Gestern war ein Schreiber, Vássif Efendi, der schon lange krank, von seinen Brüdern verlassen und schließlich von den Manyuema eingebracht worden, die zum Lohne dafür nicht einmal bezahlt wurden, trotz aller Versprechen der Brüder. Heute ist er unterwegs gestorben und ich glaube in die Büsche geworfen worden. Unser gestriges Nachtquartier heißt Bansómbe und gehört zu Bukoko. Wir marschierten etwas später als gewöhnlich, weil Stanley behauptet, am Fieber zu leiden.

Sofort ging es in den Wald, und Wald hieß es bis zum Ende des Marsches – solcher Wald, der einen in Versuchung bringt, der vielen Hindernisse halber die Reise zu verwünschen, zumal es fortwährend auf und nieder und quer über glatte schlüpfrige Abstürze ging. Aber grandios war es, und nur wo künstliche Lichtungen mit einzelnen verlassenen Hütten gleichsam die Waldpracht schändeten, da gab es Unterbrechungen in der schrankenlos üppigen Vegetation. Über eineinhalb Meter tiefer brauner Humusboden, Feuchtigkeit von einer Anzahl von Bächen und Wasserrinnen haben zur Entwicklung dieser ausnahmsweise üppigen Pflanzenbekleidung beigetragen und begünstigen dauernd deren Entwicklung. Die niedere Etage besteht meist aus Rubiaceen mit sehr weißem Holze, zwischen denen in bunter Fülle Amomum in vier Arten, Acanthus, Philodendron, Maranta, Calladium, einige Aroideen mit roten Früchten, Phrynum und eine ganze Welt stattlicher Farnkräuter wuchern, zwischen ihnen schlingen sich die Ranken und Seile der verschiedensten Kriecher und Schlingpflanzen: Cucurbitaceen, Smilaceen, Momordica, Coccinea, und wie sie alle heißen. Der schönste Schmuck aber sind die dunkelpurpurnen und die rein weißen Bracteen zweier Mussaenda-Arten, die gerade blühen, und die duftenden lila Blüten einer Canavalia. Hoch über alle diese ragen die eigentlichen Bäume sehr gemischter Art, unter denen wiederum blühende Spathodea den Boden mit abgefallenen Blüten überstreut haben. Moose überkleiden die Flügelfortsätze der Sterculia-Wurzeln, und lange Bartflechten hängen von den Ästen nieder neben ebenso vielen Luftwurzeln. Auch Pilze von sehr zierlichen kleinen Formen, völlig weiß, waren häufig, und Angraecum schmarotzte auf den Ästen. Bemerkenswert ist das völlige Fehlen aller Palmen.

Wir gelangten nun endlich auf festen Boden mit überwältigend reichem Walde bestanden: er glich in Form und Zusammensetzung den früher durchgangenen Strecken, nur fiel ein dem Anogeissus sehr ähnlicher Baum, aber doch verschieden, durch massenhaftes Auftreten auf. Der Anstieg war bedeutend, aber so sanft, daß er keinerlei Schwierigkeiten machte. Bananenpflanzungen und später hohes Schilf schoben sich in den Wald; hie und da fand sich eine Lichtung mit drei bis vier Hütten, verlassen und geplündert von den Zanzibaresen. Es ist ein unsägliches Gefühl von Beklommenheit, das einem überkommt, wenn man das gesegnete Land und die Verwüstung anschaut, wenn man bedenkt, was aus dem Lande werden könnte und was es ist.

Höher hinauf zog sich der Pfad gerade zu den Bergen zu, den Wald hinter sich lassend; wir haben den von Buhĕsse aus gesehenen Zug nun umgangen und gingen heute südlich.

In einer Bananenpflanzung fanden wir denn auch den in Uganda üblichen kanuförmigen Holztrog zur Bereitung von Bier voll von zerstampften, reifen Bananen, deren es hier eine Menge gibt: die Bewohner waren also noch nicht lange entflohen. Zu unser aller großem Erstaunen fanden wir, als wir den Hügel erstiegen hatten und nun unmittelbar an den

Bergen waren, Stanley gelagert in einer Gruppe von fünf Hütten und dicht dabei eine große Hütte für mich, neben der ich mein Zelt aufschlug. Gerade im Rücken liegen nicht 500 m weit ab die Hochhügel, die den dahinter liegenden Bergzug, in dem der Ruwenzóri steht, teilweise verdecken. Vor uns fällt das Land wellig tief ab; es ist aber so völlig mit wallenden Nebel bedeckt, daß man kein Urteil über die Beschaffenheit gewinnen kann. Jenseits des Lagers ein tiefer Absturz und ein schöner Wasserfall. Der Boden mit kurzem Grase bedeckt; hie und da Bananen. Weit auf die Berge hinauf gehen die Bananenpflanzungen und bebaute Felder.

Ich ging zu Stanley, um ihm für den Schmetterling zu danken, und er sagte mir, daß er Leute senden wolle, um zu sehen, ob weiter vorwärts ein guter oder besserer Lagerplatz zu finden sei. Gelinge dies, so wollten wir dorthin gehen und von dort den Ruwenzóri zu ersteigen versuchen; gelinge es nicht, so müßten wir es von hier aus tun. Es sei hier Wasser, Nahrung, gute Luft vorhanden, und wir brauchten deshalb nicht zu eilen. Ich hoffe, wir werden diesen Platz trotz seiner landschaftlichen Schönheit – Stanley nennt ihn »a bit of Svitzerland« – verlassen und weiterziehen, weil es hoffnungslos ist, von hier den Ruwenzóri ersteigen zu wollen. Stanley hat Stairs und 40 Leute dazu ausersehen, morgen früh die Überschreitung der Berge und eventuell die Annäherung an oder die Besteigung des Berges zu versuchen,[1] und hat mich aufgefordert, es gleichfalls zu versuchen, soweit mein Eifer für die Wissenschaft mich leite.

Ich bin zu dem kleinen Flusse niedergestiegen, der uns heute so viel zu schaffen machte und der in einer sehr tiefen Schlucht von den Bergen herunterbraust: der Abstieg ist äußerst steil und unbequem; die Böschung dicker feuchter Humus, der kein festes Fußen zuläßt, die pflanzliche Bedeckung reich und üppig – Bananen und Wald. Unten schäumt und tost der Fluß über Steinblöcke dahin, umstanden von schlanken himmelanstrebenden Bäumen.

---

[1] Die aber nicht gelang.

Die Wegsucher haben keinen Weg gefunden, und so weit der über der Tiefe liegende Nebel eine Aussicht zuläßt, ist unter uns alles dichter Wald.

6. Juni. – Das war eine kalte, kalte Nacht! Scharfer Ostwind blies von den Bergen herunter, und jedermann war froh, in seine Bananenblätterhütte kriechen zu können, um dort vor dem Winde geschützt zu sein. Stairs ist zeitig abmarschiert; ich kochte meine Thermometer und finde die Höhe korrigiert zu 1072 m. Ich nahm dann nur die besten meiner Leute und ging gleichfalls ab. Zunächst ging der Weg an den Fluß hinunter, etwas oberhalb der Stelle, wo wir gestern gewesen, aber gerade so steil hinunter und nur steiniger. In tosenden Wirbeln schäumt der Fluß über die Steinblöcke, die seinen Lauf behindern, weißen Schaum hochaufspritzend. Das jenseitige Ufer ist reich bewaldet und der Boden überall mit den leuchtenden Spathodea-Blüten überstreut. Steil wie der Abstieg ist der Aufstieg, aber man hat doch hin und wieder Baumstümpfe oder umgebrochene Bananen oder Steinstufen, die Hand und Fuß Halt gewähren. Viel schlimmer aber wird es etwas weiter oben. Der steil aufwärts führende Pfad ist zu beiden Seiten mit riesigem Schilfe eingefaßt, dessen wollige Behaarung sich in die Haut der Hände einbohrt; dazu kommen Dornen und Ranken aller Art, und abgestorbene Gräser, die über den Weg gefallen, machen ihn noch glatter. Dicht neben dem Pfade geht, durch einen Schilfrand verhüllt, der Absturz gerade zur Tiefe nieder, und man hat bei den glatten Pfaden genau darauf zu achten, daß man keinen Fehltritt tue, um nicht das Los gelöster Steine zu teilen, die gerade zur Tiefe fallen.

7. Juni. – Um Mittag kehrte Stairs zurück und brachte mir Pflanzen, in einer Höhe von 8–11 000 engl. Fuß gesammelt. Ich erwähne davon: Lycopodium[1], Pteris, verschiedene Farne und Moose, eine baumförmige Erica, Rubus mit roten (unreifen) Früchten, Vaccinium mit Früchten (sehr ähnlich den V. myrtillus); niedriger standen viele Dracaena[2] und

---

[1] Bärlapp.
[2] Drachenbäume.

Massen von Raphia(?)-Palmen. Unter den mir gebrachten Pflanzen auch ein blaues Veilchen (wohl Jonidium). Stairs hat die Schneegrenze nicht erreicht, da kein Trinkwasser zu finden, tiefe Abstürze den Weg sperren und der Erica-Busch das Fortkommen nahezu unmöglich macht.

9. Juni. – Zwei sehr steile Auf- und Abstiege, der erste, um den Fluß zu kreuzen, der andere, um die Menschen zu plagen, führten uns an einer Hüttengruppe vorüber in den Wald, recht afrikanischer Urwald, in dem der seit langem nicht begangene Pfad durch Pflanzenmassen nahezu völlig verdeckt ist. Von vielen größeren und kleineren Bächen durchschnitten, durch immer fallenden Regen durchfeuchtet, durch verwesende Pflanzenkörper gedüngt, entfaltet der Boden seine höchste Produktionskraft, und es ist eine Wonne, die Fülle und Macht der Vegetation, die Mannigfaltigkeit und Zahl der Gewächse zu beobachten. Zu den gewöhnlichen Bestandteilen des Waldes gesellen sich heute Raphia-Palmen, Rotang (Calamus), Baumfarne in großer Menge. Seit langer Zeit wurde eine mit Früchten behangene Kigelia[1] gesehen. Etwa eine Stunde von unserem Lagerplatze wurde inmitten großer Steinblöcke eine laue Quelle gefunden, die starken Geruch nach Schwefelwasserstoff aushauchte, aber an zwei verschiedenen, den heißesten Stellen gemessen nur 35,0° und 37,7° bei 24,5° Lufttemperatur gab. Die Steinblöcke waren alle solide Granitmassen.

Wir zogen längs der Berge hin und gingen, da der Grund nicht gar zu gebrochen, gut vorwärts und hielten erst um Mittag mitten im Walde, wo am Bergeshange kaum ein ebener Platz für das Zelt zu finden war.

Hier im Lager fliegen viele anscheinend völlig schwarze Schmetterlinge; übrigens sind die Schmetterlinge des Waldes durchaus nicht dunkel gefärbt.

Es ist eine eigene Sache um solch ein Lager im Walde, wo außer Holz und den breiten Phrynium-Blättern kein Material zum Hüttenbau vorhanden ist. Natürlich werden auch diese verwertet, und die so gefertigten Hütten sehen

[1] Leberwurstbaum mit langen, an Leberwürste erinnernden Früchten.

zierlicher aus als die aus Bananenblättern. Die Zanzibaresen sind Meister für solche Dinge und bauen ihre Hütten im Handumdrehen.

Heute früh um halb fünf Uhr erhob sich plötzlich großer Lärm hinter unsern Hütten. Die Wakóndjo waren von den Bergen gekommen, hatten sich im hohen Grase an die Hütten geschlichen und einen meiner besten Träger durch einen Speerstoß in den Leib getötet, ein schwerer Verlust für mich.

Der elendeste Abschaum der Menschheit sind die ägyptischen Offiziere und Schreiber, die uns die Ehre ihrer Gesellschaft schenken. Von Syphilis zerfressen, haben die Leute keinerlei Widerstandskraft, und bei den geringsten Verletzungen bilden sich bei ihnen Geschwüre, die nie heilen wollen. Gestern kamen zehn solcher Leute zu mir und verlangten von mir, ich solle Stanley dazu veranlassen, noch drei Tage zu weilen, damit ihre Geschwüre Zeit zum Heilen hätten. Ich weigerte mich, dies zu tun und über 800 Mann wegen zehn hungern zu lassen, sandte sie aber zu Stanley, der sie natürlich abwies.

Mengen stechender Ameisen machen unser Lager unangenehm. Es ist die große Art, schwarz mit weißem Streif über dem Abdomen. Auch eine Menge von Moskitos haben sich eingefunden.

10. Juni, Montag, bis 16. Juni, Sonntag. – Gegen Morgen war ein leichter Gewitterregen niedergegangen, und es sah noch recht drohend aus, als wir abgingen; wir haben jedoch alle Eile, aus dem Walde herauszukommen, was morgen statthaben soll. Die Szenerie des Waldes ist gerade so großartig wie gestern: Palmen, Rotang, Baumfarne und blühende Spathodea in Massen; da aber der Weg nicht so beschwerlich wie gestern, kommt man zu besserem Genusse. Eine Menge kleiner Wasserläufe, in Kaskaden von den Bergen kommend, werden gekreuzt.

Der Wald ist belebt, und man soll sich nicht einbilden, daß afrikanischer Urwald der Sänger und Musikanten mangelt; rotschwänzige Papageien, pfeifende und kreischende Toccus, gurrende Tauben und Musophaga, schmetternde Drosseln und ein Heer kleiner Sänger und Schreier beleben den Wald. Von fern her hallt oft ein klägliches Gewinsel oder Geheul herüber, andeutend, daß gefährlichere Gäste, große Katzen, nicht fern sind.

Im tiefen kühlen Schatten marschierte es sich gut trotz Schlamm und Baumstämmen, die zu Hunderten über den Weg lagen, und so machten auch wir einen langen Marsch, für den wir dadurch belohnt wurden, daß wir gleich nach Mittag zu einer jenseits des Waldes gelegenen Hügel-Ansiedlung der Wakóndjo gelangten, die aus etwa acht großen Hütten bestand und mitten in ausgedehnten Bananenpflanzungen und Feldern von Mais, Bohnen, Durrah, Colocasien lag. Zwei sehr geräumige hübsche Hütten waren mir reserviert, und bald waren wir heimisch. Mais, trocken und frisch, war massenhaft vorhanden.

Leider knallt es wiederum von allen Seiten, und die Zanzibaresen schießen auf die Neger wie auf Wild und haben schon eine Anzahl Gefangene, Frauen und Männer, gebracht. Gerade als wir heute das Dorf betraten, fanden wir die Leiche eines Wakóndjo-Mannes von ca. 25 Jahren am Wege: erschossen.

11. Juni. – Das war einer der angenehmsten Märsche, die ich je in Afrika gemacht: guter Pfad, niederes Gras, wechselnd mit Hochgras, saubere Bananenpflanzungen mit sehr vereinzelten Hütten voll reifer Bananen; schäumende und brausende Gewässer; kein Schlamm, keine Abstiege, keine Dornen. Wir sind aus dem Walde heraus und erfreuen uns dieserhalb; dazu war der Himmel bedeckt und das Wetter kühl. Ein langer Marsch wurde gemacht. Wir hatten zunächst nur verlassene Hütten gesehen; in der zweiten Hälfte des Marsches kamen oft Wakóndjo, uns zu grüßen, alle leidlich Kinyoro sprechend.

13. Juni. – Ganz früh erhielt ich folgenden Zettel von Stanley: »Will you be kind enough to muster your principal people and say that after tomorrow there is little or no food for several days, 4–5 days. Therefore they should make provisions for as many days as they can carry as a reserve. – I wish all men having rifles to muster before my tent at 9 a. m.,

Der weitverbreitete Hornrabe

with such young fellows as would like to have rifles.« (24) Ich habe sofort das Nötige veranlaßt. Stanley hat dann aus den Leuten eine Kompanie gebildet, ihnen Gewehre gegeben und sie mit meiner Einwilligung unter Schukri Agas Befehl gestellt. Stanley berechnet von hier nach Unyampaka fünf starke (also für uns acht bis zehn) Märsche und sagt, wir haben bisher nur 78 Stunden Marsch getan (156 miles).

Das Land ist sehr dicht bevölkert, und viele Flüchtlinge aus Ussongora und Tóru haben sich angesiedelt. Stets ruhen dichte Nebel über der Tiefe, wo alles voll Bananen steht. Große Schwärme Raben ziehen abends den Bergen zu.

Ruschdi Efendi hat versucht sich zu erstechen, hat aber ein stumpfes Messer gewählt. Es wird unmöglich sein, ihn von hier fortzuschaffen. – Stairs ist um Mittag gekommen; er hat einen ca. 40 yards breiten Fluß gefunden, den er mit dem Semliki identifiziert. Abends kam Schukri Aga, mir mitzuteilen, daß alle meine Diener und Ordonnanzen in der neuen Kompanie zu dienen hätten und ich deshalb morgen völlig allein sein werde. Ich ging deshalb zu Stanley, um ihm mitzuteilen, daß ich gern drei meiner sechs Diener geben werde, aber drei für Transport und Bewachung meiner Sachen sowie zwei Ordonnanzen für mich persönlich benötige. Nach einigen Redensarten kamen wir denn auch überein, und ich war gerade im Begriffe fortzugehen, als Schukri Aga kam und Stanley erzählte, Marco und Vita hätten die ihnen gegebenen Gewehre zurückgesandt, und die Schreiber weigerten sich, ihre Diener zum Nachtrabe zu stellen. Es folgte nun eine Szene brutaler Wut wie bei Kavali: Stanley, wie ein Wahnsinniger vor seiner schnell versammelten ersten Kompanie herumspringend und auf mich schimpfend, der ihm nie beistehen oder helfen wolle, der ihn in all diese Umstände gebracht usw., und zufügend, daß, wenn nun 20 bis 25 Mann getötet würden, ihr Blut auf mich falle (dieselbe Narrensposse wie bei Kavali!). Zuerst antwortete ich sehr ruhig; als aber die Beschuldigungen immer schneller folgten und ich für den Grund aller seiner Verlegenheiten erklärt wurde, sagte ich ihm, es wäre jedenfalls das beste, mich als den Unruhestifter zu lassen, wo ich sei, und seiner Wege zu gehen, worauf er meinte, ich sei völlig frei, zu bleiben, wo ich wolle, und er bereue, gekommen zu sein. Darauf antwortete ich, er hätte eben nicht kommen sollen und wäre besser geblieben, wo er war, ich hätte ihn nicht verlangt. Ich entfernte mich dann. Stanley ließ dann Vita und Marco arrestieren und unter Eskorte wie Verbrecher vor die Schreiber bringen, wo Vita mit dem Stocke bedroht und Marco avisiert wurde, daß, falls seine Diener um eine Viertelstunde zögerten, sie erschossen werden würden. Dasselbe den Schreibern. Dann kehrte Ruhe ins Land zurück. Parke kam zu mir und erkundigte sich nach dem Vorfalle, schien aber geneigt, seinem Chef recht zu geben.

15. Juni. – Nach reiflicher Überlegung ging ich zu Stanley, um den Vorwurf der Undankbarkeit von mir abzuwälzen, den er mir gemacht. Ich erklärte ihm, daß ich nie und nimmer vergessen könne, was seine Expedition für meine Leute getan, und daß, wenn ich, von seinen Vorwürfen erhitzt, ihm harte Worte gesagt, ich dies bedaure. Andererseits sei ich entschlossen, von nun an mein Haus zu hüten

und, wenn ich der Grund für alle seine Ungelegenheiten sei, sobald eine Gelegenheit sich biete, seine Expedition von meiner Gegenwart zu befreien, dieselbe zu benutzen. Bis dahin müsse ich um seinen Schutz bitten. Er begann nun, mir eine Standrede zu halten, aus der mir klar werden sollte, wie alles Unheil in der Provinz und alle Schwierigkeiten, die ihn befallen – obenan seine Krankheit bei Madjamboni – nur die Schuld meiner Zauderhaftigkeit, Nachlässigkeit und Nachgiebigkeit, meiner völligen Unfähigkeit sei; wie dies schon aus dem Berichte hervorgehe, den Jephson ihm überreicht, und wie ich doch besser bedenken solle, auf welcher Seite das Brot mit Butter bestrichen sei; wie ich in Europa entehrt dastehen würde usw. Ich muß jedenfalls viele Verbrechen begangen haben, von denen ich nichts weiß. Schließlich wurde Jupiter tonans milder, und ich ging meiner Wege. Mein Ansinnen, mich meiner Wege ziehen zu lassen, wurde kategorisch abgelehnt und ich mit Arrest bedroht. Die Offiziere sind alle sehr kühl.

In scharfem Marsche geht es nun über den trockenen, mit spärlichem Grase bestandenen Boden auf einem Rücken hin, zu dessen linker Seite in der Tiefe ein rötlich schimmernder, mit grünen Büschen umgebener kleiner See bewegungslos schlummert und wie ein Spiegel glitzert. Von allen Seiten ist er von Hügeln umringt, die sanft und in Terrassen zu ihm abfallen. Wir gehen nun längs dieses Sees hoch über ihm über steriles weißgelbliches Land hin, bis endlich gegen 11 Uhr ein Sonnenblick uns den Spiegel des Ruitan Nzige, des Sees von Ussongora, zeigt. Etwa eine halbe Stunde später hielten wir in einem ziemlich großen Dorfe in Euphorbien-Hecken. Es heißt Kátuë und war vor seiner Flucht von Kabregas Chef Lokála oder Rokára bewohnt, der hier Salzhandel trieb und große Herden hielt.

Die Hütten, von den Bewohnern verlassen, sind voll von Paketen von Eleusine-Korn, Mais, Bohnen (unter ihnen eine mir neue gelbe Art), eine willkommene Gabe für alle Leute. Das Dorf liegt etwas unterhalb der Höhe des von uns begangenen Rückens zwischen den beiden Seen, und natürlich galt der erste Ausflug nach der Einrichtung dem

Ruitan Nzige, zu dem ein breiter Weg über Sandboden führt. Absteigend erreichen wir das schilfbesetzte Ufer, an dem zwei schlammige Tränkplätze für Herden freie Aussicht gewähren. Vor uns eine ziemlich enge Bai, im Hintergrunde von felsigen Inseln geschlossen, auf deren nächster zwei Fahnen wie zum Trotze wehen. In der Ferne Berge – im ganzen ein etwas unbefriedigender Ausblick. Ein sehr großes Kanu lag am Ufer, und viele andere gefüllt mit Wassongora hielten sich in der Ferne und riefen, daß, falls wir Freunde seien, wir eine Seriba der Leute Kabregas anzünden sollten. Das geschah denn auch, und bald darauf kamen drei Leute von ihnen zu Stanley. Was aber geschah, ist bei der herrschenden Geheimniskrämerei mir nicht bekannt geworden. Am Seerande lagen Hunderte von Paketen groben, grauen Salzes in Stücken, vermutlich zum Verkauf oder zur Verschiffung bereit.

Bei meiner Rückkehr ließ mir Stanley sagen, er wolle, falls meine Leute Provisionen hätten, morgen hierbleiben, und das war für alle sehr angenehm, obgleich ich Moskitos fürchte. Es scheint hier seit langem nicht geregnet zu haben.

Anhang

Afrikanischer Riesenkäfer

I. Emin als Zoologe

Emins Verdienste für die Wissenschaft

Gustav Hartlaub, Zoologe am Naturkunde-Museum in Bremen, galt damals als Nestor der Ornithologie Afrikas. Ihm sandte Emin seine zoologischen Präparate, sorgfältig in Kisten verpackt und mit genauesten Beschreibungen über Fundort, Aussehen, Häufigkeit, Verhalten etc. versehen. Hartlaub hatte vor Emin Pascha bereits den jungen Theodor v. Heuglin betreut, der sich besonders um die Erforschung der Vogelwelt Äthiopiens verdient gemacht hat.

Dr. Gustav Hartlaub schreibt am 13.November 1887 über Emin Paschas Verdienste um die Erforschung Afrikas[1]:

»Was Emin Pascha geleistet hat auf dem Gebiet zoologischen Sammelns, Beobachtens und Notierens, ist bewundernswürdig im höchsten Grade. Es konnte nur geleistet werden von einem Manne, der sich durchglüht fühlt vom heiligen Feuer lautersten wissenschaftlichen Bedürfnisses, von enthusiastischer, absolut uneigennütziger Liebe zur Natur und von dem unwiderstehlichen Drange, zur Kenntnis ihrer Schätze nach äußersten Kräften beizutragen. Und diesem Drange weiß er Befriedigung zu schaffen unter dem Druck von zu Zeiten schwierigsten äußeren Verhältnissen, hemmender und vielseitig abziehender Pflichterfüllung auf den verschiedensten, mit seiner verantwortungsschweren Stellung verbundenen Gebieten.

Wie Emin Pascha zu sammeln versteht, das lehren die Tausende mustergültig präparierter und größtenteils von ihm eigenhändig fertiggestellter Bälge, welche von Ladó oder Wadelay aus durch ihn nach Europa gelangt oder seit Jahren der sicheren Überführung harren. Kein Stück ist von Emin Pascha versandt worden, das nicht das Datum der Erlegung, die genaue Angabe des Fundorts, die ebenso gewissenhafte des Geschlechts nach anatomischer Untersuchung, der Maße am frisch erlegten Tier und der Farbe der Weichteile sauber und deutlich verzeichnet an sich trüge.

[1] Aus. Carl Peters, Afrikanische Köpfe.

Dabei verweist die jedem Exemplar beigefügte Nummer auf die entsprechende des Hauptkatalogs, den wir einer jeden Sammlung beigegeben fanden und der sehr zahlreichen Arten wichtige biologische Bemerkungen hinzufügt.

Das mir kürzlich zugekommene, von Emin Pascha auf seinen vielen und weiten Reisen für mich persönlich geführte Tagebuch birgt eine wahre Fülle interessanten, auf die Lebensweise der beobachteten oder erlegten Tiere und insbesondere der Vögel bezüglichen Materials. Emin Pascha hat mir in sehr ernsten Worten die Nichtveröffentlichung dieser Tagebücher zur Pflicht gemacht, und das rechtfertigt sich einigermaßen durch den stellenweise ganz vertraulichen Charakter derselben. Sollte mir die Freude zuteil werden, die sehr umfangreichen, für mich seit Jahren aufgespeicherten und mühsamst konservierten Sammlungen wirklich zu erhalten, so würde meine Berarbeitung derselben durch Beigabe des zoologischen Teils dieser Tagebücher wesentlich an Wert und Bedeutung gewinnen.

Für die von ihm zoologisch und namentlich ornithologisch durchforschten Gebiete des östlichen Äquatorialafrika ist Emin Paschas Tätigkeit bahnbrechend gewesen. Für das zentrale Monbuttu ist alles – und es ist viel –, was Emin Pascha bei nur kurzem Aufenthalte zoologisch geleistet hat, absolut neu, und nach allem, was seine Briefe andeuten, darf man einer Fülle schöner Entdeckungen entgegensehen.«

Über die Wirkung von Schlangenbissen

20. Febr. – (Auf der Fahrt zum Albert-See, 1888. – Anm. d. Hrsg.) Sehr häufig scheinen Schlangen aller Art zu sein, denn man begegnet auf Schritt und Tritt ihren abgestreiften Hüllen. Ich habe übrigens seit meiner Ankunft hier nur zwei Schlangen gesehen, beide klein und ungiftig; man erzählt mir jedoch vom häufigen Vorkommen größerer und bösartigerer Formen, unter ihnen eine völlig schwarze Art, die stets zum Angriffe und Beißen bereit sein soll. Viel zahlreicher als hier sind die Schlangen in *Wadelay,* wo keine 14 Tage

vergehen, ohne daß ich wegen Schlangenbissen konsultiert werde. Ich habe in meinen Notizen hierüber ein ziemlich reiches Material gesammelt; es mag wohl sein, daß man sich gewöhnlich die Folge von Schlangenbissen weit gefährlicher vorstellt, als sie ist. Einerseits sind bei weitem nicht alle Schlangen, die beißen, giftig; andererseits kann in der größten Zahl der von Giftschlangen Gebissenen das Gift kaum zur vollen Wirkung gelangen, weil der komplizierte Akt des Beißens und Einträufeln des Giftes nur in den wenigsten Fällen völlig zur Ausführung kommt und die Bißstelle selbst von größtem Einfluß ist, insofern sie der Schlange das Schließen des Mundes erlaubte oder nicht. Ich bin durch all meine Erfahrungen so weit gekommen, daß, wo nicht drohende Symptome sofortiges Handeln verlangen – und in solchen Fällen tun ein wenig Opium und *heiße* Bäder oder Dampfbäder die besten Dienste –, ich mich auf ganz einfache Mittel wie Fetteinreibungen, kühle Bäder, leichte Stimulantia oder Sudorifera beschränke, den Kranken die Furcht zu benehmen versuche und damit gewöhnlich auskomme. Es sind mir übrigens Fälle bekannt geworden, in denen ein Schlangenbiß ungiftiger Arten häßliche *örtliche* Folgen gehabt hat: Vereiterungen, die lange andauerten, und lokale Entzündungen, die zu Abszeßbildung führten. Doch schien mir dies mehr von der Konstitution der Patienten selbst abzuhängen. Ich halte den Gebrauch von Ammoniak völlig überflüssig: zum Auswaschen der Wunde *gleich* nach dem Bisse kommt man ja doch nie oder kaum.

Die Zebramanguste, ein afrikanischer Mungo
(Tagebücher, Bd. 6, S. 11f.)

Herpestes (Mungos) fasciatus Desm.

Das Verbreitungsgebiet der Zebra-Manguste ist ein außerordentlich ausgedehntes. Ich habe sie aus den Dinkaländern, dem Gebiet der Bári, Schuli, Madi sowie der Njamnjam erhalten; ob ich eine bedeutend kleinere Form mit dunkler Unterseite aus Mangbettu hierher rechnen darf, ist mir einigermaßen zweifelhaft. Sie ist nahezu das einzige Tier, welches die Neger ab und zu in Gefangenschaft halten, und man findet sie besonders bei den Dinka und Mittu, die Dienste unserer Hauskatze versehend. Ihre Eingewöhnung ist ungemein leicht; selbst völlig erwachsene Tiere sind schon am dritten Tage gut traktabel und lassen sich ohne weiteres berühren, bewegen sich auch in und zwischen Hütten mit solcher Ungebundenheit, als wären sie dazugehörig. Viel schwerer ist es, nachdem sie einmal eingewöhnt, sie wieder loszuwerden. Eine seit längerer Zeit bei mir völlig frei lebende Zebra-Manguste machte sich durch ihr rastloses Umherspüren im Gehöft so unnütz, daß ich sie zu entfernen beschloß und zu diesem Zwecke sie eines Morgens bis in den ziemlich dicht an die Station herantretenden Buschwald bringen ließ. Eine Stunde später war sie wieder zu Hause. Und so ging es drei Tage nacheinander, obgleich die Entfernung immer größer gewählt wurde. Es blieb nichts übrig, als das Tier in ein ziemlich entferntes Negerdorf zu senden, und hier etablierte es sich ganz mit derselben Sicherheit wie früher bei mir. Soweit ich das Tier beobachten konnte, und zwar in der Freiheit, bevorzugt es felsiges Terrain oder wenigstens solches, auf dem verstreute Fels- und Steingruppen ihm in ihren Spalten und Winkeln seine Zuflucht und Lagerstätten gewähren. Man wird es deshalb überall, wo felsige Hügel, mit Blöcken und Trümmer bedeckte Einzelberge oder steinige Gehänge sich finden, kaum vergeblich suchen, und da gerade an solchen Örtlichkeiten auch Hyrax und Xerus-Arten zu wohnen pflegen, so erklärt sich ihr Zusammenleben leicht. Von seinen Lagern aus begibt es sich schon früh auf die Suche, und man sieht es dann gewöhnlich paarweise durch die Gräser und Steine traben; eines folgt dem andern auf dem Fuße. Dabei wird jeder Stein berochen, jede Höhle untersucht, jede Ritze, jeder Spalt durchmustert, und was sich da Genießbares vorfindet, gewiß nicht verschont. Bei diesen Jagden spielt die ewig bewegliche Nase die Hauptrolle, dann folgt das Gehör, zuletzt das Gesicht. Will man den Geruch prüfen, so häufele man, wie ich dies öfters getan, einige völlig gleiche

Sand- oder Erdhäufchen an und verstecke in einem derselben ein Ei, verwische alle Spuren und bringe dann ein Ichneumon herbei; im Handumdrehen ist das Ei entdeckt, während die leeren Haufen unberührt bleiben. Interessant ist es, die Behandlung der Eier zu beobachten. Hühnereier und alle anderen, deren Schale nicht zu hart ist, werden mit den Vorderpfoten aufgehoben und dann fallen gelassen, bis ein Sprung sich produziert. Besonders harte Hühnereier aber und solche von Perlhühnern, auch die von Krokodilen, wenn man sie ihm gibt, werden dagegen mit einiger Gewalt über den Rücken nach hinten geworfen und springen dann ebenfalls gewöhnlich beim ersten Wurfe. – Haben die Tiere den ganzen Morgen gesucht, so ziehen sie sich gegen Mittag gewöhnlich in ihre Schlupfwinkel zurück, um zu ruhen; da sieht man sie öfters unter einem Felsblock, alle viere behaglich von sich gestreckt, ausgestreckt liegen; das geringste Geräusch aber läßt sie sofort verschwinden. Nachmittags wird die Jagd wieder aufgenommen und dauert gewöhnlich bis gegen Sonnenuntergang – etwa eine halbe Stunde vorher hört man sie schon in ihren Lagern zwitschern. Bei Nacht scheinen sie ihre Lager nicht zu verlassen; gefangene sah ich nur bei besonders klaren, mondhellen Nächten bisweilen sich bewegen, aber bald zum Schlafe zurückkehren. In bezug auf Nahrung sind sie nicht eben wählerisch, sondern nehmen mit, was immer sie treffen: Vögel und deren Eier und Bruten, Mäuse, Eidechsen – nur kleine –, kleine Schlangen, Ratten, Käferlarven, in den Gehöften Eier und Hühner, die sie morden, um ihr Blut zu saugen und das Gehirn herauszufressen, während das Fleisch nur bei großem Hunger angegangen wird. In der Gefangenschaft sind sie besonders gierig auf Milch. – Habe ich oben erwähnt, daß sie sich schnell eingewöhnen, so soll damit nicht gesagt sein, daß sie rückhaltlos zahm werden wie manche andere Tiere. Sie bleiben im Gegenteil stets unabhängig, kommen auf den Ruf gewöhnlich nur, wenn sie glauben, etwas zu fressen zu bekommen, gestatten ihrem Pfleger wohl, sie aufzunehmen und zu streicheln, sind dabei aber stets zu einem herzhaften Biß bereit, schmeicheln und kriechen demütig vor ihrem Herrn, schauen aber dabei stets nach einer Gelegenheit, zu entwischen. Züchtigt man sie, so beißen sie oft empfindlich. Von den Madi-Negern hörte ich, daß sie, um Hühner nahe den Gehöften zu berücken, sich auf den Rücken legen und tot stellen; kommt das arglose Huhn in die Nähe, so ist es natürlich verloren. Im allgemeinen sind es schlimme Räuber, um so gefährlicher, als ihre schlangengleiche Beweglichkeit, gepaart mit einer außergewöhnlichen List und Verschlagenheit, ihnen erlaubt, überall einzudringen, und man sich ihrer kaum erwehren kann.

Ajak, 4. November 1881. Neuerdings Exemplare von H. fasciatus erhalten, der hier gemein scheint. Die Jungen sind, wenn frisch eingebracht, für den ersten Tag recht bissig, gewöhnen sich aber sofort ein und werden dann recht lästig.

Die Unzertrennlichen, afrikanische Zwergpapageien

Agapornis pullaria (L.).

Hat man die Bergreihen überstiegen, welche das Tal des Bahr el-Djebel in geringer oder weiterer Entfernung von ihm nach Westen zu abschließen, so macht sich ein auffallender Wechsel in den Vegetationsverhältnissen kund, der natürlich auch durch das Auftreten anderer zoologischer Formen sich äußert. Wir haben die heiße Steppe verlassen und die Waldregionen betreten, zu deren zierlichsten und auffallendsten Bewohnern unser Zwergpapagei gehört. Den Grenzen des Waldgebietes entsprechend regelt sich demnach seine geographische Verbreitung, berührt, wie schon angedeutet, nie das Tal des Bahr el-Djebel selbst, wie er ja auch im Osten desselben niemals beobachtet worden ist, und geht dann nach Westen zu viel weiter nördlich als auf unserem eigentlichen Gebiete, wo er bei Gosa seine Nordgrenze erreicht (5° 2′ nördl. Br.), während bekanntlich Heuglin ihn im Gebiet des Bahr el-Ghasal viel weiter nördlich bei Wau erlegte. Über die Waldregion ist er gleichmäßig verbreitet und tritt überall in ziemlich großen Flügen, meist aus alten und jungen Vögeln gemischt, auf.

Seine Lieblingswohnorte sind reichbewässerte Gegenden, deren Wasserläufe mit Hochwald umsäumt sind, doch dürfen Lichtungen und womöglich Anbau nicht fehlen, da der Vogel ein nahezu exklusiver Körnerfresser ist und nur, wenn ihm diese fehlen, an Baumfrüchte geht. Er ist deshalb bei den Eingeborenen als Plünderer ihrer Kornfelder recht verhaßt, und man kann denselben ihre Abneigung nicht übelnehmen, wenn man sieht, wie Schwärme von 30 bis 40 Vögeln, wenn ungestört, in den ohnedies mageren Saaten sich belustigen. Kaum hat die Sonne sich gezeigt, so fallen die einzelnen Gesellschaften mit lautem Gezirp und Geschwätz in das nächste Durrahfeld ein, und nun geht es kopfauf kopfab an den Stengeln hinauf und hinunter, stets lärmend und beweglich, bis der erste Hunger gestillt ist und nun kleine Gruppen sich auf der Höhe der Durrakolben zusammentun, um in fröhlichem Gezirp die Ereignisse der vergangenen Nacht zu besprechen. Dazwischen wird das Gefieder gesäubert und geglättet, besonders zärtliche Paare schmiegen sich aneinander und nesteln sich im Gefieder herum, hin und wieder wird auch ein Korn abgezwickt und verspeist. Aber auch lautes Gezänk läßt sich hören, denn besonders die Männchen befehden sich oft gar ernstlich – freilich kommt außer vielem Schelten und Lärmen nebst einigen Schnabelhieben, die den schwächeren Teil zum Abzug zwingen, nicht viel heraus. Solches Gezänk kann man oft genug sehen, wenn ein Vogel den anderen von seinem Platz verdrängen will; besonders auffällig ist dann ihre Hartnäckigkeit in der Fehde und das Keifen des unterliegenden Teiles beim Rückzuge. Haben sich die Vögel endlich genügend gesonnt und gesättigt, so fliegt der ganze Schwarm zur Tränke, einem von Gras und Gebüsch freiem Bachrande, wo die Vögel hurtig hin und her trippeln können. Hier und da wird auch ein Hälmchen Gras beknappert; da es aber schon hoch am Tage, fliegt der Schwarm den Hochbäumen zu und verschwindet bald im Schatten des dichten Laubes, um Mittagsruhe zu halten. Dicht aneinandergereiht sitzen sie hier reihenweise auf den Ästen, ausruhend vom Morgenwerke, aber auch jetzt verstummt das Geschwätz nicht ganz, und hin und wieder hört man die schrillere Stimme eines Männchens, vielleicht des Wächters. Mit Nachlassen der Hitze ist die Gesellschaft wieder unterwegs und nimmt ihre Tätigkeit in den Durrahfeldern wieder auf, bis die Schatten des Abends sie an den Heimweg mahnen und sie Flug um Flug fröhlich zwitschernd nochmals zur Tränke und von da dem Nachtquartier zueilt. Hier entfaltet sich eine bunte Szene, da die Pärchen sich gegenseitig zu verdrängen suchen und das Geschwätz gar kein Ende nehmen will, bis endlich die Dunkelheit dem Streiten ein Ende macht. Zuerst im Walde, später auch bei gefangenen, habe ich übrigens beobachtet, daß öfters spätabends noch irgendein Männchen eine Art gar nicht üblen leisen Gesanges hören läßt. Die Stimme des Vogels ist meistens ein Zirpen zu nennen, in das schrillere pfeifende Töne sich mischen. Sind ihrer viele beieinander, so machen sie argen Lärm, doch nie in dem Maße wie die Palaeornis. Der Flug ist rasch und fördernd, doch nie weit. Man hört dabei ein lautes Schnurren, weil die Vögel mächtig arbeiten. Daß die Zwergpapageien in Baumhöhlen nisten und mehrere weiße Eier legen, wissen die Neger zu berichten, doch ist es mir nie gelungen, ein Nest zu finden. Daß sie in großen Gesellschaften nisten, scheint aus dem Umstande hervorzugehen, daß im April 1884 ein Mann aus Mangbettu mir 23 erwachsene und halberwachsene Exemplare auf einmal brachte, die aus und an den Nestern erhascht worden waren. Die jungen ♀ zeigten völlig grünen Vorderkopf und Gesicht, die jungen ♂ einzelne rote Federn am Vorderkopfe. Allen waren die Schwingen ausgezogen und die Steuerfedern arg zerstoßen, doch hatten sie den weiten Transport, über einen Monat Marsch, in einem gewöhnlichen enggeflochtenen Korbe bei reiner Durrahfütterung und ein wenig schmutzigem Wasser gut überstanden. Ich freute mich über diese Erwerbung um so mehr, als es mir bisher trotz aller Mühen kaum glücken wollte, Zwergpapageien lebend zu erhalten, da Schlingen und Fallen von ihnen zerbissen wurden. Die ersten, die ich überhaupt bekam, erhielt ich so, daß ich mit ganz feinen Schroten mitten unter den Schwarm schoß und die Fallenden ergriff, von denen einige getötet, zwei aber so leicht verletzt waren, daß sie im Bauer bald wieder gesund wurden. Meine neuen Pfleglinge, die sich ruhig in die Hand nehmen ließen und kaum ein oder das andere Mal leicht zwickten, wurden in einem eigens dazu hergerichtetes Vogelfenster untergebracht, wo sie mit ein Paar Astrilden zusammen hausen und sich prächtig ausgefärbt haben. Mehreren sind die Schwingen noch nicht nachgewachsen. Bei sehr einfacher Kost – weiße Durrah, Penicillaria, Kohlblätter und anderes Grün, hin und wieder ein Baumzweig mit frischen Knospen und manchmal eine Spur von Salz auf das Futter nebst frisches Wasser – haben sich die Vögel vorzüglich gehalten und machen mir viel Freude, obgleich der Lärm mir manchmal beinahe die Arbeit stört. Auch im Bauer lassen sie ihre Zänkereien nicht. Gegen ihre Mitgefangenen sind sie äußerst verträglich und beachten sie kaum; freilich sind die Astrilden viel zu behende für die einigermaßen schwerfälligen Zwergpapageien. Eigentümlich war, daß sie sich in den ersten Nächten ihrer Gefangenschaft hier, statt die Sitzstangen zu benutzen, zu 5–6 in einem Klumpen an das Drahtgitter des Fensters anklammerten und in dieser unbequemen Position die Nacht zubrachten. Seitdem haben sie sich aber an die Stangen gewöhnt und reihen sich auf denselben paarweise aneinander. Die alten Männchen schlafen meist von den übrigen abgesondert. Früchte (Bananen, Stachelfeigen, Feigen, Guaven usw.) sind von ihnen bis jetzt nie berührt worden; ebenso nahmen sie nie zerschnittene Regenwürmer und andere animalische Kost an. Vielleicht mag sich dies während der Brutzeit ändern; bei allen von mir gesammelten (erlegten) Vögeln, wohl mehr als 50, fand ich nur Körner und Grassamen im Magen vor. Junge Vögel werden bald äußerst zutraulich und kommen auf die Hand; ältere bleiben stets etwas scheu und zurückhaltend. Ihr Mißtrauen scheint mit dem Alter zu wachsen. Selten habe ich übrigens bei Vögeln so ausdrucksvolle Augen gesehen wie die der Zwergpapageien.

Ich habe mir viele Mühe gegeben, etwas über das Vorkommen noch anderer Arten von Zwergpapageien in unserem Gebiete zu erfahren, stets aber ein negatives Resultat gehabt. Im Jahre 1875 sah ich in Chartum ein völlig zahmes Pärchen von Agapornis Tarantae Stanl., als deren Vaterland mir auf Befragen der Weiße Nil genannt wurde. Jedenfalls beruhte diese Angabe auf einem Irrtum, denn so viel ich danach geschaut, konnte ich diesen Vogel hier nicht auffinden – möglich, daß er im Osten von Lattuka, in unerforschtem Gebiete, sich vorfindet. Auch in Uganda und in Mangbettu hörte ich nichts über Zwergpapageien, wenngleich in letzterem Lande A. pullaria sehr häufig ist. »Kuángoro« heißt er daselbst. Überhaupt ist die Zahl der bei uns vorkommenden Papageien im Vergleich zu den Affen z. B. sehr beschränkt.

II. Briefe an Gustav Hartlaub

Die Briefe an den Zoologen Gustav Hartlaub in Bremen geben nicht geringen Aufschluß über die Persönlichkeit Emins. Auszüge aus einigen dieser Briefe sind daher in den Anhang aufgenommen. Die Antwortbriefe Hartlaubs, oft Emins Trost in der Einsamkeit, sind nicht erhalten geblieben.

Ladó, 6. 7. 1881

Geehrter Herr und Freund!

Wie ich es eigentlich anfangen soll, Ihnen meinen Dank auszusprechen für alle mir bewiesene Freundlichkeit, für die Sorgen und Mühen, die Sie meinen Vögeln gewidmet, für die Nachsicht, welche Sie mit meinen schülerhaften Bestrebungen gehabt, für die reichen Briefe und Gaben, welche mir mit diesem Dampfer zugingen, weiß ich wahrhaftig nicht, und wie ich mich Ihnen gegenüber nur einigermaßen dankbar zeigen könnte, ist mir ebenso unklar. Wie oft habe ich Sie nun doch gebeten, mir zu sagen, womit ich Sie persönlich erfreuen könnte! Es ist freilich wahr, wir sind hier im Negerlande, im wirklichen dunklen Kontinent – ich bin nun der einzige, sozusagen, Europäer hier, denn viel dürfte man mir nicht anmerken –, aber es mag doch immerhin auch hier manches Erwünschte geben, aber was?

Sie werden die kleine Arbeit über Lattuka jedenfalls eher zu sehen bekommen als ich. Briefe an mich übergeben Sie getrost wie bis jetzt der Post; sind die Postsendungen schwerer, so ist an die Messageries Marquet in Souakin oder Chartum zu adressieren und sie zu verständigen.

Die mir früher zugesandte Arbeit in Cabanis' Journal, enthaltend die vier Neuigkeiten, erhielt ich und schrieb, Ihnen zu danken. Ihre freundliche Einladung, eine Art Reisewerk mit zoologischen Noten oder ein zoologisches Journal zu veröffentlichen, muß ich bis auf weiteres ablehnen, da ich nicht glaube, dazu kompetent zu sein. Beobachtet habe ich genug und möglichst genau, aber das Bestimmen? Denken Sie, wie schwer es hält, hierher Bücher kommen zu lassen, und daß solche, um die ich vor zwei Jahren schrieb, bis jetzt noch nicht ankamen.

Zu den Seen dürfte ich so bald nicht kommen, da ich zunächst nach Mangbettu gehen muß, um dort ein wenig Ordnung zu schaffen; hoffentlich ist auch dort einiges Neue zu erbeuten, und überdies habe ich einen Präparator nach Fadibek gesandt, um von dort östlich und südöstlich zu sammeln.

Lerchen habe ich bis jetzt nicht gesammelt, glaube aber in Fatiko eine Lerche gesehen zu haben. Der Flug, das Steigen, der Gesang waren wenigstens ganz lerchenartig.

Psittacus erythacus ist in Uganda und im mittleren und südlichen Unyóro häufig, und hat es mir in Uganda stets Freude gemacht, den Vogel frühzeitig zu beobachten. Er zieht hohe, dichtbelaubte Sykomoren allen anderen Bäumen zum Nachtquartier vor, und kaum beginnt der Morgen zu grauen, so sieht man das Pärchen, dicht nebeneinander gedrängt, die feuchten Federn glätten und gelegentlich sich gegenseitig am Kopfe kraulen. Sobald die Sonne ihre ersten Strahlen über die Erde ergießt, läßt sich der Vogel dann hören, und zwar ist seine Stimme durchaus nicht unangenehm, ein moduliertes Pfeifen möchte ich es nennen. Nur im Affekt oder geängstigt kreischt er. Kaum ist das Gefieder trocken, so geht es ziemlich hohen, geraden Fluges zum nächsten Bananenwalde, wo neben Bananen, Sykomoren, Detarien, Carissa eine Menge von anderen Fruchtbäumen ihre Früchte spenden. Manchmal wird ein Abstecher gemacht in die spärlichen Maisfelder und dann gewöhnlich im Laubdach großer Bäume am Wasserrande gerastet. Den ganzen Morgen über hört man das Pfeifen des sich lockenden Paares. Gegen Abend wird dann nochmals ausgeflogen, bei Sonnenuntergang getrunken und dann zum Nachtquartier zurückgekehrt. Das Nest habe ich nicht gesehen. Der Vogel, in Kiganda: nkussú, in Kinyoro: tukku geheißen, wird in kleinen Netzen gefangen und vielfach in Häusern gehalten, wo er schnell und gut sprechen lernt. In Unyóro denkt man nicht daran, ihn zu belästigen. Die roten Schwanzfedern werden in Uganda ausgezogen; wer dies tut, darf sich dem Vogel für einige Zeit nicht nähern, und so deckt man gewöhnlich vor dem Ausziehen der Federn den

Vogel mit einem Stück Rindenzeug zu. Exemplare von sehr dunkler Farbe sind häufig. Was die Verbreitung betrifft, so bildet eine Linie, die, von der Westgrenze Ussogas herunterkommend, den Fluß schneidet, die Nordgrenze; sie biegt dann weit nach Süden, der großen Sümpfe halber, umgeht den Südrand und steigt wieder nach Nord bis etwa 2° nördl. Br. in Unyóro, kreuzt den Albert-See und geht dann gerade nordwestlich aufwärts, Makraka ausschließend. In Mangbettu ist der Vogel wieder häufig. Ich habe gerade jetzt fünf von dort erhalten. Östliche Exemplare sind etwas kleiner als westliche.

Ich habe von Konsul Hansal die Nachricht erhalten, daß Protopterus an Sie abging. Ich will gern noch mehrere folgen lassen; selten ist er nicht, schmeckt aber ganz gut. Sie sehen, was man für ein Heide wird, wenn man so jahrelang hier lebt.

Der Strauß existiert im Zwischenseengebiet nicht, obgleich man für ihn Namen hat (Kiganda: maja; Kinyoro: uddu). In Nord-Ussoga fand ich ihn häufig, und im Gebiet der nördlichen Seen soll er auch sehr häufig sein. Ich habe jetzt einige Gehege für Strauße anlegen lassen und beschäftige mich mit der Zucht nach freilich kaum rationellen Prinzipien. Die Eier, die wir von den Negern erhalten, werden in die in den Magazinen aufgespeicherten Durrahhaufen gesteckt und durch deren Wärme ausgebrütet.

Herzlichen Dank für Ihren Rat bezüglich meiner selbst. Bis jetzt bin ich, wenn auch seit fünf Jahren hier, noch ziemlich wohlauf und bin – mirabile dictu! – stets vom Fieber verschont geblieben, zwei bis drei ganz vereinzelte Anfälle abgerechnet. Zum Kranksein habe ich weder Zeit noch Lust, und auch wäre das eine Schande für mich, der andere Leute kurieren soll. Einer Rückkehr auf europäischen Boden habe ich längst entsagen gelernt, würde auch unter soviel Berühmtheiten eine ziemlich traurige Figur spielen. Und die Hauptsache: mein eigen Werk, dem ich nun seit Jahren, ich möchte sagen, mein Herzblut gewidmet, was würde daraus werden, wollte ich die gerade jetzt keimende Pflanze anderen, vielleicht weniger sorgsamen Händen überlassen? So will ich lieber die Spanne Zeit, welche mir Gott gelassen, gründlich auszunutzen suchen, zum Nutz des mir anvertrauten Landes und seiner mir liebgewordenen Bewohner, zur Förderung des Wissens und der Wissenschaft, soweit es in meinen Kräften; und kommts zum Sterben – in meinem Lande hier – nun, so hoffe ich, daß die wenigen Freunde, welche mir zu erwerben vergönnt gewesen und unter welchen ich Sie obenan stelle, mir das Zeugnis ausstellen werden, daß ich gestrebt und gewollt habe...

Wollen Sie mir aber eine Freude bereiten, so, bitte, senden Sie mir Ihre Photographie, die ich als ein Zeichen Ihrer Sympathien unter meinen Schätzen hier aufbewahren will; ich kann leider solches nicht erwidern, da den Photographen der Weg nach Ladó, Gott sei Dank! noch ziemlich fremd geblieben ist.

Ladó, 25. 12. 1881

Hochverehrter Herr und Freund!

Ihre beiden lieben Briefe vom 14. Mai und 5. Oktober sind mir als das erwünschte Weihnachtsgeschenk gestern abend zugekommen, gerade als ich nach mehr als dreimonatiger Rundreise durch den nördlichen Teil des mir neu anvertrauten Gebietes in Eilmärschen hierherkam, um die Post des inzwischen eingelaufenen Dampfers in Empfang zu nehmen. Lassen Sie mich Ihnen also zuvörderst herzlich und aufrichtig dafür danken; hätten Sie je jahrelang fern und abgeschlossen von aller Welt und oft der dringendsten Bedürfnisse bar nur mit ein paar Büchern, der eigenen Arbeit und der auf die Dauer doch recht langweiligen Konversation mit sich selbst zugebracht, so würden Sie mit mir den Wert solcher Briefe wohl zu schätzen wissen. Wenn man sich, wie gerade dies jetzt mir geschehen, monatelang nur mit schmutzigen Intrigen und Sklavenhaltern herumgeschlagen und dabei wieder ein Stück Elend mehr kennengelernt und sich des Ungenügens auch der energischsten Kraft bewußt geworden, dann berührt ein freundliches Schreiben wie ein Hauch aus reiner Atmosphäre. Doch keine Sentimentalität...

Drängen Sie mich nicht um die versprochene Lebensskizze: so etwas kommt mir, der sein ganzes Leben in völlig orientalischem Schnitt und ja auch stets im Orient, d. h. allein auf mich angewiesen geführt hat, ziemlich schwer an, gerade wie Ihnen das Photographieren. Da ich es aber versprochen, werde ich es halten – nur bitte ich um Zeit. Wenn ich wieder mitten im Walde sein werde, dann geht mir das Herz auf. Mein Lebenslauf ist allerdings kaum ein gewöhnlicher zu nennen. Das Buch aber erlassen Sie mir; ich habe mich all mein Leben lang davor gefürchtet und weiß jetzt mich kaum zu wehren, da auch Dr. Behm in Gotha absolut ein Buch will; es wird mir zuletzt nichts übrigbleiben, als nach Uganda zu flüchten oder mich als Leibarzt eines Negerfürsten zu etablieren. Meine Skizzen in Petermanns Heften sind alles, was ich zu leisten vermag. Notizen über Vögel und Säugetiere mit großem Vergnügen. Glauben Sie wirklich, man würde je begehren mich in Kairo zu sehen? Man ist froh, wenn ich hierbleibe und selbst nicht nach Chartum gehe (ich war das letztemal dort im Mai 1877!), denn ich weiß zuviel von den Mysterien des Sudan, um meine Begegnung mit Fremden zu wünschen.

In Mangbettu soll ein völlig roter Papagei vorkommen, von der Größe des P. erythacus. Ich habe sofort danach gefahndet, bin aber bis jetzt noch nicht dazu gekommen. Kommt Dr. Junker, wie er mir schrieb, hierher, so konfisziere ich seine Mangbettu- und Njamnjam-Vögel für Sie.

Da es mir unmöglich gewesen, eine passende Kiste zur Versendung zu finden, bin ich gezwungen, die Bälge in zwei Partien zu senden: Sie erhalten demnach eine in Leder gehüllte Blechkiste, klein, die meisten Neuigkeiten enthaltend, und eine größere, ebenfalls in Leder gehüllte Kiste mit den größeren Sachen wie Corythaix, Franc. icterorhynchus, Nisus niger, Ardea Sturmii, Melocichla mentalis etc. etc. Die Sachen sind mit rotem Pfeffer bestreut, nehmen Sie also Hände und Nase in acht.

Ein ziemlich gutes Exemplar von Myoxus sp. liegt ebenfalls bei. Leider fehlt die Schwanzspitze.

Als ich bei der letzten Reise in Station der Ajak verweilte, erzählte mir ein dort ansässiger Grieche, daß Psittacus erythacus bei ihm gebrütet und Junge groß gezogen habe.

Ladó 18. 3. 1883

Nach Mangbettu bin ich noch nicht gekommen, aber den roten (Papagei?) bekommen Sie doch. Der Gammarus ist kein solcher, sondern ein neuer, echter Krebs, ein Zwerg, der lebhaft springt. Folgt anbei. Herzlichen Dank für Ihre Anerkennung meiner Karten und Reiseberichte. Ich möchte gern etwas leisten und lernen, fürchte aber, es ist zu spät – ich bin 43 Jahre alt!

In Chartum existieren keine Photographen, so fällt Ihr Vorwurf in sich zusammen. Ein Herr Berghoff, Photograph und im Dienste des Gouvernements als Sklaveninspektor in Faschóda stationiert, ist aufs Eis tanzen gegangen. Er wurde mit Jussuf Paschas Armee getötet. Gibt es aber Photographen in Bremen?

Was bin ich nun wohl, Türke oder Schlesier, Württemberger oder Badenser? Ich bin Schlesier – 's wird aber bald nicht mehr wahr sein, so lange ist es her.

Für Ihre freundliche Teilnahme an meinem Geschicke bin ich Ihnen zu aufrichtigem Dank verbunden. Ich darf mit einigem Stolze sagen, daß diese Provinz völlig unberührt geblieben ist und trotz vielen schlimmen Elementen, die sich hier finden, der Friede nie gestört worden ist. Es gehört freilich mitunter eine eiserne Faust dazu, alles in Ordnung zu halten; meine Beamten kennen mich aber, und sind die Neger mir zugetan, so fürchten mich jene gerade deshalb. Ich bin nun lange hier und habe stets danach gestrebt, mit der Negerbevölkerung in gutem Einvernehmen zu bleiben, obgleich ich durchaus nicht an eine Regeneration Afrikas durch Neger glaube, vielmehr fest überzeugt bin, daß der Tag kommen wird, wo im Kampfe ums Dasein die minderbegabte Rasse wird weichen müssen. Doch gehören hierzu wohl noch Jahrhunderte, und für jetzt scheint wenigstens im Sudan das fortwährende Kreuzen mit Negerblut eher für eine Vermehrung als für eine Verminderung zu sprechen.

Bei alledem aber habe ich gefunden, daß ehrliches Wollen viel vermag, und würde, obgleich es mir manchmal hier recht bange und schwer wird, es für eine Schande halten, meinen Posten zu verlassen. Freilich ist es lohnender, ein berühmter Reisender zu werden, und geographische Entdeckungen bringen Ehre und Ruhm in Fülle; unsereins begnügt sich mit weniger und hat längst an sein »Kismet« (die Prädestination) glauben gelernt. Nun, es muß auch solche Käuze geben! Aber wohlgetan hat es mir, daß Sie an mich dachten und um mich sorgten – ich werde das nie vergessen! Freilich habe ich vorgezogen, noch nicht zu sterben, was in gewisser Zeit und Hinsicht schade ist, denn es hätte meine Karriere mit einem Knalleffekte geschlossen; vielleicht ist es aber besser so, weil ich Ihnen gern noch einige Kisten Vögel zusenden möchte. So hoffe ich denn auch, daß wir, trotzdem Sie von Ihrem Alter sprechen, noch einige Jahre korrespondieren und zusammen arbeiten können, ich als Sammler, Sie als Verwerter des Gesammelten.

Ich sende mit meiner diesmaligen Sendung ein Paket, ein hübsches Fell von Cynailurus guttatus enthaltend; bitte, nehmen Sie es freundlichst an – es wird als Teppich wohl dienen können. Ich brachte es aus Osten mit. Daß ich an Ihren Betrübnissen und Verlusten aufrichtigen Anteil nehme, brauche ich nicht zu sagen. Wollte Gott, ich könnte Ihnen behilflich sein und so ein kleines Teilchen meiner Dankbarkeitsschuld an Sie zu tilgen versuchen... Sie wissen, daß Sie über mich verfügen können in jeder Beziehung und daß es mich glücklich machen würde, Ihnen behilflich sein zu können.

Die Kiste oder Kisten für Sie sende ich wieder an Hansal, meinen lieben, braven Freund in Chartum, damit er sie auf Konsulatswege befördere; es ist sicherer. Schreiben Sie ihm manchmal ein paar gute Worte; er verdient sie im reichsten Maße als der selbstloseste Mensch, den ich kenne.

Ist es nun genug? Ich hätte noch genug zu plaudern, vor mir aber liegen Pakete von Briefen, offizielle und andere, die mir genug zu schaffen machen. Vergeben Sie mir also, wenn ich heute abbreche. Sobald ich abreise, will ich für Sie eine Art Tagebuch führen und Ihnen all meine zoologischen Erlebnisse notieren. Mit dem Wunsche, daß meine Sendungen gut ankommen und Ihren Wünschen entsprechen mögen, vereine ich die Bitte, mir recht oft ausführlich schreiben zu wollen und mir Ihre freundlichen Sympathien nach wie vor zu bewahren.

Ihr aufrichtig ergebener
gez. Dr. Emin Bey.

Dorf Kuterma, Abaká-Land 27. 5. 1883

Der letzte Reisetag von Kaia hierher war eine jener Freuden, wie sie nur uns Afrikanern zuteil werden. Ein Marsch von über sechs Stunden im strömenden Regen, quer durch Sümpfe und Moraste, zur Abwechslung alle Augenblicke ein Wasserlauf zu passieren, an den man niederzuklettern hat, um nach einem gründlichen Bade an der anderen Seite wiederum seine Turnkünste zu versuchen und die steile Böschung hinaufzuklettern... Zieht man das Notizbuch aus der Tasche, so verregnet es einem die Arbeit vergangener Tage – wollte man nicht arbeiten, so erscheint einem im Dampfe und Nebel das Gespenst der zürnenden Geographie und ihrer Vertreter; man möchte sich ärgern, 's ist aber zu naß dazu! Um so behaglicher fühlt man sich des Abends, wenn das Feuer in der Hütte prasselt und man im Vollgenusse einer Zigarette am Schreibtisch sitzt und draußen der Regen auf das Dach der Hütte niederrauscht. Meine Leute sind noch nicht beisammen, so wollen wir hier zwei Tage bleiben und dann weiterpilgern gen Süd zu neuen Ländern und neuen Vögeln.

Tomaja, 5. 8. 1883

Ich sollte wohl eigentlich meine Plaudereien mit der Rückkehr aus Mangbettu abbrechen und Ihre Zeit nicht für unnütze und uninteressante Erzählungen in Anspruch nehmen; da Sie aber stets Berichte über mein Tun und Lassen verlangen, finden Sie sich mit der Langeweile ab, welche Ihnen das Entziffern meiner Hieroglyphen verursachen muß. Wir hatten in Mbiámbana drei Tage lang zu parlamentieren, bis wir einige Träger erhalten konnten, und ich hatte einen Teil meiner Sachen und Leute zurückgelassen, um, selbst vorauseilend, aus den nächsten Dörfern Träger zu requirieren. Mit Hilfe einiger Geschenke glückte das auch, und in Gabologgo, einer kleinen Mundú-Niederlassung, hatte ich endlich meine Siebensachen wieder beieinander, und wir rüsteten uns zum Marsche ins gelobte Land, d. i. unsere Stationen in Makraka. Ziemlich kurze, aber dafür um so beschwerlichere Märsche durch die hohen, schneidigen Steppengräser führten uns zu meinem alten Bekannten, dem Abaká-Chef Tomaja. Die Nacht, welche wir hier zubrachten und welche sich durch einen sündflutlichen Regenguß besonders auszeichnete, wird uns allen in dankbarer Erinnerung bleiben, denn wir konnten uns satt essen. Tomaja gab uns weißes Durrahkorn in Fülle, und für mich fand sich sogar ein Huhn; meine Papageien und Affen aber vernügten sich an frischen Maiskolben, und so hatte ein jeder sein Teil. Station Tomaja liegt nur zirka drei Stunden von dem erwähnten Dorfe ab und ist für den Moment mein Hauptquartier, da ich die ganze nach Norden zu sendende Streitmacht hier zu konzentrieren habe, die Leute aber, welche ich früher nach Süden sandte, um mich auf meinem projektierten Vorstoß nach Südosten zu begleiten, noch nicht zurückgekehrt sind. Aufgeschoben ist nicht aufgehoben, und wenn nicht Dinka-Lanzen mir einen Strich durch die Rechnung machen, so gehe ich doch noch nach Südost – für Konto Behm-Hartlaub natürlich. Vorerst aber muß ich einen Abstecher nach Ladó machen, weil infolge der bösen Gräser mein Äußeres so defekt geworden, daß es mir mit den Dinka so gehen könnte, wie es Brazza mit Stanley gegangen, denn die Dinka sind ein sehr manierliches Volk, gerade wie die Amerikaner, und schätzen die Leute gering, denen Strapazen die Kleider defekt machten. Sobald ich mich dann einigermaßen ausstaffiert, gehe ich nördlich, um das Kommando zu übernehmen, und dann helfe mir Gott, denn die Sache ist bitterer, blutiger Ernst.

Die Katze läßt das Mausen nicht, und die hiesigen Bäche

Der Helmvogel

mit ihren Miniaturgalerien sind zuviel für mich; so schulterte ich gestern das Gewehr und holte mir meinen Teil: Meristes olivaceus und Corythaïx leucolophus sind gewöhnlich und eigentlich nicht der Erwähnung wert.

Heute und morgen bin ich zur Untätigkeit verdammt; wir begehen das Fest des Ramadan-Baïram – Id. essugaïr nennen es die Araber –, und es würde als Sabbatschändung gelten, wollte ich statt des Rosenkranzes das Präpariermesser in die Hand nehmen. Na, Sie sind ja in Europa auch nicht besser dran, und von uns Wilden und Halbzahmen muß man halt nicht zuviel verlangen. Vögel gibt es gerade genug hier und wahrscheinlicherweise sogar manches Gute. Mein Aufenthalt hier zieht sich in die Länge, weil die dauernden Regen alle Wasserrinnen so angefüllt haben, daß die Straßen äußerst schwer passierbar geworden. In Ladó, schreibt man mir, ist der Fluß ausgetreten und hat einen Teil der Station unter Wasser gesetzt, gerade wie im Jahre 1879, als wir an »Flußsperre« litten.

Ladó, 1. 1. 1884

Prosit Neujahr! Möge es Ihnen und mir viel neue Vögel bringen, mir speziell aber gelegentlich ein Dampfboot, um die gesammelten Vögel auch senden zu können. Es ist nun gerade ein Jahr vom Datum Ihres letzten Briefes an mich, und wenngleich im April ich Ihnen schrieb und Sie jenen Brief und die unvermeidliche Vogelkiste wohl erhalten haben werden, dürften Sie mich doch für schreibfaul gehalten haben. Erlassen Sie mir, über die vergangenen Wochen und Monate zu berichten; das Reisen zwischen Rumbehk und Ladó, wo die Bári nicht übel Lust hatten, es den Dinka nachzumachen, hat mir gerade genug Motion gemacht, und ich habe mein Brot, wenn ich solches hatte, als gottesfürchtiger Mensch im Schweiße meines Angesichts gegessen; hatte ich keins, so war es noch einfacher. Das ist nun vorbei; die Herren Dinka haben ihre wohlverdienten Prügel bekommen, Station Rumbehk ist aus der Asche wieder erstanden, und meine Leute sind nun beschäftigt, eine zweite Station zur Sicherung der Straße nach dem Bahr el-Ghasal zu errichten. Die Bári sind auch stille geworden, da sie mich gegenwärtig sahen, und so herrscht denn augenblicklich Windstille, obgleich wir in der Saison der starken Nordwinde uns befinden. So viel zur Situation.

Ladó, 25. 10. 1884

Leider wird infolge der trüben Ereignisse am Bahr el-Ghasal und der Kämpfe, die auch wir mit den fanatisierten und zügellosen Danagla zu bestehen haben, für den Moment wenigstens es unbedingt nötig werden, die paar Soldaten aus Mangbettu zurückzuziehen, und damit hört natürlich auch das Sammeln dort auf. Ich habe indes bei meiner Anwesenheit dort mit den Chefs mich recht gut zu stellen gewußt und hoffe durch deren Vermittlung hin und wieder einzelnes zu erhalten. So habe ich spezielle Aufträge wegen des soi-disant Geierperlhuhns gegeben. Es versteht sich von selbst, daß, gelingt es uns, der Übermacht Trotz zu bieten und die Angreifer zurückzuwerfen – und ich hoffe, es soll gelingen –, nach Wiederherstellung der Ordnung ich sofort an die Wiederbesetzung der vorläufig aufgegebenen Länder und in erster Linie Mangbettus gehe. Sie können sich nicht vorstellen, was es für unsereinen bedeutet, das Werk von Jahren in einem Moment zerstört zu sehen; welch trübes Bewußtsein es ist, die Arbeit, der man seine besten Kräfte, sein ganzes Ich gewidmet, in einem Augenblicke zusammenfallen zu sehen... Was hilft Klagen? Doppelte Arbeit wird doch manches wieder gutmachen können...

1. Januar 1885. Mit schwerem Herzen statte ich Ihnen meine besten Wünsche zu Neujahr ab. Ob das kommende Jahr sich für uns wohl besser gestalten wird als das vergangene, ob es uns endlich aus der Klausur erlösen wird oder nicht, ob endlich auch uns die Stunde der Befreiung schlagen wird oder aber, ob wir zum langsamen Aufgeriebenwerden verdammt sind – das alles sind Fragen, die der Lösung harren. Hoffen wir, daß diese eine unseren Wünschen entsprechende sei. Inzwischen vergeht ein Monat um den anderen, ohne uns eine Nachricht zu bringen, und es scheint, als ob damals, als Sie mir schrieben, Sie glaubten, es

wäre alles aus zwischen uns, Sie recht prophezeit hätten. Glauben Sie deswegen nicht, daß ich verzagt sei oder kleinmütig geworden bin; ich werde meine Pflicht tun bis zum letzten Augenblick, und kommt es einmal zum endlichen Zusammenstoß, dann gilt Horaz' Wort: Si fractus illabitur orbis etc. Changeons! Wir haben in letzter Zeit ziemlich heftige Kämpfe zu bestehen gehabt und leider dabei auch einige brave Offiziere, Sudanesen und Ägypter, verloren, obgleich, Gott sei Dank! unsere Verluste im ganzen nicht gerade beträchtlich sind. Vom Bahr el-Ghasal scheinen glücklicherweise den Aufrührern die erhofften Zuzüge ausgeblieben zu sein, und da ich dieser Tage wiederum eine kleine Schar von Njamnjam, etwa 700 Mann stark, und mit ihnen zirka 170 Soldaten auf den bedrohten Punkt dirigiert habe, so denke ich, daß dieser Rummel nun endlich seinem Ende sich zuneige. Kommen dann nicht Zuzüge von Danagla und Arabern von Kordofan her, so würde die Periode des eigentlichen Danaglakrieges für beendigt gelten. Weit schlimmer aber und gefährlicher dürften sich die Verhältnisse gestalten, wenn die Neger, in deren Hände nun eine große Anzahl von Waffen gelangt ist, sich berufen fühlen sollten, den Aufstand weiter fortzuführen, wie dies aus einzelnen Anzeichen hervorgeht. Mags drum sein – früher oder später muß ja doch das letzte Wort gesagt sein, und glauben Sie mir, ich wäre recht froh, in einer oder der anderen Weise endlich zur Ruhe zu kommen.

Von Sammlungen kann unter den obwaltenden Verhältnissen natürlich kaum die Rede sein. Hin und wieder wohl schieße ich einen Vogel, das geschieht wohl aber eher, um Auge und Hand in Übung zu halten, als um zu sammeln. Ladó bietet an und für sich wenig genug, und wenngleich jetzt zur regenlosen Zeit viele Wintergäste aus Norden bei uns Einkehr halten, so tut es einem beinahe leid, gerade diese zu belästigen. Mangbettu ist aufgegeben; von anderen Seiten her ist nichts zu erwarten, da ich Herrn Casati z. B., der sich augenblicks in Makraka befindet, kaum zumuten kann, gerade jetzt zu sammeln. Also Stillstand! Könnte ich nur wenigstens meine gefüllten Kisten und Kasten glücklich loswerden! Junker hat leider seine ganzen naturhistorischen und einen Teil seiner ethnographischen Sammlungen, welche sein Begleiter Bohndorff bei seiner Abreise nach Chartum unverantwortlicherweise am Bahr el-Ghasal zurückgelassen, durch den Aufstand unwiederbringlich verloren – ein Verlust, der um so schwerer zu verschmerzen ist, als es sich um völlig neue Gebiete handelte, die infolge der letzten Ereignisse nun auf Jahre für alle Reisenden unzugänglich bleiben werden. Hilft Gott und ich kann uns aus der Schlinge ziehen, so wünschte ich, das Gouvernement betraute mich mit der Mission, die dort verlorenen Gebiete neu zu okkupieren und zu organisieren. Das wäre eine dankbare Aufgabe!

Wadelay, den 17. 7. 1885.

Verehrter Herr und Freund!

Nach langer, durch die kriegerischen Vorgänge in unserer Provinz bedingter Pause nehme ich heute meine Berichte an Sie wieder auf. Zwar sind wir immer noch von aller Welt abgeschnitten und wohl auch längst von allen aufgegeben und vergessen, doch scheint es, als ob wir nicht totzukriegen seien, und endlich – daran glaube ich fest – wird ja auch für uns die Befreiungsstunde schlagen. Inzwischen bin ich hierhergekommen, um womöglich meine persönlichen Beziehungen zu Kabréga, dem Herrscher von Unyóro, und dem neuen Herrscher von Uganda wieder aufzunehmen und Briefe von uns durch gütige Vermittlung jener nach Zanzibar und Ägypten gelangen zu lassen. In der Provinz herrscht jetzt Frieden; freilich haben wir arge Verluste an Leuten und Waffen erlitten, doch haben schließlich die Danagla, nachdem sie in Rimo (Makraka) eine böse Niederlage erlitten, sich eiligst nach dem Bahr el-Ghasal, ihrer Feste, zurückgezogen und uns freigegeben.

Waldelay, 25. 8. 1885.

Ich habe mir gedacht, daß es Sie vielleicht interessieren dürfte, wenn ich bei jedem von mir gesammelten Vogel, gleich ob ich ihn früher schon eingesandt oder nicht, etwas ausführlichere Nachrichten gäbe über seine Lebensweise;

meine seit Jahren geführten Notizbücher enthalten genug davon, und es wäre schade, sollte all die Arbeit ganz verloren gehen. Sie werden demnach im Kataloge alles zusammengestellt, hie und da auch vergleichende Maße und Beschreibungen finden, und da es sich vielfach um von mir selbst zuerst eingesandte neue Spezies handelt, so werden Sie mir hoffentlich diese Inanspruchnahme Ihrer Zeit und noch mehr Ihrer Augen – meine Schrift ist schlecht – verzeihen. Dasselbe habe ich für die Diagnosen zu beanspruchen, deren Abfassung wohl manches zu wünschen lassen wird. Ich weiß ja aber nicht, ob je die von mir gesammelten Vögel Sie erreichen werden. So mögen wenigstens die Beschreibungen nützlich sein; Sie werden diese von nun an im Kataloge finden.

20. 9. 85. Heute sind Leute von Kabréga hier eingetroffen, von ihrem Herrscher gesandt, um zu sehen, ob ich wirklich hier sei, und sich vorläufig nach meinen Wünschen zu erkundigen! Ich hätte die räucherigen Kerle umarmen mögen!

15. 10. 85. Was ich vorausgesehen, ist leider nur zu bald zur Wahrheit geworden. Das ganze Dinka- und Báriland in vollem Aufruhr, jeder Weg nach Norden unmöglich gemacht – wir könnten nicht verlassener sein, säßen wir am Nordpole! So wollen wir es denn mit der Straße nach Süden versuchen und zunächst Briefe voraussenden.

19. 10. 85. Heute empfing ich Briefe und reiche Geschenke von Kabréga mit der dringenden Einladung, zu ihm zu kommen. Das geht nun nicht, ich will aber versuchen, durch ihn Briefe an die englischen und französischen Missionare in Uganda (hoffentlich sind solche dort) zu expedieren und Antwort zu verlangen. Dann soll Dr. Junker dorthin gehen und versuchen, mit Zanzibar zu korrespondieren. Das hat nun alles mit der Ornithologie nichts zu tun, aber Sie müssen nicht zürnen; es sind jetzt 32 Monate, daß wir, meine Handvoll Leute und ich, von unserem Gouvernement schmachvoll verlassen, hier um unser Leben ringen – nicht wie die Lilien auf dem Felde, sondern in harter, oft blutiger Arbeit.

Wadelay, 1. 3. 1886.

So ist denn das Langersehnte endlich zur Wahrheit geworden! Am 26. Februar nachmittags hatte ich Post von Dr. Junker und mit ihr einen offiziellen Brief aus Ägypten, begleitet von sehr freundlichen Zeilen des englischen Generalkonsuls Sir John Kirk in Zanzibar. Herr Mackay hatte aus Uganda an Junker zwei Päckchen, enthaltend Reuters Telegramme 1884 und 1885 bis zum 2. November, gesandt, und so schwelgte ich mit Herrn Casati sogar im Durchlesen politischer Neuigkeiten: die Ereignisse im Sudan, der Ministerwechsel in England, Deutschlands Kolonisationen im Westen und Osten Afrikas und die Annektion von Neu-Britannien und den Karolinen. – Alles das war uns natürlich überraschend und neu. Von Ägypten teilt man mir mit, daß der einzige Weg zur Rückkehr für uns über Zanzibar führe, und gibt mir carte blanche – jetzt nach beinahe drei Jahren! Man hat sich dort die Schwierigkeiten meiner Lage jedenfalls nicht recht vorgestellt. Die sudanesischen Soldaten und mehr noch Offiziere – Ägypter habe ich im ganzen nur einige 60 Mann – wollen diese Länder nicht verlassen und haben sich in den Kopf gesetzt, daß in Chartum trotz allem der Mahdi nicht einziehen könne; veröffentliche ich nun Nubar Paschas zum Überflusse noch französisch geschriebene Depesche (ein äußerst bedauernswerter Fehler, man müßte arabisch schreiben!), so wird man sie einfach für erlogen halten und nicht gehorchen, und gelänge es mir auch, einige Leute zu überzeugen, so wäre schließlich allgemeine Anarchie und – vielleicht der Mord aller Weißen zu befürchten. Wie ich mich aus dieser Klemme ziehen werde, weiß ich bis heute noch nicht. Ich habe natürlich sofort an Nubar Pascha geschrieben, daß ich mein Bestes tun würde, konnte und durfte aber, da die Briefe gewöhnlich in Uganda und sonstwo geöffnet werden, die wahre Sachlage nicht berühren, um nicht die Sache an die große Glocke zu hängen. Zeit bringt Rat, und so wird sich wohl auch hier ein Ausweg finden lassen. Sehr böse klingt Junkers Nachricht von einem Kriege zwischen Kabréga und Muanga, dem Herrscher von Uganda, eine Sachlage,

Lager des berühmt-berüchtigten Sklavenhändlers Tippo Tip

die alle bisher gemachten Schritte wieder unnütz machen könnte. Junker schreibt mir, daß er Post an Mackay entsandt habe, und so dürfte wohl auch das Paket an das englische Generalkonsulat, in dem einige Zeilen an Sie lagen, glücklich abgegangen sein und demnach ich wenigstens hoffen dürfen, daß jene Zeilen Sie endlich erreichen werden.

Morogoro (Ostafrika) 14. 5. 1890.

Ich warte täglich auf Eingang der Post aus Europa, die man mir versprochen hatte, am 5. 5. von Bagamoyo mir nachzusenden; ich bin recht gespannt, zu hören, ob in den Sachen, die ich Ihnen gesandt, Sie etwas Brauchbares gefunden haben.

Ich bin fest überzeugt, daß die Schilfdickichte am Victoria-See sowie die Hochländer im Westen noch manchen zoologischen Schatz bergen, und es wäre ein hübscher Lebensabschluß für uns beide, noch dies Stück Arbeit zu tun. Komme ich diesmal glücklich durch, so wird doch Zeit sein, »Gott nicht weiter zu versuchen«, sondern sich nach einer Ecke umzusehen und anderen, jüngeren und tüchtigeren Kräften das Feld zu überlassen. Und deshalb betrachte ich dieses als mein letztes Reiseunternehmen in Afrika und möchte gern, daß die Sammlungen, die ich sende, so vollständig und zahlreich als möglich seien.

Aus dem Inneren habe ich von verschiedenen Seiten Berichte, und es scheint dort recht ruhig zu sein, soweit man in Afrika überhaupt von Ruhe sprechen kann. Tippo Tip[1] ist auf dem Wege nach Zanzibar, und ich hoffe, ihn irgendwo zu sehen und für meine Sammlungen zu interessieren. In Manjema müssen zoologische Fundgruben existieren.

Wird Ihr freundlichst versprochenes Bild auch wirklich kommen? Das meine sandte ich und hoffe, Sie erhielten es.

Doch nun genug. Meine Schrift zu lesen, ist eine böse Aufgabe, und ich kann dies Ihnen wohl kaum zumuten. Es

---

[1] Ein berühmt-berüchtigter (Sklaven-)Händler. Junker war allerdings von ihm sehr beeindruckt.

lag mir ja nur daran, Ihnen ein Erinnerungszeichen von unterwegs zu senden, und vor Mpapwa schreibe ich – dann wohl für einige Zeit zum letzten Male – wieder. Lassen auch Sie mich nicht zu lange warten, und senden Sie Briefe für mich entweder an das Generalkonsulat oder an die Herren Hansing und Komp., Zanzibar. Das Reichskommissariat ist mit Arbeit überhäuft, und Freund Wißmann geht ja nächstens nach Deutschland auf Urlaub.

Genehmigen Sie meine besten Wünsche und glauben mich

Ihren aufrichtig ergebenen
Dr. Emin.

Tabora (Ostafrika), 17. 8. 1890.

Verehrter Herr und Freund!

Meinen besten Dank für Ihre lieben Zeilen aus Wildungen, 3. 6. 90. Mögen Ihnen die Wasser gut bekommen.

Sie werden sich einigermaßen wundern zu sehen, daß ich noch hier sitze; es war aber zu verlockend, und der Fastnachtstreich ist so gut geglückt, daß ich recht zufrieden bin, ihn überhaupt gemacht zu haben. Man bildete sich an der Küste ein, es bedürfe zur Besetzung von Tabora einer Armee von 5–600 Mann mit Kanonen und allem anderen Krimskram, und nun bin ich mit meinen 100 Mann – 50 würden im Gefecht weglaufen – hier mitten im Araberneste, habe die deutsche Flagge gehißt und zwei Geschütze erbeutet. Es ist eigentlich verwunderlich, wie unverschämt man doch sein kann.

Hoffentlich werden meine Sammlungen im Seengebiete mehr Neues ergeben als die Reise mit Stanley, die eben keine Muße zum Sammeln bot. Ein paar hübsche Sachen wie Hapaloderma u. a. sind zugrunde gegangen, während ich im Hospital lag.

Mich hat der liebe Gott, wie es scheint, fürs Reisen in Afrika prädestiniert. Wenn ich hier so manchmal die jungen Leute neben mir ansehe, wie alle Augenblicke einer leidend ist, so komme ich mir vor wie der Prototyp zum »Juif errant«. Es geht noch ganz leidlich – aber es wird eines Tages recht schnell zu Ende gehen, und das ist es, worum ich den lieben Gott bitte. Nachdem ich mein Kind versorgt – auf afrikanischem Boden zu sterben und begraben zu sein, inmitten der Szenerie, die ich lieben gelernt, das wünsche ich mir. Keine Sorge um mich! Halten Sie sich brav; ich will für Sie als letzte große Arbeit eine eigene Sammlung zusammenstellen.

Apropos, wo bleibt Ihr Bild und das Büchlein für Freunde gedruckt? Und wenn Sie mir einmal wieder etwas senden, so dedizieren Sie es mir – ich möchte gern eine Widmung von Ihrer Hand. Danke für die Warnung bezüglich der Engländer; ich kenne das.

Mit den besten Wünschen und in der Hoffnung, bald von Ihnen zu hören

Ihr aufrichtig ergebener
Dr. Emin.

III. Emin im Urteil seiner Zeitgenossen

Charakterbild Emins

Franz Stuhlmann war der einzige wissenschaftliche Begleiter der Expedition, die Emin 1890 im Auftrag des deutschen Reiches startete. Stuhlmann schrieb den Expeditionsbericht unter dem Titel »Mit Emin Pascha ins Herz von Afrika«, woraus das folgende Charakterbild in gekürzter Fassung entnommen ist.

Man hat viel für und wider Emin Pascha geschrieben, manchen Leuten hat seine ganze Art und Weise mißfallen, andere schätzen ihn sehr hoch. Wenige aber haben Gelegenheit gehabt, ihn so lange Zeit in unmittelbarem Verkehr und als Vorgesetzten kennen zu lernen wie ich. In meiner Eigenschaft als Untergebener sollte es mir allerdings nicht zukommen, irgend ein Urteil über ihn abzugeben.

Die Taten Emins gehören der Geschichte an, sie wird über ihn und sein Wirken ein geläutertes Urteil fällen. Was wir von seinem Leben und seiner Tätigkeit in der Äquatorialprovinz noch nicht kennen, werden wir in hoffentlich nicht allzu langer Zeit durch seine Tagebücher erfahren, die in Dar-es-Ssalām deponiert sind. Durch sie wird alsdann auch das Dunkel über den Zug zur Küste gelöst werden, über den Stanley und sein Anhang ohne Zweifel oft parteiisch urteilten. Hier sei es mir wenigstens mit einigen Worten gestattet, dieses an Charakter wie Fähigkeiten gleich selten begabten Mannes verehrungsvoll zu gedenken.

Einem Manne wie Gordon mußte namentlich das wirklich hervorragende diplomatische Talent und der seltene Takt Emins auffallen, mit dem er die Eingeborenen zu behandeln verstand und wodurch er so besonders geeignet war, wilde Völkerschaften zu beherrschen. Es mag sein, daß er im europäischen Sinne nicht als Politiker hätte gelten können; aber der Verkehr mit Negern erfordert eben eine ganz andere Art der Intelligenz und Geschicklichkeit, als der mit zivilisierten Menschen. In dem Augenblick, da er eine Gegend betrat, wußte er auch sofort mit den Verhältnissen Bescheid, kannte die verschiedenen Interessen der Häuptlinge und verstand es, diese gegen einander auszuspielen und doch dabei alle Fäden in der Hand zu behalten. Mit wahrer Engelsgeduld konnte er die Redereien der Neger anhören, ohne eine Miene zu verziehen, dabei den Blick ins Weite gerichtet, als ob er gar nicht aufpaßte, derart, daß die Leute nie erkennen konnten, wie und was er dachte. Er hörte alle an, ohne sich früher für eine Partei zu entscheiden, als bis er seiner Sache ganz sicher war. Er kannte viele Negersprachen, tat aber immer so, als sei er ganz vom Dolmetscher abhängig, um die Leute besser kontrollieren zu können. Man muß es gesehen haben, um es zu begreifen, wie er verstand, mit den Negern zu unterhandeln, sie zu leiten und arbeiten zu lassen und sie stets bei ihrer Eigenart zu fassen, freundlich und dabei doch wieder streng zu sein.

Über sein Verwaltungstalent herrschen sehr geteilte Ansichten. Von morgens bis nachmittags war der Pascha täglich mit der außerordentlich komplizierten Rechnungsführung und Korrespondenz der Provinz beschäftigt, bei der er ein wahres Heer von Schreibern zu kontrollieren hatte. Auf eine europäisch-bürokratische Verwaltung war er allerdings nicht eingeübt, und der dort übliche Schematismus war ihm nicht geläufig.

Er war in erster Linie ein Mann des Friedens, der durch Verhandlungen alles zu erreichen suchte; führten freilich diese nicht zum Ziele, so griff er rücksichtslos zur Gewalt. Er besaß keine kriegerische Gesinnung, und sein Mut ging nicht bis zur Tollkühnheit, im gegebenen Falle aber wußte er sich durch seine Willenskraft so zu beherrschen, daß er keine Gefahr achtete. Sein Leben hat er stets für sich selbst gering geschätzt und nur im Interesse seiner Leute bewahrt. Und welche unbeugsame, heroische Willenskraft muß dazu gehören, wenn ein Mann, wie er es getan, trotz der sicheren Aussicht auf baldige, völlige Erblindung in Ungewißheit und Gefahr hinauszog, nur um seinem Vaterlande nützlich zu sein und der Welt zu zeigen, daß er auch allein, ohne Stanleys Hilfe, eine Expedition zu leiten imstande sei! Wie viel Selbstlosigkeit und Mut mag erforderlich sein, so allein mit einer Schar von kranken Leuten im Innern zurückzubleiben und alle gesunden Leute fortzusenden. Emin war nicht ruhmsüchtig, und der Beifall der Welt ließ ihn immer ziemlich kalt; dennoch war er von einem gewissen Ehrgeiz beseelt, und viele seiner letzten Taten mögen durch gekränkte Eitelkeit zu erklären sein. Ganz besonders aber war er eifersüchtig auf seine Stellung und seine Gewalt, woraus oft die oben erwähnten Differenzen entstanden.

Der unbedingte Verzicht auf alle persönlichen Vorteile war seine charakteristische Eigenschaft. Er war der uneigennützigste und aufopferndste Mensch, der sich denken ließ. Nie hat man ihn schwerer und gründlicher verkannt, als da man das abenteuerliche Gerücht verbreitete, er sei wegen seines Elfenbeins nach Norden gegangen. Als ob Geld und Geldeswert jemals nur einen Augenblick sein Tun und Lassen hätten bestimmen können! Wenn doch einmal die Erwerbung von Elfenbein in Betracht kam, so dachte er nie an etwas anderes, als dadurch einen Teil der großen Expeditionskosten zu decken.

Alles tat er für andere, nichts für sich selbst. Was er konnte, sparte er sich selbst am Munde ab, um anderen eine Freude damit zu machen. Neidlos gönnte er jedem seine Verdienste und ließ auch Untergebene gerne selbständig arbeiten, um ihnen einen Anteil an dem Erfolg zu gewähren. Sein Fehler war höchstens der, daß er oft allzu liebenswürdig war und die Zuvorkommenheit und Höflichkeit in dem Bestreben, es jedem recht und angenehm zu machen, bisweilen etwas zu weit trieb. Er setzte eben zu großes Vertrauen in jedermann, und seine optimistische Anschauung und Weichherzigkeit haben ihm nicht selten Enttäuschungen bereitet. Wo es aber Not tat, konnte er von äußerster Strenge sein, und manche seiner Leute wissen von scharfen Strafen zu erzählen. Er war durchweg milde und nachsichtig und konnte bei Unregelmäßigkeiten lange zusehen und nur Verwarnungen erteilen; wenn aber diese nichts nutzten, so verhängte er alsbald äußerst nachdrückliche Strafen, die denn auch ihre Wirkung nicht verfehlten.

Ganz hervorragend war die Genauigkeit und Rechtschaffenheit, mit der er über ihm anvertrautes Staatseigentum wachte. Scharf kontrollierte er die Lasten und, um aus ihnen nichts für seine persönlichen Bedürfnisse zu entnehmen, kaufte er sich in Tabora seine eigenen Stoffe, mit denen er seine Leute einkleidete und mit denen er naturwissenschaftliche Sammlungsgegenstände bezahlte, die dann nachher doch dem Staate anheim fielen.

In der äußeren Erscheinung machte der Pascha einen schmächtigen, etwas zarten Eindruck, doch gab es kaum eine widerstandsfähigere Konstitution als die seine. Nie machten Märsche in Wind und Wetter ihn müde, nie konnten ihm Hunger oder Durst etwas anhaben, und wenn er wirklich einmal müde war, so ließ er es gewiß niemand merken. An Ausdauer übertraf er uns alle bei weitem. Auch nach den längsten und ermüdendsten Märschen setzte er sich unverzüglich an die Arbeit und schrieb bis spät abends, während jüngere Leute sich der Ruhe hingaben. Jede Müdigkeit ward bei ihm durch die phänomenale Willenskraft überwunden, über die er verfügte.

Man glaube nicht, daß der Pascha ein kulturfeindlicher Waldmensch gewesen sei, wie ihn sich gewiß manche vorzustellen pflegen; er lebte im Gegenteil gerne recht gut und hielt auch im Innern darauf, so europäisch wie nur möglich zu sein. Sein Zelt und sein Bett mußten immer ganz akkurat hergerichtet sein, und er war unglücklich, wenn nur der Tisch oder ein Koffer schief stand oder das Essen schlecht zubereitet war. Für seine Person war er äußerst genügsam, das wenige, aus den Landesprodukten hergestelle Essen aber wollte er sauber und gut bereitet haben. Mit wenigem viel zu leisten und sich in der Wildnis ein relativ wohnliches Heim zu schaffen, verstand er wie kaum ein zweiter. »Gut essen und besonders gut schlafen«, pflegte er zu sagen, »sind die ersten Bedingungen, auf Reisen gesund zu bleiben. Man meine nur nicht, daß man im Innern möglichst wild und negerartig leben müsse, im Gegenteil, man sollte noch mehr als in Europa auf das leibliche Wohl achten.« Er war denn auch durchaus kein Temperenzler.

Wenn er eine passende Gelegenheit hatte, so trank er gern ein gutes Glas Wein, besonders Rheinwein, oder rauchte eine Zigarre; hatte er sie aber nicht, so war es auch keine Entbehrung für ihn.

Sein Blick war scharf, manchmal fast lauernd, jede seiner Bewegungen berechnet und abgemessen. Auch hierin äußerte sich seine große Selbstbeherrschung, ebenso wie in den genau erwogenen Worten, wenn er eine Ansprache an die Leute hielt. Dieses Gleichgewicht verließ ihn nur in seltenen Fällen: dann aber wurde er gereizt und nervös, wohl in Folge der vielen Mißgeschicke, die ihn betroffen, und hierdurch mögen auch die in seinem Charakter bisweilen auftretenden Gegensätze zu erklären sein.

Alle diese Eigenschaften machten ihn als Menschen bewunderswert; zum gewaltigen Führer großer Menschenmassen machten sie ihn minder geeignet. Er war nicht der Mann, die Massen durch seine Persönlichkeit zu begeistern und fortzureißen; wohl aber erwies er sich als ein ausgezeichnetes Vorbild, das zur Nacheiferung anspornte. Seine eigenen Soldaten verstand er minder gut zu behandeln wie die Eingeborenen. In der letzten Zeit besonders war er häufig etwas ungleich und launisch, bald zu heftig, bald zu milde, bald zu leichtgläubig, bald zu mißtrauisch.

Was Emin Pascha wissenschaftlich geleistet hat, das wissen nur die Fachleute nach vollem Werte zu würdigen. Den Geographen, Ethnographen, Linguisten, Zoologen und Botanikern, allen hat er in gleicher Weise Neues herbeigebracht. Seine Lieblingsbeschäftigung war es überhaupt, Material zu sammeln; die Verarbeitung überließ er den Gelehrten in der Heimat. Was er aber durch dieses Sammeln und Notieren zusammengetragen hat, davon sprechen die zahllosen Sendungen, die er nach Hause gehen ließ. Dabei hatte er noch dicke Bände mit ornithologischen Notizen und Reisetagebücher bei sich. Ein wahres Muster an Sorgsamkeit und Fleiß waren namentlich seine Wegaufnahmen und seine meteorologischen Beobachtungen. Wenn einmal eine Ablesung der Instrumente aus irgend welchen Gründen versäumt werden mußte, so war er unglücklich;

präzise und gewissenhaft nach der Uhr wurden die Notizen täglich genau zur selben Zeit gemacht. Was er aufgeschrieben, war über jeden Zweifel an Zuverlässigkeit erhaben. Und mehr noch, was er der Öffentlichkeit übergeben hatte, trug er im Kopfe umher und war, wie früher schon bemerkt, imstande, nach kurzem Überlegen über jeden der zahlreichen Volksstämme der Äquatorialprovinz einem eine lange Monographie zu diktieren, die eine Fülle eigener Beobachtungen enthielt.

Die Wissenschaft hielt ihn in schweren Stunden aufrecht und war seine einzige Erholung. Ohne sie wäre er bei der langen Einsamkeit wohl geistig zugrunde gegangen. Auch für alle Fragen des Lebens bewahrte er ein reges Interesse, über Religion, Politik, Philosophie, Naturwissenschaft und Industrie wußte er gleich anregend und eingehend zu sprechen.

Was wir endlich nicht zum wenigsten an ihm schätzen müssen, ist die Tatsache, daß ihn trotz des langen Aufenthaltes im Auslande stets eine warme Vaterlandsliebe beseelte. Der Heimat zuliebe schlug er die glänzendsten Anerbietungen Fremder aus, denn er hoffte, daß er durch seine Erfahrung der jungen Kolonie dienen, vielleicht auch, daß er durch seinen Einfluß im Lande die früher von ihm besetzten Gebiete dem Vaterland dienstbar machen könnte, eine Erwartung, die leider vereitelt wurde. Und aus dem gleichen Grunde verzichtete er – obgleich er sein Augenübel genau kannte – damals in Karágwe und Mpóroro auf den sicheren Rückweg, da er durch weiteres Vordringen neue Gebiete für Deutschland erschließen zu können hoffte.

Wenn er nun zugrunde gegangen ist, so ist er es nicht im Verfolg eigennütziger und eitler Ziele, sondern im Interesse einer Aufgabe, die er nach seinem besten Gewissen als zum Wohle des Vaterlandes betrachtete.

Bei allen glänzenden Eigenschaften können wir uns aber auch einigen seiner Schwächen nicht verschließen. Durch den langen Verkehr mit den verlogenen Ägpytern, die ihn überall zu betrügen suchten, war er mit der Zeit etwas argwöhnisch und mißtrauisch geworden und blieb es oft, selbst seinen Freunden gegenüber, so daß er wohl manchmal Eingeborenen mehr als Europäern traute; zuweilen war er auch verschlossen und nicht ganz offen in seinem Tun und Reden. Man konnte Jahre lang mit ihm zusammen sein, ohne über seine letzten Ziele klar zu werden, ohne ihn ganz kennen zu lernen. Etwas mehr aktive Energie, weniger Verhandeln und etwas mehr Rücksichtslosigkeit wären zeitweilig vielleicht am Platze gewesen. Aber wenn er auch äußerlich nachgab, verfolgte er doch innerlich stets mit großer Konsequenz seine einmal vorgenommenen Pläne, und die wahrhaft eiserne Beharrlichkeit, mit der er, unbekümmert um äußere Zufälle, an dem festhielt, was er einmal für richtig erkannt, war in hohem Maße bewundernswert.

Alles in allem muß Emin Pascha als ein Mann von ungewöhnlichen Gaben des Geistes und Charakters gelten, die durch kleine Schwächen, wie sie jedem großen Manne eigen sind, nicht verkleinert werden können, ein Mann, wie er selbst von Junker sagte, »den der liebe Gott in einer Feiertagslaune geschaffen hat«, dem Nörgler und Feinde nichts anhaben können und den die deutsche Nation mit Stolz den ihrigen nennen darf. Pflichttreue, Selbstverleugnung und Beharrlichkeit, Milde gegen andere und Strenge gegen sich selbst, wissenschaftliche Gewissenhaftigkeit und eine fast zu weit getriebene Bescheidenheit zeichneten ihn aus. Seine ritterliche Gesinnung hielt ihn ab, jemals öffentlich gegen die Anklagen Stanleys und anderer aufzutreten. Er hüllte sich großherzig in Schweigen und überließ es dem unbefangenen Beurteiler, in den Angaben Stanleys und anderer das Wahre von dem Falschen zu scheiden.

Der schottische Missionsarzt Dr. Robert Felkin im Dezember 1887[1]: Emin Paschas Verwaltung und seine Erfolge

»Ich möchte hier zeigen, unter welch schwierigen Verhältnissen Emin Pascha zu arbeiten hatte, als er so rege tätig war, unser Wissen nach den verschiedensten Richtungen hin zu bereichern.

Als Gordon Pascha die ägyptische Äquatorialprovinz verließ, um wenige Monate darauf Generalgouverneur des Sudan zu werden, war die Provinz gut organisiert und ruhig. Ihre finanzielle Lage war indes nicht so befriedigend, denn sie litt unter einer übermäßigen Schuldenlast. Diese Schuld war teilweise durch die anfänglichen Kosten der Okkupation erwachsen, teilweise auch durch Schulden, welche gerechterweise nicht der Provinz zuzuschieben waren, aber von verschiedenen Sudan-Gouverneuren auf sie abgewälzt wurden, manchmal in der Absicht, ihre eigene Provinz von einer unbequemen Schuld zu befreien, und manchmal sogar, um ihrer persönlichen, nicht immer glänzenden finanziellen Lage aufzuhelfen.

Nachdem Gordon Pascha eines größeren Wirkungskreises halber gegangen war, wurde sein Posten anfänglich mit zwei Weißen besetzt, welche die Stellung aber nur wenige Monate innehatten, nämlich mit den Obersten Prout und Mason, welche beide aus Gesundheitsrücksichten zurücktreten mußten. Es folgte dann eine Reihe einheimischer unfähiger Gouverneure, unter deren schauderhafter Verwaltung das Land halb in einen bejammernswerten Zustand verfiel. Bedrückung, Ungerechtigkeit, Grausamkeit und offener Raub schossen üppig wie Giftpflanzen empor. Unter derartigen Verhältnissen war Emin Pascha, damals noch einfacher Efendi, von Gordon Pascha mit der Leitung der Geschäfte betraut worden.

Bis zu dieser Zeit war Emin Efendi Oberarzt der Äquatorialprovinz gewesen. Als solcher hatte er das Land

[1] Aus: Carl Peters, Afrikanische Köpfe.

seiner ganzen Länge und Breite nach durchreist, häufig in Gesellschaft seines Chefs Gordon, von dem er viel gelernt und dessen Tätigkeit er, wie aus dem 3. Kapitel seines Buches erhellt, sehr bewundert. In dieser Zeit wurde er auch mit dem Wesen der Eingeborenen genau bekannt und von Gordon mit zwei schwierigen diplomatischen Sendungen betraut: zweimal besuchte er Uganda und einmal Unyóro. Doch blieb dies die einzige Erfahrung, die er besaß, als er zur Macht kam, und anfänglich wurde die Schwierigkeit seiner Stellung noch beträchtlich erhöht durch den Mangel eines bestimmten Ranges, denn obwohl zum Gouverneur ernannt, hatte man ihm infolge der Ränke einiger Beamten keinen Rang zugewiesen.

Die Zustände in seiner Provinz im Jahre 1878, als er den Posten eines Gouverneurs antrat, lassen sich schwer mit wenigen Worten schildern. Die Bevölkerung setzte sich zunächst aus verschiedenen, zahlreichen Stämmen zusammen, welche einst die wohltätige Herrschaft Gordons kennengelernt und darum unter den Bedrückungen und Grausamkeiten seiner Nachfolger doppelt gelitten hatten; dann befand sich dort durch das ganze Land verstreut eine Bevölkerung, welche aus einstigen Sklavenhändlern und vielen ihrer früheren Angestellten bestand, die sich überall im Lande in kleinen befestigten Dörfern angesiedelt und ihr schmähliches Gewerbe wiederaufgenommen hatten. Auch die Beamten waren größtenteils verdächtiges Gesindel. Der Mehrzahl nach waren es Verbrecher, welche aus Ägypten verbannt worden waren und die man nach Verbüßung ihrer Strafe in den Regierungsdienst aufgenommen hatte. Die ägyptischen Soldaten waren gleichfalls sehr unzuverlässig; ihre Bedrückungen wurden von den Eingeborenen hart empfunden und verursachten beständige Reibungen zwischen der Verwaltung und der Bevölkerung. Neben all diesem erforderten viele Stationen einen Neubau – man muß bedenken, daß unter diesem Himmelsstriche Gebäude nur drei Jahre aushalten, bis die Erneuerung infolge der Verheerungen verschiedener Insekten dringend notwendig wird. Eine Nilsperre machte es auch unmöglich, daß in den ersten Jahren von Emins Amtstätigkeit irgendwelche Unterstützung der Äquatorialprovinz zugeschickt werden konnte. Zu verwundern ist es darum nicht, daß die Last der Regierung schwer auf Emin lag. Beständig mußten Reisen unternommen werden; täglich kamen von allen Seiten Klagen über Schwierigkeiten zwischen der Verwaltung und den Negerchefs, und ein ununterbrochener Wechsel der Regierungsgeschäfte füllte seine Zeit vom frühen Morgen bis zum Abend. Mancher wäre von der Übernahme irgendeiner Verantwortlichkeit für Ordnung in einem solchen Chaos zurückgetreten; nicht so Emin Efendi.

Er half selbst mit, die Provinz aus dem bisherigen Sumpfe zu heben, und langsam aber stetig und mit steigendem Erfolg ward er der Herr der Situation, und als er das zweitemal im Jahre 1879 seine Provinz bereiste, hatte eine wunderbare Veränderung stattgefunden. Stationen waren wiederaufgebaut worden, die Unzufriedenheit hatte sich in willigen Gehorsam verwandelt, die Korruption war unterdrückt, die Steuern lagen gleichmäßig verteilt, und Emin hatte auch schon das schwierige und gefährliche Werk unternommen, seine Provinz von den eingenisteten Sklavenhändlern zu säubern. Es war das keineswegs ein leichtes Unterfangen, da jene im Lande festen Fuß gefaßt hatten und nur allzu viele von Emins Beamten es ganz mit ihnen hielten. Dabei war ihm kein Freund, kein Helfer nahe, und die wenigen Monate, in welchen ihn Lupton Bey als zweiter in der Verwaltung unterstützte, abgerechnet, stand Emin tatsächlich vom Tage seiner Ernennung im Jahre 1878 bis zum heutigen Tage ganz allein.

In Ladó versah er auch andere Geschäfte. Hier befand sich das Hauptspital der Provinz, und jeden Morgen konnte man Emin um sechs Uhr die Runde durch die Krankenzimmer machen oder mit Verschreiben für die zahlreichen Kranken beschäftigt sehen. Zu keiner Zeit ließ er einen Konflikt seiner Lieblingstudien mit den amtlichen Geschäften zu, und oft mußte er, von der Pflicht gerufen, der Ergänzung einiger Beobachtungen oder der Erforschung einer interessanten Tatsache entsagen.

Die hohe Auffassung von seinen Pflichten hat die Lösung manchen Rätsels der afrikanischen Geographie vereitelt, welche er sonst unternommen hätte. Wohl wird mancher der Meinung sein, daß er bei der ihm zweifellos zu Gebote stehenden guten Gelegenheit hätte darauf bedacht sein sollen, die Vermutungen über manche streitigen Punkte zu erledigen – aber hätte er dies getan, hätte er seiner anderen Aufgabe nur aus halbem Herzen gerecht werden können, und selbstlos und des Beifalls der Welt nicht achtend, war er zufrieden, wenn er ruhig seinen Weg verfolgte, seine Amtsgeschäfte gewissenhaft zu Ende brachte und sich seinen wissenschaftlichen Forschungen nur in der Ruhe der Nacht oder zu den Zeiten der auf seinen Reisen häufig dazwischentretenden Verzögerungen widmete. Um so größere Ehre gebührt ihm, daß er inmitten solcher Schwierigkeiten und bei solcher Selbstbeherrschung Arbeiten ausführte, welche selbst den Ruf eines Mannes begründet hätten, der nicht durch Sorgen für ein Amt beengt war.

Zu Ende des Jahres 1882 konnte Emin Bey (er erhielt diesen Titel zu Ausgang 1879) nicht nur berichten, daß seine Provinz ruhig und zufrieden sei, sondern auch, daß er die Sklavenhändler aus ihren Sitzen vertrieben hatte. Er war auch fast alle ägyptischen Soldaten losgeworden und ersetzte sie durch Eingeborene, welche er in den Waffen geübt hatte. Große Bezirke hatte er an seine Provinz angeschlossen, was er nicht durch Waffengewalt, sondern durch persönliche Überredung erreichte. Dazu muß noch der Anbau von Baumwolle, Indigo, Kaffee, Reis, die Einrichtung einer regelmäßigen wöchentlichen Post in seinem Gebiete, der Neubau fast sämtlicher Stationen, der Bau besserer, dauerhafter Straßen und die Besorgung des Gütertransports durch Ochsen gerechnet werden. Schließlich konnte er noch zu guter Letzt auf einen Überschuß von £ 8000 hinweisen.

Meine persönliche Bekanntschaft mit Emin Pascha setzt mich in den Stand zu erklären, daß seine ganze Tätigkeit reiner Menschenliebe entsprang. Er liebt das Land, das er zu seiner Heimat gemacht, er liebt das Volk, unter dem er wirkt, er achtet das Wesen der Eingeborenen und ist der Überzeugung, daß es möglich ist, sie auf eine hohe Stufe der Zivilisation zu heben und in Zentralafrika ein dauerhaftes Reich zu gründen, wo Recht und Gerechtigkeit herrschen, Unterdrückung und Sklavenhandel aber unbekannt sein sollen und wo Handel und Gewerbe gedeihen können.«

Stanley über Emin[1]

»Seine Fähigkeiten, Tüchtigkeit und Brauchbarkeit für die eigentümliche Stellung, in welche er versetzt war, ergeben sich aus der Art und Weise, wie er es möglich machte, seine Truppen zu bekleiden. Unter den uns aufgenötigten Geschenken befanden sich Stücke von Baumwollstoff, den seine Leute selbst gewebt hatten, grob, aber fest, sowie Pantoffeln und Schuhe von seinen eigenen Schuhmachern. Das Aussehen seiner Dampfer und Boote nach der langen Dienstzeit, die Herstellung des für die Maschinen geeigneten Öls, einer Mischung aus Sesamöl und Talg, die ausgezeichneten sanitären Einrichtungen, die Sauberkeit und Ordnung der unter seinem Befehl stehenden Stationen, die regelmäßig ohne Widerspruch erfolgende Zahlung des Getreidetributs seitens seiner Negeruntertanen zweimal im Jahre, alles das dient dazu, um seinen eigenartigen Charakter zu kennzeichnen und zu beweisen, daß er Talente besitzt, wie man sie bei denen, die Afrika zu ihrem Arbeitsfelde erwählen, nur selten findet. Bei dem Bemühen, ihn zu beurteilen, lasse ich im Geiste Hunderte von Offizieren vorüberziehen, welche am Nil und Kongo gedient haben, aber kenne nur wenige, welche ihm in einer seiner wertvollen Eigenschaften gleichkommen würden. Abgesehen von seinen sprachlichen Kenntnissen ist er Naturforscher, etwas Botaniker, und was ihn als Arzt anbetrifft, so glaube ich wohl, daß 20-30 Jahre eines abenteuerlichen Lebens, wie er es geführt hat, ihm seltene Gelegenheiten geboten haben,

[1] Aus: Carl Peters: Afrikanische Köpfe.

um in diesem Beruf klug und geschickt zu werden. Die von ihm gebrauchten Worte gehen, wie man aus dem Vorstehenden ersieht, über das hinaus, was zu einem allgemeinen Gespräch erforderlich ist, und ließen mich auch seine Gewandtheit im Englischen erkennen, das bei seiner sonoren Stimme und gemessenen Sprache ungeachtet des fremden Akzents sehr angenehm klang. Ich fand ihn über die Fragen der in Zeitungen und Zeitschriften behandelten Politik sehr gut unterrichtet, gleichviel von welchem Lande wir sprachen. Sein Benehmen ist sehr höflich und entgegenkommend, vielleicht etwas zu zeremoniell für Zentralafrika, aber höchst geziemend für einen Gouverneur und gerade so, wie man es von einem Beamten in solcher Stellung, der sich seiner schweren Verantwortlichkeit bewußt ist, erwarten kann.

Fleißige Arbeit scheint für ihn ein wichtiges Lebensbedürfnis zu sein. Er ist ein Muster anstrengender, geduldiger Arbeit. Kaum war das Lager aufgeschlagen, so machte er sich schon daran, nach methodicher Weise in der Einrichtung Ordnung herzustellen. Sein Tisch und Stuhl haben ihren bestimmten Platz, auf dem Tische befinden sich die Tagebücher, auf einem passenden Postament die Aneroidbarometer, im Schatten sind die Thermometer und Psychrometer in gehöriger Weise aufgestellt, so daß die Luft sie ordentlich bestreichen kann. Die Tagebücher sind Wunder von Zierlichkeit und ohne Kleckse, die Schrift ist mikroskopisch klein, als ob er einen Preis für Akkuratesse, Sparsamkeit, Zierlichkeit und Treue erzielen wolle.«

Emin in Ladó[1]

Während jener ganzen Zeit, früher wie später, verließ Emin Bey Ladó niemals. Neben den drückenden Sorgen, die getragen sein wollten, ohne daß im Grunde jetzt noch ein energisches Eingreifen Erfolg haben konnte, floß seine

[1] Aus: Wilhelm Junker, Bd. 3.

Tätigkeit gleichmäßig wie ehemals dahin. Die meterologischen Beobachtungen wurden fortgesetzt und die Notizen täglich schon früh morgens mit zierlichster Schrift ins Tagebuch eingetragen. Für die ornithologische Sammlung besoldete er einen Präparator. Dieser, ein Araber namens Gasm Allah, war kein Jäger; oft kam er schon früh morgens zu Emin Bey, um die Befehle für einen etwaigen Ausflug der Jäger entgegenzunehmen, mitunter aber durchstreifte er zu demselben Zweck wochenlang entferntere Gebiete. Emin Bey selbst mußte wegen hochgradiger Kurzsichtigkeit auf die Jagd und alle Beschäftigungen, die das Sehen in die Ferne bedingen, verzichten; erkannte er doch auf 10 Schritt Entfernung keine Person. Gasm Allah kehrte gegen Mittag zurück und brachte die erbeuteten Vögel an ein Stäbchen gehängt zu Emin Bey, der dann die genauen Maße nahm und die nötigen Notizen machte, worauf der Araber sie zum Abbalgen wieder mitnahm und später die fertiggestellten wieder an ein Stäbchen gehängt zurückbrachte. Das Vergleichen, Bestimmen, sorgsame Etikettieren und Verpacken besorgte freilich Emin Bey allein. Mit peinlicher Regelmäßigkeit wurden morgens und nachmittags auch die Divanstunden eingehalten. Der arabischen Sprache und des Türkischen in Wort und Schrift vollkommen mächtig, las Emin Bey gewissenhaft jedes Schriftstück und drückte sein Siegel darunter. Übrigens füllten diese Arbeiten die amtlichen Divanstunden nicht aus, und es blieb oft noch Muße für Privatarbeiten. Sein warmes Interesse für naturwissenschaftliche Studien half Emin auch über einsame und sorgenvolle Stunden hinweg. Von höchst selbstlosem Charakter, war er mildtätig gegen seine Umgebung und gab gern von dem, was er besaß, während er Aufmerksamkeiten von Untergebenen, Gelegenheitsgeschenke, wie sie wohl sonst in den Ländern üblich sind, ungern annahm, insofern es nicht Dinge für die Sammlungen waren. Wie Gordon und Gessi Pascha, verfolgte auch er die edelsten Ziele, und sein sehnlichster Wunsch war die Hebung, das glückliche Gedeihen des Landes; leider mußten auch bei ihm die Erfolge hinter seinen Erwartungen zurückbleiben. Manches blieb

Die erste Begegnung Wilhelm Junkers mit Emin Pascha

bei bester Absicht nur Projekt, anderseits aber wurden kurze Erfolge allzu optimistisch für dauernde gehalten. Dadurch allein wird es auch erklärlich, daß von anderer Seite ungenaue Berichte über die Verhältnisse der Provinz in die Welt gingen, wobei die ersten Versuche, bessere Kulturverhältnisse anzubahnen, als bereits erzielte Erfolge dargestellt wurden, Versuche, die nichts weniger als wirkliche Erfolge waren. So sind z. B. der Anbau von Indigo, Kaffee etc., die Anlegung besserer, dauerhafter Straßen, der Verkehr durch Kamele und gar der Gütertransport durch Ochsen – von alledem wurde ja berichtet – aus dem Stadium der Projekte oder bescheidener Anfänge doch wohl nicht herausgekommen.

Emin und die dunklen Punkte[1]

Beiläufig sei bemerkt, daß der Gouverneur der Äquatorialprovinz nach viermonatiger Abwesenheit am 14. Juli 1882 aus Chartum nach Ladó zurückkehrte. Nach Mangbettu aber, wohin zu kommen er in Briefen häufig in Aussicht gestellt hatte, reiste er erst ein Jahr später, und zwar weilte er in den ersten Tagen des Juli 1883 in Tangási. Dort erfuhr er indes die Zerstörung von Rumbehk durch die Agár und eilte deshalb bald nach Makraka zurück. Über die Verhältnisse in Mangbettu schrieb mir Dr. Emin seinerzeit: »Ladó, 6. Mai 1883 ... Asanga (Ssanga Pópo), welchen Havaschi Efendi zu seinem Privatvergnügen plünderte, ist wieder frei und auf seinen Posten zurückgekehrt. Mambangá habe ich zu mir geladen und hätte wohl Lust, ihn nach Chartum zu befördern. Gambári habe ich auch die Nägel etwas beschnitten ... in Makraka ist jetzt als Chef Ibrahim Aga installiert. Bahit Bey ist mit dem letzten Dampfer ohne Sang und Klang nach Chartum gesandt worden.«

Der Oberst Bahit Bey ist dem Leser sowohl aus dem ersten Band, wie auch durch seine Hilfsexpedition gegen

[1] Aus: Wilhelm Junker, Bd. 3, S. 333–35.

Mambangá bekannt. Ibrahim Aga, mit dem Beinamen Gurguru, ist derselbe unscheinbare Dongolaner, der schon im ersten Band (S. 367) erwähnt wird. Emin Bey glaubte in ihm besondere Vorzüge erkannt zu haben und betraute ihn daher mit dem wichtigen Posten eines Verwesers der Provinz Makraka. Ibrahim besaß jedoch alle Fehler seiner Landsleute, er spielte falsches Spiel, war dem Gouverneur ein schlechter Berater, und als dann der Mahdismus auch in der Provinz Emin Beys um sich griff, war Ibrahim der erste, der seinen verantwortungsreichen Posten verließ und in das feindliche Lager überging. Übrigens hatte die Erhebung des verhaßten Dongolaners zu Amt und Würden auch bei dem Militärstand böses Blut gemacht und eine Kette von Widerwärtigkeiten geschaffen. Emin Bey war dann mit Ibrahim zusammen auch in Mangbettu und schrieb mir damals: »Tangási, 3. Juli 1883: ... Mambangá ist gestern gekommen und hat in höchst theatralischer Weise mir seine Unterwerfung gemacht und ist entzückt und mit Geschenken beladen von mir fortgegangen. Er scheint das Danaërwort nicht zu kennen. Gambári ist, wie ich mich überzeugt habe, ein großer Lump und obendrein Konspirator; so wird er wohl auch an die Reihe kommen... Ihr Schützling Másinde (dem Leser von A-Mádi her bekannt) war hier, hat Geschenke erhalten und ist nun einer meiner Chefs...«

Außer den häufigen und ausführlichen Nachrichten, die ich Emin Bey verdankte, sind hier noch einige Worte aus jenem letzten Brief, den mir Burus Sohn kurz vor meiner Abreise von Sémio überbrachte, bemerkenswert. Es heißt in dem Brief, der nach der Rückkehr des Gouverneurs aus Mangbettu geschrieben ist:

»Ladó, den 20. September 1883... Leider habe ich auch einige von den Herren (nämlich in Mangbettu) nicht gerade sanft behandeln müssen. Sie werden gehört haben, daß Mambangá gestorben: er war eine dauernde Gefahr für das ganze Land und hat noch zuletzt mir seine Pläne von einer Reorganisation Monbuttus mit ihm und Gambári (!!) an der Spitze offen entwickelt. Er hatte übrigens Ihnen den Tod geschworen und ebenso Casati. Gambári und sein ganzes

Gezücht wird in nächster Zeit wohl zu weichen haben. Dieses jesuitische Danagla-(Dongolaner-)Geäffe und nebenbei seine Pläne eines schönen Tags jenseits Arama (in Mabode) ein eigenes Reich zu bilden, unabhängig von uns, machen mir böses Blut im Land. Das größte Übel aber für uns alle ist die Unsicherheit der Grenzen zwischen Bahr Gasal und hier. Ich hatte, als ich in Chartum war, S. Exc. G ... Pascha und später Abd el-K. ... Pascha vorgeschlagen, Sie als Schiedsrichter zu nehmen. Lupton, den ich verständigt, war völlig einverstanden. Der Europäer antwortete mir, daß in inneren Verwaltungsfragen man keine Europäer als Richter aufstellen könne, und der ... betete ihm nach ...«

Mambangá war also nach dem Wortlaut von Emins Brief »gestorben«, und diese Nachricht war mir neu. Burus Sohn behauptete dagegen sicher zu wissen, daß Mambangá auf Emin Beys Befehl heimlich erschossen worden sei. Allerdings konnte ich das damals, und insbesondere nach der Angabe des Gouverneurs in einem früheren Brief, daß Mambangá entzückt und mit Geschenken beladen von ihm gegangen sei, nicht glauben, bis ich die Bestätigung davon in Makraka und später aus dem Mund Dr. Emins selbst empfing. Ich gestehe, daß mich dies peinlich berührte, um so mehr,als ich mich dabei lebhaft erinnerte, wie ich auf meiner Reise in Mangbettu die Herrscher und Häuptlinge immer und überall auf die Ankunft des milden und nachsichtigen europäischen Gouverneurs vertröstet hatte. Ich hatte das Gefühl, als hörte ich mich von meinen schwarzen Freunden nun noch nachträglich der Lüge zeihen, und das tat mir weh. Nicht minder bedauerte ich, daß Emin Bey, wie ich später erkannte, auch sein Ohr offenbar bösen Einflüsterungen (damals war Ibrahim Gurguru bei ihm!) geliehen und manches zu leichten Glaubens hingenommen hatte. Die Herrschsucht, das Ränkespiel und mancherlei andere Untugenden teilte Mambangá schließlich mit den meisten seiner Rasse. Nicht als Rebell war er seinerzeit in den Kampf gezogen, denn er hatte ja die »Segnungen« einer ägyptisch-sudanischen Verwaltung noch nicht gekostet, sondern er

Begegnung Wilhelm Junkers mit dem Mangbettu-Fürsten Mambanga

verteidigte nur seine Selbständigkeit, wurde dann später von einem ägyptischen Beamten an Ssangas Stelle eingesetzt und kam bei Emin Beys Ankunft, wie mir dieser damals selbst geschrieben, ihm sofort unterwürfig entgegen. Eine offenherzige Darlegung der selbstsüchtigen Pläne, die er mit Gambári braute, mein Gott, war die wirklich so ernst zu nehmen!? Und stand es so schlecht um die Verwaltung in der Äquatorialprovinz, daß man einen Gewaltakt Mambangás fürchten mußte? War Mambangá aber in der Tat strafbar und bei seinem schwer beugsamen Charakter unbequem, nun so wäre es doch wohl – wie Emin Bey anfangs beabsichtigte – genug gewesen, ihn aus Mangbettu zu entfernen und für einige Zeit in Ladó oder Chartum zu internieren. Ich spreche hier vom Prinzip, denn die Möglichkeit einer Entsendung nach Chartum war ja leider durch die unterbrochene Verbindung bald ausgeschlossen. Immerhin blieben zu solchem Zweck die Stationen am Nil verfügbar, wo widerspenstige Köpfe aus fernen Gebieten bald zu einer richtigen Anschauung gelangen mußten.

Anmerkungen

1 Aba ist eine Nilinsel, auf die sich 1881 ein junger Mann namens Mohammed Ahmed aus der nubischen Provinz Dongola zur religiösen Meditation zurückzog. Später salutierten die sudanesischen Dampferkapitäne während der Vorbeifahrt, um den Gesandten Allahs, nämlich den Mahdi, zu ehren!

2 Gut 100 km nördlich der Einmündung des Sobat in den Weißen Nil liegt am linken Ufer der Ort Faschoda (seit 1898 Kodok). Hier fand am 21. Sept. 1898 die berühmte Begegnung zwischen Kitchener als dem Vertreter Englands und Marchand, dem Leiter der französischen Militärexpedition, statt. Die Franzosen räumten den Ort am 11. Dezember 1898.

3 Diese landschaftsprägenden hoch aufragenden Fächerpalmen bilden eine eigene Unterfamilie der großen Familie der Palmen. Sie sind von Afrika bis Indien verbreitet. Jedem Südasien-Reisenden sind die vielfältig genutzten Palmyra-Palmen in lebhafter Erinnerung. Diese sehen der hier erwähnten Art sehr ähnlich. Zur gleichen Unterfamilie gehört auch die berühmte Seychellen-Palme, mit den größten Baumfrüchten der Erde.

4 Die eigentliche Seribah (Zeriba) Ghattas lag im Gebiet der Djur-Neger zwischen den Flüssen Tondj und Djur. Ghattas, koptischer Elfenbein-Händler aus Khartum, war berüchtigt wegen seiner rücksichtslosen Sklavenjagden. Er unterstützte verschiedene europäische Forschungsreisende gegen Bezahlung. Als Zeriba wurden durch Dornenverhaue oder Palisaden geschützte Handelsstützpunkte bezeichnet.

5 Gondokoro wurde von Samuel White Baker während seiner Ismailia-Expedition (1869) gegründet. Er war vom Khediven in Kairo beauftragt worden, das Gebiet des Bahr el-Gebel für Ägypten zu sichern (vgl. auch Einleitung). Gondokoro war anfangs Verwaltungszentrum der Provinz; 1874 wurde Lado, das Ziel der Reise Emins, Hauptort der Provinz.

6 Romolo Gessi, ein italienischer Ingenieur-Offizier in ägyptischen Diensten, wird häufig von Emin erwähnt, nicht immer lobend! Gessi, 1831 in Konstantinopel geboren, kam 1874 nach Khartum. Emin begegnete ihm hier nach Gessis Rückkehr vom Albert-See, den er gerade als erster Europäer umfahren hatte.

7 1876 waren, durch einen Bericht Stanleys veranlaßt, Missionare der Church Missionary Society nach Uganda gekommen.

Der Missionar Wilson war am 2. Juli 1877 von Mtesa empfangen worden. Später kam auch der Missionsarzt Dr. Robert Felkin nach Uganda, der von der Persönlichkeit Emin Paschas tief beeindruckt war. 1879 begleiteten Wilson und Felkin drei Gesandte Mtesas auf ihrer Reise nach London. Siehe: C. T. Wilson u. R. W. Felkin: Uganda und der ägyptische Sudan. Stuttgart 1883.

8 Richard Francis Burton, ein Ire in Diensten der britisch-indischen Armee, war einer der berühmtesten Entdeckungsreisenden seiner Zeit. 1853 war es ihm als erstem Europäer seit J. L. Burckhardt gelungen, die heiligen Städte Mekka und Medina zu besuchen. Der sprachlich hochbegabte Draufgänger verfaßte eine als klassisch geltende Übersetzung von »Tausendundeiner Nacht«. Er schrieb zahlreiche Bücher über seine Reisen in drei Kontinenten.

9 James A. Grant stammte aus Schottland und war Offizier der ostindischen Kompanie. Zusammen mit John Hanning Speke, ebenfalls britisch-indischer Offizier, entdeckte er, daß der Viktoria Nyanza der Hauptquellsee des Nil ist. Daher das berühmte Telegramm : »The Nile is settled.«
Auf der Rückreise trafen sie Mitte Februar 1863 Samuel White Baker, der mit seiner Frau gerade nilaufwärts zog. Baker entdeckte, daß der Albert Nyanza der zweite große Quellsee des Nils ist.

10 Vgl. hierzu auch Emin Paschas Beitrag »Land und Leute der Lattuka« in Franz Stuhlmanns reich illustriertem Werk »Mit Emin Pascha ins Herz von Afrika« (Kap. 32, S. 774–802).

11 Bulukat ist die Pluralform von buluk (türk. bölük). Bulak bedeutet im ägyptischen Arabisch Kompanie oder auch Flügel eines Gebäudes. Hier sind wohl die einzelnen Soldaten gemeint, also etwa zu übersetzen mit Regimentsangehörige. Das Sudan-Arabisch, besonders von Äquatoria bis Uganda, weicht im einzelnen deutlich vom Khartum-Arabisch und erst recht vom ägyptischen Arabisch ab. Der Vorwurf, Emins Arabisch sei nicht ganz korrekt (Tagebücher, Bd. 2, S. 254) ist insofern wohl nicht gerechtfertigt.

12 Munsa war der berühmte König der Mangbettu, den der deutsche Afrikaforscher Georg Schweinfurth im Jahre 1869 durch Vermittlung des Händlers und Schweinfurth-Freundes Mohammed Abd es Ssammat aufsuchen konnte. Die Beschreibung von Munsas Residenz und der Begegnung mit dem gefürchteten Kannibalenfürsten bildet den Höhepunkt in

Schweinfurths bekanntem Reisewerk »Im Herzen von Afrika«. Schweinfurths Porträt des im vollen Ornat thronenden Munsa gehört zu den eindrucksvollsten Abbildungen afrikanischer Reiseliteratur.

13 Georg Schweitzer schreibt in seiner Biographie Marcopulo. Nach seiner Rückkehr fand Emin in Lado einige Veränderungen vor. Lupton Bey war zum Gouverneur von Bahr el Ghasal ernannt worden, Abd el Kader zum neuen Generalgouverneur des Sudan. Der Sekretär (Chef-Dragoman) von Abd el Kader war der Bruder des neuen Untergouverneurs (Ablatus bei Emin) Jean Marcopulo. Ende Dezember notiert Emin in sein Tagebuch: »Mein neuer Stellvertreter ist völlig unfähig; so bleibt denn die Last der Geschäfte auf mir.«

14 Das Id el Kebir beginnt am 10. Tag des Pilgermonats; es ist auch unter dem türkischen Namen Kurban bairam (Opferfest) bekannt. Das kleine Fest (id es sughaijar) findet in den drei ersten Tagen des Schauwal, nach dem Fastenmonat Ramadan statt. Es wird auch Fest des Fastenbrechens (id el fitr) genannt.

15 Die Angaben über Bachit Bey widersprechen sich zum Teil. Vita Hassan glaubt, daß es sich um eine Verleumdung Bachits handelt. Wilhelm Junker dagegen äußert sich eher skeptisch (Reisen in Afrika, Bd. 1). Der oft zu mißtrauische Emin wird hier wohl weitgehend recht gehabt haben. Bachit Bey wurde in Lado interniert (vgl. Tagebücher, 13. Dez. 1882).

16 König Munsa wurde durch eine Verschwörung der Danagler (Händler aus Dongola am Nil) getötet. Sein Nachfolger wurde Gambari (ein Bangba). Wilhelm Junker stellte fest, daß die Festhallen Munsas verschwunden waren. Die großen Festhallen der Mangbettu gab es aber noch, als H. Schubotz 1911 in dem Gebiet weilte. Er traf auch Munsas Schwester an, die sich an Schweinfurth und Junker erinnern konnte.
Ein Foto dieser Festhallen in: Susan Denyer: African traditional architecture. London 1978, S. 45. Die heutigen Fest- und Versammlungshallen weichen von der alten Architektur ab.

17 Emin Pascha ist wohl der erste Europäer, der damit das Okapi erwähnt. H. Schubotz gibt für das Okapi den Namen ndumbe an. Der Engländer Harry Johnston war der erste, der diese Kurzhalsgiraffe (Okapia johnstoni) zu sehen bekam Die Londoner »Times« meldete die Entdeckung in ihrer Ausgabe vom 7. April 1901. Im Jahre 1919 gelangte das erste Okapi in einen zoologischen Garten (Antwerpen). Hier gelang auch 1954 zum ersten Mal die Nachzucht.

18 Brief von Emin an Dr. Junker:

Tangasi, den 4. Juli 1883.

Verehrter Kollege! Durch eine sonderbare Verkettung von Umständen bin ich von meiner eigentlichen Straße abgelenkt und nach *Mangbettu* geführt worden, wo ich vor einigen Tagen den *Tangasi*-Leuten in die Suppe gefallen bin. Meine Anwesenheit hat sich denn auch sofort bemerklich gemacht, denn ich habe Ihre Bekannten *Abdullabi Mohammed Rachmedallah* (der, welcher einst Ihren *Ferman* zurückwies), *Desideri* und einige andere fortgejagt und nach *Ladó* gesandt, die Soldaten von ihren betrunkenen Unteroffizieren befreit, und fange nun an – soweit dies möglich ist – die fünfmalhunderttausend Sultane ein wenig zu reduzieren. *Asanga,* der, wie Sie gehört haben, von mir auf seinen Posten zurückgesandt worden, dürfte heute kommen. *Mambanga* ist gestern gekommen und hat in höchst theatralischer Weise mir seine Unterwerfung gemacht und ist entzückt und mit Geschenken beladen von mir fortgegangen. Er scheint das Danaër-Wort nicht zu kennen. *Gambári* ist, wie ich mich überzeugt habe, ein großer Lump und obendrein Konspirator; so wird er wohl auch an die Reihe kommen... *Jangara* ist eine gute Haut, aber ein wenig schlafmützig und hat keinen passenden Nachfolger; es kommt auch die Herrschaft über die anderen Mangbettu-Chefs ihm zunächst zu. So wird wieder eine Schwierigkeit erwachsen, sobald er stirbt. Um so neugieriger bin ich auf *Asanga. Munsas* ältester Sohn ist unbrauchbar. Der andere *Asanga* aus dem *Meádje*-Lande hat mir seinen Besuch anzeigen lassen, fürchtet aber *Gambári.* Ihr Schützling *Masinde* war hier, hat Geschenke erhalten und ist nun einer meiner Chefs; so viel zur Situation. Wo sind Sie eigentlich? Und was treiben Sie? Hier erzählte man allgemein, Sie hätten durch einen Brand Ihre Sachen verloren; ich mag das nicht glauben, denn Sie würden mir geschrieben haben. Casati hat bei seiner Ankunft sofort nach dem Sohne *Mbrus* geschickt, damit er unsere Briefe an Sie bringe. Gestern ist er angekommen, und heute will ich ihm etwas schenken, damit er Sie aufsuche. Bitte schreiben Sie mir bald, wie es Ihnen geht, ob die Kiste mit den Zeitungen an Sie gelangt, und was Sie brauchen – womöglich aber kommen Sie. *Ibrahim Aga* von *Kabejendi* bittet mich, Sie zu grüßen.

Mit den herzlichsten Wünschen für Ihr Wohlergehen

Ihr aufrichtig ergebener
gez. Dr. Emin Bey.

19 Die Frage nach dem Quellgebiet und der Fließrichtung großer Ströme gehörte zu den am leidenschaftlichsten diskutierten Entdeckerthemen. Lupton Bey, der englische Gouverneur von Bahr el Ghasal, hatte hier völlig recht. Emin irrt, der Uëlle, den Schweinfurth als erster Europäer sah, ist tatsächlich ein, mit 2300 Kilometer Länge mächtiger, Nebenfluß des Kongo.

20 Diese Schreiben vom 2. Febr. 1887 sind in G. Schweitzers Biographie abgedruckt (S. 407 u. 408). Emin hat sie aber, entgegen seiner Gewohnheit, nicht ins Tagebuch übertragen. Im Schreiben des Khediven Mehemet Taufik wird Emin zunächst seine Beförderung zum Lewa Pascha (Brigadegeneral) mitgeteilt. Emin hat sich also nicht selbst zum Pascha ernannt, wie Gerhard Konzelmann behauptet.

Ferner teilt der Khedive ihm mit, daß Stanley auf dem Marsch nach Äquatoria sei, um Emin und seine Leute zur Küste zu bringen. Aber er schreibt auch: »Sie haben vollkommene Freiheit, entweder nach Kairo abzumarschieren oder mit den Offizieren und Mannschaften dort zu bleiben.«

21 Emin verschweigt hier, daß Stanley ihm einen Brief vorhielt, den er selbst 1886 an Sir John Kirk geschrieben hatte. Darin hatte er seine Provinz England oder einer anderen Kolonialmacht zur Übernahme angeboten.

22 Emin gibt im Tagebuch vom 9. Mai 1888 den englischen Wortlaut von Stanleys Proklamation an Emins Soldaten wieder, die der Offizier Jephson überbracht hatte. Darin heißt es: »Ich bin ausdrücklich auf Befehl des Chediven Tewfik gekommen, um Euch aus diesem Land zu führen und den Weg nach Ägypten zu weisen ... Wenn Ihr sagt: Wir werden dieses Land nicht verlassen, dann werde ich Euch Lebewohl sagen und mit meinen eigenen Leuten nach Ägypten zurückkehren und dem Chediven Eure Antwort mitteilen.«

23 Vita Hassan (Bd. 2, S. 195ff.) schreibt, daß Stanleys Frist von 44 Tagen für die Zusammenführung aller Marschteilnehmer unzureichend war. Das Personal war z. T. noch weitläufig über die Stationen der Provinz verteilt. Es gab im Lager Frauen und Kinder, deren Männer bzw. Väter sich noch weitab vom Lager befanden. Es herrschte allgemeine Verzweiflung. Emin lehnte es ab, persönlich zu Stanley zu gehen und um Aufschub zu bitten. Er warnte davor, Stanley zu Gewalttätigkeiten zu verleiten.

Am 5. April findet Vita Hassan den Pascha höchst erregt, er ist zum ersten Mal in seinem Leben im eigenen Haus beleidigt worden, von Stanley. Stanley, der Bula matari (Steinzerbeißer), treibt unerbittlich zum Aufbruch: »Alle, welche aufbrechen wollen, mögen sich rechts von mir aufstellen, und die, welche bleiben wollen, links, und den letzteren will ich sagen, daß ich sie auf der Stelle erschießen lasse.« (Vita Hassan, Bd. 2, S. 199.)

24 Übersetzung des Stanley-Textes:
»Seien Sie bitte so freundlich, Ihre Hauptleute zu versammeln und Ihnen zu sagen, daß es ab übermorgen mehrere Tage (4–5) nur wenig oder gar keine Verpflegung geben wird. Daher sollten sie Vorsorge treffen für so viele Tage, wie sie als Reserve tragen können. – Ich wünsche, daß alle mit Gewehren bewaffneten Leute um 9 Uhr morgens vor meinem Zelt antreten, auch solche jungen Burschen, die gerne Gewehre haben würden.«

Der Reisegouverneur Emin Pascha in Äquatoria – Eine Chronik

1875 Anfang November von Korosko in Unternubien durch die Nubische Wüste und nilaufwärts nach Khartum.

1876 Mitte April per Dampfer von Khartum nach Lado am oberen Weißen Nil (Bahr el Gebel).

Anfang Juni im Auftrag des Gouverneurs Gordon von Lado, dem Verwaltungszentrum der Provinz Äquatoria, nach Uganda zu König Mtesa. Von der Hauptstadt Rubaga nach Mruli am Somerset-Nil (Juni bis Sept.).

Mit Gordon durch Unyoro zur Station Magungo am Nordende des Albert-Sees. Dampferfahrt auf dem See und allein per Dampfer nilabwärts nach Dufilé im Madi-Land. Rückkehr nach Lado Mitte Oktober.

Mitte November Reise per Dampfer nach Khartum (dort 18 Tage Aufenthalt).

1877 Am 2. Januar wieder in Lado; 2. Reise nach Khartum im Mai/Juni. Anfang Juli nilaufwärts nach Dufilé und Magungo; weiter nach Nord-Unyoro und Mruli. Von Mruli zu König Kabregas Residenz in Unyoro und zurück nach Mruli. Von Ende Okt. bis Ende Nov. Warten auf die Träger aus Uganda.

2. Reise nach Uganda zu König Mtesa.

1878 Viermonatiger Aufenthalt in der Hauptstadt Rubaga von Dezember 1877 bis März 1878.

Über Mruli durch Unyoro nach Magungo.

Mit Dampfer »Nyanza« Ende April nilabwärts nach Dufilé. Über Land nach Lado; unterwegs entsetzliche Bilder vom Hungertod, wie 100 Jahre später wieder!

Mitte Juli dritte Khartumreise. Unterhalb Faschoda Begegnung mit dem Dampfer »Borden«. Emin erhält Befehl, sofort umzukehren und die Verwaltung von Äquatoria zu übernehmen. »So Gott will, zum guten Ziele.« (Tagebucheintragung vom 23. 7.).

Mitte November. 4. Khartumreise. Bei Schambeh wegen riesiger Pflanzenbarren im Bahr el Gebel zur Rückkehr nach Lado gezwungen.

Anfang Dez. Reise ins Land der Madi und Schuli bis Fatiko am Assua, einem rechten Nebenfluß des Bahr el Gebel. Rückkehr nach Lado Mitte Jan. 1879.

1879 Bis Mitte Oktober Aufenthalt in Lado und Umgebung.

Dann Reise zum Westufer des Albert-Sees. Aufgabe von Stationen im Südosten der Provinz. Rückkehr nach Lado Mitte Febr. 1880.

1880 Von Anfang August bis Mitte September, Reise nach Makraka im Gebiet westlich von Lado.

Von Ende Sept. bis Mitte Dez. Rundreise im Süden der Provinz über Dufilé, Laboré, Fatiko, Fauvera (nahe den Karima-Wasserfällen am Somerset-Nil) und Wadelay am Bahr el Gebel.

1881 Von Ende März bis Anfang Juni Reise durch das Lattuka- und Schuli-Land.

Von Mitte September bis Mitte Dezember Rundreise durch den Bezirk Rohl.

In diesem Jahr proklamiert der Mahdi den Heiligen Krieg.

1882 Mitte Februar bis Mitte Juli Reise nach Khartum.

Am 7. Juni wird ein ägyptisches Expeditionskorps (3000 Mann) westlich Faschoda von den Mahdisten vernichtend geschlagen.

2. Reise nach Makraka (Anfang Oktober bis Mitte Dezember).

1883 Vier-Monate-Reise nach Mangbettu (von Mai bis September). Nahezu der gesamte Norden der benachbarten Bahr el Ghasal-Provinz ist im Aufstand (November); auch in Äquatoria beginnen Unruhen.

1884 Im Januar kommt der Afrika-Forscher Wilhelm Junker nach Lado. Er reist im Laufe des Jahres im Emins Auftrag nach Unyoro und Uganda.

Ende März Nachricht von der Vernichtung der Armee Hicks Paschas in Kordofan durch die Mahdisten (im Oktober 83).

Die Mahdisten erobern Bahr el Ghasal, der dortige Gouverneur Lupton Bey tritt zum Islam über. Der Mahdi fordert Emin zur Unterwerfung auf.

1885 Neue Hiobsbotschaft: Am 25. Januar 1885 ist Khartum von den Mahdisten erobert worden.

In Lado wird der Rückzug nach Süden beschlossen. Ende April Rückzug nilaufwärts über Dufilé nach Wadelay. Aufenthalt daselbst bis Ende des Jahres.

1886 Am 2. Januar reist Dr. Junker mit Emins Post nach Sansibar ab und dann nach Europa zurück.

Reisen Emins zum Albert-See.

Die Mahdisten beherrschen jetzt den gesamten Sudan; der Weg nach Norden ist endgültig abgeschnitten.
Wird der Krieg zwischen Uganda und Unyoro den Rückzug nach Süden gefährden?

1887 Ende Juni: Post aus Sansibar!
Nachricht vom englischen Konsulat: Emin ist vom Khedive in Kairo zum Pascha befördert worden, gleichzeitig Genehmigung, die Provinz zu verlassen und sich nach Sansibar abzusetzen. Stanley komme mit einer friedlichen Expedition nach Uganda – »for your relief!« (zu Ihrer Unterstützung).
Ferner Briefe von Sir John Kirk aus London: Deutschland und England haben ihre Interessensphären im Osten Afrikas abgesteckt. Entlang einer Linie von Mombasa an der Küste bis zum Nordufer des Viktoria-Sees nach Norden fortan englisches Gebiet (einschließlich Äquatoria), südlich davon (Tanganjika) deutsches Gebiet.
Inspektionsreisen ins Gebiet des Albert-Sees, doch keine Nachrichten vom Anrücken Stanleys.

1888 Anfang des Jahres Reise zum Albert-See. Am 29. 4. endlich Zusammentreffen mit Stanley in Nssabe.
Nachricht, daß die Mahdisten Lado erreicht haben.
Bestrafung rebellischer Offiziere in Tunguru (Exekutionstag am 5. 6.).
Revolte der Offiziere in Dufilé, Emin daselbst gefangen gehalten (vom 20. August bis zum 10. November).
Ende Nov. Reise nach Wadelay. Flucht von dort nach Süden am 5. Dezember.

1889 Unterwegs Nachricht von der Niederlage der Mahdisten bei Dufilé.
Am 18. Februar Ankunft in Stanleys Lager bei Kavalli, im Südwesten des Albert-Sees.
Nach mehrwöchigem Aufenthalt Marsch mit Stanleys Truppe nach Süden und zur Küste:
Am Ruwenzori entlang zum Albert-Edward-See (Mitte 1889). Durch Nkole, Karaguë und Usinga zur englischen Missionsstation am Südende des Viktoria-Sees.
Durch Ynamwesi und Ugogo nach Bagamoyo gegenüber der Insel Sansibar (im Dezember).

Chronik der Äquatorialprovinz (mit ausgewählten Daten zur Entdeckungsgeschichte Afrikas im 19. Jahrhundert)

1801	Friedrich Hornemann durchquert als erster Europäer die Sahara von Tripolis bis nach Sokoto am Niger.
1805	Der schottische Arzt Mungo Park startet von Senegambien aus zu einer zweiten Nigerreise, wo er 1806 im Niger ertrinkt.
1811	Mohammed Ali, der türkische Statthalter von Ägypten, wird zum Alleinherrscher des Landes.
1814	Johann Ludwig Burckhardt bereist als erster Europäer Nubien.
1819	Mohammed Alis Sohn Ismail Pascha erobert Nubien und Sennar im Sudan.
1823	Der Engländer Clapperton erreicht den Tschadsee. Am Zusammenfluß von Weißem und Blauem Nil wird eine ägyptische Garnison errichtet, die spätere Hauptstadt des Sudan (Khartum).
1835–39	Die großen Trecks der Buren auf das Hochland (Veld) von Südafrika.
1845	Der sardische Konsul Brun-Rollet errichtet im Gebiet der Bari, nahe Lado, eine Handelsstation für Elfenbein.
1847	Gründung der Republik Liberia.
1848	Die Missionare Johann Ludwig Krampf und Johannes Rebmann entdecken den Kilimandscharo.
1849	Livingstone entdeckt den Ngamisee.
1849–55	Die große Reise des Heinrich Barth durch Sahara und Sudan.
1852–56	Livingstone durchquert das südliche Afrika von West nach Ost.
1853	Katholische Missionare gründen die Station Gondokoro am Weißen Nil.
1860–64	Die Engländer Grant und Speke sowie Baker entdecken die Nilquellen.
1865–67	Erste Saharadurchquerung vom Mittelmeer bis zur Guineaküste durch Gerhard Rohlfs.
1865–72	Karl Mauchs Reisen in Südafrika. Er entdeckt die Goldfelder in Südrhodesien und die Ruinen von Simbabwe.
1869	Der Khedive von Ägypten, Ismail Pascha, beauftragt Samuel White Baker, den Sklavenhandel im Gebiet des

Südsudan zu unterdrücken und alle Gebiete bis zum Albertsee unter ägyptischen Einfluß zu bringen.
Gustav Nachtigal dringt in das zentralsaharische Hochgebirge von Tibetsi vor.

1870 Georg Schweinfurth überschreitet als erster Europäer die Nil-Kongo-Wasserscheide.

1871 Zusammentreffen von Livingstone und Stanley in Udschidschi am Tanganjikasee.

1873 S. W. Baker, erster Gouverneur der neuen ägyptischen Provinz Äquatoria, verläßt das Gebiet des oberen Nil. Er hinterläßt mehrere, unter unsäglichen Mühen von Khartum heraufgeschaffte Dampfer, die für Emin Paschas Verwaltungsarbeit später unerläßlich sind.

1874 Gordon, der Unterdrücker des Taiping-Aufstandes in China, wird Gouverneur in Äquatoria. Im November Verlegung der Hauptstation von Gondokoro nach Lado.

1876 Emin Bey (Dr. Eduard Schnitzer) wird unter dem Namen Dr. Emin Efendi Stationsarzt in Lado.

1877 Gordon wird Generalgouverneur des Sudan.

1877–79 Der portugiesische Offizier Serpa Pinto durchquert das südliche Afrika von Angola bis zur Ostküste in Mocambique.

1878 Im März wird Emin Gouverneur von Äquatoria.
Der Italiener Gessi Pascha, Gouverneur der Nachbarprovinz Bahr el Ghasal, ist anfangs Emins Vorgesetzter.
Die vier Provinzen (Mudirie) Gordons teilt Emin in 10 Verwaltungsbezirke (Idara) auf, die er in den folgenden Jahren wiederholt bereist (vgl. Chronik des Reisegouverneurs) und gründlich erforscht.

1880 Im August teilt der neue Generalgouverneur des Sudan, der Ägypter Raouf Pascha, Emin mit, daß er von nun an von Bahr el Ghasal unabhängig ist und nach eigenem Ermessen Stationen gründen kann. Die Aufsicht über Bahr el Ghasal übernimmt der Engländer Lupton Bey.

1881 Der Mahdi verkündet im Sudan den Heiligen Krieg.

1883 Am 18. Januar erobern die Mahdisten El Obeid, die Hauptstadt von Kordofan.
Im Mai berichtet Emin aus Mangbettu, wohl als erster Europäer, über die Existenz des Okapi.

1884 Der deutsch-russische Afrikaforscher Wilhelm Junker kommt aus dem Bahr el Ghasal-Gebiet zu Emin nach Lado.

1885	Am 26. Januar erobern die Mahdisten Khartum. Die Provinz Äquatoria ist von der Außenwelt abgeschnitten. Entdeckung der Goldfelder am Witwatersrand in Südafrika.
1887	Ernennung Emins zum Pascha durch den ägyptischen Khediven Mehemet Taufik.
1887–88	H. M. Stanleys Expedition zur »Befreiung« Emin Paschas durchquert von der Westküste aus die Kongo-Urwälder und gelangt zum Albertsee.
1889	Erste Besteigung des Kilimandscharo durch H. Meyer und L. Purtscheller.
1891	Franz v. Stuhlmann zieht mit Emin Pascha von Deutsch-Ostafrika aus ins Herz von Afrika.
1892	Ermordung Emin Paschas in Kinena im östlichen Kongogebiet (23. Oktober).
1898	Lord Kitchener schlägt die Mahdisten bei Omdurman; der Sudan kommt wieder unter anglo-ägyptische Verwaltung.

Literaturverzeichnis

Ausführliche Literaturangaben in »Tagebücher«, Bd. 1, S. 61–69

Die Tagebücher von Dr. Emin Pascha (d. i. Eduard Schnitzer) Hrsg. Franz Stuhlmann. Braunschweig 1916–1927
Bd. 1 (1916): Vom 28. Okt. 1875 bis 7. Aug. 1878
Bd. 2 (1919): Vom 8. Aug. 1878 bis 4. Sept. 1883
Bd. 3 (1922): Vom 5. Sept. 1883 bis 7. Jan. 1888
Bd. 4 (1927): Vom 9. Jan. 1888 bis 5. Dez. 1889
Bd. 6 (1921): Zoologische Aufzeichnungen und seine Briefe an Gustav Hartlaub (bearbeitet von H. Schubotz)

Buchta, Richard: Der Sudan und der Mahdi. Das Land, die Bewohner und der Aufstand des falschen Propheten. Stuttgart 1884

Buchta, Richard: Der Sudan unter ägyptischer Herrschaft. Leipzig 1888

Casati, Gaetano: Zehn Jahre in Äquatoria und die Rückkehr mit Emin Pascha. 2 Bde. Bamberg 1891

Falkenhorst, C.: Emin Pascha, Gouverneur von Hatt-el-Estiva. Stuttgart 1890

Felkin, Robert W.: Emin Pasha in Central Africa. London 1888

Freissler, E. W.: Emin Pascha. München 1925

Gessi, F. Pascha: Seven years in the Sudan. London 1892

Hassan, Vita: Die Wahrheit über Emin Pascha. 2 Bde. Berlin 1893

Junker, Wilhelm: Reisen in Afrika (1875–1886). 3 Bde. Wien und Olmütz 1889–91

Meissner, Hans-Otto: An den Quellen des Nils. Die Abenteuer des Emin Pascha. Stuttgart o. J.

Peters, Carl: Die deutsche Emin-Pascha-Expedition. München und Leipzig 1891

Peters, Carl: Afrikanische Köpfe. Charakterskizzen aus der neueren Geschichte Afrikas. Berlin, Wien 1915

Schweinfurth, Georg u. Ratzel, Friedrich (Hrsg.): Eine Sammlung von Reisebriefen und Berichten Dr. Emin Paschas. Leipzig 1888.

Schweitzer, Georg: Emin Pascha. Eine Darstellung seines Lebens und Wirkens mit Benutzung seiner Tagebücher, Briefe und wissenschaftlichen Aufzeichnungen. Berlin 1898

Slatin Pascha, R. C.: Feuer und Schwert im Sudan, 1879–95. Leipzig 1896

Stanley, Henry Morton: Im dunkelsten Afrika. 2 Bde. Leipzig 1890
Stuhlmann, Franz: Mit Emin Pascha ins Herz von Afrika. 2 Teile in 2 Bden. Berlin 1894

Bildnachweis

Gaetano Casati: Zehn Jahre in Äquatoria. Bd. 2. Bamberg 1891: 297, 303, 311.
Wilhelm Junker: Reisen in Afrika. 3 Bde. Wien und Olmütz 1889–91.
Bd. 1: 165, 193, 223, 229, 248, 284.
Bd. 2: 131, 136, 199, 255, 279, 281, 330, 336, 356, 385, Vorsatz.
Bd. 3: 35, 37, 47, 54, 67, 70, 73, 75, 130, 138, 189, 308, 363, 381.
Georg Schweitzer: Emin Pascha. Berlin 1898: Frontispiz, 29, 59, 315, Nachsatz.
Rudolf Slatin Pascha: Feuer und Schwert im Sudan. Leipzig 1896: 305.

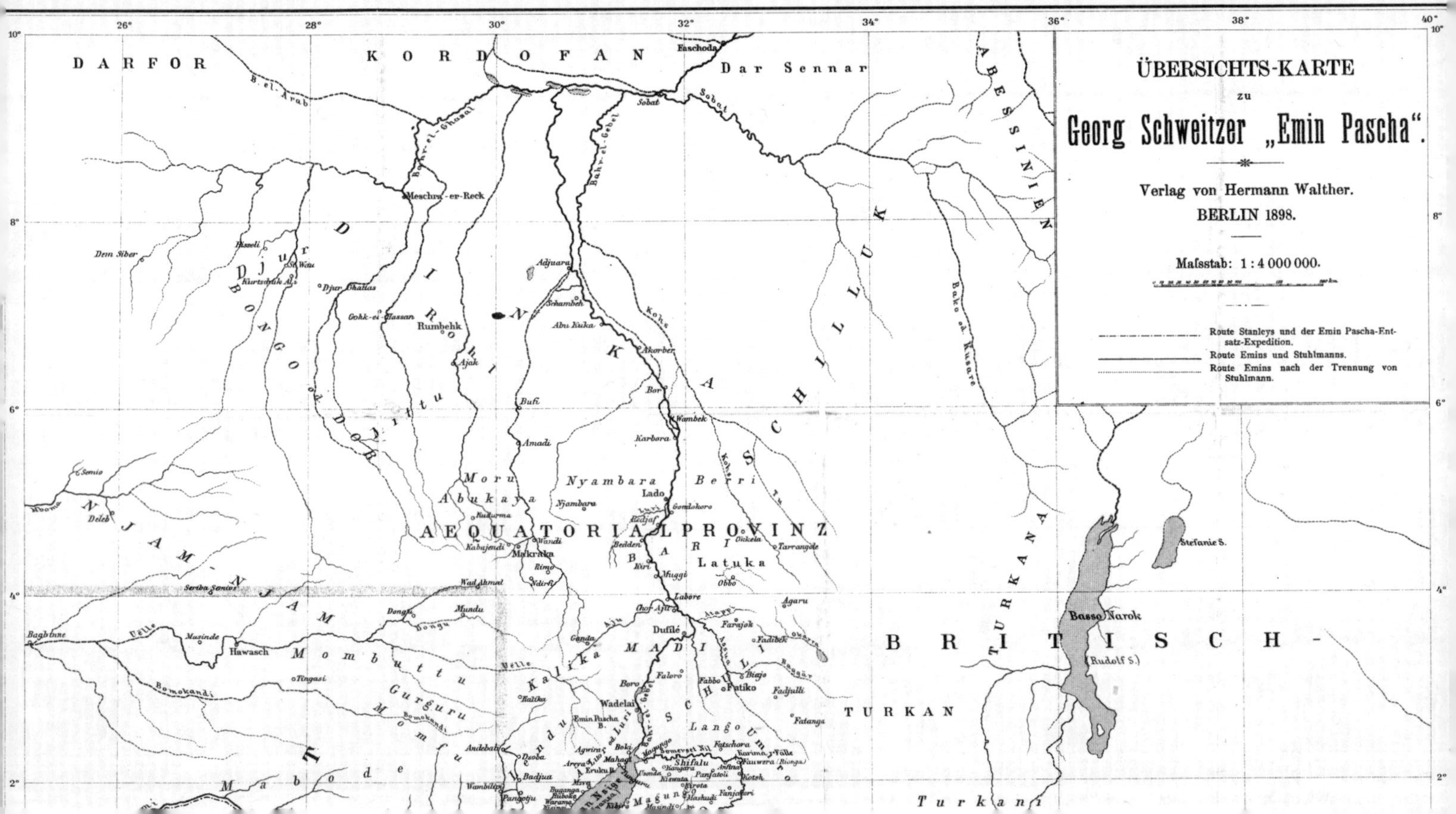
ÜBERSICHTS-KARTE
zu
Georg Schweitzer „Emin Pascha“.
Verlag von Hermann Walther.
BERLIN 1898.
Maſsstab: 1 : 4 000 000.
Route Stanleys und der Emin Pascha-Entsatz-Expedition.
Route Emins und Stuhlmanns.
Route Emins nach der Trennung von Stuhlmann.
DARFOR
KORDOFAN
Dar Sennar
ABESSINIEN
SCHILLUK
DINKA
AEQUATORIALPROVINZ
BRITISCH-
TURKANA
TURKAN
Turkani
Faschoda
Sobat
Bahr-el-Ghasal
Bahr-el-Gebel
B. el-Arab
Meschra-er-Reck
Rumbehk
Djur
BONGO
Nyambara
Berri
Lado
Gondokoro
BARI
Latuka
Moru
Abukaya
Makraka
Wadelai
Dufilé
MADI
Kalika
Mombuttu
Gurguru
Momfu
Basso Narok
(Rudolf S.)
Stefanie S.
Bako od. Kusare
Hawasch
Bomokandi
Uelle
Fatiko
Emin Pascha B.
Langoumi
Shifalu
Magungo
Somerset Nil